感情科学
Affective Science

藤田和生 [編]
Fujita Kazuo

京都大学学術出版会

序

藤田和生

　人は泣き，人は笑う．人は怒り，人は悲しむ．人は人を嫉妬し，思いやる．人は人を愛し，憎む．感情は人に備わった不思議な現象である．
　感情は単に現象として存在しているだけではない．感情は音楽や美術や文芸を生み，他方では犯罪や戦争を生む．感情は私たちの生活を豊かにもしてくれるが，むごたらしい結末をも生む．感情は，良きにつけ悪しきにつけ，人の行動を支配する最大の要因の1つである．
　「認知科学（cognitive science）」の発展は，人の心の知的側面について多くのことを明らかにしてきた．認知科学はいわば理性に関する分析的・構成的研究である．基本的な考え方として，人は環境からとりいれた入力を処理し，環境に対して出力する情報処理装置であるととらえられている．しかし，その装置の動作は機械のように正確ではなく，状況により処理や出力は揺らぐ．また処理は，さまざまな形の仮定のもとにおこなわれている．たとえばコンピュータに表示される立体的な押しボタンには，上部に明るい線が，下部に暗い線が，それぞれ配置されている．私たちはこれを見るとでっぱっている，と知覚する．逆に上部が暗く，下部が明るいと，へこんでいると知覚する．もちろん実際の画面上のボタンには凹凸はない．私たちは，光は上方からやってくるという仮定のもとにこうした明暗のパ

ターンを処理する．その結果平面上に凹凸を知覚するのである．このような処理の制約は，情報処理装置としてはどうしようもないほど遅い私たちの神経系で，高速にかつ的確に処理を進めることに役立つ．これらは人が自身の生活環境や生活様式にあわせて進化させてきたものだと考えられる．

　認知科学における「処理制約を伴う情報処理装置」という考え方は，人の行動の多くの側面をうまく説明する．しかし，近年頻発する家庭内暴力や自殺，凶悪犯罪やテロリズムなどをみればあきらかなように，人の行動には理性では理解できないものがきわめて多い．

　人は，集団内の規範を守らず，不当に利益をえる人物に対して，みずから高いコストを支払ってでも処罰する（第9章参照）．また，自身の利益が他者よりも少ない場合，受け取りを拒否することもある．踏切内に入り込んだ見ず知らずの人物を救い出すために，みずからの生命を犠牲にすることすらある．いずれも「理性的に」考えれば，自身の利益にかなう行動ではない．

　こうした行動は，不公平感，正義感，嫉妬などといった感情のはたらきを考えることにより，初めて理解することができるように思われる．いやむしろ，どのような行動をとりあげてみても，さまざまな感情のはたらきを考えることなく，その行動を理解し，それを望ましい方向に導いていくことは不可能なのではないかとすら思える．

　感情が人に存在するのは，おそらく人類の進化史のどこかで，それが個体の適応度を高める結果につながったからであろう．しかし，グローバル化が進行し，インターネットが普及して，人と人との交流の様相が，先史時代以前にはありえなかったであろうほど皮相でバーチャルなものに変化した現代社会において，感情のはたらきは，それまでの長い人類の進化史においてはたすことのなかった新たな役割をになわされることになっているのではなかろうか．その意味で，感情のはたらきを理解することは，21世紀の人類の幸福と安寧を実現するために，なによりも大切な作業である．そのためには，感情とはそもそもなんなのか，また感情はなぜ生じ，いかに人を動かすのかを多様な視点から組織的にあきらかにする必要があるだ

ろう．

　文部科学省 21 世紀 COE プログラム「心の働きの総合的研究教育拠点」（拠点番号 D-10，京都大学）（拠点リーダー・藤田和生）では，こうした問題意識に立ち，心を理解するための 1 つの目標として，「感情科学（affective science）」の構築を目指した．感情科学は，感情の表出と理解，感情の機能，感情の神経科学的基盤，感情の個体発生と系統発生，感情と社会や文化との相互関係性，感情の病理と臨床などを統合した総合的な科学と位置づけられるものであり，認知科学とあい携えて，人や動物の心のはたらきを明らかにすることをめざすものである．私たちはまた，その成果を社会に還元し，やすらぎと喜びに満ちた，ゆたかな心をはぐくむ社会の実現に寄与したい．本書はこうしたもくろみの一里塚と位置づけられるものである．

　感情の研究は少なくともダーウィン（Darwin, 1872）までさかのぼることができる．ダーウィンは，人と動物に共通する感情の表出規則について論じた．おなじころ，実験心理学の祖といわれるヴント（Wundt, 1874）は，感情を快－不快，興奮－沈静，緊張－弛緩の 3 次元空間に分類した．ジェームズ（James, 1884）やランゲ（Lange, 1885）は感情の抹消起源説を唱え，「悲しいから泣く」のではなく「泣くから悲しい」のだと主張した．20 世紀にはいると，キャノン（Cannon, 1927）やバード（Bard, 1928）は，感情生起時の内臓部などの生理的変化は遅く，また種々の感情に対して未分化であることから，中枢起源説を展開し，視床下部がその中心であると主張した．他方シャクターらは，感情の認知説を主張し，共通した身体的・生理的な変化を，認知的に何に帰属させるかが，感情の種類を決めると考えた（Schacter & Singer, 1962）．

　しかしダーウィンから 130 年あまりを経過した現在においても，感情研究はいまだ一種のカオス状態にある．認知革命から半世紀で，理性に関する多様な研究が認知科学としてある程度まとまりえたのに対し，こうした長い歴史を持つ感情研究は，なぜ感情科学となりえなかったのだろうか．

　その第 1 の理由は，感情の理解の方法が，研究者によってまちまちであ

●藤田和生

ることだろう．ヴント（Wundt, 1896）やプルチック（Plutchik, 1980）などに代表される感情の特性論は，感情をいくつかの軸で構成される連続的な状態として理解しようとした．パペッツ（Papez, 1937）やルドゥー（LeDoux, 1996）は，感情を生み出す神経回路の観点から感情を理解しようとした．ダーウィンの流れにあるエクマンらに代表される研究者は，感情表出と理解の生得性・普遍性を主張し，そのコミュニケーションの機能という面から感情を理解しようとした（Ekman & Friesen, 1975）．その逆に，社会構成主義をとるアヴェリルらは，感情は種々の身体的状態に関係するが，そのむすびつきは一義的なものではなく，文化のなかで規定され，獲得されるものであるとする（Averill, 1980）.

これらの主張は，おそらくいずれも正しいのであろう．感情には人に共通な部分と経験により変化する部分があって，それらの相互作用により，当該の人の当該時点での感情のはたらきが規定され，それはある生理的な背景をもち，虹のスペクトルのように，連続的でありながら，いくつかの帯にわけられるのであろうと思われる．こうした複雑な現象を理解するには，多分野の研究者が緊密な連携をたもち，相互の関係を考えながら，解明を進めていくしかない．

第2の理由は，おそらく感情が理性よりも低次な心的機能だと考えられてきたことであろう（第1章参照）．長いあいだ，感情は理性的に行動しようとする人を誤らせるものであり，理性によって制御されるべきものだと考えられてきた．この考えにたてば，理性の研究はいわば暴発する感情の治療法の研究としての意義をあたえられ，感情の研究よりも優先されるべきものということになるのである．しかしながら，たしかに理性は感情を制御することもできるが，逆に感情が理性を制御する場合もごく普通にある．恐いと思っていると，枯れ尾花は幽霊に見えるのだ．理性と感情の関係は相互的なものであり，その価値判断は別にしても，実際の機能のうえで，おそらくいずれかが上位におかれるものではない．

第3の理由は，情報科学との整合性であろう．情報科学は認知科学の発展にきわめて大きな役割をはたした．情報科学では，システムへの入力と

その出力の関数関係を記述し，その応用として人工知能やプロダクションシステムのような作り込み型の知性のシミュレーションをしたり，あるいは，ニューラルネットワーク型の自己学習型の装置を設計したりする．これらのことが可能なのは，入力と出力の関係が決定論的にむすびついているからである．おそらく感情にもそうした決定論的関係はあるだろう．しかし入出力の関数関係ははるかに複雑であり，不確定度は高いにちがいない．そうしたものを情報科学の俎上に載せるのは容易なことではない．感情をもつロボットは，まだ空想の世界にしか存在しない．

第4の理由は，感情の心理学的研究が難しいことであろう．たとえば感情を誘導しようとしても，被験者の資質，文脈その他の多様な条件によって，思いどおりにならない場合が多い．かりにそれができたとしても，実験的に負の感情をひきおこすような状況をつくると，当該の被験者の幸福を，一時的にせよ，ふみにじってしまう．他方，表情がいかに認知されるか等の研究においては，当該の表情を冷静にながめられるとはかぎらない．言語をもたない若齢の乳児や動物では，感情を測定する適切な指標の選択がむずかしい．感情は主観的体験であり，外部からはわからないことも多い．生理的指標をとればよいかというと，これも容易ではなく，同じ生理的変化が生じても，当人が感じる感情は一定ではない（例：Schacter & Singer, 1962）．

感情研究の道は険しい．一歩進むごとに思わぬ障害物にでくわすかもしれない．しかしいま，私たちはそれらをのりこえていかなければならない．こんにちのヒト社会の問題は，感情研究なくして解決できるようには思えない．さらにいえば，感情の理解なくして人類の，いや地球社会の未来をえがけるようには思えない．

感情という奇妙なシステムはなぜ存在するのか．なぜそれが進化したのか．それは大きな謎である．恐怖心は身を守るために必要だから進化したというような議論もされる．感情がすでに組み込まれた状態を前提に考えると，感情は確かに役立っているといえるかもしれない．しかしたとえば車間距離が近づいたときに自動的にブレーキをかけて危険を回避するため

●藤田和生

の制御装置を設計する場合を考えれば，その装置の中に「恐怖心」を埋め込むのは不要であるどころか無駄でしかあるまい．蛇行したときに軌道を修正したり，スピードを出しすぎたときに，速度を落とすといった複数のシステムに共通の機能として「危険」を知らせるブザーやランプを作動させることは考えられるかもしれないが，「恐怖心」を設ける必要はあるまい．こう考えると，感情の発生には，必然性はなかったのではないかとすら思いたくなる．

ともあれ，現在の私たちの心には，どういうわけか感情システムがくみこまれている．そしてそれは私たちの生活から切り離すことはできないものになっている．感情は個人の内部で完結しているわけではない．私たちは自分とおなじように他者に感情があると仮定して心を読み，行動を予測し，それに対処する．感情は社会で共有されている．

おそらくほかの動物たちにもさまざまな感情はあり，それらは私たちの感情と連続性をもっているだろう．私たちはそれを感じとり，種をこえたコミュニケーションに利用している．相手に感情があると感じると，いとおしさがこみあげてくる．

感情は人と人，人と動物を（そしておそらく動物と動物をも）つなぎとめ，共鳴させ，新しいなにかを創発させる核である．不要にも思えたこのシステムが，地球社会をまとめあげる核になるとは，なんと不思議なめぐりあわせではないか．

最後に本書の構成について簡単に述べておく．

第Ⅰ部「感情の基礎」では，感情のはたらきと性質，およびその神経科学的背景が論じられる．第1章では，遠藤が，悍馬から賢馬へと変遷してきた感情観の歴史を述べたあと，進化論および文化論の動向にもとづきながら，感情の機能や合理性を，個体「内」の視点と個体「間」の視点から深く考究している．第2章では，吉川が，表情を社会的情報の伝達ととらえる立場から，表情認知にかんする脳イメージング研究と，最新の表情合成テクノロジーをもちいた先端的な研究を紹介している．脅威表情の知覚

優位現象，表情と視線の相互作用などが，神経科学的な知見とどのように関連づけられるのか，表情の変化をみているとき，脳内ではなにがおこっているのか，これらにかんする最新の研究成果が論じられる．第3章では，楠見と米田が，感情を言語とのかかわりで考察している．身体語彙，慣用句，擬音語・擬態語，比喩表現などの分析から感情の言語表現について論じたあと，物語を題材に，読者の感情と主人公の感情の理解に関する研究について論じている．第4章では，船橋が，感情をひきおこす脳部位とその神経機構，および他者の感情を認知するしくみを概説している．また，前頭連合野にみられる認知と感情の相互作用についても論じている．

第II部「感情の発生」では，感情がどのように個体発生し系統発生したのかを四者が論じている．板倉は第5章で，おおむね乳児期初期から幼児期にいたる感情の表出と理解の発達を論じている．感情の表出には二重性があり，表層的な感情と深層にある感情はおなじでない．こうした感情の深い理解や感情の原因の理解などは幼児期をとおしてしだいに発達していく．第6章で子安らは，感情がいかに洗練されたものに発達していくのかを，感情の表示規則という観点から描き出している．おおむね学童期をとおして，他者感情の理解や表出の制御は少しずつ成長し，対人関係の基礎が形成されていく．第7章では北山らが，文化が感情をいかにかたちづくっていくのかを論じている．とくに，東洋と西洋の違いを対人的関与・脱関与の次元において切りとり，これにより，感情の文化差を説明している．第8章では藤田が，人以外の動物がどのような感情を経験し，また他者の感情をどのように認識しているのかを，主として霊長類と伴侶動物を対象とした実験的・観察的研究を概観しながら述べ，感情がいかに進化したかに関する仮説を提示している．

第III部「感情と生活」では，人の日常において感情がはたす役割が，集団行動と心理臨床場面から論じられる．第9章では，渡部と小宮が，集団秩序の形成と維持を支える感情のポジティブな側面について，近年の経済学，文化人類学，社会心理学などの成果をもとにして論じている．とくに信頼感，公正観など，集団におけるただ乗り者への懲罰行動の基盤とな

る感情の役割について論じている．第10章では，角野が，臨床心理学的研究で広く用いられる描画にみられる臨床事例をもとに，とくに色彩と感情との関連を手がかりにしながら心の感情的側面を論じている．第11章では，河合が，神経症にみられる感情の特徴とその機能を，とくに夢にみられる感情表出を題材にして論じている．感情は，自我の機能と深く関係しており，心理療法のなかで重要な機能をになういっぽう，逆に療法のさまたげとなる場合もある．第12章では，伊藤が，関係性の希薄化や短絡的・衝動的な行動等が大きな社会問題となっている今日の人間のあり方に，深い次元から作用をおよぼしている感情について，分化した豊かな感情を獲得していく過程における他者の機能，およびさまざまな困難に直面して生じる心理化・身体化・行動化とそれに対する象徴化の意義，の2つの側面から論じている．

　第Ⅳ部では，本書の主な執筆者に加えて，感情心理学の本流を歩んでこられた同志社大学の鈴木直人氏，感性情報処理の研究をリードして来られた九州大学の三浦佳世氏，およびロボット工学の第一人者である大阪大学の浅田稔氏にご参加いただいておこなった「感情科学の未来」と題した討論会の記録から抜粋したものを収録した．討論会は熱気にあふれ，長時間におよび，とても全体を収録することはできなかった．それぞれの研究者が感じる疑問や感情研究の難しさなどをぶつけあうことから，感情科学の新たな展望をある程度えがきだせたのではないかと思う．

　なお，本書では感情という用語を主として用いるが，研究者によっては，情動，情緒，という用語が好まれる．英語でも affect, emotion, feeling などの用語があまり一貫性なく使用されており，また日本語との対訳も一貫していない．これらは少しずつニュアンスが異なり，研究領域によってはそれぞれが特定の意味で使用されている場合もあるのだが（例：第10章参照），本書ではあえて統一はしなかったのでお断りしておく．

文献

Averill, J. R. (1980). A constructivist view of emotion. In R. Plutchik & H. Kellermann (eds.), *Emotion: Theory, Research, and Experience*, Vol. 1. New York, Academic Press. 385–404.

Bard, P. (1928). A diencephalic mechanism for the expression of rage with special refrence to the sympathetic nervous system. *American Journal of Physiology*, 84, 490–515.

Cannon, W. B. (1927). The James-Lange theory of emotions: A critical examination and an alternative theory. *American Journal of Psychology*, 39, 106–124.

Darwin, C. R. (1872). *The Expression of Emotions in Man and Animals*. Chicago, University of Chicago Press.

Ekman, P., & Friesen, W. V. (1975). *Unmasking the Face: A Guide to Recognizing Emotions from Facial Cues*. Englewood Cliffs: New Jersey, Prentice Hall．［工藤力（訳）(1987)．表情分析入門―表情に隠された意味を探る―．誠信書房．］

James, W. (1884). What is emotion? *Mind*, 4, 188–204.

Lange, C. G. (1885). Über Gemuthsbewegungen. In K. Dulop (ed.), (1992). *The Emotions: A Psychophysiological Study*. New York, Hafner Publishing. 33–90.

LeDoux, J. E. (1996). *The Emotional Brain: The Mysterious Underpinnings of Emotional Life*. New York, Simon and Schuster．［松本元．川村光毅（訳）(2003)．エモーショナル・ブレイン―情動の脳科学―．東京大学出版会．］

Papez, J. (1937). A proposed mechanism of emotion. *Archives of Neurology and Psychiatry*, 38, 725–743.

Plutchik, R. (1980). *Emotion: A Psychoevolutionary Synthesis*. New York, Harper & Row.

Schacter, S., & Singer, J. (1962). Cognitive, social, and physiological determinants of emotional state. *Psychological Review*, 69, 379–399.

Wundt, W. (1874). Grudzuger der *Physiologischen Psychologie*. Leipzig, Wilhelm Engelman.

参考文献

濱治世（2001）．感情・情緒（情動）とは何か．濱治世・鈴木直人・濱保久（編著）．感情心理学への招待―感情・情緒へのアプローチ―．サイエンス社，1-62.

遠藤利彦（1996）．喜怒哀楽の起源―情動の進化論・文化論―．岩波書店．

川口潤（2002）．感情と認知をめぐる研究の過去・現在・未来．高橋雅延・谷口高士（編著）．感情と心理学―発達・生理・認知・社会・臨床の接点と新展開―．北大路書房．81-97.

●藤田和生

感情科学◆目次

序 ［藤田和生］i

第Ⅰ部●感情の基礎 1

第1章│感情の機能を探る ［遠藤利彦］3

1 はじめに——感情観の移り変わり 3
2 個体「内」現象としてみる感情のはたらき 6
  2.1 応急措置的デフォルト処理機構としての感情 6
  2.2 ソマティック・マーカー——プランニングとその遂行をささえる感情のはたらき 8
3 個体「間」現象としてみる感情のはたらき 12
  3.1 感情のコミュニケーション機能 12
  3.2 感情の長期的利害関係におけるバランス調整機能 15
4 ポジティブな感情のはたらき 18
5 感情の顕在的非合理性・潜在的合理性 21
  5.1 先行事象とのかかわりにおける非合理性・当該事象とのかかわりにおける合理性 21
  5.2 短期的視点からみる非合理性・長期的視点からみる合理性 22
  5.3 理想的環境における非合理性・現実的環境における合理性 25
6 おわりに——両刃の剣としての感情 27

第2章│表情認知と感情 ［吉川左紀子］35

1 表情と感情 35

2 　見えやすい表情——怒り表情の知覚優位性 38
 3 　なににむかう感情か——表情知覚と視線 40
 4 　表情認知の神経機構 42
 5 　表情の動きと感情 45
　　 5.1 　表情の動きは知覚を変える 46
　　 5.2 　表情の動きは模倣的な表情を生じさせる 48
 6 　表情認知と感情——今後の研究にむけて 50

第3章 │ 感情と言語 ［楠見 孝・米田英嗣］ 55

 1 　感情の言語表現 57
　　 1.1 　感覚・運動レベル——共感覚比喩，音喩と換喩 57
　　 1.2 　スキーマレベル——イメージスキーマにもとづく比喩 62
　　 1.3 　概念レベル——感情のスクリプトと規範と比喩 67
　　 1.4 　まとめ——感情言語の階層 70
 2 　物語理解における感情 71
　　 2.1 　主人公の感情の理解 71
　　 2.2 　物語理解における読者の感情 74
　　 2.3 　物語理解における身体化認知と感情 78
　　 2.4 　まとめ——物語理解と感情 80

第4章 │ 感情の神経科学 ［船橋新太郎］ 85

 1 　心の表現としての感情 85
 2 　「泣くから悲しい」のか，「悲しくて泣く」のか 86
 3 　視床下部と感情表現 88
 4 　扁桃体と感情 91
 5 　前頭葉眼窩部と感情 96
 6 　他人の感情はどのようにして理解されるか 104
 7 　まとめ 107

第II部●感情の発生 111

第5章 乳幼児における感情の発達　[板倉昭二] 113

1　感情の発達　113
 1.1　子どもは待てるか　113
 1.2　感情知能（emotional intelligence）　114
 1.3　感情を構成するもの　115
 1.4　感情出現の理論　116

2　感情の出現　117
 2.1　肯定的な感情（positive emotion）　118
 2.2　否定的な感情（negative emotion）　120
 2.3　自己意識的感情　121

3　感情の理解　125
 3.1　他者の感情の同定　125
 3.2　感情を引き起こす原因の理解　128
 3.3　本当の感情と表出される感情の違いの理解　131
 3.4　感情の同時性および両面性の理解　132

4　感情の調整　133
 4.1　感情調整の発達　134
 4.2　文化と子どもの感情の発達　136

5　まとめと展望　137

第6章 感情の成長——情動調整と表示規則の発達
　　　　　　　　　　　　　[子安増生・田村綾菜・溝川 藍] 143

1　はじめに　143
2　表示規則の発達　144
3　乳児期　146
4　幼児期　147
 4.1　幼児期初期の情動調整のはじまり　147
 4.2　幼児期の情動調整の認知的要素　149
 4.3　幼児期の情動調整と対人関係　154

- 5 児童期 155
  - 5.1 表示規則の理解 155
  - 5.2 表示規則の実験的観察 158
  - 5.3 情動表出を調整する動機 159
  - 5.4 情動表出を調整する方略 160
  - 5.5 情動表出の調整の性差 162
  - 5.6 児童期の情動調整と対人関係 164
- 6 発達過程のまとめ 165

第7章 │ 文化と感情──現代日本に注目して
[北山 忍・内田由紀子・新谷 優] 173

- 1 感情を理解する際になぜ文化が大切なのか 174
  - 1.1 文化的動物 174
  - 1.2 文化化された感情 176
  - 1.3 感情対処システムとしての文化 177
  - 1.4 感情の文化心理学 178
- 2 文化と感情に次元はあるのか 179
  - 2.1 文化の次元 179
  - 2.2 感情の次元 181
- 3 感情の文化差──対人的関与と脱関与をめぐって 184
  - 3.1 感情経験の強度は文化によって異なる 184
  - 3.2 どのような場面で幸せは経験されるのか 185
  - 3.3 どのような人が幸せを経験するのか 188
- 4 幸福の意味 189
  - 4.1 日米での幸福の意味を探る実証研究 190
  - 4.2 個人的達成と関係の実現 191
  - 4.3 東洋における感情の陰と陽──バランス志向と包括的認知 193
  - 4.4 日米での幸福の意味──実体と社会的プロセス 195
- 5 日本人の甘え，アメリカ人の甘え 196
  - 5.1 日本とアメリカにおける甘え 196
  - 5.2 人から甘えられることへの反応 197

5.3　人に甘えることの感情的帰結　199
　　　5.4　甘え研究における今後の課題　200
　6　結論と今後の展望　201

第8章　感情の進化　［藤田和生］　211

　1　動物の感情体験　211
　2　基本感情　212
　3　派生的な感情　215
　　　3.1　不公平感　215
　　　3.2　思いやり　217
　4　他者の感情の認識　221
　5　自己の感情の認識　224
　6　感情の進化のストーリー　225

第Ⅲ部●感情と生活　235

第9章　感情と集団行動——社会的適応性の観点から
　　　　　　　　　　　　　　　［渡部 幹・小宮あすか］　237

　1　感情の社会的適応性　237
　　　1.1　感情の機能と適応性　239
　2　感情と社会環境　240
　　　2.1　社会の構造複雑性と感情　241
　　　2.2　情報価値と感情　243
　　　2.3　感情制御と名誉の文化　244
　3　感情の社会的合理性　247
　　　3.1　裏切り者に対する怒りと懲罰行動　247
　　　3.2　集団意思決定における感情　252
　4　おわりに　255

第 10 章 感情と描画 ［角野善宏］ 259

1 はじめに 259
2 感情とは 261
3 感情と描画の関係から——事例を通して 263
   3.1 自由画からの事例 264
   3.2 風景構成法からの事例 269
   3.3 身体疾患の事例から 277
4 おわりに 282

第 11 章 夢における感情と自我 ［河合俊雄］ 285

1 臨床心理学における感情 285
2 神経症圏の感情 287
   2.1 不安 288
   2.2 焦燥感 291
   2.3 罪悪感 292
3 神経症の人の夢からみた感情の機能 293
4 神経症的感情の歴史的位置づけ 297
5 心理療法における感情 298
6 重い病理における感情 300
7 自我の感情と夢イメージの感情 303

第 12 章 感情と心理臨床——今日の社会状況をめぐって
　　　　　　　　　　　　　　　　　［伊藤良子］ 307

1 「全体的存在」としての人間と感情の様態 308
   1.1 感情の多様なあらわれ方と「心理化」 308
   1.2 抑圧の作用 312
   1.3 複雑で念入りな防衛 313
   1.4 不安感の直接的あらわれ 315
2 身体化について 317
   2.1 神経症の水準 317

  2.2　心身症の水準　318
3　行動化と幻覚・妄想　320
  3.1　行動化について　320
  3.2　統合失調症と行動化　322
4　象徴化と他者の機能　323
  4.1　人間の本質としての象徴化　323
  4.2　他者の機能——心の器・身体像・感情の分化・言葉の誕生　324
5　遺伝子から学ぶ人間の感情　326

第Ⅳ部●討論会・感情科学の未来　331

はじめに:「感情科学」とはなにか　／出席者の構成　／感情を定義する難しさ　／感情と認知・感性・行動　／2つの感情:感情と情動　／感情はなぜ必要か　／ロボットを用いた感情発達のモデル化　／感情の個別性　／感情の認知なのか,感情が起こっているのか　／感情と感性評価　／情動,気分,感情　／芸術への情動の反映　／色と感情:動物と人間の場合　／動物の感情　／感情と社会適応　／感情の個体発生　／感情の進化　／意思決定から感情を探る　／感情科学の課題

索　引（人名索引・事項索引）　389

第Ⅰ部●感情の基礎

　感情がなぜ生まれたのかは進化史の謎である．ともあれ，現在，感情はさまざまな機能を発揮している．ここでは，感情の基本的なはたらきとその神経科学的背景を4章にわけて論じる．感情はいかに個体の行動を決定するのか，感情の最大の表出媒体である顔の表情はいかに認知されるのか，感情は言語といかにかかわるのか，それらは脳内でいかに実現されているのかなどを，最新の知見をもとに論じる．

感情の機能を探る

遠藤利彦

> 感情の個体「内」機能　感情の個体「間」機能
> 応急措置的デフォルト処理　フィニアス・ゲージ
> ソマティック・マーカー　コミュニケーション機能
> 長期的利害関係のバランス調整
> ポジティブ感情の復旧・拡張・構築機能
> 感情の顕在的非合理性・潜在的合理性　両刃の剣としての感情

1 はじめに——感情観の移り変わり

　プラトン（BC 427-347）からデカルト（1596-1650）にいたる西欧哲学の伝統のなかで，感情は，多くの場合，理性の対極に位置づけられ，もっぱら，破壊・混沌・非合理性の象徴とされてきた．とくに，ゼノン（BC 490-430）にはじまりエピクテトス（55-135）やマルクス・アウレリウス（121-180）によって発展したストア哲学は，理性至上主義を高らかにうたい，あらゆる感情から解放された状態こそが，人の魂に究極の安定をもたらすのだと説いていた．かつて，いまでいうところの感情を意味していた"passion"という言葉は，もともと"passive"と語源を同じくするが，このことが含意しているのは，感情が，人が意図して引き起こすものではなく，むしろ突然，人に降りかかり，瞬時にして人を受け身の忘我状況におくものと暗黙裡にみなされていたということである（Solomon, 2004）．そして，こうした見方は，17-18世紀の啓蒙思想において，さらに増強されることになる．そこには，たしかにスピノザ（1632-1677）やアダム・スミス

(1723 - 1790) のように現在の感情理論につながる仕事をした論者も存在したのだが，その基本的な思潮は，合理的かつ批判的な精神にもとづき，大衆から感情を極力排し，理性を啓発することによって，人間生活の進歩・改善をはかろうとするものであった．

そして，こうした系譜を引き継ぐ心理学も長く，理性と感情の対立的構図を当然のものとみなし，解明すべき対象を相対的に前者にしぼりこんできたのだといえる（Solomon, 2003）．人間の感情的側面がとりあげられることがあっても，それはどちらかといえば，人の心の影の部分，たとえば，不適応や狂気などとの関連で問題にされることが多かったといわざるを得ない．いまでこそ感情研究の先駆者として祭りあげられることの多いダーウィン（1809-1882）やフロイト（1856-1939）でさえも，感情を，長い系統発生のある段階においてかつて有効に機能していた可能性はあるものの，現代人の社会生活においては，それはもはや無用の長物でしかなく，このさきさらに進化が進めば，いつかは滅びゆく運命にあるものと考えていたようである（Keltner & Gross, 1999）．

20世紀の心理学をほぼ半世紀以上にもわたって支配して続けてきた行動主義[*1]にいたっては，感情を科学的研究の対象として歯牙にもかけることをしなかった．たとえば，そこでは，親が子どもに対していだき，あらわす愛情は，本源的に人の生活になんら意味をもたないものとみなされていた．行動主義に染まった多くの学識者は，子どもに対する抱擁や接吻といった愛情のたび重なるあからさまな表出は，子どもの発達にあきらかに害悪をもたらすものであり，親はそれをなんとしてでも克服すべきだと放言していたのである（Niedenthal et al., 2006）．そして，その1つの具体的なかたちが，スキナーの発案による，いわゆる「エアー・クリブ（air crib：ガラス面に囲まれ，空調設備の整った，ベビーベッドとベビーサークルを組み合

＊1　心理学の研究対象は顕在的な行動に限定すべきであるとする立場．ワトソンによりはじめて提唱された．極端なものでは，心理学の目標は，環境と行動の関数関係をあきらかにすることであり，認知や表象などの内的過程は問題にする必要がないとする．

わせたような育児箱．規定のプログラムにしたがって育児を徹底管理する）」であり，彼は，感情が人間の心の平穏や血圧などに対してきわめて無用あるいは有害であることを信じて疑わなかったようである（Skinner, 1948）．

　しかし，近年，こうした非合理性を前提視する感情観は大きくぐらついてきている．感情は，理性あるいは認知と対立するものではなく，むしろ，それらと協調的に結びつき，人の種々の適応をささえるものと考えられるようになってきており（例：Izard, 1997; Lazarus, 1999），"mind"（心）の科学は"heart"（感情）への注目なくしては成り立たないというスタンスが徐々にとられはじめているのである（Evans, 2001）．それは一方では生物学的機能という視点から，感情が，ヒトという生物種においてもいまなお，個体の生き残りや繁殖を高度に保障する役割をはたしていると考える向きが大勢を占めるようになってきたからであり（例：Johnson-Laird & Oatley, 1992; Oatley, 1992; Cosmides & Tooby, 2000），他方では社会的機能という視点からも，顔や声を通して発せられる種々の感情が人と人とのあいだをつなぎ調節し，また社会やその価値観および制度を維持する上で必要不可欠なはたらきをしているという認識が一般化してきているからにほかならない（例：Averill, 1980; Planalp, 1999）．感情が，ここにきて，生物学的にも社会的にも，実はある緻密な法則性のうちにあり，さまざまな場面で人を機能的かつ合理的な行動へと導きうると考えられるようになってきたのである（Frijda, 1986, 2006）．

　それでは，こうした理論上の大きな転換は，どのような知見にささえられて生じてきたのだろうか．そして，なによりも，感情には具体的に，いったいいかなる機能がひそんでいるといえるのだろうか．本章では，感情が，それを経験している当事者自身のなかでどのような性質や機能を有しているのかという個体「内」的な視点と，人と人との関係あるいは集団のなかでいかなる社会的機能をになっているのかという個体「間」的な視点とにわけて，こうした問題を掘り下げていくことにしたい．また，これまであまり注目されてこなかったポジティブな感情にも焦点をあて，その隠れたはたらきを探ってみることにしよう．そして，そこまでの議論を受

●遠藤利彦

けて，感情の非合理性と合理性をめぐる一連の諸議論を整理・統括することを試みたいと考える．

2 個体「内」現象としてみる感情のはたらき

2.1 応急措置的デフォルト処理機構としての感情

　喜び，怒り，恐れ，悲しみといった感情を私たちが経験するとき，そこには通常，大きな**個体「内」**の変化，すなわち，それぞれに特異な主観的情感および生理的状態が随伴しているといえる．とくにネガティブな感情に見舞われたとき，私たちの心身は，多くの場合，瞬間的に「いても立っていられない」状態におかれ，その状態から抜け出ることに強く動機づけられることになる．感情は，それまで個体がいかなることに従事していても，その進行中の思考や行動に強引に割りこみ，当該の事象に優先的に意識・注意・認知処理や身体のエネルギーを配分するはたらきをする（Oatley, 1992）．別のいい方をすれば，感情の機能は，心身のホメオスタシス^(＊2)を一時的に解除し，個体の利害にかかわる，その場その時の状況をしのぐのに適切な，ある行為を起こすために必要となる心理的な動機づけや情報処理および生理的な賦活状態を瞬時にして整えることだといえるのである（Levenson, 1999）．

　たとえば山中で突然ハチの大群が襲ってきたときに，私たちはおそらく強い恐れの感情を覚えることになるが，それはその場からとっさに逃げ，そこをうまく切り抜けるための動機づけと適切な「行為傾向（action tendency）」（Frijda, 1986, 2006）を発動させるものと考えられる．そのなかで，私たちは，すばやく走り動くために内臓や心臓血管系および筋組織等の身体状態を整合的に準備し，また，ハチの動きに注意を集中し，みずからが

＊2　体温や液性などの体内環境を一定にたもとうとする生物の生理機能．恒常性維持と訳されることもある．

おかれた状況を知覚したうえで，逃げのびるにはどの方向と道筋が適切かを判断し，どのタイミングでいかなる動きを起こすかの意思決定を難なくやりこなしているのである．

　しかし，そもそも，こうした意識や情報処理およびエネルギーの優先的投入の対象となる事態とはいかなるものなのだろうか．近年，ネオ・ダーウィニアンと呼ばれるある一群の研究者は，それを生物学的な意味での重要事項であるとみている（Cosmides & Tooby, 2000; Nesse, 1990; Tooby & Cosmides, 1990）．彼らによれば，人間における種々の感情は，少なくとも人類がまだ狩猟採集民としての生活を送っていたころの生態学的環境に，うまく合致するよう自然選択されてきたのだという．すなわち，各種の感情は，かつて人類がたびたび遭遇したであろう，たとえば捕食者からの逃走，未知なるものとの接触，攻撃や脅威からの防衛，子どもの養育，配偶関係の確立といった適応上の難題に対して（Tooby & Cosmides, 1990），あるいは個体が追求・従事していた重要なゴールの遂行が中断された場合に（Mandler, 1975; Oatley & Johnson-Laird, 1987），迅速で合理的な対処を可能にすべく，**一種のデフォルト処理機構**として進化してきたというのである．別のいい方をすれば，感情とは，進化論的適応にからむ原型的なできごとや意味に特化した超高速の計算処理装置，あるいは，ふだんは休眠・不活性の状態にありながら，ある特定の手がかりや条件の生起を待って突如として作動しはじめる「デーモン・プログラム」[*3]のようなものといえるのであろう（Cosmides & Tooby, 2000）．

　このようなことからすると，せっぱつまったときに，ジャスト・フィットではなくとも，とりあえず，それをしておけば急場をしのげるという**応急措置システム**のようなものが感情の本性の一部であると考えられる（遠藤，1996）．それは，ある意味，その場で「なにもしないよりはまし」「なにをしようか物思いにふけって手遅れになるよりははまし」，そして「ただ

＊3　UNIX などのマルチタスキング OS の稼働するコンピュータの主記憶内に常駐し，OS からの呼び出しがかかると即座に実行されるバックグラウンドプログラム．

●遠藤利彦

でたらめになにかをするよりはまし」といった原理にささえられているものといえるのかもしれない．長い進化のプロセスは，いろいろな難題に対してもっとも成功確率の高いプランや方略を，喜び，悲しみ，怒り，恐れといった各種パッケージ・プログラム，すなわち感情というかたちで，私たちヒトに，あるいは他の生物種に，明確な遺伝的基盤をもって備えさせたということなのだろう（Ekman, 1992, 1999; Izard, 1991）．

2.2　ソマティック・マーカー
——プランニングとその遂行をささえる感情のはたらき

　上述したような感情の急場における応急措置的処理機能は，さまざまな認知過程をともなうものでもあった．そして，ときに，感情は，それを引き起こした事象に関連する種々の記憶，すなわち，かつて経験した「痛い目」や前に吸った「甘い汁」にからむ既有情報を，顕在的あるいは潜在的なかたちで活性化し，それらを現在，直面している状況の未解決要素に対する合理的行動のプランニングに役立てうるものと考えられる（Levenson, 1999）．

　ここで注意すべきことは，そこで活性化される記憶の大半が，元来，それ自体がなんらかの感情をともなって形成されたものだということである．別のいい方をするならば，感情は，現在，直面している重要事象にかかわる新たな情報の効率的とりこみ・学習やその組織化にも深くかかわるものといえるのである．私たちが主観的に経験する感情の強度は，実際の適応上の帰結に比してはるかに大げさであるが，それが大げさであるからこそ，個体はその状況において適応的な行為に強く動機づけられ，またそれに関する記憶表象を瞬時に強力に作りうるのだと理解することができる（Johnston, 1999）．

　レヴェンソン（Levenson, 1999）によれば，主観的情感は一般的に感情そのものが消失したあとも一定時間残り，そこで経験された事象の意味を増幅したかたちで，記憶のなかにすばやく根づかせるのだという．たとえば，

熱いアイロンに実際に誤ってさわってしまった乳児が強烈な苦痛を経験し，それが内的シグナルとなって，アイロンの危険な意味を急速に学習することもあれば，アイロンの近くに位置し，いままさにそれに触ろうとしている乳児が，それをみた養育者の大きな叫び声を通してひどく驚き，そのアイロンの危険な意味を学習するというようなこともあるのである．感情は，重要事象の記憶形成において，まさにアンプ（増幅器）のようなはたらきをするということだろう（Lazarus, 1991）．

近年，感情のこうした側面との関係で，いまから150年以上も前の，ある脳損傷の症例がふたたび脚光を浴びている．その男，**フィニアス・ゲージ**（Pheneas Gage）は鉄道敷設作業中のダイナマイト爆発によって前頭前野（より正確には前頭葉と中脳・間脳との連接部位）に大きな損傷を受けた．事故後のゲージについては，言語や記憶や思考など，いわゆる知性にかかわる機能および感覚や運動の機能にとくに大きな落ちこみは認められなかったものの，気分が極度に変わりやすく，また，場あたり的，衝動的にふるまい，そして，社会生活のなかでのごく日常的な計画や決定にも支障をきたすようになったということが知られている．これは，ゲージに，とくに感情の発動に密接にかかわる大脳辺縁系などの低次の脳構造が，いわゆる理性脳と呼ばれる大脳皮質の抑制から解かれ，まさに感情の暴発をまねいたという側面と，逆に，大脳皮質の論理的思考が低次脳の感情機能から切り離されたために，個体みずからの利害を勘定に入れ意思決定をする適当なさじ加減（Lutz, 1999）ができなくなってしまったという側面の両方が降りかかったということを意味する．このゲージの症例については，近年，脳神経学者のダマシオ（Damasio, 1994, 2004）が，現代のゲージともいうべき，ほぼ同じ前頭葉の特定部位に損傷を受けた複数患者の症例とともに再検討しているが，ダマシオがとくに注目しているのは，ゲージの症状にみられた2つの側面のうちの後者，すなわち感情が認知機能に対しておよぼす影響についてである．

ダマシオは，こうした脳損傷が，ほとんどの症例において，感情とプランニングの重篤な障害に結びついていることをみいだしたうえで，感情の

●遠藤利彦

本質的な機能の一部が，私たちの一連の行動のプランニングとその遂行をよどみなく整合的におこなわせることにあり，そうした感情のささえを失った純然たる知性はほとんど役に立たないのではないかとまで仮定するにいたっている．ダマシオがみた症例のなかにはきわめて高いIQを脳損傷後も変わらず保持している者がいたのだが，彼らはゲージ同様，ただ仕事に必要なファイルをそろえるだけといった，ごく日常のあたり前のことさえもことごとくできなくなってしまったのである．私たちの日常の行動は，ある意味，無数の選択・意思決定の連続といえるものである．いまここで直面している事象に関連する情報に意識を集中し，それをもとに適切な判断を瞬時におこなわなければ，私たちは日常のなにげない行動にも難をきたしてしまう（Shallice & Burgess, 1991）．そして，その特定情報への選択的注意と瞬時の意思決定および一貫した行動のプランニングをつかさどっているのが，ほかならぬ感情およびそれにともなう主観的情感だというのである．

　ダマシオによれば，個体の利害・適応に密接に関与する経験は脳内に限定されてある表象のみならず，その際の特異な身体状態のイメージ＝「**ソマティック・マーカー**（somatic marker）」をともなって記憶のなかにしっかりとマークされるという（第4章参照）．そして，生体がそうした過去事象に類似した事象にふたたび接した際に，その記憶がまさに "gut feeling"，すなわち独特の身体感覚あるいは直感として経験され，それが瞬間的に，当該事象に対する情報処理や判断にバイアスをおよぼすのである（もっともダマシオは身体を経由しないバイパス的回路の存在も仮定している）．別の見方をすれば，感情とは元来，個体が経験を通して学習するための基礎となる評価システムであり，感情の真の重要性は，独特の内的コンテクスト，すなわちダマシオのいうソマティック・マーカーを供給することを通して，私たちがいつどこで，どのように学習するかを制御し，私たちをとりまく世界についてどんな推論をおこなうかを決定する役割のなかにあるということになるのだろう（Johnston, 1999; Prinz, 2004）．

　ダマシオらは，ローリスク・ローリターンのカードの山とハイリスク・

ハイリターンのカードの山とがある状況で，前者からカードを引き続ける方が最終的にはトータルとして高い利益を得られる構造をもった模擬ギャンブルゲーム（アイオワ・ギャンブル課題）を考案し，それを前頭葉損傷の患者群と比較対照群とにおこなわせている（第4章参照）．もちろん，実験参加者には，そうした利害構造は，あらかじめまったく知らされていないわけであるが，対照群は回を重ねるうちに徐々にローリスク・ローリターンのカードの山から一貫してカードを引くようになったのに対し，患者群は，どんなに損害をこうむっても一貫してハイリスク・ハイリターンのカードの山からカードを引き続ける傾向があったのである．つまりは何度も「痛い目」にあいながら，本来それにともなうはずの失敗の身体的感覚，すなわちソマティック・マーカーを身体にきざみこみ，活用できないがゆえに，まさにこりることなく，同じあやまちを何度もくりかえし続けたということである．

ここで注意すべきことは，ダマシオが仮定する，こうしたプロセスにおいては，もとの事象の顕在的な表象が必ずしも必要とはならないということである．すなわち，もとの事象経験の内容が詳細に，またリアルに思い出され，それが現在の事象に対する判断を導くということでは必ずしもなく，それは多くの場合，「なぜかはっきりとはいえないが，ただなんとなく好き・嫌い」あるいは場合によっては，好き嫌いといったことさえ意識にはのぼらない，まさに直感として，私たちの行動を一貫した方向に導いているのだという．見方を変えれば，このダマシオのソマティック・マーカー仮説は，感情が，人をやっかいな「フレーム問題」[*4]から解放することに寄与しているという可能性，つまりはプランニングや意思決定をささえる重みづけ信号として機能し，行為の選択肢の瞬間的切り捨てやしぼりこみに関与していること，を主張するものでもあると考えることができる．

---

*4 時々刻々変化する環境のなかで，なにが自身にとって意味あるものかを判定する問題．人や動物にとってはなんでもない作業だが，人工知能にとってはありとあらゆる外的変化をモデル化する必要があるために，そのままでは非常に困難な作業である．

●遠藤利彦

ダマシオが診た患者の多くが，過去にあった「痛い目」や前に吸った「甘い汁」の感情的記憶を活かすことができなくなり，日常のなにげない決定にも，多くの場合，論理的しらみつぶしをもって対処しようとする結果，長時間，迷ったあげく，生活がほとんど立ちゆかなくなってしまったことを考えれば，こうした感情のはたらきがもつ意味はきわめて甚大であることがうかがえよう．

3 個体「間」現象としてみる感情のはたらき

3.1 感情のコミュニケーション機能

ここまでは主観的情感や生理的変化といったおもに個体内で生じる感情の側面について考えてきたが，感情にはもう1つ表出という重要な側面がある．感情は，それぞれ特異な顔の表情や声の調子などを有し，多くの場合，そうした表出を通して，周囲の他者の感知するところとなり，その他者との関係を確立したり維持したり壊したりし，ときにそこにたしかな**コミュニケーションを生みだす**可能性がある（Buck, 1984; Campos et al., 1989）．すなわち，その時点で，感情は単に個体「内」にとどまらない**個体「間」**の現象ともなるのである．また，それは二者の関係のみならず，より広く集団，文化等にも多様な影響をおよぼし，また逆にそれらの特質によってその生起や性質を大きく左右されるものでもある（例：Markus & Kitayama, 1994）．ケルトナーとハイド（Keltner & Haidt, 1999, 2001）は，こうした感情の，個体と個体のあいだにかかわる機能を以下3つのレベルにわけて論じている．

第1のものは二者間レベルにおける感情のはたらきにかかわるものである．ケルトナーらによれば，感情は，その多様な表出を通して，個体の内的状態・人格・状況の特質等に関する情報を他個体に付与する（情報付与機能）．感情は多くの場合，ある人のある特定事象に対する評価を示すものであり，悲しみにしても喜びにしても，その表出は，その個体のまわり

にいる他者に，その個体と事象，およびその関係性にかかわる種々の情報を多重に発信することになる．また，個体が発した感情は，相同的あるいは相補的にある特異な感情を他個体に経験させる（感情誘発機能）．私たちは他者の喜びの表情をみるとみずからもにこやかな気持ちになり，また怒りの表情をみると恐れや不安を感じたりする．さらに，感情は，それに接した他個体が，ある特異な社会的行動を起こしたり，抑えたりするようにしむける（行為喚起機能）．たとえば，悲しみにくれる人に接したとき，多くの場合，そのまわりに位置する人はその人をなぐさめ，その人になんらかの向社会的行動をとったりするだろうし，また頻繁にほほえむ人に対しては，ときに，友好的な態度で話しかけたりもするだろう．

そして，こうした感情的コミュニケーションは，ときに，ほとんど意識を介在させることなく，きわめて瞬間的に生じることも知られている．ある研究は，いわゆる閾下知覚に相当する8ミリ秒の喜びあるいは怒りの表情を呈示後，それらの観察者に，前者では微笑顔との関連が深い大頬骨筋[*5]の活動が，いっぽう，後者ではしかめ面との関連が深い皺眉筋[*6]の活動が顕著に認められたことを報告している（Dimberg, 1983, 1988）．また，このような機能は，私たちが発達早期になんらかの感情を発した時点から実質的なはじまりをみせているともいえる．近年の早期発達の研究は，単に感情を表出するだけではなく認識する子どもにも焦点をあて，その認識に学習性のものではない生得的要素がひそむことをなかば前提視している（遠藤，2002）．たとえば，身近に位置する他者と自覚的意識なく瞬時にして同様の感情状態になる，いわゆる「感情伝染（emotional contagion）」（例：Hatfield et al., 1994）は，発達のきわめて早期段階から認められているし，また，子どもは，経験を通して養育者の怒りの表出と，叱責などのネガティブなはたらきかけとの連合を学習するはるか以前から，他者の怒りの表出

---

*5 表情筋の1つ．頬骨弓の外面に発し，口角につく．口角を後上方にひくはたらきをする．
*6 表情筋の1つ．眼窩の内側から発し，眉の中央から内側の皮膚につく．眉間にしわをつくるはたらきをする．

にはみずから困惑した表出と撤退・回避の行為傾向を，逆にポジティブな表出には，ポジティブな表出と近接の行為傾向を示すといわれている．すなわち，乳児が，先行する記憶表象等に依存せず，ある種，無媒介的に，ある特定の表出に適切に反応することで，結果的に関係性の構築・維持・破壊等が適応的な方向に導かれるということである（Haviland & Walker-Andrews, 1992）．

さらにこれとの関連でいえば，すでに生後1年目の終わりごろには認められるという「社会的参照（social referencing）」（第5章参照）は，他個体の感情表出が発する情報を他個体の注視点に位置する事象と結びつけることを通して，その事象の意味の効率的な学習が可能になることを意味し，その文化的学習ツールとしての存在意義ははかりしれないといわれている（遠藤と小沢，2000; Tomasello et al., 1993）．もっとも，これは子どもの事象に対する感情的反応が養育者等の身近な他者の影響をきわめて受けやすいことを意味しており，それらの他者が場にそぐわない不適切な感情を頻繁に示すような場合には，その子どもは，病的な不安や恐怖症などに容易におちいりやすいということにもなる（Mineka & Cook, 1993）．

ケルトナーらが仮定する第2と第3のレベルの機能は，上述した第1レベルの延長線上に位置するものである．彼らが仮定する第2の個体間機能は集団レベルのものであり，それは，ある集団内で発生する感情的な事象にからむ種々の感情の表出を介して，集団の成員が，個体の役割や地位を相互に認識し，またときにそれをより明確化したり，それにそったパフォーマンスを現にとらせたりすることに寄与する（集団を統制する役割）．たとえば，怒りや侮蔑，恥，罪，畏怖といった表出は，成員間の優位・劣位，支配・服従等の関係性と密接に連関することが想定されよう（cf. Frijda & Mesquita, 1992; Haidt, 2003; Mesquita, 2001）．あるいはまた，集団の成員がある事態に対して共通に経験し表出する不安，怒り，喜びなどの感情は，他集団との差別化を明瞭にし，成員の集団への帰属意識や士気の向上等に深く影響することも考えられる（集団の凝集性を高める役割）．

ケルトナーらが仮定する第3のものは感情の文化レベルでの機能にかか

わるものである．彼らによれば，人は，ある特定文化に特徴的な感情に頻繁にさらされることを通して，文化的アイデンティティを確立・維持することになるという（第 7 章参照）．また，感情はある特定文化のなかでなにが是とされ，また非とされるか，その文化的価値を，社会化の過程において子どもに伝達することに大きく寄与するらしい（Haidt, 2003）．さらに，彼らは，なかばステレオタイプ化した文化特異な感情経験や表出およびそれらについての言説が，文化的イデオロギーや権力構造の正当化や永続化を暗黙裡にささえているところがあるのではないかとも推察している．

3.2 感情の長期的利害関係におけるバランス調整機能

　上述した感情の個体間機能は，基本的には感情の種類を問わず，感情が発動された，その場その時に，それを感知した他者に，いかなる情報が伝達され，また，どのような効果がおよびうるかということを問題にしたものといえる．しかし，ある特定の感情に関していえば，そもそも，いまここでの短期的な利害というよりはむしろ，未来における，あるいは生涯にわたる究極的な「適応度（fitness）」における，**より長期的な社会的利害に深く関係し**ている可能性がある（Frank, 1988, 2003, 2004; Ridley, 1996）．それは，いまここでの利益を遠ざけ，むしろ損害を受け入れるようにしむける感情のはたらきが，ときに，長期的視点からみれば，その個体に高度な社会的および生物学的な適応をもたらすというような事態が，数多く想定されるということを意味する（Frank, 1988）．たとえば，私たちは集団のなかで不公平にも自分だけが莫大な利益を得ている状況で，なにか他の人たちにすまないといった罪の感情をおぼえ，それ以上の利益追求をみずからやめてしまうようなことがある．それどころか，そうした利益をもたらしてくれた他者がいたとすれば，その他者に強い感謝という感情をもって，せっかく得た自分の取り分のなかから相応のお返しをしようとしたりする．この場合の罪にしても感謝にしても，個体の短期的利益という視点からすれば，いずれもきわめて非合理ということになるが，なぜそのような感情が私た

●遠藤利彦

ちには備わっているのだろうか.

　ヒトは高度に社会的であり,関係や集団のなかでの適応が,結果的に生物的適応に通じる確率がきわだって高い種といえる(例：Dunbar, 1996).進化論者が一様に強調するのは,ヒトという生物種においては,たとえば狩猟採集にしても捕食者への対抗にしても子育てにしても,集団生活が単独生活よりもはるかに多くの利点を有していたということであり(例：Nesse, 1990),また,それを維持するために必然的に集団成員間における関係性や利害バランスの調整のメカニズムが必要になったということである(Cosmides & Tooby, 2000).そして,そこにもっとも密接にからむものとして互恵性の原理,すなわち相互になにかをもらったりそのお返しをしたり,また助けられたり助けたりするというかたちで,集団内における協力体制を確立・維持するために必要となる一群のルールがある(例：Frank, 1988, 2003).しかし,この互恵性原理のあやうさは,自己犠牲的な行為を個体に強いることであり,個体は,みずからの生存や成長のために自己利益を追求しなくてはならない一方で,ときにそれに歯止めをかけ,他個体に利益を分与しなくてはならず,そのバランスをどこでとるかが究極の難題となる.さらに互恵性原理が長期的に個体の適応にかなうものであるためには,それをおびやかし壊す,他者および自己の裏切り行為を注意深くモニターし,検知する必要が生じてくる.コスミデスとトゥービー(Cosmides & Tooby, 2000)によれば,これらの複雑な処理を可能にするものとして,罪,感謝,抑鬱,悲嘆,嫉妬,義憤,公正感などの感情が進化してきた可能性があるのではないかという.そして,彼らは,これらの感情が,いまここでの手がかりから短期的視点でなされた自己利益の認知的および感情的な判断をいったんほごにして,複雑な社会システムのなかでの適応,および個体の長期的で究極的な利益にかなう行動の「再較正(recalibration)」を可能にしているのではないかと推察している.

　また,トリヴァース(Trivers, 1985)は,集団のなかにおける個体の生物学的適応を最大化する戦略として,「しっぺ返しの戦略」[*7]を仮定したうえで,人の感情レパートリーのある特定のものが,この戦略にかなうよう進

化してきた可能性を論じている．彼によれば，たとえば罪という感情は，互恵性のルールをみずからが破ったときに経験されるものであり，相手につけ入りまんまと搾取することにみずから不快を感じ，その行為に歯止めをかけるように機能する感情であるという．また，感謝は，相手側にかかるコストと自分の利益の比を計算に入れたうえで相手からの利他的行動に対してそれに見合ったお返しを必ずおこなうように動機づける感情であるという．さらに，道義的怒りは互恵性に違反した個体を罰し，集団のなかに不公正が蔓延することを未然に防ぐようはたらく感情であるらしい．人間の生活が，集団のなかでの互恵的な利他性を前提にしてなりたってしまっている以上，それをうながしはしても破壊するような行為はひかえた方が，生き残り，繁殖するうえで多くの場合，有利であることはまちがいない．人がもつ多様な感情レパートリーのなかで，少なくともある種の感情は，個体間の良好な関係を長期的に維持するシステムとして，そして多くの場合，一見，その場その時ではなんの得にもならないような行為に個体を駆り立てるべく，進化してきたといえるのだろう（Frank, 1988; Ridley, 1996）．

最近，フェールとゲヒター（Fehr & Gaechter, 2002）は，参加者同士の協力によって参加者個々に相応の利益がおよぶ"public good game"と呼ばれる巧みなゲームをもちいて，人のこうした社会的感情の性質の一端を実証的に裏づけている．それによれば，たとえ，個体が利益を獲得し続けることができても，あるいは少なくともなんら損害をこうむることがなくとも，ときにまったく協力なしに不正・不当に利益をせしめる者がはびこるような余地が少しでもそこにあると，徐々に多くの参加者がいきどおりを感じて，そのゲームから撤退しようとする傾向があるのだという．そのいっぽうで，参加者がみずから一定のコストを支払って，その不正者を罰することができるようになると，そのゲームは長く安定して維持される傾向があ

＊7　まずは相手に対して利他的および自己犠牲的な行動を起こすが，次は相手の出方を待って，好意的返報ならば引き続き協力をもって，裏切りならば報復をもって応じるという方略．

●遠藤利彦

るのだという．この結果には，フェールらがいうところの「利他的な罰（altruistic punishment）」（第9章サンクション行動参照），すなわち，なにが生じようとみずからには痛くもかゆくもない状況でも，不正の存在をきわめて不快に感じ，あえて自己犠牲を払ってでもその不正者を罰し，集団内の互恵的な協力体制を優先的に維持・回復させようとする人間の感情のしくみが如実に反映されているものと考えられる．

　さらに，この研究結果が示唆的なのは，ときに，みずからがじかに損害をこうむった当事者ではなく，非当事者であってもある種の感情経験を覚え，それこそ「他人事ではない」という反応をしてしまうという点である．従来，感情研究はおもに，ある事象が個体に降りかかったときに，その当事者である個体が経験する感情をターゲットにしてきたといえるが，考えてみれば，私たちは日常，他者に降りかかったネガティブな事象に，共感的に苦痛を感じたり，いい気味だという感情を覚えたりするし，また他者にポジティブな事象が降りかかった場合には，共感的喜びを覚えるいっぽうで，強烈なねたみを経験したりする（Smith, 2000）．実のところ，こうした感情も，いまここでの個体の適応という観点からは理解が難しく，やはり長期的な視点でみた場合の関係性あるいは集団内の利害バランスの調整等になんらかのかたちで関与している可能性が想定されるのである．

4　ポジティブな感情のはたらき

　ここまでの記述は，相対的に多くネガティブな感情を想定したものであったといえる．それは，ある意味，心理学における感情研究が，圧倒的にネガティブな感情を中心に展開されてきたことと無関係ではない（Niendenthal et al., 2006）．ネガティブな感情が，たとえば悲しみならばひきこもりや抑鬱，怒りならば攻撃性や心臓血管系の病のように，種々の問題と結びつきやすいのに対し，**ポジティブな感情**においてはその度合いが弱いため，一般的に注意を引くことが少なく，また，一部の論者（例：Izard, 1977; Tomkins, 1962）を除き，ポジティブな感情にはいかなるものが存在するのか，

それを明確な基準をもってリストアップするような作業でさえも相対的に立ち後れてきたといわざるをえない（Fredrickson, 1998）．しかし，近年，いわゆるポジティブ心理学（*8）への注目が高まってきていることもあり，こうした現状は徐々に改まりつつあるようである．喜び，充足，興味，愛といったポジティブな感情のそれぞれについて，その性質と機能を精細に問おうとする動きが着実に生じてきているのである．

こうした流れのなかで，ポジティブな感情の多くに通底する機能として着目されているのが「アンドゥアー（undoer）」としてのはたらきである．ネガティブな感情が，ある行為を迅速に準備すべく生体のホメオスタシスを崩すのに対して，ポジティブな感情は，そのいったん崩れたホメオスタシスを効率的に「**復旧・回復させる**（undo）」ことに寄与しているのではないかというのである（Levenson, 1999）．ネガティブな感情によって生じたホメオスタシスの崩れは，内臓や心臓血管系をはじめ，身体各所に大きな負荷をかける．それが長期化すれば，当然のことながら，生体にさまざまなマイナスの影響がおよぶことになる．それに対して，ポジティブな感情はホメオスタシスの回復に寄与し，その有害な影響を弱めることを通して，個体の身体的健康を長期的に維持する役割をはたしていると考えることができるのである（Fredrickson, 1998, 2001）．現にある研究は，映像刺激を通して不安を喚起し心臓血管系の活動を高めたあとに，ふたたび，充足（contentment），マイルドな愉悦（amusement），悲しみ，ニュートラルな状態のいずれかを誘導する映像を呈示したところ，前二者のポジティブな感情の場合で，活性化された心臓血管系の活動がもっともすばやくベースラインにもどったということを報告している（Fredrickson & Levenson, 1998）．

こうしたポジティブな感情の機能は前提としてネガティブな感情が生起した状況ではじめて問題になるといえるわけであるが，それでは，こうした状況にない場合のポジティブな感情の生起にはとりたてて特別な意味は

＊8　喜び，達成感，自信などの人のプラスの感情に焦点をあて，それらをのばし，幸福にみちびこうとする方法を研究する心理学．

●遠藤利彦

ないのだろうか．これについて最近，フレドリクソン（Fredrickson, 1998, 2001）は「**拡張・構築**（Broaden and Build）」モデルという興味深い仮説を提唱している．それによれば，ポジティブな感情は，ネガティブな感情とは逆に，個体の注意の焦点を広げ，個体に，環境からより広くまた多く情報や意味をとりこませたうえで，思考や行動のレパートリーを拡張させるはたらきをしているのではないかという．より具体的には，ポジティブな感情状態にあるとき，人は，記憶のなかの通常は意味的にかなりかけ離れているようなことがらに対して積極的にアクセスし，それらを結びつけることができるようになり，また，より広く一般的な知識構造を活用し，より包括的なカテゴリーで物事を考えることができるようになるため，全般的に創造性が増大する傾向があるらしい（Bless & Fielder, 1995; Isen et al., 1987; Isen et al., 1992）．そのうえ，環境と，ふだんではあまりしないようなかかわり方をし，行為の選択肢や問題解決の方法の幅を飛躍的に広げうるのだという（例：Renninger et al., 1992）．

そして，フレドリクソンは，こうした一連の「拡張」の重要な帰結として，個体が，将来，長期的に活用しうるようになる身体的および心理的なリソースを，着実に「構築」することができるようになると考えている．たとえば，多くの種で認められる，年少個体間の，おそらくは多分に喜びや愉悦をともなった，「少々荒っぽい身体的遊び（rough and tumble play）」は，筋組織や心臓血管系の健全な発達をうながし，また，生涯，種々の危機的状況や社会的衝突等への対処において必要となる多くのスキルの練習機会を提供する可能性があるといったことである．喜びや幸福感は，一般的に，さまざまな課題の学習を動機づけ，それにかかわる能力や技術の向上を導くことになるのだろう．また，興味や好奇感情は，より直接的に，将来，役立つことになる知識のレパートリーを増大させることにつながるものといえる．

さらに，ある個体によるポジティブな感情の表出は，それそのものがそれを感知した他個体にとって一種の社会的報酬としてはたらき，他個体に愉悦をもたらすと同時に，その他個体との関係性の構築や維持に関心があ

ることを表示しうるものと考えられる（Gonzaga et al., 2001）．それは，その時点においても，むろん，大きな社会的機能を有しているわけであるが，そればかりではなく，将来に通じるさまざまな社会的リソースの構築，たとえば安定したポジティブな人間関係の確立や互恵的な規範の発達や維持においても，きわめて重要な役割をはたしうるものといえるだろう．

5　感情の顕在的非合理性・潜在的合理性

　冒頭で述べたように，感情は，**非合理的**で役に立たない，それどころかときに破壊的ですらあるといったあつかいを長く受けてきたといえる．そして，本章ではここまで，そうした否定的な感情観を打ち消すべく，種々の知見を示し，感情にひそむ多様な機能について概観・考察をおこなってきたわけである．ただし，それは，むろん，感情があらゆる側面において機能的であるとか合理的であるということを主張するものではさらさらない．当然のことながら，感情には，非合理的なところもあれば，合理的なところもあるのである．それは，感情が機能的・合理的にはたらく場合とそうでない場合とがあるという意味でもあるが，もう1つ，きわめて反機能的・非合理的にみえる感情の性質が，別の視点からみると，同時に，機能的でも非合理的でもあるということをも意味する．ここでは，一見，**顕在的には非合理的**にみえるもののなかに，実は感情のもっとも**合理的な側面**が潜在している可能性があることについて多少とも論考しておくことにしたい．

5.1　先行事象とのかかわりにおける非合理性・当該事象とのかかわりにおける合理性

　電話で突然，信頼していた友人から罵詈雑言を浴びせられ，悲しいやら悔しいやらで，明日が締め切りの卒業論文がまったく書けなくなってしまったとしたら，私たちは，人に感情というものがなければどんなによ

●遠藤利彦

かったかと一瞬,思い,その非合理的な性質をうらむに違いない.しかし,この場合,その感情を非合理的といいうるのはあくまでも,それに先行してあった卒業論文の作成とのかかわりにおいてである.しかし,感情の原因を作った当該事象とのかかわりでいえば,電話での会話から生じた悲しみや悔しさあるいは怒りといった感情は,友人との関係の再調整にかかわる種々の行動に否応なく私たちを駆り立て,結果的に誤解を解き友人との関係をもとどおりに回復させてくれるかもしれない.つまり,この例からもわかるように,感情を非合理的と形容する場合,私たちは,感情の原因をなした当該事象よりも,先行事象(あるいはときに後続事象)とのかかわりにおいて,そういっていることが相対的に多い可能性があるということである.感情は,それに先行する思考や行動の視点からすれば,たしかにそれらをかきみだす「ディスオーガナイザー(disorganizer)」ということになるが,当該の事象とのかかわりという視点からすれば,少なからず,ある整合的な認知や行動を組み立てる「オーガナイザー(organizer)」であることが圧倒的に多いものといえる(例:Lazarus, 1991).

5.2 短期的視点からみる非合理性・長期的視点からみる合理性

しかし,かりに当該事象との関係だけで感情をとらえても,やはりそれをとても合理的・機能的とはいえない場合もあるのではないだろうか.実際に人間の感情はあまりに過敏かつ大げさで,本来,生じなくてもいいところで生じてしまうことがきわめて多いといわれている.とりわけ,恐れの感情については,近年,状況に対する認知的評価には必ずしもよらず,ある脅威刺激との単純な接触のみによって,自動的かつ瞬間的に作動する「恐れモジュール(fear module)」の存在が仮定され,瞬時センサーとしての過剰なまでの敏感性があきらかにされてきている(例:Öhman, 2000; Öhman & Wiens, 2004).

たとえば,紅葉をめでるために山を散策している最中に,草むらがざわめいたとしよう.そうした場合,私たちはクマではないかと強い恐れを感

じ，一目散に逃げるかもしれない．しかし，そのざわめきが，本当のところはクマではなく，ただの風のそよぎによるものだとすれば，そこで生じた恐れはむだ以外のなにものでもないことになる．紅葉狩りの絶好の機会を逃すばかりか，必死に走り，たいそうエネルギーを消耗してしまうのだから，そこでかかるコストには無視しがたいものがあろう．信号検出理論の観点からすれば，人の感情およびそれにかられた行動は，決して「ヒット（hit：信号があれば反応）」と「コレクト・リジェクション（correct rejection：信号がなければ無反応）」が正確になされるようなものではなく，実際のところはきわめて「フォールス・アラーム（false alarm：信号がないのに反応）」が多いことが想定され，論理的にみれば，非合理きわまりないものということになる．しかし，確率的にはどんなに小さくとも，人の生死などの重要なことがらにからみそうなことには，たとえとりこし苦労でも少々過敏かつおおげさに，別のいい方をすれば堅実に反応しておく（つまりフォールス・アラームを多く起こす）方が，致命的な「ミス（miss：信号があるのに無反応）」を最小限に食い止めうるという意味で，長期的には，そうする個体の適応性を高度に保証するということがあるのかもしれない（「適応的堅実性」）(Cartwright, 2001)．つまり，いまここという短期的視点をもって，その感情をみればたしかにむだ・あやまり（非合理的・反機能的）であっても，いろいろな場面でそうしたむだな感情を発動する傾向が強い方が，究極的に，より長く生きのびたり，よりうまく繁殖したりするうえで，有利になる可能性が高い（合理的・機能的）ということである．ヒットによって得られる利益（たとえば草むらのざわめきを風によるものと正しく判断して逃げずにすむ）よりも，ミスによってもたらされる損害（草むらのざわめきが本当はクマの動きによるものなのに，そうではないとあやまって判断して結果的にクマに襲われてしまう）の方がはるかに大きいような場合，私たちは，一見するところ非合理的な感情にしたがってふるまった方が，結果的に，より堅実なかたちで高い適応性を手にすることができるのかもしれない．

　また，近年，経済活動の原理や性質を人の感情をからめて理解しようとする「行動経済学」がとみに注目を集めつつあるが，そこであきらかになっ

●遠藤利彦

た人の行動傾向の1つに，人は，利益を眼前にちらつかせるとリスク回避的になるが，逆に損害をちらつかせるとリスク愛好的になるというものがある（多田，2003; 友野，2006）．たとえば，これにかかわる有名な「アジアの疫病問題」(Tversky & Kahneman, 1981) では，アジア由来の疫病撲滅のための対策としてなにがよいかを，問題設定は完全に同じでありながら，利害のいずれに重きをおくかで表現を変えた，2通りのきき方で調査協力者にたずねている．1つは，なにも対策を講じないと600人死亡すると予想される疫病で，（a）600人中200人が助かる方法と，（b）確率1/3で全員が助かり2/3で誰も助からない方法，のいずれがよいかをたずねるきき方であり，もう1つは，（c）600人の内400人が死ぬ方法と，（d）確率1/3で誰も死なず2/3で全員が死ぬ方法，のいずれが適切かをたずねるきき方である．よく考えればわかるように選択肢の（a）と（c）が意味するもの，また（b）と（d）が意味するものは完全に同じである．にもかかわらず，前者のきき方では（a）を選択する者の比率が，逆に後者のきき方では（d）を選択する比率があきらかに高くなるのである．

このことは，人が，助かるという利益に焦点化した表現では確実にそれをとりに行き（リスク回避），反対に，死ぬという損害に焦点化した表現では一か八かのかけに出る（リスク愛好）傾向を有するということを如実にものがたっている．論理的にみれば，同じ設定の2つの問題に対して意思決定の態度を変えるというのはまさに非合理的ということになる．しかしながら，実は，こうした人の感情的判断の傾向も，長期的視点でみると，好転するのか悪化するのか，さきの見通しがおぼつかない不安定な環境下においては，少なくともとれるときには確実にとっておいた方が，また，損害が続く閉塞状況ではさらなるリスク覚悟で一攫千金を狙った方が，結果的に，はるかに高い適応性に通じる可能性も否めないのではないだろうか．そうした意味ではやはり，一見するところの，いまここでの非合理性の背後には，長期的視野からすると，むしろ高い生態学的な合理性がひそんでいるといえるのかもしれない．

さらに，すでにみたように，人の感情のなかには，少なくともそのいま

においては，他者や集団とのかかわりにおいて，あきらかに損をさせて益を遠ざけるものが少なからずあったわけであるが，その蓄積は，長期的な社会的適応や，ひいては究極の生物学的適応を招来する可能性が高いといえたのである．このように，人の感情においては，さまざまな意味において，短期的な視点をとってみた場合と，長期的な視点をとってみた場合とで，その非合理性・合理性のみえ方が大きく異なるところがあるようである．

5.3 理想的環境における非合理性・現実的環境における合理性

　もう一点，感情の合理性・機能性にかかわる議論をしておこう．それは，時間や情報などの資源がじゅうぶんにある場合とそうではない場合で感情のみえ方ががらりと変わるということである．感情は，たいがい，せっぱつまったときに生じる．とっさになにかをしなくてはならないというときに生じるものである．そして，そうした場合にどのような認知処理や行為傾向が生起するのかという問題がくりかえし問われてきたわけであるが，従来は感情が認知や行動に対して概してネガティブな作用をおよぼすことばかりが強調されてきたといえる．たしかに，私たちはよく，たとえば恐れや怒りといった，ある強い感情がからむことがらを思いだすときに，あのとき，もし別の逃げ方をしていればよかったとか，もう少し効果的な抗議をしておけば，いまこんなに困ることはなかっただろうになどということを考えるものである．それはひとえに，感情に駆られた思考や行動が最適のものあるいは合理的なものでは決してなかったという判断がそこにはたらくからにほかならない．

　しかし，そもそも，感情は，ある問題を解くのにじゅうぶんな時間と情報が与えられている場合には，あまり生起しないものである．したがって，その視点から感情的行動の反機能性や非合理性をみても，本来，ほとんど意味をなさないはずなのである．従来，感情にからむ議論は，概して理想的な状況においてできたであろうこととの対比において，感情を反機能

●遠藤利彦

的・非合理的と決めつけることが多かったといえる．しかしながら，感情が現に生起するそれぞれの状況との関連で，そこでの思考なり行動なりをみると，それらはむしろ，その限られた中で，多くの場合，もっとも高い機能性や合理性を発揮しているのだといえるのかもしれない．

　これに関連して，エヴァンズ（Evans, 2004）は，「サーチ仮説」という考え方を提唱している．それは，時間という点からみても外部から与えられる情報という点からみても非常に限定された中で，感情が，そこでの問題解決にかかわる記憶や方略のきわめて効率的なサーチ（探索）と最終的な意思決定とを可能にしているということを強調するものである．そして，それによって私たち人間は，日常，多くの場合，悪しき「ハムレット問題」[*9]におちいらずにすんでいるのだという．さきにふれたダマシオの脳損傷の事例などは不幸にも，まさにこの「ハムレット問題」の呪縛にはまってしまった人たちなのだろう．

　パスカル（1623-1662）が「パンセ」のなかで，感情には純粋理性（規範的合理性）とは異なるそれ固有の理性があると記しているように，感情は，社会的存在であり，また生物学的存在でもある私たち人間における究極の適応度を，独自の合理性の原理（おそらくは「生態学的合理性」あるいは「進化論的合理性」とも呼びうるもの）をもって，高め維持しているところがあるのだろう（Evans, 2001）．しかし，そうした独自の合理性は日常きわめてみえにくいものでもあり，それゆえに古来，感情については否定的な見方が大勢を占めてきたといえるのかもしれない．心理学とその周辺諸科学は，そうした元来，みえにくい感情固有の合理性をどこまで実証的にあばくことができるのか，今後の展開が大いに期待されるところである．

---

*9　シェークスピアのハムレットのごとく，なにをすべきか，瞬時の判断がつかずに延々と考えあぐねる結果，結局，なにもできなくなってしまうという状態．

6 おわりに——両刃の剣としての感情

　本章では感情の機能性および合理性を中心に議論をおこなってきたが，基本的に，感情は私たち人間にとってよくも悪くもはたらく**「両刃の剣」**とみなすべきものである．したがって，当然のことながら，そのマイナスの側面についても正当に認識しておく必要があるといえよう．

　すでに述べたように，そもそも，怒りにしても恐れにしても，ある種の感情は，ある危機的状態に対する緊急反応としてあり，そこでは，自律神経系やそれに連動した身体生理機能が強く活性化されているといえる．これは，闘争や逃走といった行為を可能にするために必然的に生じる過程ではあるが，この状態が瞬時に終わらず，長く続くことになれば，心臓血管系も含めた身体各部に非常に大きな負荷がかかり，結果的にその機能不全が生じたり，あるいは免疫機能に失調が生じたりする可能性も否めない（例：Mayne, 2001）．また，こうした緊急反応にともなう生理的な高覚醒状態は，次なる危機に対して非常に過敏な心理的構えをもたらし，それが抑鬱や攻撃的行動の障害（Dodge & Garber, 1991）あるいは被虐待児特有の行動特性（Davidson et al., 2000）などの形成に深くかかわることも指摘されている．

　また，個体の場違いで無軌道な感情の経験や表出は当然，重要な他者との関係の確立や維持にマイナスに作用したり，その個体が帰属する社会文化的集団の規範に対する違反行為となったりしうる（例：Frijda & Mesquita, 1992; Mesquita, 2001; Shweder & Haidt, 2000）．常軌を逸した感情の発動や他者の感情に対する不適切な反応は，多くの場合，非社会的あるいは反社会的とみなされ，個体の関係や集団のなかでの適応を妨げることが想定されるのである．たとえば，乳児の泣きやぐずりがあまりにもひどく，長く続いたりすると，それが，その養育者等との関係にときにネガティブに作用し，虐待なども含めた不適切な養育をまねいてしまう危険性もある（遠藤, 2002）．

●遠藤利彦

さらに，元来，生物としてのヒトに備わった感情の野生的合理性が，現代の文明的な社会的環境においては必ずしも合致しなくなってきており，一部，無機能・反機能的なものに転化しているという可能性も否定できないところである．さきに適応的堅実性という考え方について言及したが，高度な安全保障システムを作りあげた現代においては，恐れや不安がかつてほどの適応価をもたなくなってきており，それらの過敏な発動は，ひきこもりや種々の恐怖症などのかたちをとって，ときに私たちの社会的適応性をひどくおびやかすものともなりかねないのかもしれない．また，人には，未来のみずからの利害にからみそうなことに対する正負両面の感情反応の強度や持続時間を過剰に評価する傾向があり，人はときにこの大げさな感情予期に引きずられて多大な投資あるいは防御行動などをとってしまい（例：Forgas, 2001; Gilbert & Wilson, 2000），たとえば株などにおいて法外な損害をこうむってしまうようなことも当然，ありうるものと考えられる．

こうした一連の意味からすれば，すでに野生的環境から脱し文明のなかに身をおく私たち現代人において，感情は多くの場合，そのままの発動ではなく，まさにその性質を深く理解したうえで，ある種の知性をもってうまく加工・調節し，また適宜使いわけてこそ機能的という側面が大きいのかもしれない．レヴェンソン（Levenson, 1999）によれば，人の感情は，生活世界に遍在するいくつかの基本的な問題を効率的に処理するために進化の初期段階でデザインされたシンプルで強力なプロセッサーとしての「中核的システム」のみならず，状況の特異性に応じて中核的システムにかかわる入出力を柔軟に調整するよう進化の後段階でデザインされたコントロールメカニズム群としての「周辺システム」からもなっているという．この周辺システムは，事象との遭遇時に，その状況の性質に関する評価を調整することを通して，感情そのものの生起を抑えたり，固定的な反応傾向を変化させたりすることに寄与するいっぽうで，感情表出の段階でも，たとえば社会的ルールに合致した表情や行為をとらせるなどの柔軟な調節をするらしい．また，それは，生涯にわたるさまざまな感情にまつわる学習を広く受け入れ変化しうるものだという．感情進化の背景となった環境か

らはおそらく大きく変質し，より不定型化しまた複雑化した現代の環境においては，そこでの社会的および生物学的な適応を，この周辺システムのはたらきに負うところが大きくなってきているのだろう．近年とみに隆盛になってきている「感情的知性（emotional intelligence）」（例：Barrett & Salovey, 2002; Goleman, 1995; Matthews et al., 2003; Mayer, 2001）（第5章感情知能参照）に関する諸議論も，実のところ，こうした周辺システムの重要性を認識したうえで，そのはたらきをいかに高め，維持しうるかということを追究しているものと理解できよう．

文献

Averill, J. K. (1980). A constructivist view of emotion. In R. Plutchik & H. Kellerman (eds.), *Emotion: Theory, Research, and Experience*, Vol. 1, 305–339. New York: Academic Press.

Barrett, K. C., & Salovey, P. (eds.) (2002). *The Wisdom in Feeling: Psychological Processes in Emotional Intelligence.* New York: Guilford.

Bless, H., & Fiedler, K. (1995). Affective states and the influence of activated general knowledge. *Personality and Social Psychology Bulletin,* 21, 766–778.

Buck, R. (1984). *The Communication of Emotion.* New York: Guilford Press.

Campos, J., Campos, R., & Barett, K. (1989). Emergent themes in the study of emotional development and emotion regulation. *Developmental Psychology,* 25, 394–402.

Cartwright, J. (2001). *Evolutionary Explanations of Human Behaviour.* London: Routledge.［鈴木光太郎・河野和明（訳）（2005）．進化心理学入門．新曜社．］

Cosmides, L., & Tooby, J. (2000). Evolutionary psychology and the emotions. In M. Lewis & J. M. Haviland-Jones (eds.), *Handbook of Emotions,* 91–115. New York: Guilford.

Damasio, A. R. (1994). *Descartes' Error: Emotion, Reason, and the Human Brain.* New York: Putnam.［田中光彦（訳）（2000）．生存する脳．講談社．］

Damasio, A. R. (2004). Emotions and feelings: A neurobiological perspective. In A. Manstead, N. Frijda, & A. Fischer (eds.), *Feelings and Emotions: The Amsterdam Symposium,* 49–57. New York: Cambridge University Press.

Davidson, R. J. et al. (2000). Traumatic stress and posttraumatic stress disorder among children and adolescents. In A. J. Sameroff, M. Lewis, & S. M. Miller (eds.), *Handbook of Developmental Psychopathology (2nd Edition, 723–737).* New York: Plenum.

Dimberg, U. (1982). Facial reactions to facial expressions. *Psychophysiology,* 19, 643–647.

Dimberg, U. (1988). Facial erectomyography and the experience of emotion. *Journal of Psychophysiology,* 2, 277-282.

Dodge, K. A., & Garber, J. (1991). Domains of emotion regulation. In J. Garber & K. A. Dodge (eds.), *The Development of Emotion Regulation and Dysregulation, (3 - 11).* Cambridge: Cambridge University Press.

Dunbar, R. I. M. (1996). *Grooming, Gossip, and the Evolution of Language.* Cambridge, MA: Harvard University Press.［松浦俊輔・服部清美（訳）．（1998）．ことばの起源―猿の毛づくろい．人のゴシップ―．青土社．］

Ekman, P. (1992). An argument of basic emotions. *Cognition and Emotion,* 6, 169-220.

Ekman, P. (1999). Basic emotions. In T. Dalgleish & T. Power (eds.), *The Handbook of Cognition and Emotion,* 45-60. New York: Wiley.

遠藤利彦（1996）．喜怒哀楽の起源―情動の進化論・文化論―．岩波書店．

遠藤利彦（2002）．発達における情動と認知の絡み．高橋雅延，谷口高士（編）．感情と心理学，2-40．北大路書房．

遠藤利彦，小沢哲史（2000）．乳幼児期における社会的参照の発達的意味およびその発達プロセスに関する理論的検討．心理学研究，71，498-514．

Evans, D. (2001). *Emotion: The Science of Sentiment.* New York: Oxford University Press.［遠藤利彦（訳）（2005）．一冊でわかる感情．岩波書店．］

Evans, D. (2004). The search hypothesis. In D. Evans & P. Cruse (eds.), *Emotion, Evolution and Rationality,* 179-192. Oxford: Oxford University Press.

Fehr, E., & Gaechter, S. (2002). Altruistic punishment in humans. *Nature,* 415, 137-140.

Forgas, J. P. (2001). Affective intelligence: The role of affect in social thinking and behavior. In J. Ciarrochi, J. P. Forgas, & J. D. Mayer (eds.), *Emotional Intelligence in Everyday Life: A Scientific Inquiry,* 46-63. New York: Psychology Press.

Frank, R. H. (1988). *Passions within Reason.* New York: Norton.［山岸俊男（監訳）（1995）．オデッセウスの鎖―適応プログラムとしての感情―．サイエンス社．］

Frank, R. H. (2003). Adaptive rationality and the moral emotions. In R. J. Davidson, K. R. Scherer, & H. H. Goldsmith (eds.), *Handbook of Affective Sciences, 891-896.* New York: Oxford University Press.

Frank, R. H. (2004). Introducing moral emotions into models of rational choice. In A. Manstead, N. Frijda, & A. Fischer (eds.). *Feelings and Emotions: The Amsterdam Symposium,* 422-440. New York: Cambridge University Press.

Fredrickson, B. L. (1998). What good are positive emotions? *Review of General Psychology,* 2, 300-319.

Fredrickson, B. L. (2001). The role of positive emotions in positive psychology: The Broaden-and-Build theory of positive emotions. *American Psychologist,* 56, 218-226.

Fredrickson, B. L, & Levenson, R. W. (1998). Positive emotions speed recovery from the cardiovascular sequelae of negative emotions. *Cognition and Emotion*, 12, 191-220.

Frijda, N. H. (1986). *The Emotions*. New York: Cambridge University Press.

Frijda, N. H. (2006). *The Laws of Emotion*. Hillsdale, NJ; Lawrence Erlbaum.

Gilbert, D. T., & Wilson, T. D. (2000). Miswanting: Some problems in the forecasting of future affective states. In J. P. Forgas (ed.), *Feeling and Thinking: The Role of Affect in Social Cognition,* 178-200. New York: Cambridge University Press.

Goleman, D. (1995). *Emotional Intelligence*. New York: Bantam Books.［土屋京子（訳）（1998）．EQ—こころの知能指数—．講談社．］

Gonzaga, G. C., Keltner, D., Londahl, E. A., & Smith, M. D. (2001). Love and the commitment problem in romantic relations and friendship. *Journal of Personality and Social Psychology,* 81, 247-262.

Haidt, J. (2003). The moral emotions. In R. J. Davidson, K. S. Scherer, & H. H. Goldsmith (eds.), *Handbook of Affective Sciences,* 852-870. Oxford: Oxford University Press.

Hatfield, E., Cacioppo, J. T., & Rapson, R. L. (1994). *Emotional Contagion*. Cambridge: Cambridge University Press.

Haviland, J. M. & Walker-Andrews, A. S. (1992). Emotion socialization: A view from development and ethology. In V. B. Van Hasselt & M. Michel (eds.), *Handbook of Social Development: A Lifespan Perspective,* 29-49. New York: Plenum Press.

Isen, A. M., Daubman, K. A., & Nowicki, G. P. (1987). Positive affect facilitates creative problem solving. *Journal of Personality and Social Psychology*, 52, 1122-1131.

Isen, A. M., Niedenthal, P. M., & Cantor, N. (1992). An influence of positive affect on social categorization. *Motivation and Emotion*, 16, 65-78.

Izard, C. E. (1977). *Human Emotions*. New York: Plenum Press.

Izard, C. E. (1991). *The Psychology of Emotions*. New York: Plenum Press.［荘厳舜哉他（訳）（1996）．感情心理学．ナカニシヤ出版．］

Izard, C. E. (1997). Emotions and facial expressions: A perspective from differential emotions theory. In J. A. Russell, & J. M. Fernández-Dols (eds.), *The Psychology of Facial Expression,* 57-77. Cambridge: Cambridge University Press.

Johnson-Laird, P. N., & Oatley, K. (1992). Basic emotions, rationality, and folk theory. *Cognition and Emotion*, 6, 201-224.

Johnston, V. S. (1999). *Why We Feel*. New York: Perseus Books.［長谷川真理子（訳）（2001）．人はなぜ感じるのか？　日経BP社．］

Keltner, D, & and Gross, J. (1999). Fuctional accounts of emotions. *Cognition and Emotion*, 13, 467-480.

Keltner, D., & Haidt, J. (1999). Social functions of emotions at four levels of analysis. *Cognition and Emotion, 13, 505-521.

Keltner, D., & Haidt, J. (2001). Social functions of emotions. In J. Mayne & G. A. Bonanno (eds.), *Emotions: Current Issues and Future Directions*, 192-213. New York: Guilford.

Lazarus, R. S. (1991). *Emotion and Adaptation*. Oxford: Oxford University Press.

Lazarus, R. S. (1999). The cognition-emotion debate: A bit of history. In T. Dalgleish & M. Power (eds.), *Handbook of Cognition and Emotion*, 3-19. Chichester, UK: Wiley.

Levenson, R. W. (1999). The intrapersonal functions of emotion. *Cognition and Emotion*, 13, 481-504.

Lutz, T. (1999). *Crying: The Natural and Cultural History of Tears*. New York: Norton.［別宮貞徳他（訳）（2003）．人はなぜ泣き，なぜ泣きやむのか？―涙の百科全書―．八坂書房．］

Mandler, G. (1975). *Mind and Emotion*. New York: John Wiley & Sons

Markus, H. R., & Kitayama, S. (1994). The cultural construction of self and emotion: Implications for social behavior. In S. Kitayama & H. R. Markus (eds.), *Emotion and Culture: Empirical Studies of Mutual Influence*, 89-130. Washington, DC: American Psychological Association.

Matthews, G., Zeidner, M., & Roberts, R. D. (2003). *Emotional Intelligence: Science and Myth*. London: The MIT Press.

Mayer, J. D. (2001). A field guide to emotional intelligence. In J. Ciarrochi & J. P. Forgas, & J. D. Mayer (eds.), *Emotional Intelligence in Everyday Life: A Scientific Inquiry*, 3-24. New York: Psychology Press.

Mayne, T. J. (2001). Emotions and health. In T. J. Mayne & G. A. Bonanno (eds.), *Emotions: Current Issues and Future Directions*, 361-397. New York: Guilford.

Mesquita, B. (2001). Culture and emotion: Different approaches to the question. In T. J. Mayne, & G. A. Bonanno (eds.), *Emotions: Current Issues and Future Directions*, 214-250. New York: Guilford.

Mesquita, B., & Frijda, N. H. (1992). Cultural variations in emotions: A review. *Psychological Bulletin*, 112, 179-204.

Mineka, S., & Cook, M. (1993). Mechanism involved in the observational conditioning of fear. *Journal of Experimental Psychology: General*, 122, 23-38.

Nesse, R. M. (1990). Evolutionary explanations of emotions. *Human Nature*, 1, 261-283.

Niedenthal, P. M., Krauth-Gruber, S., & Francois, R. (2006). *Psychology of Emotion: Interpersonal, Experiential, and Cognitive Approach*. New York: Psychology Press.

Oatley, K. (1992). *Best Laid Schemes: The Psychology of Emotions*. Cambridge: Cambridge University Press.

Oatley, K., & Johnson-Laird, P. N. (1987). Toward a cognitive theory of emotions. *Cogni-*

tion and Emotion, 1, 29–50.

Öhman, A. (2000). Fear and anxiety: Evolutionary, cognitive, and clinical perspectives. In M. Lewis, & J. M. Haviland (eds.), *Handbook of Emotions (2nd edition),* 573–593. New York: Guilford.

Öhman, A., & Wiens, S. (2004). The concept of an evolved fear module and cognitive theories of anxiety. In A. S. R. Manstead, N. Frijda, & A. Fischer (eds.), *Feeling and Emotions: The Amsterdam Symposium,* 58–80. Cambridge: Cambridge University Press.

Planalp, S. (1999). *Communicating Emotion: Social, Moral, and Cultural Processes.* Cambridge: Cambridge University Press.

Printz, J. J. (2004). *Gut Reactions: A Perceptual Theory of Emotion.* Oxford: Oxford University Press.

Renninger, K. A., Hidi, S., & Krapp, A. (1992). *The Role of Interest in Learning and Development.* Hillsdale, NJ: Lawrence Erlbaum Associates.

Ridley, M. (1996). *The Origins of Virtue.* Oxford: Felicity Bryan.［岸由二（監修），古川奈々子（訳）（2000）．徳の起源．翔泳社．］

Shallice, T., & Burgess., P. (1991). Higher-order cognitive impairments and frontal lobe lesions in man. In H. S. Levin, H. M. Eisenberg, & A. L. Benton (eds.), *Frontal Lobe Function and Dysfunction,* 125–138. London: Oxford University Press.

Shweder, R. A., & Haidt, J. (2000). The cultural psychology of the emotions: Ancient and new. In M. Lewis & J. M. Haviland-Jones (eds.), *Handbook of Emotions,* 397–414. New York: Guilford.

Skinner, B. F. (1948). *Walden Two.* Englewood Cliffs, NJ: Prentice-Hall.［宇津木保（訳）（1983）．ウォールデン・ツー：森の生活—心理学的ユートピア—．誠信書房．］

Smith, H. R. (2000). Assimilative and contrastive emotional reactions to upward and downward social comparison. In J. Suls, & L. Wheeler (eds.), *Handbook of Social Comparison: Theory and Research,* 173 – 200. New York: Kluwer Academic / Plenum Publishers.

Solomon, R. (2003). *What is an Emotion: Classic and Contemporary Readings? (2nd edititon).* New York: Oxford Unviersity Press.

Solomon, R. (2004). On the passivity of the passions. In A. S. R. Manstead, N. Frijda, & A. Fischer (eds.), *Feeling and Emotions: The Amsterdam Symposium,* 11–29. Cambridge: Cambridge University Press.

多田洋介（2003）．行動経済学入門．日本経済新聞社．

Tomasello, M., Kruger, A. C., & Ratner, H. H. (1993). Cultural Learning. *Behavioral and Brain Sciences,* 16, 495–552.

Tomkins, S. S. (1962). *Affect, Imagery, and Consciousness: Vol. 1: The Positive Affects.* New York:

Spring-Verlag.

友野典男 (2006). 行動経済学―経済は「感情」で動いている―. 光文社新書.

Tooby, J., & Cosmides, L. (1990). The past explains the present: Emotional adaptations and the structure of anscestral environments. *Ethology and Sociobiology,* 11, 375-424.

Trivers, R. L. (1985). *Social Evolution*. Menlo Park: Benjamin Cummings.［中嶋康裕, 福井康雄（訳）(1991). 生物の社会進化, 産業図書.］

Tversky, A. & Kahneman, D. (1981). The framing of decisions and the psychology of choice. *Science*, 211, 453-458.

第2章

表情認知と感情

吉川左紀子

> 表情　感情　扁桃体　上側頭溝　表情動画　視線
> 社会的メッセージ

1　表情と感情

　人の**感情**や感情の変化を知りたいと思うとき，私たちは，相手の顔を見，**表情**の変化に注目する．おそらくそこに，その人の心の状態を知る手がかりがあることを経験的に知っているからであろう．人の感情を知るには，たとえば言葉で直接たずねることもできる．しかし私たちの日常的な対人場面をかえりみると，言葉よりも，表情やしぐさのような，顔や身体に直接あらわれた感情を「真の感情」の手がかりとして，より信頼しているように思われる．たとえば，プレゼントをわたしたときに，少し困った表情で「ありがとう」と言われたことを想像してみよう．おそらく，ほとんどの人は，言葉で表現された感謝（喜び）よりも，表情にあらわれた困惑に，その人の真の感情を感じとるのではないだろうか．ポーカーフェイスということばがあるように，人は，真の感情を意図的に隠すこともできる．しかし，ふと過去の楽しい記憶がよみがえって，思い出し笑いをしてしまった経験や，落ちこんでいるときに，家族や友人に表情からそのことを言いあてられた経験がまったくない人はいないのではないだろうか．つまり顔

の表情は,「こころの状態」という直接は目に見えないものを周囲の人が知るための手がかりであり,人と人のコミュニケーションの中で,「こころ」や「気持ち」の相互理解を支える重要な視覚メディアなのである.

　表情にはどのような感情があらわれ,人はそれをどのように認知しているのかを明らかにする試みは,1960年代から,アメリカの心理学者を中心に精力的におこなわれてきた(例:Ekman, 1982; Izard, 1971).表情からどのような感情が読みとられるのか.そしてそれらの感情は,人種や文化のちがいによらず,人は認知することができるのか(Ekman & Friesen, 1975).1990年代までの表情認知研究は,おもにこうした問いをめぐって研究が進められ,喜び,怒り,悲しみ,恐怖,嫌悪,驚きのようないわゆる基本感情や基本情動とよばれる少数の感情をあらわす典型的な表情が,人種や文化のちがいをこえて認識できることが示されてきた(Carroll & Russell, 1996; Ekman, 1992, 1994; Izard, 1994; Russell, 1994, 1995).

　1990年代になって,表情認知研究の流れにいくつかの大きな変化が生じ,2000年以後は,表情に関する研究数が急増している.そうした変化の1つとしてあげられるのは,表情が他者に対する社会的信号であり,他者の行動に影響をおよぼす**社会的メッセージ**としての機能をもつという,行動生態学の考え方が表情認知研究に影響を与えたことである(Fridlund, 1994).たとえば,会話中に相手にむけられるほほえみは,喜びの感情をあらわしているというよりもむしろ,相手に対して会話の継続をうながす社会的信号とみなされる(Chovil, 1997; Russell & Felnandez-Dols, 1997).また,社会的文脈が表情認知におよぼす影響について検討したキャロルとラッセルは,表情とともに与えられる文脈情報がことなると,基本感情をあらわしているはずの表情写真でも,かならずしもその感情をあらわす表情として認知されないことをしめした(Carroll & Russell, 1996).こうした結果は,表情の意味が,エクマンらが仮定していたように,眉,眼,口の形などによって一意に決まるのではなく,見る人のおかれている文脈や課題状況のちがいによって変動する相対的な性質をもっていることをしめしている.たとえば,眉根が寄り口角のさがった表情は,ある状況では「怒り」の表情にみえる

かもしれないし，別の状況では「深刻な悩み」の表情とみられるかもしれない．表情の意味が，表出する側（エンコーダー）と認知する側（デコーダー）のおかれている社会的状況や両者の関係によって左右されることに着目する研究は，あたらしい表情認知研究の可能性をひらくものとして重要である（Hess & Phillippot, 2007）．

　1990年代以後の表情認知研究を特徴づける2つめの要因は，研究の技術的側面の進歩にかかわっている．モーフィング（morphing）と呼ばれる画像処理技術によって，複数の表情画像からあらたな表情画像を合成し，さまざまな感情強度をあらわす表情や，2つのことなる表情の中間的な表情などを作成することが可能になった．それによって，表情のもつ視覚的な特性とそこから読みとられる他者の心的状態との対応関係が，より厳密に分析できるようになってきた．顔写真のモーフィングは，もともと複数の顔画像を合成して平均顔を作成したり，個人の顔の個性を強調したカリカチュアを作成したりするなど，顔の個性の認知や顔の記憶研究の中で使用されていたのだが，表情認知にも応用されるようになったのである（Rhodes et al., 1987; Perrett et al., 1994; Calder et al., 1996; Young et al., 1997）．また，この技法の応用によって，ある表情から別の表情へとなめらかに変化する，変化する表情の映像（**表情動画**）を作成することも可能になる．このような表情画像を表情認知研究の素材として駆使することで，それまでの自然な表情写真では明らかにするのがむずかしかった，表情認知の特徴が検証できるようになってきた（Kamachi et al., 2001; Sato et al., 2004; 吉川と佐藤, 2001）．

　さらに，1990年代以後の表情認知研究の進展に大きな影響をおよぼしたのが，脳機能画像法（brain imaging）などの神経科学的手法をもちいた，表情認知にかかわる神経機構の研究である．健常な人が表情を見ているときに，脳のどの領域に活性化がみられるのか，表情があらわす感情のちがいによって関与する脳領域にちがいがあるのかといったことを，脳内の血流変化を手がかりに，詳細に調べることが可能になった．そうした知見にもとづいて，表情認知に関するあたらしい説明モデルも提案されている（Adolphs, 2002; 河村と鈴木, 2006）．

●吉川左紀子

本章ではまず，怒りなどの威嚇をあらわす表情の知覚優位現象や表情と**視線**の相互作用など，最近の研究で報告されている表情認知の特徴について，その概要を紹介し，そうした表情認知の特性が，神経科学的な知見とどのように結びつくかをしめしたい．つづいて，モーフィングの画像処理技術をもちいて作成された，変化する表情（表情動画）をみているときの，脳機能画像法をもちいた研究と，心理実験からえられている表情動画の認知の特徴について紹介する．これまでの表情認知研究は，心理学でも神経科学の領域でも，静止画の表情写真をもちいているものがほとんどで，さまざまに変化する表情の認知過程についての研究は数少ない．日常生活のなかで人がみている表情のほとんどは表情の変化であり，そうした表情の動きから他者の感情を読みとっていることを考えると，表情動画をもちいた研究は非常に重要である．動きをともなう表情を人はどのように知覚しているのか，静止した表情画像の認知とことなる点はなんなのだろうか．動きをともなう表情の認知に関する心理学研究や神経科学研究はまだはじまったばかりの段階といえるが，これまでの研究から，表情の動的変化は，表情知覚を促進し，知覚者の内部により強い情動処理を喚起し，変化速度のちがいから微妙な感情のニュアンスのちがいを読みとり，さらに，見ている表情と類似した，自発的な表情表出を生じさせることがわかってきた．

2　見えやすい表情——怒り表情の知覚優位性

　見えやすい表情，という点で注目される現象に，怒り表情の知覚優位性がある．この現象は，1988 年，怒り・喜び・中性の表情写真の視覚探索課題をもちいた研究ではじめて報告された（Hansen & Hansen, 1988）．この研究でもちいられた課題は，表情写真を縦横同数，ならべて提示し，すべてが同じ表情の写真であるか，ことなる表情写真が 1 枚混じっているかを判断させるものだった．判断するまでの反応時間を測定した結果，中性表情（真顔）のなかに提示された怒り表情は，怒り表情のなかに混じった中性の顔よりもすばやく検出されることが示された．その後，オーマンらが，線

画で描いた単純な図顔をもちいてこの結果の追試をこころみた（Ohman et al., 2001）．図2-1は彼らの実験でもちいられた表情図顔の例である．彼らの研究では，怒りと友好性をあらわす図顔の眉・目・口の形状は，上下のむきがことなるだけでパーツの形状は2つの表情間でまったく同一であり，表情の意味がことなる以外は，知覚的な要因は厳密に統制されていた．実験の結果，怒りの図顔が含まれている刺激図版に対する反応時間が，友好顔のときの反応時間よりもみじかく，怒り表情の知覚優位性が確認された．彼らはさらに，悲しみや狡猾さを示す図顔をもちいた視覚探索課題もおこない，怒り表情の知覚優位性が，不快表情一般について同様に生じるのか，怒りという威嚇の意味をあらわす表情にきわだってみられる現象なのかを検討している．その結果，他の不快情動をあらわす図顔よりも怒り顔に対してとくに正答率が高く，判断までにかかる時間もみじかいことがわかった．

怒り表情の知覚優位性は，顔写真を刺激としてもちいた研究でも報告されている．佐藤と吉川は，非常に知覚しにくい状況で怒り・喜び・中性の表情写真を提示し，それぞれの表情写真の知覚精度を測定した（佐藤と吉川, 1999）．課題は，表情写真を左右いずれかの周辺視野に0.1秒間，瞬間的に提示し，その直後に複数の表情写真をならべたテスト・パネルのなかから，実験参加者は自分が知覚した表情写真を選択するという見本照合課題だった．これはかなり難しいため，実験参加者の多くは，実験が終わったあと自分の回答には自信がないと報告していたが，結果は予想を裏切るものだった．怒り表情の顔写真の知覚精度は中性表情の顔写真の知覚精度よりもきわだって高く，条件によっては7割を越える正答率で，喜び表情はその中間の成績，中性表情はチャンス・レベルの正答率に近いほど低い成績だったのである．実験参加者が答えを選択するテスト・パネルには，複数の怒り表情の顔写真が含まれており，この課題は，そのなかから見たと思った1枚を選択するものだった．したがって，この結果は単に怒り表情の認識率が高かったことを示すのではなく，怒りをあらわす個々の顔の知覚自体，正確だったことを意味している．つまり，怒っている顔は「よく

●吉川左紀子

中性顔　　友好顔　　脅威顔

図 2-1 Ohman et al.（2001）で用いられた表情図顔.

見える」のである．

　興味深いことに，視覚探索や見本照合のような，表情を「見る」精度を調べる知覚課題ではなく，記憶課題をもちいて表情のちがいによる影響を調べてみると，怒りではなく喜び表情をあらわす顔の記憶成績がよいことがしめされている．自分に対して笑顔をむけている顔のほうが，怒り表情の顔よりも，よく記憶されるのである（D'Argembeau et al., 2003）．怒り表情をすばやく見わけたり正確に知覚したりすることができる心的機構をもつことは，自分に危害を加えるかもしれない相手をみつけるという危機対応の心のしくみとして適応的である．同様に，長期的な人間関係をつくる可能性があるのは，怒りのような脅威信号ではなく，ほほえみや笑いのような，友好的な信号を送る他者であることを考えると，顔の記憶課題で，喜び表情の記憶優位性がみられることは，脅威表情の知覚優位性と並んで，人の社会行動を支える認知機能を示す現象として重要である．表情は，他者のうちにある感情をあらわすと同時に，その表情を見ている人のうちにも感情を喚起する．怒り表情が喚起する恐怖感情は瞬時の知覚を促進し，喜びの表情や笑みが喚起する快の感情は，長期的な情報の保持を促進する感情なのかもしれない．他者の表情があらわす感情に呼応して生まれる知覚者の感情は，他者のうちにある感情の理解だけでなく，他者の同定や記憶にも深くかかわっているのである．

3　なににむかう感情か──表情知覚と視線

　表情の意味を読みとるしくみが重要なのは，それが単に相手の気持ちを

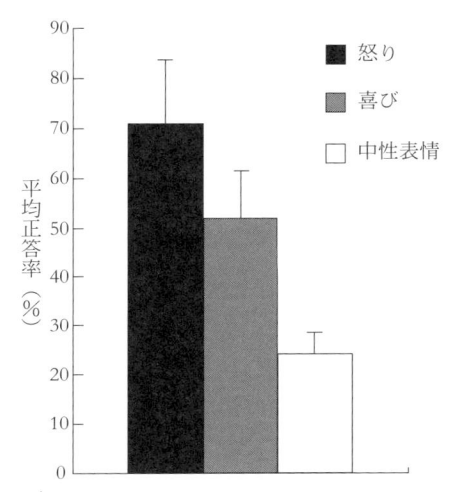

図 2-2 見本照合課題における怒り，喜び，中性表情の正答率．
（佐藤と吉川，1999）

理解するのに役立つというだけでなく，他者との相互行為やコミュニケーションという，行動遂行のための情報源となるからである．その意味で，相手の表情自体の意味だけでなく，その表情が誰にむけられているのか，という他者の注意方向も表情と同様，重要な意味をもってくる．私たちは，相手の表情が，「自分に対して」親和的なのか敵対的なのか，という点に関して，きわめて敏感である．目の前にいる人の怒りや笑顔が自分にむけられているのか，あるいは周囲にいる他者にむけられているかを正しく判断できなければ，その状況に適応した社会行動をとることはむずかしい．表情認知にかかわる神経科学研究でも，表情知覚と視線方向の検出にかかわる神経機構には共通点が多いことがわかってきた（上側頭溝とその近傍領域，扁桃体など）．さらにこうした神経科学の知見に呼応するように，表情知覚に対して視線方向や顔むきが影響をおよぼすことを示す実験結果が報告されている．吉川と佐藤（2000）は，正面から 45 度斜めむきまで，顔むきがことなる表情画像を左右の周辺視野に瞬間的に提示する見本照合課題

●吉川左紀子

をもちいて,知覚精度を調べた.この手続きでは,斜めむきの表情写真が,視野の中心の左側に提示されるか右側に提示されるかによって,見る人が「自分のほうをむいている」と感じるかどうかがことなる.そのため,見ている人にむかっていると感じられるか否かのちがいのみで同じ表情の知覚精度が変動するのかどうかを検討することができるのである.実験の結果,怒り表情が知覚者の方向をむくときに,知覚精度が高くなることがわかった.これと関連して,アダムスとクレックは,怒りと喜びのような接近的な志向性をもつ感情をあらわす表情では,知覚者の方向に視線がむいている場合に認識が促進され,恐怖と悲しみのような回避的な志向性をあらわす表情では視線が逸れているほうが認識が促進されることをしめしている(Adams & Kleck, 2002).このように,表情を認知するしくみには,知覚する人にとっての重要度や表出者と知覚者の関係に応じて認識効率が調整される,適応的なメカニズムが組みこまれているのである.

4 表情認知の神経機構

これまで報告されている知見にもとづいて,顔・表情知覚にかかわる主要な脳領域をまとめると,図 2-3 のようになる.紡錘状回は,顔に含まれる情報のなかでもとくに個人情報に着目した場合に活動が高まることが知られており,「顔領域(face area)」と呼ばれることもある(Kanwisher et al., 1997).いっぽう**上側頭溝**およびその周辺領域は,表情・視線・口の動きのように,顔のなかでも変化する特性に対して活性化されることが報告されている.このように,個人情報(誰の顔であるか)のような顔の恒常的特性と,表情・視線・口の動きのような動きを伴う特性を処理する脳領域があることは(Haxby et al., 2000; Haxby et al., 2002),1980 年代に顔認知の心理実験データにもとづいて提案されたブルースとヤングの顔認知モデル(Bruce & Young, 1986)の仮定とも一致している.

表情認知,とくに恐怖表情の認知に関係していることが知られているのが側頭葉前方の内側にある一対の神経核,**扁桃体**である.たとえば,恐怖,

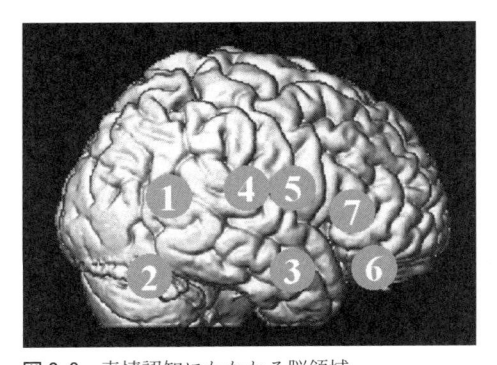

図 2-3 表情認知にかかわる脳領域．
①上側頭溝：表情の視覚分析にかかわる．②紡錘状回：顔知覚にかかわる．③扁桃体．④基底核．⑤島．⑥前頭眼窩野：表情の感情認知，感情喚起にかかわる．⑦運動前野：表情動画に対する運動応答にかかわる．

　喜び，中性の表情写真を見ているときの脳活動を調べた研究では，中性に比べ恐怖や喜びの表情写真を見ているときに，扁桃体が強く活動することが報告されている（例：Breiter et al., 1996）．表情写真と感情名の照合課題や感情強度の評定課題をもちいた研究から，扁桃体損傷患者では，恐怖を中心とした不快な表情の認識成績が低くなることや，不快表情を健常者よりもやや快な感情をあらわす表情と感じる，認知の偏りがみられることが示されている（Sato & Murai, 2004; Sato et al., 2002）．また，嫌悪表情の認知については基底核や島が関与することが報告されている．たとえば，遺伝的な疾病や脳損傷によって基底核に機能障害がみられる患者を対象に，表情写真に対する感情認知課題をおこなったところ，嫌悪に特異的な成績低下がみられたことが報告されている（Calder et al., 2001）．さらに，脳画像研究から，怒り表情に対して前頭眼窩野が高く活動することも知られている（Blair et al., 1999）．

　興味深いのは，感情をあらわす表情を認知する過程で活性化する脳領域，扁桃体・基底核・島・前頭眼窩野はすべて，感情喚起に関連する神経機構であることである．たとえば，扁桃体や前頭眼窩野を損傷することによっ

●吉川左紀子

て，感情の経験や感情をあらわす行動に異常が起こることがしめされており，嫌悪表情の認知に障害がある基底核損傷の患者では，嫌悪感情の主観的な体験もそこなわれることが報告されている．このように，表情認知の脳神経機構に関する知見から，他者の表情があらわす感情を正しく読みとることと，表情を見たときに自己の感情が喚起されることのあいだには密接な関係があることがわかる．このことと関連して，佐藤，吉川，河内山と松村は，怒りの表情を見ているときの扁桃体の活性化の程度は，顔むきが知覚者の方向をむいている場合と，そうでない場合とでことなっており，知覚者の方をむいている場合により活性化が強まることをしめした（Sato et al., 2004）．すなわち，表情を処理する神経機構の活性化は，その表情がしめす感情が誰にむけられているか，という知覚者にとっての意味や価値を反映しているのである．

ところで，さきにあげた，表情認知にかかわる神経機構についての研究のほとんどは，表情写真のような静止画像をもちいて研究がおこなわれている．表情写真でも，その表情があらわす感情はわかるが，私たちが日常見ているのは，動きのある表情である．このような表情を見ているときの脳活動は，表情写真を見ているときとでは，なんらかのちがいがあるのではないだろうか．佐藤，吉川，河内山と松村は，動きのある表情を見ているときの脳の活性化の特徴を，脳機能画像法により検討した（Sato et al., 2004）．あきらかにしたかったことは，従来の研究で顔・表情処理にかかわるとされている脳領域で，表情動画と静止画での活動にちがいがみられるのか，表情動画の処理に固有に関与する脳領域はあるのかという2点であった．図2-4は，モーフィングの画像処理技術をもちいて作成した，表情動画の一例である．

刺激として提示したのは，恐怖と喜びの2種の表情である．表情動画と静止画の知覚時の脳活動では，顔の視覚分析にかかわる脳領域ではつねに，表情動画のほうが静止画よりも高い活性化をしめした．また，恐怖表情の動画像の知覚時に，扁桃体に高い活性化がみられたが，喜び表情では，動画像と静止画像で扁桃体の活動に差異はみられなかった．動画の恐怖表情

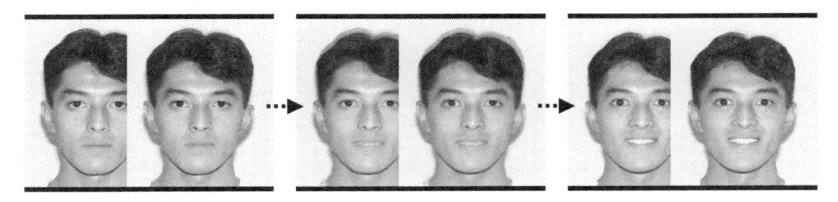

図 2-4 モーフィングによって作成した，中性から喜びまで徐々に変化する表情動画の例．

で扁桃体に高い活動がみられたことは，動きの情報が加わることで，恐怖表情は静止画よりも強い脅威信号となったことを反映しているのかもしれない．佐藤ら（2004）の研究で興味深いのは，表情動画の知覚時に運動知覚，運動プランニングにかかわる脳領域の活性化がみられた点である．これらの領域は，いわゆる「ミラー・ニューロン」と称される，「他者の行為の知覚と自身の行為の実行」の両方に関与するニューロンの存在が示唆される脳領域である（Hari et al., 1998, 第4章参照）．これは，他者の行為を見たときに，同じ行為を自己のなかに「シミュレート」することによって他者の行為を理解するような神経システムと考えられている（Gallese & Goldman, 1999）．表情動画の知覚によってこうした領域に高い活性化がみられたことは，動きをともなう表情が知覚者の表情表出を誘発する可能性が示唆されたといえる．

5 表情の動きと感情

さきに，これまでの表情認知研究のほとんどは，静止画を刺激としたものであったと述べた．これは，基本感情の認知を調べるといった研究目的にとっては，静止画でもじゅうぶんであることや，実際の表情を撮影した動画像を刺激とすると，頭部の動きやまばたきなどの統制が困難であるといった技術的な理由があった．この点で，モーフィング技術を応用して作成した動画は，実際の表情映像ではないが，知覚者からみて違和感がなく自然であり，また統制しやすく実験上の操作が容易であるというすぐれた

●吉川左紀子

利点があることから，好都合の刺激素材である（Calder et al., 1996; Calder et al., 2000）．以下では，こうした表情動画をもちいておこなった表情認知研究例を2つ，紹介しよう．

5.1　表情の動きは知覚を変える

　変化する表情の知覚の特徴を調べるために，運動知覚における「表象モーメント（representational momentum）」という現象に着目して実験をおこなった（Yoshikawa & Sato, in press）．表象モーメントは，運動する物体の出現から消失まで，短時間の視覚事象を知覚したとき，物体の最後の位置が運動の方向にやや行きすぎて知覚されるという，知覚の「ゆがみ（distortion）」である．次第に大きくなる長方形のような，形の連続的な変化についても，同様の表象モーメントが生じることが知られている．もし，表情の変化を見ているときにも，表象モーメント現象と同様の知覚のゆがみが生じるとすれば，中性表情から喜びや怒りに変化する表情動画を知覚したときに，最後に知覚する表情は，実際の表情よりも，より強い感情をあらわす表情として知覚されるのではないだろうか．さらに，表情の変化速度のちがいによっても，表象モーメントの大きさがことなるかもしれない．モーフィングで作成した動画では，動画を構成する画像の提示速度を変えることで，変化速度のことなる表情動画を作成することができるので便利である．

　実験協力者は，モニタ画面で表情動画を見るのだが，モニタの左側には表情動画提示用のウィンドウがあり，右側には反応用のウィンドウがある（図2-5）．反応用ウィンドウの下にマウスで操作できるスライダがあり，それを左右に動かすと，それにともなって右側のウィンドウ内の表情画像が変化し，左側のウィンドウで実際に提示された表情より誇張された表情まで，表情が連続的に変化するしくみになっている．被験者は，表情動画を知覚した直後に右側のウィンドウの表情をスライダで操作し，左側のウィンドウで自分が知覚したと思う表情動画の最終の表情と同じ表情を選

表情動画
提示用
ウィンドウ

反応用
ウィンドウ

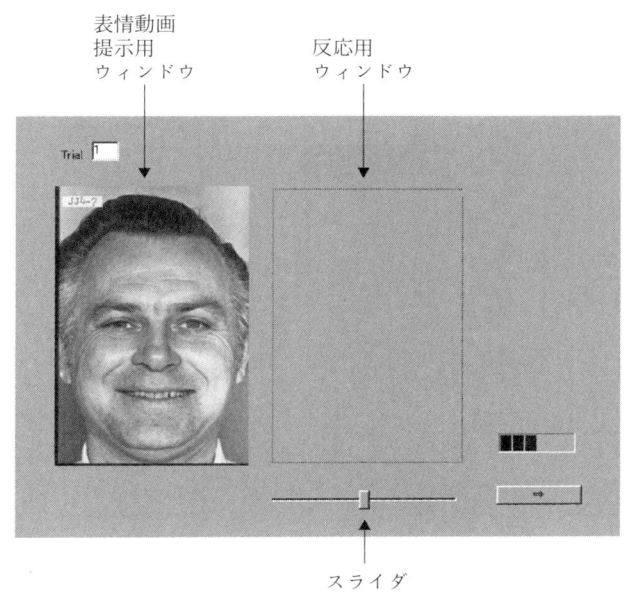

スライダ

図 2-5　表情モーメント実験での表情動画の提示画面.
（Yoshikawa & Sato, in press）

択する．そのあと，左側のウィンドウに，もう一度，さきと同じ表情動画が提示され，被験者はこの動画の最終の表情と自分が選択した表情画像とが一致するかどうか確認し，もし一致しない場合には，再度，スライダで表情画像を選択しなおす．

　こうした2段階の手続きをもちいるのは，最初の表情選択には時間制限がないため，第2段階で，2つの表情の「知覚的一致」を被験者に確認してもらうためである．図2-5は，実験でもちいた表情の提示画面である．実験の結果，変化する表情を知覚すると，変化の最後に見た表情として知覚されるのは，実際の表情よりも誇張された表情であり，表情動画の知覚でも表象モーメントが生じることがあきらかになった（図2-6）．また，誇

●吉川左紀子

第 I 部 感情の基礎

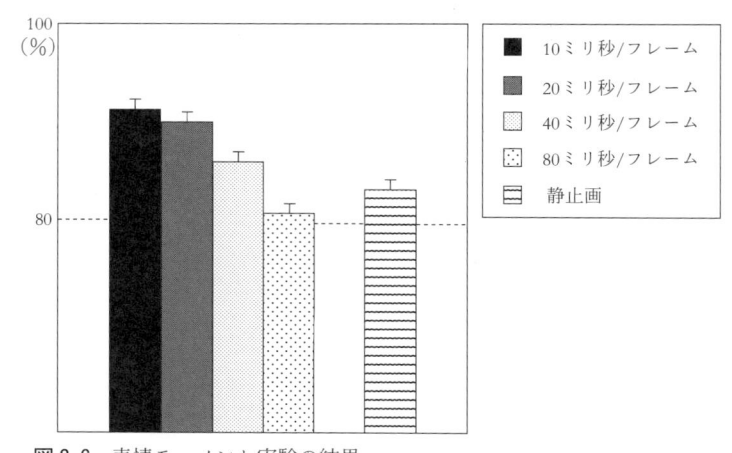

図 2-6 表情モーメント実験の結果．
縦軸の 80％は，表情動画の最終画像．このラインよりも上の数値は，表象モーメントの生起をあらわす．（Yoshikawa & Sato, in press）

張の程度は，表情の変化速度に依存しており，速い変化速度の場合（10 ミリ秒／フレーム）により大きな表象モーメントが生じることも示された．このように，表情の変化という運動情報は，表情の知覚に影響をおよぼし，実際に提示された表情画像よりも変化の方向に強調された表情を知覚することがわかった．動画表情の知覚にみられる表象モーメントは，表情の変化速度が，表情から感情を推測するもっとも初期の段階で，表情の知覚そのものに影響をおよぼすのである．人は，すばやい表情の変化が示す感情の動きを，強い感情を表す表情として「見る」のである．

5.2 表情の動きは模倣的な表情を生じさせる

表情動画の知覚時に，運動前野が活性化する，という神経科学の知見から考えると，変化する表情を見ているとき，知覚者にもなんらかの表情変化が生じるのではないだろうか．

このような，表情知覚時の表情表出については，生後数週間の乳児と大

人とのあいだにみられる発達初期の表情模倣の例がよく知られている（Meltzoff & Moore, 1977）．また，静止画の表情を知覚しているときの表情筋の活動を筋電図により調べた研究によると，知覚している個々の表情の動きに対応する微弱な活動が知覚者の表情筋にみられるという（Dimberg & Thunberg, 1998）．しかしながら，こうした観察が，成人の表情知覚時における表情の模倣的表出に対応して生じている生理反応であるのか否かについてはよくわかっていない．そこで，とくに課題を与えずに表情動画と表情静止画を受動的に注視しているときの被験者の顔面を撮影し，表出された表情の特徴を，眉と口角の動きに着目して分析するという実験をおこなった．表情の表出は，被験者がカメラを意識するか否か，周囲に人がいるか否かといったことによって大きく影響される．そこで，テレビ局で使用されているプロンプタという装置を利用して，被験者がビデオカメラを意識しない状況のもとで，その顔面を正面から撮影し，表情表出の特徴を分析することにした．プロンプタは，テレビモニタとハーフミラーを組みあわせた装置である．被験者の視点からは，正面にモニタ画面の映像がみえているが，それはハーフミラーに反射した映像で，実際には，被験者の正面にビデオカメラが設置され，表情刺激を見ている被験者の表情を撮影する，というしかけになっている．日本人男女の表情写真によって，中性表情から怒り表情，中性表情から喜び表情まで変化する表情動画を作成して実験にもちいた．

　撮影された表情について，試行ごとに，喜びの表出と関連する動きである「口角を上げる」，および怒りの表出に関連する動きである「両眉を寄せる」という2種類に着目して2名の評価者が試行ごとにその有無を評価し，生起頻度を数えて分析した．その結果，全体として口角を上げるという動きの生起頻度が眉を寄せる動きよりも多く，とくに動画の喜び表情を知覚しているときに，静止画の表情よりも生起頻度が高かった．また「両眉を寄せる」という表出は喜び表情よりも怒り表情の知覚時に頻繁にみられることがわかった（図2-7）．さらに興味深いのは，こうした表情表出について被験者自身は無自覚なことである．時間的にも刺激である表情の知覚直

●吉川左紀子

第Ⅰ部　感情の基礎

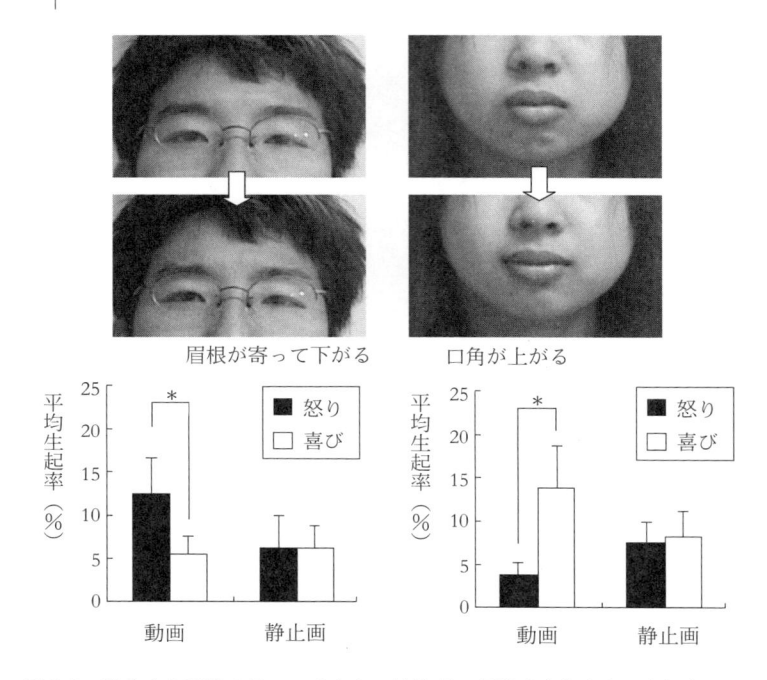

図 2-7　変化する表情を見ているときの被験者の表情表出と表出の生起率．上の写真は，被験者の実際の表情変化をしめす．左は「眉根が寄って下る」，右は「口角が上がる」例．

後に生起していることから，表情の認識後に生じる意図的な模倣ではなく反射的・自動的な性質の表出であることがうかがえる．

　以上のように，表情動画を知覚すると，その表情があらわす情動に対応するような表情表出がみられることがわかった．

6　表情認知と感情——今後の研究にむけて

　本章では，最近の表情認知研究を特徴づける3つの動向について紹介し，つづいて表情認知の神経機構，表情動画の認知研究と話を進めた．最近の表情認知の心理学・神経科学研究の成果が一貫してしめしているメッセー

ジは，端的にいえば，他者の表情を見て，その感情を判断するという表情認知過程に，知覚者自身の情動システムや行為システムが密接に結びついている，ということである．たとえば，脳内の感情システムの要である扁桃体の機能がうまくはたらかない場合には，表情が正しく読みとれなくなり，他者の感情の意味が理解できなくなる．私たちが，相手の怒りの表情をみて不快になったり，笑顔をみて楽しい気分になったりするのも，感情システムの正常なはたらきの故である．他者の表情からその感情を感知し，認識するシステムは，「知覚者自身の感情機能を使って他者の感情の意味を読みとるシステム」といえるのかもしれない．

　ここで，次に問題となるのは，知覚者の側に喚起される情動の性質である．もし，それが表情に含まれる情動と同質であれば，表情認識システムは，「他者（他個体）の情動を自分の情動としてシミュレーションし，それによって他者の情動の意味を理解するシステム」という特性をもっているといえる．

　表情認識における情動システムの機能については，いまのところ，表情のあらわす情動に対して，どのような条件の下で共感的情動が喚起されるのか（例：喜びに対する喜び），あるいは応答的情動が喚起されるのか（例：怒りに対する恐怖）といった基本的な特性もまだよくわかっていない．知覚者が傍観者として表情を眺めているか，コミュニケーションする状況なのか，という社会的文脈の違いが影響している可能性が考えられるし，本章で紹介したいくつかの研究例が示すように，視線や顔むきなどのわずかなちがいが喚起される情動の質に影響をおよぼすことも考えられるだろう．

　表情があらわす感情メッセージを人はどのように解読し，それをどのように自己のコミュニケーション行為に結びつけるのか．「表情認知と感情」研究の要となるこの目標にむかって，あらたな研究の蓄積がとくに期待される領域である．

●吉川左紀子

文献

Adams, R. G. Jr. & Kleck, R. E. (2003). Perceived gaze direction and the processing of facial displays of emotion. *Psychological Science*, 14, 644-647.

Adolphs, R. (2002). Recognizing emotion from facial expressions: Psychological and Neurological mechanisms. *Behavioral and Cognitive Neuroscience Reviews*, 1, 21-61.

Bavelas, J. B. & Chovil, N. (1997). Faces in dialogue. In Russell, J. A. & Fernandez-Dols, J. M. (Eds.), *The psychology of facial expressions*. Cambridge: Cambridge University Press.

Blair, R. J. R., Morris, J. S., Frith, C. D., Perrett, D. I., & Dolan, R. J. (1999). A dissociable neural responses to facial expressions of sadness and anger. *Brain*, 122, 883-893.

Breiter, H. C., Etcoff, N. L., Whalen, P. J., Kennedy, W. A. Rauch, S. L. Buchkner, R. L. Strauss, M. M., Hyman, S. E., & Rosen, B. R. (1996). Response and habituation of the human amygdala during visual processing of facial expression. *Neuron*, 17, 875-887.

Bruce V. & Young, A. W. (1986). Understanding face recognition. *British Journal of Psychology*, 77, 305-327.

Calder, A. J., Rowland, D., Young, A. W., Nimmo-Smith, I., Keane, J., Moriaty, J., & Perrett, D. I. (2000). Caricaturing facial expressions. *Cognition*, 76, 105-146.

Calder, A. J., Young, A. W., Rowland, D. & Perrett, D. I. (1997). Computer-enhanced emotion in facial expressions. *Proceedings of the Royal Society*. London. B264, 919-925.

Calder, A. J., Young, A. W., Perrett, D. I., Etcoff, N. I., & Rowland, D. (1996). Categorical perception of morphed facial expressions. *Visual Cognition*, 3, 81-117.

Calder, A. J., Lawrence, A. D. & Young, A. W. (2001). Neuropsychology of fear and loathing. *Nature Review Neuroscience*, 2, 352-363.

Carroll, J. & Russell, J. (1996). Do facial expression signal specific emotions? Judging the emotion from the face in context. *Journal of Personality and Social Psychology*, 70, 205-218.

D'Argembeau, A., Van der Linden, M., Comblain, C., & Etienne, A-M. (2003). The effects of happy and angry expressions on identity and expression memory for unfamiliar faces. *Cognition and Emotion*, 17, 609-622.

Dimberg, U. & Thunberg, M. (1998). Rapid facial reactions to emotional facial expressions. *Scandinavian Journal of Psychology*, 39, 39-45.

Ekman, P. (1982). *Emotion in the human face (2nd edition)*. Cambridge: Cambridge University Press.

Ekman, P. (1992). Argument for basic emotions. *Cognition and Emotion*, 6, 169-200.

Ekman, P. (1994). Strong evidence for universals in facial expression: A reply to Russell's mistaken critique. *Psychological Bulletin*, 115, 268-287.

Ekman, P. & Friesen, W. (1975). *Unmasking the human face: A guide to recognizing emotions from facial expressions*. Englewood Cliffs, NJ; Prentice-Hall.

Fridlund, A. (1994). *Human facial expression: An evolutionary view*. San Diego, CA: Academic Press.

Gallese, V. & Goldman, A. (1999). *Mirror neurons and the simulation theory of mind-reading. Trends in Cognitive Sciences*, 2, 493–500.

Hansen, C. H. & Hansen, R. D. (1988). Finding the face in the crowd: An anger superiority effect. *Journal of Personality and Social Psychology*, 54, 917–924.

Hari, R., Forss, N., Avikainen, S., Kirveskari, E., Salenius, S., & Rizzoralli, G. (1998). Activation of human primary motor cortex during action observation: A neuromagnetic study. *Proceedings of the National Academy of Sciences*, U.S.A., 95, 15061–15065.

Haxby, J. V., Hoffman, E. A., & Gobbini, M. I. (2000). The distributed human neural system for face perception. *Trends in Cognitive Sciences*, 4, 223–233.

Haxby, J. V., Hoffman, E. A., & Gobbini, M. I. (2002). Human neural systems for face recognition and social communication. *Biological Psychiatry*, 51, 59–67.

Hess, U. & Philippot, P. (2007). *Group dynamics and emotional expression*. New York: Cambridge University Press.

Izard, C. E. (1971). *The face of emotion*. New York: Appleton-Century-Crofts.

Izard, C. E. (1994). Innate and universal facial expressions:Evidence from developmental and cross-cultural research. *Psychological Bulletin*, 115, 288–299.

Kamachi, M., Bruce,V.,Gyoba, J., Yoshikawa, S., & Akamatsu, S. (2001). Dynamic properties influence the perception of facial expressions. *Perception*, 30, 875–887.

Kanwisher, N., McDermkott, J., & Chun, M. M. (1997). The fusiform face area: A module in human extrastriate cortex specialized for face perception. *Journal of Neuroscience*, 17, 4302–4311.

河村満, 鈴木敦命 (2006). 表情認知の神経機構. 神経進歩, 50, 116-126.

Meltzoff, A. N. & Moore, M. K. (1977). Imitation of facial and manual gestures by human neonates. *Science*, 198, 75–78.

Ohman, A., Landqvist, D., & Esteves, F. (2001). The face in the crowd revisited: A threat advantage with schematic stimuli. *Journal of Personality and Social Psychology*, 80, 381–396.

Perrett. D. I., May, K. A., & Yoshikawa, S. (1994). Facial shape and judgements of femjale attractiveness. *Nature*, 368, 239–242.

Rhodes, G., Brennan, S., & Carey, S. (1987). Identification and ratins of caricatures: Implications for mental representations of faces. *Cognitive Psychology*, 19, 473–497.

Russell, J. A. (1994). Is there universal recognition of emotion from facial expression?: A Review of cross-cultural studies. *Psychological Bulletin*, 115, 102–141.

Russell, J. A. (1995). Facial expressions of emotion: What lies beyond minimal

●吉川左紀子

universality?: *Psychological Bulletin*, 118, 379-391.

Russell, J. A. & Fernandez-Dols, J. M. (1997). *The psychology of facial expressions.* Cambridge: Cambridge University Press.

Sato, W., Kochiyama, T., Yoshikawa, S., Naito, E., & Matsumura, M. (2004). Enhanced neural activity in response to dynamic facial expressions of emotion: an fMRI study. *Cognitive Brain Research*, 20, 81-91.

Sato, W., Yoshikawa, S., Kochiyama, T., & Matsumura, M. (2004). The amygdala processes the emotional significance of facial expressions: an fMRI investigation using the interaction between expression and face direction. *NeuroImage*, 22, 1006-1013.

Sato, W., Kubota, Y., Okada, T., Murai, T., Yoshikawa, S., & Sengoku, A., (2002). Seeing happy emotion in fearful and angry faces: Qualitative analysis of the facial expression recognition in a bilateral amygdala damaged patient. *Cortex*, 38, 727-742.

Sato, W. & Murai, T. (2004). Characteristics of the involvement of the amygdala in the recognition of emotional expressions: a review of neuropsychological research. *Psychologia*, 47, 125-142.

佐藤弥, 吉川左紀子 (1999). 情動的表情による顔知覚促進効果. 電子情報通信学会技術研究報告 HCS, 99-26, 19-26.

吉川左紀子, 佐藤弥 (2000). 表情の初期知覚過程における顔向き依存性. 日本認知科学会第 17 回大会発表論文集, 46-47.

吉川左紀子, 佐藤弥 (2001). 表情動画に対する自由記述の分析―情動カテゴリーおよび速度による差を中心に―. 京都大学教育学研究科紀要, 41, 51-58.

Yoshikawa, S. & Sato, W. (in press). Dynamic facial expressions of emotion induce representational momentum. *Cognitive, Affective, and Behavioral Neuroscience.*

Young, A. W., Rowland, D., Calder, A. J., Etcoff, N. L., Seth, A., & Perrett, D. I., (1997). Facial expression megamix: Test of dimensional and category accounts of emotion recognition. *Cognition*, 63, 271-313.

第3章

感情と言語

楠見　孝・米田英嗣

> 概念　イメージスキーマ　スクリプト　文化　比喩　擬態語
> 物語理解　状況モデル　感情理解　身体化認知

　本章の1節では，感情経験の言語表現について，認知的観点から検討する．私たちは，自分があるいは相手が経験している感情を解釈し，言語的なラベルを貼る（例：恋をしている）．さらに，感情状態を会話やメールなどで相手に伝えたり，日記などに記録したりするためには，言語による表現が必要である（例：好きだ）．さらに，こうした感情経験を想起するためには，言語的ラベルが手がかりになる（例：初恋）．

　こうした感情経験の言語表現は感情に関する知識にささえられている．それは，大きくわけると（a）感情語（例：「愛」という語の意味），（b）表情や身体の表出（例：「どきどきする」ことの意味），（c）自他の感情を解釈するための「素人理論（naive theory）」「通俗理論（folk theory）」（例：恋愛のスキーマ・スクリプト，意味ネットワークなど）によって構成されている（Russell & Lemay, 2000）．

　ここでは，感情の言語表現とそれをささえる知識が，感情経験による生理・身体的喚起状態の影響を受けるとともに，社会・文化的に形成された感情に関する言語的知識の両方の影響を受けて構成される過程を検討する．図3-1に示すように，感情経験から言語表現を生成するための表象の階層として，おもに身体的な感覚・運動入力の影響を受ける「感覚・運動レベ

第Ⅰ部　感情の基礎

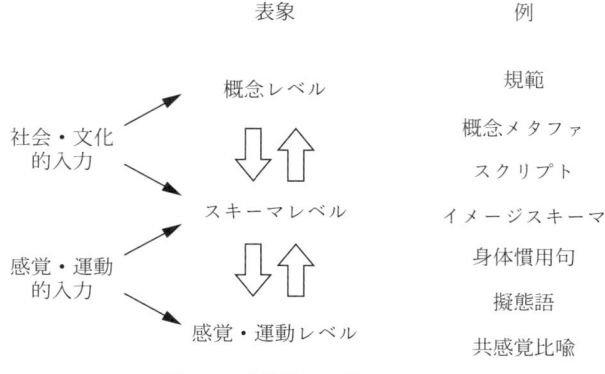

```
                  表象              例

                概念レベル          規範
 社会・文化                       概念メタファ
   的入力         ⇓⇑            スクリプト
              スキーマレベル      イメージスキーマ
 感覚・運動       ⇓⇑            身体慣用句
   的入力                         擬態語
             感覚・運動レベル       共感覚比喩
```

図 3-1　感情言語の階層モデル.

ル」，感情に関する知識の影響を受ける「概念レベル」，両者の影響を受けその中間に位置する「スキーマレベル」を設定する．そして，感情経験の言語表現をささえる3つの表象レベルの相互関係をあつかう．とくに，「身体化された認知（embodied cognition）」の観点から，感情経験が「感覚・運動レベル」の表象から「スキーマレベル」と「概念レベル」の表象を媒介にして言語表現におよぼす影響について検討する．ここで「身体化（embodiment）」とは，生理的あるいは脳活動だけでなく，筋運動や自己受容感覚的活動の反復パターンによって構成されており，それは，主観的経験に影響するものである（Gibbs, 2006）．これは，「感覚・運動レベル」から「スキーマレベル」の表象への影響にかかわると考えられる．さらに，身体化された感情の言語が，どのように，社会・文化的影響を受けて構成されるのかを「概念レベル」の表象において検討する．

　1節において，感情とかかわる言語を単語，句，文と知識といった観点からとりあげたのに対し，2節では，それらをすべて含む物語理解における主人公と読者の感情の問題について述べ，さらに，読者は主人公の感情状態をシミュレートしているという考えにもとづく身体化認知研究の枠組みでなされた研究を検討する．

1 感情の言語表現

1節では,感情をあらわす比喩表現に着目する.その理由は,感情の言語の多くが,**比喩**にもとづいているためである.ここでは,(1) 感覚・運動レベルの例として,「甘い気分」(味覚形容詞にもとづく共感覚的比喩),「涙を流す」(換喩,身体慣用句),(2) スキーマレベルの例として,「爆発する」(心は容器というイメージスキーマにもとづく比喩),(3) 概念レベルの例として,「愛は戦いだ」(戦いの概念領域のマッピングによる隠喩)などの比喩をとりあげる.そして,これらは,感情に関する認知的なモデルや素人理論・通俗理論を構成していることを述べる.

1.1 感覚・運動レベル——共感覚比喩,音喩と換喩

感情は,3つの段階にわけることができる.第1は,「評価(evaluation)」「選好(preference)」であり,外界からの感覚・運動入力を分析して,「快—不快」「好き—嫌い」などの評価をする段階である.第2は,「気分(mood)」であり,ポジティブ—ネガティブで特徴づけられる比較的弱い主観的な状態が形成される段階である.第3は,感情(情動:emotion)であり,比較的強く分化した自律神経系の反応や表出行動が出現する段階である.

ここでは,第2の感覚入力によって形成された気分や感情をあらわす共感覚的表現(共感覚比喩)と,第3の生理的な身体的運動的変化を表現する擬態語(音喩)と慣用句(換喩)をおもにとりあげる.

◆**感覚語による感情表現——共感覚比喩**

外界からの感覚入力を,意識化する際にもちいる感覚語(明暗,軽重など)は,固有の感覚領域の内容を表現するだけでなく,気分や感情の表現にももちいられる(例:明るい気分,重い気分).楠見(1988a,1988b)は,感覚語の意味次元が,固有の感覚領域だけでなく,気分や感情の表現にいかに

●楠見 孝・米田英嗣

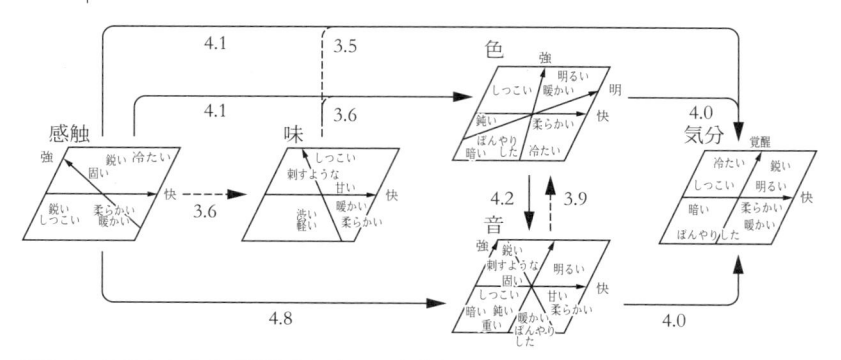

図 3-2 気分を表す共感覚比喩を支える意味空間の同型性.
2次元平面図は類似性判断に基づく多次元尺度法による感覚形容語の布置の例を示す．矢印は，感覚形容語の転用の方向性を示す．共感覚的比喩（例：柔らかい気分：感触→気分）の理解可能性評定値（6段階）が4以上は実線，3.5以上は点線で示した．（楠見，1995a：137，148を改変）

マッピングされるかをあきらかにしている．図 3-2 は，「明るい気分」「重い気分」といった表現のカード分類データにもとづく多次元尺度空間と，評定尺度にもとづく回帰分析によって，感覚語の意味空間における基本次元（快―不快，強―弱）を示したものである．ここで，図 3-2 のように感覚語の意味空間における基本次元（快―不快，強―弱）は気分の次元（快―不快，覚醒―睡眠）と同型の構造（通様相性）があるため，転用が可能である．たとえば，「甘い味」「甘い音」「甘い気分」は快で強度（覚醒）が弱いことを示し，「ぼんやりした色」「ぼんやりした気分」は強度（覚醒）が弱いことを示す．

こうした感覚語の意味次元の共通性は，基本感情（語）の文化的共通性をささえている．

ここで，「感覚形容語＋気分」からなる語句（例：暗い気分）の理解容易性評定（5段階）を求めた結果，触覚（例：重い気分），味覚（例：甘い気分），聴覚（例：静かな気分），視覚（例：明るい気分）のいずれのモダリティの形容詞で修飾しても理解容易性が高い理由は，感覚をあらわす言葉が，その感覚にともなう気分や感情をあらわすためである．とくに，「重い／軽い

気分」「湿った気分」「柔らかい気分」といった触覚的形容詞による表現は，身体化された感情表現の一例と位置づけることができる．

◆**擬態語による感情表現——音喩**

日本語には，感覚と感情を表現する形容語として，「おどおど」「いらいら」などの**擬態語**（オノマトペア）が数多くある．とくに，心の状態を音で表現する擬態語を「擬情語」ということもある．また，語音によるたとえであることから，比喩の一緒である「音喩」として位置づけることができる．これらは，言語伝達において副詞として動詞を修飾して，行動の微妙な調整や情感のこもった表現の生成を可能にする．山内（1978）は，感情を表現する42の擬態語を分類データにもとづく因子分析によって，以下の通り分類している．

「不安」「恐れ」　　（例：ひやひや，どぎまぎ，おどおど，どきどき）
「喜び」「幸福」　　（例：うっとり，うきうき，ほっ，わくわく）
「驚き」　　　　　　（例：ひやっ，ぎょっ，どきっ，びくっ，がーん）
「悲しみ」　　　　　（例：しょぼん，がっくり，くよくよ，がくっ）
「怒り」　　　　　　（例：むらむら，いらいら，つんつん，かっか）

このように擬態語は，表現する感情がほぼきまっている．その理由は，擬音語の起源が，つぎの2つに大きくわかれるためである．すなわち，(a)心拍，息などの身体的変化の音響を言語音に移した擬声語に近い擬態語（例：どきどき，どきっ，ほっ），(b)心理状態を言語音によって象徴的に表現した語音象徴に近い擬態語（例：うきうき，むらむら，かっか）にわけることができると考える．また，擬態語のニュアンスは，語音象徴にささえられている．たとえば，「ひゃっ」「どきっ」「かっ」といった1モーラ（拍）の促音は，「速さ」「短さ」「急な終わり方」という象徴的意味を示している．したがって，書き手は，擬態語を使うことによって，感情による身体的，心理的変化を生き生きと表現でき，いっぽう読み手は，擬態語が表現する

●楠見　孝・米田英嗣

音や動作を通して，臨場感をもって感情の追体験ができる（田守，2002）．これは，身体化された感情の表現の一例といえる．

さらに，感情状態を示す擬態語の多くは，「……する」などの動詞語尾をつけて，下記のように感情による状態の変化を表現することが多い．

「不安」「恐れ」　（例：ひやひやする，どぎまぎする，おどおどする，どきどきする）

「喜び」　（例：うっとりする，うきうきする，ほっとする，わくわくする，にやける，うきたつ）

「驚き」　（例：ひやりとする，ぎょっとする，どきっとする，びくっとする）

「悲しみ」　（例：しょぼんとする，がっかりする，くよくよする，がくっとなる，いじける，ぐずる）

「怒り」　（例：むらむらする，いらいらする，つんつんする，かっかする，むかつく，いらつく，いらだつ）

とくに，動詞語尾「……つく」は下線で示した「むかつく」「いらつく」などの反復形の否定的ニュアンスをもつ擬態語につく．また，動詞語尾「……ける」「……る」も波線で示した否定的ニュアンスをもつ擬態語につく．さらに，これらの擬態語は，「いらいら」「もやもや」などのように名詞にも派生する．他にも複合名詞にもなる「よろめき」「どっきり」などがある（田守，2002：59-70）．このように身体経験をベースにした擬態語は派生によって，感情を表現するさまざまな語彙を生みだしている．

◆**表情・身体部位の慣用句による感情表現――換喩**

感情に関する言語表現，とくに，慣用句には，表情・身体部位の変化（身体化された活動）にもとづくものが多い（例：涙を流す，赤くなる）．ここで，「涙を流す」という結果によって，「悲しむ」という原因を示す比喩を換喩という．これは，「感情の生理的な変化（結果／部分）を言語表現にもちい

て感情（原因／全体）をあらわす」という時間的・空間的隣接関係にもとづく一般的な換喩の原則にもとづいている（Lakoff & Kövecses, 1987）．そこで，感情の身体語彙をもちいた表現を，楠見（1996：38-42）は，5つの辞書，事典の用例と中村（1985），宮地（1982）と星野（1976）の先行研究にもとづいて，用例を収集し分析をおこなった．

　感情の身体語彙表現の用例数は，身体部位によって差異がある．用例数は，図3-3に示すように，顔（例：目，鼻，口）がもっとも多く，姿勢（例：手，足，腰）は少ない．その理由は，顔の表情の変化が，感情の微妙な変化をもっとも表現しやすく，認知しやすいからである．それにくらべると，姿勢や身体部位の変化は，感情の強度がある程度大きく，急激な変化や，持続的状態でないと認知しにくい．

　顔面部位（額，目，頬など）の筋肉や色の変化による感情表現において，もっとも多いのは，「目」である．目の形態は，注目されやすく，また表情が顕著にあらわれる．たとえば，「目を見張る」（驚き）「目を細くする」（喜び），「角を立てる」（怒り），「白い目でみる」（軽蔑）．また，「眉」に関しては「眉をしかめる／ひそめる／寄せる」（不快），「眉を開く」（喜び）がある．

　姿勢や身体部位の反応による感情表現は，感情にともなう身体部位の反応を描写することによって，それを引き起こす感情を表現したものである．身体部位の変化には，「手がわななく」（悲しみ），「身の毛もよだつ」（恐怖）などがある．姿勢の変化には，「肩を落とす」（落胆），「胸を張る」（自慢），「腹の皮をよじる」（笑い），「腰を抜かす」（驚き），「足を空にする」（驚き）がある．

　これらの表現の起源は，現実の表情や身体部位，姿勢の変化を字義どおりに描写したものである．しかし，実際には，身体変化があらわれていなくても比喩的に誇張して使われている．すなわち，これらは，換喩表現として，(a) 表情，身体・姿勢（部分）の記述で，感情（全体）を示す（例：手がわななく→悲しみ），(b) 表情，身体・姿勢の変化（結果）で，感情（原因）を示す（例：息をのむ→驚く）の2通りがある．両者は，区別が難しい

●楠見　孝・米田英嗣

こともあるが，原因-結果の時間的隣接性あるいは部分-全体の空間的隣接性にもとづいている．

1.2 スキーマレベル——イメージスキーマにもとづく比喩

　第2のスキーマのレベルにおける感情の言語表現は，第1のレベルによる知覚・運動的入力や生理的喚起によって形成された表象が抽象化され，言語化されたものである．

　認知言語学者たちは，異なる文化間の感情の比喩表現，慣用句を分析し，それらには文化や言語の差異を越えた共通性があることを指摘している．たとえば，「怒り」に対しては「熱くなる（get hot）」「爆発（explode）」「切れる（burst a blood vessel）」等の比喩表現がもちいられる．こうした表現は，英語，ハンガリー語，中国語，日本語に共通している（Kövecses, 2005b）．その理由は，感情に対応した身体的経験，とくに生理的経験（たとえば，血圧や心拍の上昇）にもとづいて身体化された文化普遍的なイメージスキーマがあり，それが言語表現をささえているためと考えられる（Gibbs, 2006）．ここで，**イメージスキーマ**とは，知覚・運動的なパターンの反復経験を抽象化した，空間関係や動きに関する力動的なアナログ表象である．たとえば，容器のイメージスキーマでは，身体を入れ物とみなして，その内部と外部，バランス，コントロールなどで心理状態をとらえ，表現する（Johnson, 1987; Lakoff, 1987; Lakoff & Johnson, 1999）．ここでは，「喜びがあふれる」「喜びを抑える」といったイメージスキーマにもとづく感情の慣用的な比喩についてとりあげる．

◆内臓の慣用句による感情表現——換喩

　自分自身の内的，生理的変化は，直接的で敏感に認知できるが，他者のそれは認知できない．私たちは，感情のはたらく場や源として，身体の奥にある内臓（胸，腹，肝など）をとらえ，その変化で感情を表現し説明している．感情の身体語彙表現の用例数は，図3-3に示すように，顔のつぎに

第3章 感情と言語

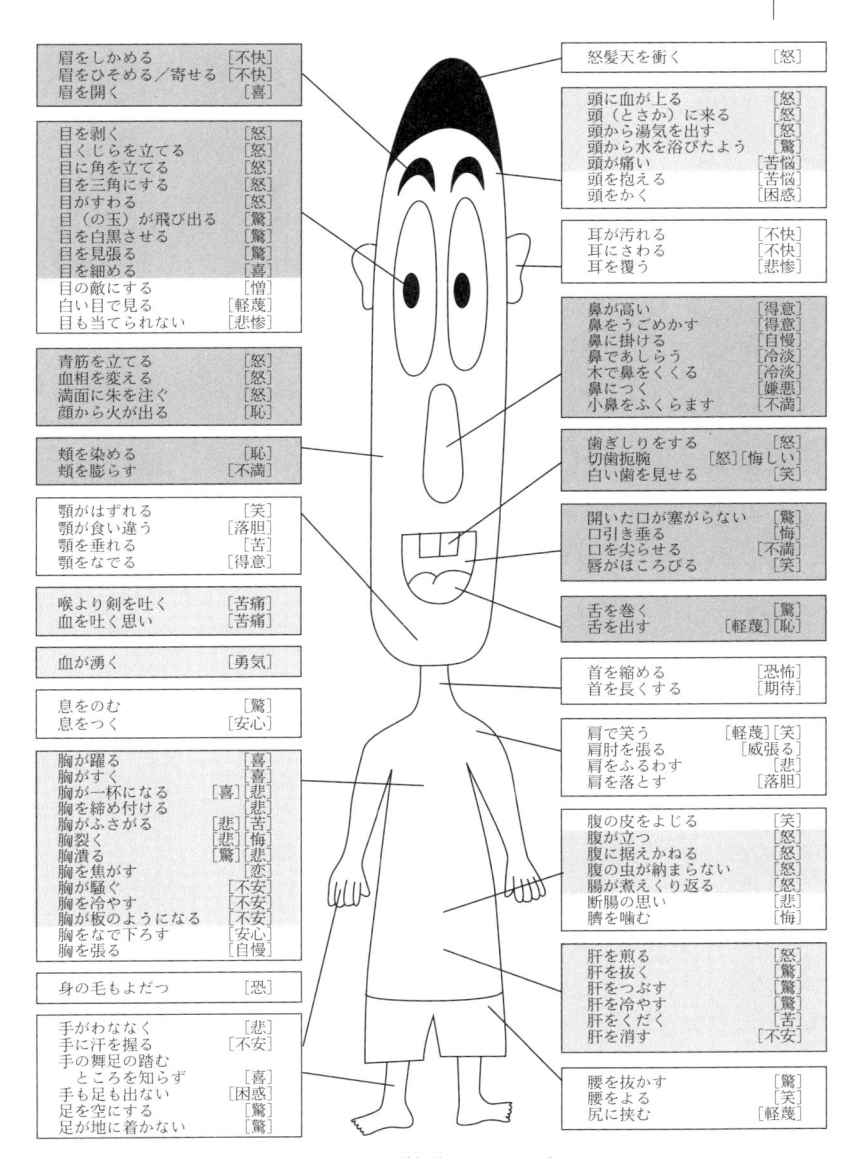

身体部位	表現	感情
眉	眉をしかめる	[不快]
	眉をひそめる/寄せる	[不快]
	眉を開く	[喜]
目	目を剥く	[怒]
	目くじらを立てる	[怒]
	目に角を立てる	[怒]
	目を三角にする	[怒]
	目がすわる	[怒]
	目(の玉)が飛び出る	[驚]
	目を白黒させる	[驚]
	目を見張る	[驚]
	目を細める	[喜]
	目の敵にする	[憎]
	白い目で見る	[軽蔑]
	目も当てられない	[悲惨]
顔	青筋を立てる	[怒]
	血相を変える	[怒]
	満面に朱を注ぐ	[怒]
	顔から火が出る	[恥]
頰	頰を染める	[恥]
	頰を膨らす	[不満]
顎	顎がはずれる	[笑]
	顎が食い違う	[落胆]
	顎を垂れる	[苦]
	顎をなでる	[得意]
喉・血	喉より剣を吐く	[苦痛]
	血を吐く思い	[苦痛]
	血が湧く	[勇気]
息	息をのむ	[驚]
	息をつく	[安心]
胸	胸が躍る	[喜]
	胸がすく	[喜]
	胸が一杯になる	[喜][悲]
	胸を締め付ける	[悲]
	胸がふさがる	[悲][苦]
	胸裂く	[悲][悔]
	胸潰る	[驚]
	胸を焦がす	[恋]
	胸が騒ぐ	[不安]
	胸を冷やす	[不安]
	胸が板のようになる	[不安]
	胸をなで下ろす	[安心]
	胸を張る	[自慢]
	身の毛もよだつ	[恐]
手・足	手がわななく	[悲]
	手に汗を握る	[不安]
	手の舞足の踏むところを知らず	[喜]
	手も足も出ない	[困惑]
	足を空にする	
	足が地に着かない	[驚]

身体部位	表現	感情
髪	怒髪天を衝く	[怒]
頭	頭に血が上る	[怒]
	頭(とさか)に来る	[怒]
	頭から湯気を出す	[怒]
	頭から水を浴びたよう	[驚]
	頭が痛い	[苦悩]
	頭を抱える	[苦悩]
	頭をかく	[困惑]
耳	耳が汚れる	[不快]
	耳にさわる	[不快]
	耳を覆う	[悲惨]
鼻	鼻が高い	[得意]
	鼻をうごめかす	[得意]
	鼻に掛ける	[自慢]
	鼻であしらう	[冷淡]
	木で鼻をくくる	[冷淡]
	鼻につく	[嫌悪]
	小鼻をふくらます	[不満]
歯	歯ぎしりをする	[怒]
	切歯扼腕	[怒][悔しい]
	白い歯を見せる	[笑]
口・唇	開いた口が塞がらない	[驚]
	口引き垂る	[悔]
	口を尖らせる	[不満]
	唇がほころびる	[笑]
舌	舌を巻く	[驚]
	舌を出す	[軽蔑][恥]
首	首を縮める	[恐怖]
	首を長くする	[期待]
肩	肩で笑う	[軽蔑][笑]
	肩肘を張る	[威張る]
	肩をふるわす	[悲]
	肩を落とす	[落胆]
腹・腸	腹の皮をよじる	[笑]
	腹が立つ	[怒]
	腹に据えかねる	[怒]
	腹の虫が納まらない	[怒]
	腸が煮えくり返る	[怒]
	断腸の思い	[悲]
	臍を噛む	[悔]
肝	肝を煎る	[怒]
	肝を抜く	[驚]
	肝をつぶす	[驚]
	肝を冷やす	[驚]
	肝をくだく	[苦]
	肝を消す	[不安]
腰・尻	腰を抜かす	[驚]
	腰をよる	[笑]
	尻に挟む	[軽蔑]

図 3-3 身体語彙にもとづく感情表現.（楠見，1996：39）
身体部位の大きさは用例数に対応する．網掛けは 表情，生理的変化，無印は 姿勢とその他 を示す

●楠見　孝・米田英嗣

内臓（例：胸，腹，肝）にかかわるものが多い（楠見，1996：41-42）．

そのなかでも「胸」に関する用例がもっとも多い理由は，感情喚起による心拍変化が容易に自己認知できるためである．したがって，昔から「心」の座としてとらえられ，さまざまな種類の感情表現に使われている．ここで，「胸」は「心の容器」というイメージスキーマでとらえられ，そのなかの感情という「液体」が「騒ぐ」（不安），「あふれる」（喜び），「熱くなる」（感激），「むかつく」（怒り）という表現がある．また，「心の容器」を「固体」ととらえて，「焦がす」（恋），「締めつける」「裂く」「つぶれる」（悲しみ）という表現もある．

「腹」は怒りの座としてとらえられており，かんしゃくを起こす「虫」がいて「腹の虫がおさまらない」「腹にすえかねる」「腹が立つ」といった「怒り」の表現が多い．また，「堪忍袋の緒が切れる」という表現は，「堪忍袋」が「心の容器」のイメージスキーマに対応し，怒りが蓄積することによって，袋が一杯になり圧力が増して，怒りの抑制ができなくなることを「緒が切れる」と表現している．

「肝」は，「抜く／つぶす／冷やす」などの「驚き」の表現が多い．「肝を煎る」（怒り），「肝をくだく」（苦しみ），「肝を消す」（不安）などがある．「肝」も「心の容器」として考えられるが，これらの感情は，「胸」「腹」で表現した感情状態よりもまれで，強いネガティブな感情状態を示すことが多い．それは，「肝」は「腹」「胸」よりも身体の奥の中心にあるとイメージされているためと考えられる．

また，「頭」にかかわる「頭に血がのぼる」「頭から湯気が出る」「頭（とさか）に来る」といった表現は，「怒り」にともなう血圧の上昇に対応している．怒りは，「腹」から「胸」そして，最後に「頭」にくる（Matsuki, 1995）と考えられる．

こうした感情による内的状態の変化は，直接みることができない．また，描写するための固有の語彙は少ない．そこで，感情の言語表現においては，身体領域の変化（例：体温や血圧の上昇）を物理領域の変化（例：温度や圧力の上昇）で説明する比喩・類推がもちいられている．ここで，つぎに述べ

るイメージスキーマが，比喩表現の一貫性，体系性をささえている．

◆**イメージスキーマによる感情比喩表現**

　感情にかかわる感覚・運動入力は，反復によって抽象的なパターンやスキーマが形成されると考えられる．たとえば，怒りは，体内の圧力（血圧，筋圧）の増大，体温の上昇や顔の紅潮などの生理的変化と，抑えようとするコントロールに失敗すると行動にあらわれる．これらにもとづいて，「熱くなる」「切れる」という表現がもちいられる．またこうした表現はバラバラにあるのではなく，体系性をもっていて，こうした変化パターンが，統合してイメージ化されている．たとえば，「怒り」は前述の「心の容器」イメージスキーマにおける液体の沸騰，「垂直性」スキーマにおける液体の水位の上昇，「コントロール」スキーマと「バランス」スキーマによる心のバランスのコントロール，そして，コントロール不能になり爆発するといったイメージスキーマは，感情の領域に体系的な構造を与え，一貫した比喩表現を生成する（Johnson, 1987; Lakoff, 1987; Lakoff & Johnson, 1999）．以下例をみてみよう．

　「垂直性（方位）」イメージスキーマは，感情の変化を，空間的な上下の方向で構造化するスキーマである．たとえば，「怒り」は「頭にくる」など上昇イメージの比喩が多い．これは，「怒り」によって，「心の容器」内の感情の「液体」が沸騰し，水位が上昇するイメージがあり，「怒りがこみあげる」「逆上する」「いきり立つ」などと表現される．これは，血圧の上昇による「頭に血がのぼる」生理的な主観的経験と対応している．

　「怒り」「悲しみ」「希望」「喜び」「愛」「絶望」「不安」の7つの感情のもつ垂直性イメージスキーマをあきらかにするために，大学生96人に対して，「怒り」などの感情語を「上―下」の両極の7段階評定（－3：下〜＋3：上）で評価させた．その結果，「上」（＋1〜＋3）と評価された基本感情の概念は，喜び（89％），希望（88％），愛（78％），怒り（66％），「下」と評価された感情語は，不安（96％），悲しみ（95％），絶望（89％）であった．評定の一致率は（　）内に示すように，いずれも高かった（Kusumi, in preparation）．また，動詞に関しては，「○が×を―した」という文について，268人の大

学生に，○と×の関係をイメージさせて，方眼紙に○の位置を示して，×の位置を描画させる実験をおこなったところ，「尊敬する」「喜ばせる」「自慢する」「激怒させる」は「上」方向に，「軽蔑した」「絶望させた」「悲しませた」は「下」方向に位置づけられた（平，中本と楠見，2006）．

「バランス」イメージスキーマは，感情が喚起したことによる心身の動揺を，生理的，心理的バランスが失われ，そのバランスを回復しようとする現象として，記述・説明する．したがって，次に述べる「コントロール」イメージスキーマと一緒にはたらいている．こうしたバランスのイメージスキーマは自己の身体の平衡感覚が身体化されたものと考えられる（Gibbs, 2006: 93; Johnson, 1987: 74）．さらに，「**感情は力である（EMOTION IS FORCE）**」という概念比喩（概念に構造を与える比喩を通常の比喩表現と区別するために太字で示す）が，心理的経験領域を物理的経験領域で概念化する役割をはたしている．すなわち，「感情」を物理的あるいは心理的力ととらえることによって，私たちの「心は動かされ（moved）」「強い衝撃を受け（shocked）」，そのことによって「動揺する」「ふらつく」「立っていられなくなる」という隠喩表現が成立する．

「コントロール」イメージスキーマは，自己の感情のコントロールを体系的に記述・説明する．その背後には，「**自己のコントロールは物体のコントロールである（SELF CONTROL IS OBJECT CONTROL）**」という概念比喩がある．感情の喚起によって，心身のバランスが失われると，その感情を沈静化させようと主体は努力する．たとえば，「怒りを抑える／鎮める」では，「怒り」をコントロールされる対象物とみなしている．しかし，「怒り」がコントロールの限界点を越えると，コントロール機構ははたらかなくなり，「怒りが抑えられず，爆発する」のように，怒りの感情が表出する．これは，容器内の液体の温度や圧力が上昇し，コントロールの限界点を越えて，破裂することに構造的に対応する．また，「**自己のコントロールは通常の位置に保つ（SELF CONTROL IS BEING IN ONE'S NORMAL LOCATION）**」という概念比喩は，「自己」を「移動物体」や「探し物」とみなす比喩を派生させる．たとえば，「(怒りで)自分がどこかに行ってしま

う」「自分を見失う」「自分を取りもどす」という比喩表現である（Gibbs, 2006: 20）．

　こうした感情の言語表現をささえるイメージスキーマをあきらかにするために，4つの基本感情「怒り，喜び，悲しみ，幸福」について，112名の大学生にイメージ画を描かせて分析した．その結果，たとえば，怒りに関しては，「爆発」（35%）や「炎」（5%）をあらわすイメージが描かれ，全体の21%が上昇のイメージが描かれていた．いっぽう，「悲しみ」は「落下」（14%），「沈む」（10%）をあらわすイメージが描かれ，全体の45%が下降のイメージで描かれていた（楠見，1993）．こうした結果はEdwards（1986）のアメリカでのデータとよく一致している．こうしたイメージ画が文化を越えて共通性をもつことから，普遍的な感覚運動的表象をベースにしたイメージスキーマが，感情の言語表現をささえていると考えられる．

1.3　概念レベル──感情のスクリプトと規範と比喩

　第3の**概念**レベルは，第1の感覚・運動レベルとそれを基盤とした第2のスキーマレベルの感情言語が，社会的，文化的な影響を受けて，構成されるレベルである．ここでは，感情言語をささえている知識として，感情を引き起こすできごとや生理的変化に関するスクリプトと，感情に関する行動の適不適に関する判断規準である感情規範について検討する．こうした知識は，家庭や学校，メディアなどを通して，社会・文化的に形成され，共有された常識や信念として，感情の理解をささえ，行動を方向づける．それは，感情の比喩表現をはじめとする言語表現にあらわれている（D'Andrade, 1987）．

◆スクリプトとしての感情の知識

　私たちが，感情に関するできごとを理解し，行動しているのは，感情生起やそのコントロールに関する「典型的なシナリオ（prototype scenario）」である**スクリプト**（台本）からなる知識をもっているためである．これは，

自他の感情を理解し，その行動を予測したりコントロールしたりする際に重要な役割をはたしている（Lakoff, 1987）．このスクリプトには，生理的・心理的変化に関する知識や感情表出に関する規範も含まれていると考えられる．たとえば，恐怖のスクリプトは以下の5段階として考えることができる（Kövecses, 2005a; 楠見，2005）．

(1) 危険予感：不安が高まり，心拍数が増加し，震えがはじまる（例：どきどきする，身震いする）
(2) 危険発見：恐怖を引き起こす危険なできごとが起き，驚くとともに戦慄が走る．心臓が速く鼓動し，一瞬，息や姿勢が止まる（例：悪寒が走る，心臓が止まりそうになる）
(3) 回避，克服の試み：逃げようとする．（バランス回復のために恐怖心をコントロールして）落ち着こうとする（例：心を静める）
(4) 回避失敗→恐怖喚起：身体が硬直して逃げられないと，顔の各部位も固まる（例：足がすくむ，顔を引きつらせる，目を見開く，唇がこわばる，蒼白になる）
(5) 回避成功→安心，高揚感：恐ろしいできごとが過ぎ去ったときは，恐怖が低減し，バランスを回復し安心する（例：ほっとする）

このように，スクリプトには，第1レベルであつかった身体的な変化や第2レベルであつかったイメージスキーマも含まれている．ここで，文化的普遍性が高いものは，（血圧や体温の上昇といった）感情の生理的反応パターンや，（回避などの）行為とその準備状態である．いっぽう，文化的差異性が高いものには，感情を引き起こすできごとや，表出のコントロール（表示規則，規範）がある（第6章参照）．たとえば，感情的な表出に関する表現（「怒りを押し殺す」「喜びをかみしめる」）や，社会・文化的感情事象はこれにあたる（例：甘え）．こうした感情スクリプトは，自他の感情理解をささえる素人理論・通俗理論の一部を構成する．感情の素人理論とは，体系的な科学的理論[*1]ではなく，表情や動作を読みとったり，感情にかか

わる言語を理解したりして，自他の感情を記述・説明するための「理論」である．

◆社会文化的な感情概念と規範

感情の言語表現をささえているスクリプト的知識は，どのように行動すべきか，そして，どのような行動が非難されるべきかという適切性判断をささえる規範に関する知識とも結びついている．ここでは，その例として，愛の言語表現をささえる比喩と規範を検討する．

愛は，生殖や配偶，社会的生活を円滑におこなうために，進化した感情であると考えられる．したがって，身体的影響だけでなく，人間関係を規定する社会や文化の影響が大きい．そこで，愛の概念をあきらかにするために，「愛」を刺激語として，概念地図法による連続連想を114人の日本人大学生にさせた．ここでは，白紙の中心部に「愛」を布置し，参加者に「愛」からの複数の連想語をその近傍に書かせた．そして「愛」からリンクを結ぶ．さらに，各連想語から連想された語にリンクを結び，地図のようなかたちを描かせた．その結果，下位カテゴリである恋愛（68%），家族愛（39%）が高い出現率を占めた．さらに，連続連想をさせると，「デート」や「結婚式」などの場面やスクリプトが出現した（楠見，1996：48-50）．なお，カナダの大学生に対して，事例列挙法でおこなった結果では，友情（61%），性的（30%），親の愛（27%）が上位を占めるというように文化差がある（Fehr & Russell, 1991）．

つぎに，大学生317名に，愛の比喩を生成させ，概念に構造を与える比喩（Lakoff & Johnson, 1980, 1999）を参考にして分類したところ，一番多いのは，「炎」「火」といった感情喚起にかかわる「愛は熱／力／狂気である」比喩，2番目は「花」「神様」「海」といった肯定的側面にかかわる「愛は美しい／神聖な／大きいものである」比喩，3番目が「ガラス」「風船」と

---

* 1 たとえば，怒りは心拍数が減少し，筋緊張と血圧が増加するが，いっぽう，恐れは心拍数が増加し，筋緊張が減少するといった生理的反応の差異に関する科学的な知識をもってはいない．

●楠見　孝・米田英嗣

いった愛のはかなさにかかわる「愛は壊れ物／消える物である」比喩，4番目が「パズル」「空気」といった愛を手に入れる難しさをたとえる「愛は難問／つかめないものである」比喩であった．いっぽう，恋愛に関する規範をあきらかにするために，「同性愛禁止」「一対一恋愛（二股をかけない）」「先取り権尊重（横取りしない）」の規範に対する支持不支持を，日本人大学生 354 人に質問紙で調べると，各規範の支持率は，41％，33％，18％であり，反対率も 32％，48％，68％と高かった．さらに，規範についての支持不支持についての理由の言語記述を求めたところ，これらの規範は，他者に対しては規範にしたがうことを求めるが，自分の恋愛感情はコントロールできないという二重規範があった．たとえば，先取り権規範を支持しない理由の記述には，「恋愛感情はコントロールできない」ものとして，「狂気」や「戦い」としての比喩が，いっぽうで，規範を支持する理由としてはおたがいが「傷つく」といた比喩によって語られていた．また，規範を守るべきだと考える規範意識の強い学生群と，恋愛経験が豊富な大学生群は「愛は力である」比喩の産出が多く，恋愛経験が乏しい大学生群は「愛はつかめないものである」比喩の産出が多かった（楠見，1995b，2002）．

　感情が社会・文化的にどのように影響を受けて構成されるかをあきらかにするためには，**文化**のなかで歴史的に形成・伝承された文学作品，ことわざ，警句などで表現された感情の内的経験や行動に関する物語，状況，イメージ，素朴理論などを分析することが考えられる．

1.4　まとめ──感情言語の階層

　感情の言語表現を説明するモデルは，図 3-1 のように身体的な感覚運動的レベルの表象と，それを基盤として抽象化されたスキーマレベル，さらに概念レベルの階層構造をもつ．概念レベルは，社会や文化のなかで，感情表出の規範やスクリプトなどの社会的学習によって形成される．いっぽう，感情のイメージや概念レベルの認知構造は，感情の規範的な表出行動や比喩などの言語表現，さらに文学作品を生み出すことをとおして，文化

を生成，維持，変化させる．このように感情の言語表現は，人類に普遍的な身体化された認知を基盤として，文化に固有の社会的な入力（言語，慣習など）が加わる相互構成的過程を通して構成される（例：北山，1998：第7章参照）．

2 物語理解における感情

2節では，物語理解における感情の問題をとりあげる．物語理解にかかわる感情は，大きくわけて2つある．第1に，テキストに書かれた主人公の感情であり，第2に，テキストを理解する読者の感情である．そこで，本節では最初に主人公の感情に関する研究について述べる．続いて，読解において生ずる読者の感情の研究を概観し，最後に物語理解と感情にかんして，**身体化認知**研究の枠組みから検討する．

2.1 主人公の感情の理解

読者は小説などの物語文を理解するさいに，物語の主人公，物語に書かれた時間や空間などの設定，登場人物の目標やそれをめざす動機といった複数の側面に焦点をあて，物語の一貫した心的表象である**状況モデル**を構築する（Gernsbacher, 1990; Graesser et al., 1994; Kintsch, 1998; van Dijk & Kintsch, 1983; Zwaan & Radvansky, 1998）．図3-4は，米田と楠見（2007）のモデルを修正したもので，**物語理解**において読者が，命題に関する表象であるテキストベースを形成し，そこから状況モデルを構築する過程を図示したものである．ここで，感情は，状況モデルにおいて主人公と読者のなかに含まれていると考える．

読者が物語文章を読む際には，物語の展開構造を把握するだけではなく**物語の主人公の感情状態**を推論している（Gernsbacher et al., 1992; Gernsbacher et al., 1998; de Vega et al., 1996; Komeda & Kusumi, 2006）．ガーンズバッカーら（Gernsbacher et al., 1992）は，さきに読ませた物語の文脈に一致した

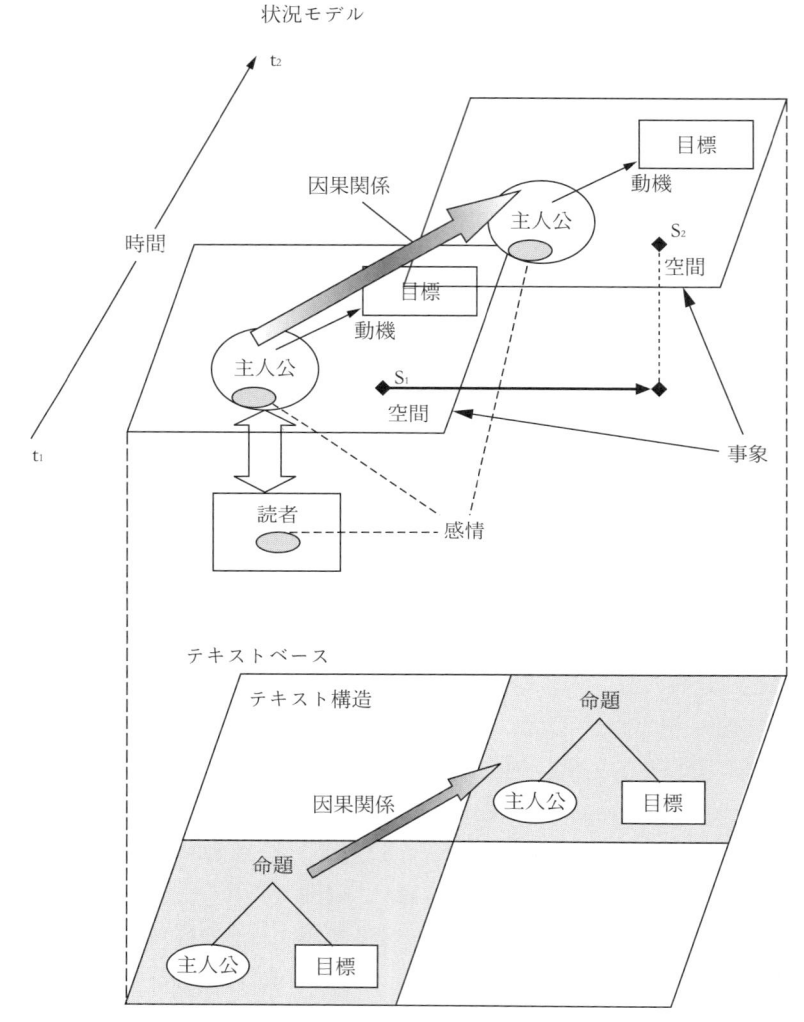

図 3-4 物語理解における状況モデル構築過程.
　読解過程において，読者は文章からその命題表象であるテキストベースを構成し，さらに自身の知識や経験を統合して状況モデルを構築する．状況モデルには，主人公と動機，その目標，時間（t_1, t_2）・空間（S_1, S_2）を結ぶ因果関係が示されている．読者の感情は主人公に含まれている．

感情が記述されたターゲット文よりも，文脈に一致しないターゲット文を読んだときのほうが，読解時間が長くなるという結果を得た．また，罪の意識を喚起させるような文章を読んだあとで単語音読課題を課した場合，不適切な感情をあらわす単語「退屈（boredom）」の反応潜時が，文章に適切な感情を表わす単語「罪（guilt）」の反応潜時よりも長かった．このことは，主人公の感情推論はオンラインの理解[*2]過程で生じていることを示している．

読者は，物語理解において主人公の感情状態をモニターし，読解過程で状況モデルを更新している．デ・ヴェガら（de Vega et al., 1996）は，主人公の感情状態が物語の前半部と一致する感情一致文と，前半部と一致しない感情不一致文を，読解時間をもちいて比較した．その結果，感情不一致文のほうが感情一致文よりも，文の読解時間が長くなった[*3]．彼らは感情不一致文のほうが感情一致文よりも読解時間が長くなったのは，読者が主人公の感情の表象を形成し，読解過程において状況モデルを更新しているからであると結論している．

◆**イベントインデックスモデルと主人公の感情変化**

状況モデルを説明する重要な理論装置の1つとして，「イベントインデックスモデル（event-indexing model）」がある（Zwaan et al., 1995; レビューとして，井関，2004; 川﨑，2005; Magliano et al., 1999; Zwaan & Radvansky, 1998）．イベントインデックスモデルによれば，読者はテキストを理解する過程において，それぞれの「物語事象（event）」に分解し，時間，空間，因果関係，動機，主人公といった5つの異なった状況次元上で結合する．その際，現在の状

[*2] 文章理解において，中断をはさまない即時的な理解のことをさす．オンラインの読解で反応時間が長くなるということは，即時的な理解が困難であることということをあらわしている．

[*3] 読解時間の指標は，文章を理解する際にかかる負荷を反映していると考える．読解時間が長くなるということは，負荷が高くなっていることを示しており，ここでは，先行する状況モデルを新たな状況モデルに更新している際にかかる負荷をあらわしていると考える．

況モデルと新たに構築されるモデルが状況次元を共有（たとえば，同一空間内の事象）しているほど，更新されやすい（Zwaan & Radvansky, 1998）．

米田と楠見（Komeda & Kusumi, 2006）は主人公の感情変化が状況モデルの構築，更新に与える効果をイベントインデックスモデルにもとづいて検討した．物語の前半と後半で主人公の感情が変化する題材をもちい，一文あたりの読解時間に影響をおよぼす変数をあきらかにするために重回帰分析をおこなった．その結果，主人公の感情変化があった場合に文の読解時間が増加しており，主人公の感情変化によって状況モデルは更新されることがわかった．また，感情変化による読解時間の増加は，主人公への共感をうながす読解教示の場合だけではなく，通常の読解教示においてもみられた．以上の結果は，読者は主人公の感情変化を追いながら読解し，感情変化を検出した場合，状況モデルを更新していることを示している．

2.2 物語理解における読者の感情

物語読解の過程において，物語に書かれた主人公の感情とは別に，読者自身にも感情が生起する．あるできごとの変化を読者が表象したときに驚きや興味がまず生じ，できごとの変化と目標状態への達成の関係を評価することによって，次に幸福感や恐れ，怒り，悲しみといった感情が生じる．できごとの理解が成立しないと，興味や驚きといった感情は生まれず，おもしろいという認知的な感情は，物語におけるできごとの展開とその理解によって生まれる（秋田，2001：84）．

米田と楠見（Komeda & Kusumi, 2002）は，物語展開に応じた**読者の感情**変化の視覚化を試みた．ここでは，物語の展開構造を時系列によって序盤，中盤，終盤に分割可能な物語をもちいて，一文ごとに感情連想語を収集した．感情語の連想頻度と物語の展開（序盤，中盤，終盤）にもとづいて対応分析をおこなった結果，図 3-5 のような感情語の布置が得られた．このように，読者の感情は読解の過程においてたえず変化している．

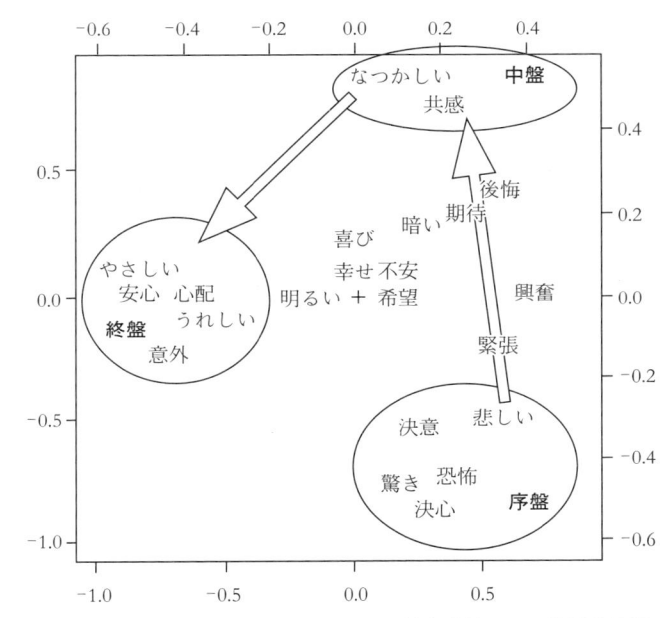

図3-5 物語展開と生起頻度にもとづく対応分析による連想感情語の布置.
物語は24文からなり,序盤は第1文から8文,中盤は第9文から16文,終盤は第17文から24文だった.(Komeda & Kusumi, 2002を修正)

◆読者の感情の役割

マイオール(Miall, 1989)は,読者の感情には3つの役割があるとして,文学作品(ヴァージニア・ウルフの短編小説)をもちいて検討している.3つの役割とは,「領域横断的(cross-domain)」,「予測的(anticipatory)」,「自己準拠的(self-referential)」である.第1の領域横断的というのは,読者が物語を理解する過程において,ある事象(たとえば,主人公に関する事象)に焦点をあてて読んでいたのが,物語の理解が整合的でないと気づいた場合に,新たな事象(たとえば物語の場面設定)をもちいて解釈するようになる.その過程で,読者の感情が重要な役割をはたすということである.第2の予測的というのは,読者は物語を読み進める際に,物語の意味内容をあら

●楠見 孝・米田英嗣

第Ⅰ部 感情の基礎

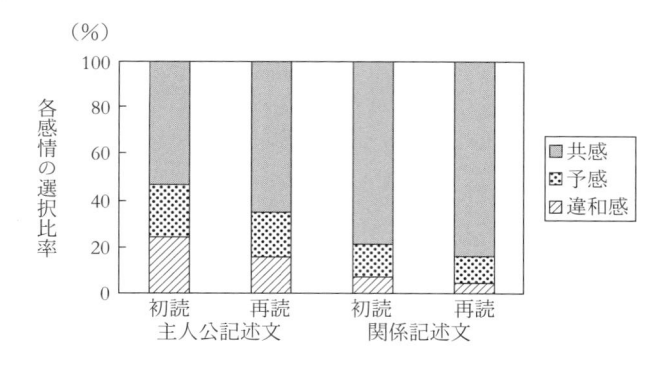

図3-6 初読と再読における感情の変化.
主人公記述文とは，物語の主人公を描写している文であり，関係記述文とは，主人公と他の登場人物との会話など関係性を示している文である．χ^2検定の結果，主人公記述文において違和感が減少し，共感が増加した（$\chi^2(2) = 11.37, p < .005$）．
（米田，仁平と楠見，2005：485）

かじめ構成する作業をおこなっており，生起する感情によって登場人物の行動や思考などを含んだ物語のさきの展開を予測することが，作業のなかに含まれるということである．第3の自己準拠的というのは，読者が物語を読解している際に，読者自身の経験や関心から意味を引き出して，物語の文脈を提供していることである．つまり，読者は共感をしながら読んでいるということである．

さらに，米田，仁平と楠見（2005）は，読者の感情によって各文の重要度がどのように変化するのか検討した．ここでは，短編小説をもちいて，読解の際に物語を一度で最後まで読み終える通読条件と，物語を最後まで読んだあとインターバルを経て最初から最後まで読み返す再読条件を設定し両条件を比較した．実験1の結果，物語を正しく理解する際には，最初の解釈ではうまくいかない場合，新たな解釈の可能性を求めて理解の重点を移すことが示唆され，マイオール（Miall, 1989）の結果を支持した．実験1において理解の重点が変化した要因は読者の感情にあると考えられる．そこで，実験2では重要度評定に加え，違和感，予感，共感といった感情

評定をおこない，物語の前半部を最初に読んだ場合（初読）と結末を知ったあとで読み返した場合（再読）の比較をおこなった．違和感は「既有知識とのズレから生じる反応」と教示し，予感は「既有知識から推論することによって生じる反応」，共感は「登場人物の心情や状況など文に書かれている以上のこともわかる」程度として判断させた．その結果，図3-6に示すように，再読後は，主人公に関して記述した文では違和感が解消されるとともに，共感が増加していたことがあきらかになった．したがって，読者は正しい理解をするために，感情反応を手がかりとして解釈を変更しながら，能動的に読解していた．

◆物語の構造における読者の感情

物語の主人公がこれから起こることについて気づいていないが読者は知っている場合，「未決感（suspense）」（Dijkstra et al., 1994; Gerrig, 1989）や恐怖を感じる．楠見（2005）によれば，読者が怪談などの恐怖物語を好んで読むことは，物語の主人公に感情移入をすることによって生ずる擬似的な恐怖によって刺激を受けるためである．

米田ら（Komeda et al., 2006）は，短編のミステリー小説を題材として物語の前半と後半の読解直後の，読者の怒り，嫌悪，不安，喜び，悲しみ，恐怖，驚きの7つの感情変化を検討した．実験1では，参加者は前半読解後と後半読解後の2回，感情評定をした．実験2では，前半，後半に加え，物語を読み返したあとにも感情評定をした．その結果，実験1では，不安，悲しみ，恐怖，驚きの評定値が前半読解時よりも後半読解時に高くなった．実験2では，悲しみと驚きの評定値が前半読解時よりも後半読解時で上昇し，読み返しによって驚きは低下したが，悲しみは減少しなかった．これらの結果から，読者の驚きは物語の結末を知ったことで解消する一過性の感情であるのに対し，悲しみは，主人公に対する読者の共感や同一化とかかわる，ある程度永続的な感情であることが示された．

●楠見　孝・米田英嗣

2.3 物語理解における身体化認知と感情

1節で展望してきた単語，文レベルよりも高次の心的過程である文章の理解も，**身体化**にもとづいてなされるという知見が近年増加してきた．身体化の仮定にしたがえば，言語理解とは事象を疑似体験することであり，疑似体験するために読者の知覚，運動や行為に関与する身体状態が必要である（Zwaan, 2004）．たとえば，読者は，文に記述された運動の知覚的表象を活性化している（Zwaan et al., 2004）．ズワーンらがおこなった実験は，まず（1）「遊撃手が，あなたに向かってボールを投げた」，（2）「あなたが，遊撃手に向かってボールを投げた」という文を聴覚呈示したあとに，連続した視覚刺激の異同判断をさせるというものであった．結果は，（1）の文を聞いたあとのほうが（2）を聞いたあとよりも，2回目に呈示した刺激が1回目の刺激よりも大きい場合に判断が促進された．（1）の文では物体（この場合はボール）が実験参加者に近づく運動表象を含んでいるのに対し，（2）の文では物体が遠ざかる運動表象を含んでいる．つまり，ボールが自分の方に近づいてくる場合は，物体が大きくなると知覚されるのに対し，ボールが遠ざかる場合は物体が小さくなるようにみえるという実際の知覚をシミュレートした結果，視覚刺激の大きさ判断に影響を与えたと考えられる．

グレンバーグとカシャック（Glenberg & Kaschak, 2002）は，運動情報を含んだ文（例：（1）「引き出しを閉めてください」や（2）「アンディーが私にピザをくれた」など）の意味判断をおこなわせた．反応ボタンは実験参加者の近くと遠く2つに設置した．結果は，実際の手の運動が，文に記述された方向と一致した場合に反応が速かった．たとえば，（1）の場合は，自分の体から引き出しが遠ざかる運動を示すので遠くのボタンに対する反応が促進され，（2）ではピザが自分の方に近づく運動を示すので近くのボタンの反応が促進された．行為記述文の理解は，現実の行動に関与するのと同じ身体状態と神経基盤が必要である．

◆感情理解と読者の身体・神経基盤

　ここで述べた言語理解における**身体化認知**の考えにしたがえば，読者が主人公の感情を理解する際には，読者は主人公の感情状態をシミュレートしていることになる（Glenberg et al., 2005）．つまり，物語の主人公の感情を理解するためには，実際に感情経験をする際に生ずるのと同じ身体メカニズムと神経機序をもちいて理解することが必要である．ここでは，この仮説を支持する研究として，心理実験による研究と「機能的磁気共鳴画像法（functional MRI, fMRI）」をもちいた認知神経科学研究を紹介する．

　グレンバーグら（Glenberg et al., 2005）は，ストラックら（Strack et al., 1988）の顔面フィードバックの手続きをもちいて，主人公の感情状態が快である文と，不快である文を題材として検討した．顔面フィードバックとは，口にペンをはさむ方法を操作することで参加者の表情を特定の形状にさせることによって，参加者に気づかれずに快・不快状態にさせる方法である．実験の結果，主人公の快・不快状態がペン操作によって誘導される快・不快状態と一致する際に，主人公の快・不快の判断が促進された．したがって，主人公の感情に関する理解が，読者自身の身体状態にもとづいておこなわれるという主張が支持された．

　ファスルらは，状況モデル構築における感情情報処理をあきらかにするために，感情形容詞を操作した物語を聴覚呈示し fMRI をもちいて検討をおこなった（Ferstl et al., 2005）．たとえば，「サラはいままでこんなに幸せなことはなかった」というターゲット文を呈示し，ターゲット文の登場人物の感情が前の文脈と合っているかどうかを判断させた．この例の場合，幸福を喚起する文脈が与えられていれば一致と判断させ，不幸を喚起する文脈が与えられた場合は不一致と判断させた．その結果，感情状態を記述した物語を読んだ場合に「腹内側前頭皮質（Ventromedial prefrontal cortex, vmPFC）」[*4] と扁桃体の賦活がみられ，物語の感情情報の理解は登場人物に対する共感とかかわることがあきらかになった．また，ターゲット文の感情が先行する文脈と一致しているかどうかを判断する際には「背内側前頭皮質（Dorsomedial prefrontal cortex, dmPFC）」において賦活がみられた．こ

●楠見　孝・米田英嗣

のことから，登場人物の感情を含んだ物語の内容一致判断は，状況モデルの統合に関与することを示唆した．

2つの実験の結果はともに，感情文章の理解と読者の実際の感情経験がオーバーラップしていることを示している．物語文章に書かれた主人公の感情状態を理解する際に，実際に共感が生じるという知見は，共感のメカニズムを検討する際に物語刺激をもちいることの有効性を示している．

2.4　まとめ――物語理解と感情

物語理解の研究において，従来はあつかわれることの少なかった感情の研究について2節では検討した．読者が，物語文章を読んで一貫した状況モデルを構築するためには，主人公の感情が明示されている場合には正しく読みとり，暗示されている場合には推論をはたらかせ登場人物の感情状態を推測する必要がある（Gernsbacher et al., 1992; Gernsbacher et al., 1998; de Vega et al., 1996）．いっぽうで，読者の物語読解経験において，読者自身にも感情が喚起されることがある．読者の感情は，結末に関するヒントを読者に与えるという点で，物語の正しい理解に重要な役割をはたしていると考えられる（米田・仁平・楠見，2005；Miall, 1989）．

2節で概観したテキストの要因である主人公の感情と，読者の要因である読者自身の感情に加えて，主人公と読者との相互作用として生じる感情（展望として，米田・楠見，2007）の検討も進める必要がある．また，テキストに書かれた主人公の感情状態を読解する際に読者に生じる共感を，fMRIなどの非侵襲的脳機能画像法をもちいて可視化する研究もさかんになりつつある（例：Decety & Chaminade, 2003; Ferstl et al., 2005; Saxe & Powell, 2006）．今後の物語理解における感情の身体化認知研究の展開の1つとして，認知心理学的手法をもちいた実験に，脳機能画像法を効果的に組み合

＊4　内側前頭皮質は，他者の内的状態を推測する際に賦活する心の理論とかかわる脳領域であるといわれている（例：Frith & Frith, 1999）．

わせた研究が考えられる．

〔付記〕本章は，1節を楠見，2節を米田が執筆し，全体のまとめを楠見がおこなった．草稿に関して貴重なコメントを頂いた京都大学大学院教育学研究科の平知宏さん，常深浩平さんに感謝します．

文献

秋田喜代美（2001）．読解過程における情動と動機．大村彰道（監修），秋田喜代美，久野雅樹（編）．文章理解の心理学．北大路書房，80-89.

D'Andrade, R. (1987). A folk model of the mind. In D. Holland & N. Quinn (eds.). *Cultural Models in Language and Thought*. Cambridge University Press.

Decety, J., & Chaminade, T. (2003). Neural correlates of feeling sympathy. *Neuropsychologia*, 41, 127-138.

de Vega, M., Leon, I., & Diaz, J. M. (1996). The representation of changing emotions in reading comprehension. *Cognition and Emotion*, 10, 303-321.

Dijkstra, K., Zwaan, R. A., Graesser, A. C., & Magliano, J. P. (1994). Character and reader emotions in literary texts. *Poetics*, 23, 139-157.

Edwards, B. (1986). *Drawing on the Artist within: An Inspirational and Practicable Guide to Increasing Your Creative Powers*. New York: Simon & Schuster.［北村孝一（訳）（1988）．内なる画家の眼—創造性の活性化は可能か—．エルテ出版.］

Fehr, B., & Russell, J. A. (1991). The concept of love viewed from a prototype perspective. *Journal of Personality and Social Psychology*, 60: 425-438.

Ferstl, E. C., Rinck, M., & von Cramon, D. Y. (2005). Emotional and temporal aspects of situation model processing during text comprehension: An event-related fMRI study. *Journal of Cognitive Neuroscience*, 17, 724-739.

Frith, C. D., & Frith, U. (1999). Interacting minds-a biological basis. *Science*, 286, 1692-1695.

Gernsbacher, M. A. (1990). *Language Comprehension as Structure Building*. Hillsdale, NJ: Erlbaum.

Gernsbacher, M. A., Goldsmith, H. H., & Robertson, R. R. W. (1992). Do readers mentally represent characters' emotional states? *Cognition and Emotion*, 6: 89-111.

Gernsbacher, M. A., Hallada, B. M., & Robertson, R. R. W. (1998). How automatically do readers infer fictional characters' emotional states? *Scientific Studies of Reading*, 2, 271-300.

Gerrig, R. J. (1989). Suspense in the absence of uncertainty. *Journal of Memory and Language*,

28: 633-648.

Glenberg, A. M., Havas, D., Becker, R., & Rinck, M. (2005). Grounding language in bodily states: The case for emotion. In R. Zwaan & D. Pecher (eds.), *Grounding Cognition: The Role of Perception and Action in Memory, Language, and Thinking,* 115-128. NY, USA: Cambridge University Press.

Glenberg, A. M., & Kaschak, M. P. (2002). Grounding language in action. *Psychonomic Bulletin and Review,* 9, 558-565.

Gibbs, R. W. Jr. (2006). *Embodiment and Cognitive Science.* NY, USA: Cambridge University Press.

Graesser, A. C., Singer, M., & Trabasso, T. (1994). Constructing inferences during narrative text comprehension. *Psychological Review,* 101: 371-395.

星野命（1976）．身体語彙による表現．鈴木孝夫（編）．日本語の語彙と表現（日本語講座4）．大修館書店，153-180．

井関龍太（2004）．テキスト理解におけるオンライン処理メカニズム―状況モデル構築過程に関する理論的概観―．心理学研究，75: 442-458．

Johnson, M. (1987). *The Body in the Mind: The Bodily Basis of Meaning, Imagination, and Reason.* Chicago: University of Chicago Press.［菅野盾樹，中村雅之（訳）（1991）．心の中の身体．紀伊国屋書店．］

川﨑惠里子（2005）．文章理解と記憶のモデル．川﨑惠里子（編）．ことばの実験室．ブレーン出版，133-161．

Kintsch, W. (1998). *Comprehension: A paradigm for cognition.* Cambridge, England: Cambridge University Press.

北山忍（1998）．自己と感情―文化心理学による問いかけ―（認知科学モノグラフ9）．共立出版．

Komeda, H., & Kusumi, T. (2002). Reader's changing emotions related to the construction of a situation model. *Tohoku Psychologica Folia,* 61: 48-54.

Komeda, H., & Kusumi, T. (2006). The effect of a protagonist's emotional shift on situation model construction. *Memory and Cognition,* 34: 1548-1556.

米田英嗣，楠見孝（2007）．物語理解における感情過程―読者-主人公相互作用による状況モデル構築―．心理学評論，50: 163-179．

米田英嗣，仁平義明，楠見孝（2005）．物語理解における読者の感情―予感，共感，違和感の役割―．心理学研究，75: 479-486．

Komeda, H., Taira, T, Tsunemi, K., & Kusumi, T. (2006). Readers' affective responses to characters in narrative comprehension. *Poster Presented at 16th Annual Meeting of Society for Text & Discourse.* Minneapolis.

Kövecses, Z. (2005a). Emotion concepts: From anger to guilt. A cognitive semantic

perspective. *Psicopatologia Cognitiva,* 3, 13–39.
Kövecses, Z. (2005b). *Metaphor in Culture: Universality and Variation.* Cambridge, UK: Cambridge University Press.
楠見孝（1988a）．共感覚に基づく形容表現の理解過程について―感覚形容語の通様相的修飾―．心理学研究，58: 373-380．
楠見孝（1988b）．共感覚的メタファの心理―語彙論的分析．記号学研究，8: 237－248．
楠見孝（1993）．感情のイメージスキーマ・モデル―比喩表現を支える概念構造―．日本認知科学会第10回大会発表論文集，58-59．
楠見孝（1995a）．比喩の処理過程と意味構造．風間書房．
楠見孝（1995b）．青年期の認知発達と知識獲得．落合良行，楠見孝（編）．自己への問い直し―青年期―（生涯発達心理学講座4）．金子書房，57-88．
楠見孝（1996）．感情概念の認知モデル．土田昭司，竹村和久（編著）．感情と行動・認知・生理．誠信書房，29-54．
楠見孝（2002）．比喩生成を支える信念と経験―愛の比喩の背後にある恋愛規範と経験―．日本心理学会第66回大会発表論文集，811．
楠見孝（2005）．物語理解における恐怖の生起メカニズム―怪談とメタファー―．表現研究，82: 17-26．
Kusumi, T. (in preparation). Image Schema of Emotion in Drawing and Metaphors.
Lakoff, G. (1987). *Woman, Fire, and Dangerous Things: What Categories Reveal about the Mind.* Chicago: University of Chicago Press.［池上嘉彦ほか（訳）（1993）．認知意味論．紀伊國屋書店．］
Lakoff, G. & Johnson, M. (1980). *Metaphor We Live by.* University of Chicago Press.［渡部昇一ほか（訳）（1986）．レトリックと人生．大修館書店．］
Lakoff, G. & Johnson, M. (1999). *Philosophy in the Flesh: The Embodied Mind and Its Challenge to Western Thought.* NY: Basic Books.［計見一雄（訳）（2004）．肉中の哲学．哲学書房．］
Lakoff, G. & Kövecses, Z. (1987). The cognitive model of anger inherent in American English. In D. Holland & N. Quinn (eds.), *Cultural Models in Language and Thought.* Cambridge University Press.
Magliano, J. P., Zwaan, R. A., & Graesser, A. (1999). The role of situational continuity in narrative understanding. In H. van Oostendorp, & S. R. Goldman (eds.), *The Construction of Mental Representations during Reading,* 219–245. Mahwah, NJ: Erlbaum.
Matsuki, K. (1995). Metaphors of anger in Japanese. In J. R. Taylor & R. E. MacLaurey (eds.), *Language and the Cognitive Construal of the World,* Mouton de Gruyter, 137–151.
Miall, D. S. (1989). Beyond the schema given: Affective comprehension of literary narratives. *Cognition and Emotion,* 3, 55–78.

宮地裕（1982）．慣用句の意味と用法．明治書院．

中村明（1985）．慣用句と比喩表現．日本語学, 4, 28-36.

Russell, J. A., & Lemay, G. (2000). Emotion concepts. In M. Lewis & J. Haviland-Jones (eds.). *Handbook of Emotions*. New York/London: Guilford Press, 491-503.

Saxe, R. & Powell, L. J. (2006). It's the thought that counts: Specific brain regions for one component of theory of mind. *Psychological Science,* 17, 692-699.

Strack, F., Martin, L. L., & Stepper, S. (1988). Inhibiting and facilitating condition of facial expressions: A nonobtrusive test of the facial feedback hypothesis. *Journal of Personality and Social Psychology,* 54, 768-777.

平知宏, 中本敬子, 楠見孝（2006）．日本語動詞の上下イメージスキーマ図式―尊敬は上？　軽蔑は下？―．日本認知心理学会第4回大会発表論文集, 203.

田守育啓（2002）．オノマトペ・擬音語・擬態語を楽しむ．岩波書店．

山内弘継（1978）．言語手がかりによる感情・情緒の心理的測定の試み．心理学研究, 49, 284-287.

van Dijk, T. A., & Kintsch, W. (1983). *Strategies of Discourse Comprehension*. New York: Academic Press.

Zwaan, R. A. (2004). The immersed experiencer: Toward an embodied theory of language comprehension. In B. H. Ross (eds.). *The Psychology Learning and Motivation,* 44, 35-62. New York, NY: Academic Press.

Zwaan, R. A., Langston, M. C., & Graesser, A. C. (1995). The construction of situation models in narrative comprehension: An event-index model. *Psychological Science,* 6, 292-297.

Zwaan, R. A., Madden, C. J., Yaxley, R. H., & Aveyard, M. (2004). Moving words: Language comprehension produces representational motion. *Cognitive Science,* 28, 611-619.

Zwaan, R. A., & Radvansky, G. A. (1998). Situational models in language comprehension and memory. *Psychological Bulletin,* 123, 162-185.

第4章

感情の神経科学

船橋新太郎

> 情動　視床下部　扁桃体　前頭連合野　前頭葉眼窩部
> ソマティック・マーカー　ミラー・ニューロン　恐怖条件づけ
> アイオワ・ギャンブル課題

1　心の表現としての感情

　さっきまであんなに落ちこんでいたのに，いまはすっかり陽気な人に変身している．人の心なんて，あっちへふらふら，こっちへふらふら，風になびく草木のようなものだ，と思うことがよくある．喜怒哀楽の感情は，私たちの心が外に向かって表出した一種の「表現」であり，これによって，私たち自身のいまの心の状態を周囲の人たちに示すことができる．同時に，他の人の喜怒哀楽の感情表現から，その人の心の状態を推測することができる．おたがいの微妙な感情の変化を知ることは，私たちがうまく社会生活を送るうえで不可欠なことがらである．では，喜怒哀楽の感情はどのようなしくみで起こるのだろうか，どのような刺激や体の変化によってどのような感情が生まれるのだろうか，私たちの思考，判断，意志決定など，いわゆる認知機能に感情はどのように影響するのだろうか，私たちから感情がなくなったらどのようになるのだろうか．ここでは，このような疑問に対する答えを考えてみよう．

　感情の変化は私たちの心の変化と密接に関連していると思われることか

ら，感情を生じるしくみや感情を理解するしくみを知ることにより，私たちの心のはたらきの一端をかいまみることができる．そこで，感情を研究することにより人の心を理解できるのではないかと思われるが，感情の研究は，実は容易ではない．たとえば，感情はあくまでも個人の主観的な体験であり，同じ人どうしでも，いまの自分の本当の気持ちを他人に理解してもらうのは難しい．感情は，複雑であると同時にあいまいなものである．自分自身いまの気持ちを相手に伝えるのは容易ではない．また，自分自身の感情であろうと，他人の感情であろうと，なんらかの方法で操作することが難しい．さらに，さまざまな感情を生理学的な指標（たとえば，心拍数，血圧，皮膚電気反射，発汗などの自律神経性の反応）によって定義することは難しい．ある生理学的な反応の組み合わせが生じたとしても，つねに同じ感情が生じるとは限らない．感情はまた文化的，社会的な影響を強く受けるという特徴もある．このように，感情の研究には，視覚，聴覚などの感覚研究にはない，独特の難しさがある．

しかし，動物をもちいた研究，ヒトの臨床的研究，そして最近の脳機能イメージングによる研究などにより，感情の表出，制御，そして理解にかんして，いくつかの重要な知見が得られている．ヒトの感情の理解はどこまで進んできたのか，感情にかかわるいくつかのトピックとともに考えてみよう．

2 「泣くから悲しい」のか，「悲しくて泣く」のか

喜怒哀楽の感情がどのようにして生まれるのかを考えるうえで重要な論争が，かつておこなわれた．それは，「泣くから悲しい」のか，それとも「悲しくて泣く」のか，という論争である（Purves et al., 2004）．19世紀末から20世紀初頭にかけて活躍した心理学者ジェームズ（W. James）は，生理学者ランゲ（C. Lange）とともに，「泣くから悲しい」という考え（ジェームズ・ランゲ説）を提唱した．たとえば，夜中にコンビニエンス・ストアでアルバイトをしているとき，突然覆面をした男が入ってきて，ナイフを出し，

荒々しく「売り上げ金を出せ」といってせまってきたとしたら，どうなるだろうか．心拍数が増加し，手足が震え，冷や汗がどっと出るといった，主として自律神経系の身体反応が無意識のうちに生じるだろう．ジェームズとランゲは，このような身体反応が体に分布する感覚器によって受容され，感覚神経（求心性神経）を通じて感情をつかさどる脳の部位に送られることにより「恐怖」という感情が生まれる，と主張した．悲しいできごとに直面するとその情報が脳に送られ，脳によって「泣く」という身体反応が誘発される．誘発された「泣く」という身体反応の情報が感覚神経を通じてふたたび脳に送られて，「悲しい」という感情が生じる．つまり，「泣くから悲しい」というわけである．

しかしジェームズ・ランゲ説にはまもなく強力な反論があらわれた．キャノン（W. B. Cannon）とバード（P. Bard）が唱えた「悲しくて泣く」という考え（キャノン・バード説）である．キャノンとバードは，ジェームズらが重視した感情にともなう身体反応がなくても感情の生じることがあること，同じ身体反応が起こったとしても，そのときに経験する感情に違いがあること，また，激しい感情（たとえば怒りや恐怖）を生じるときにはさまざまな身体反応が同時に起きるが，このような身体反応の組み合わせを人工的に再現しても，同じ感情が生じることはまれであることなどから，ジェームズ・ランゲ説は正しくないと主張した．

キャノンとバードは，脳のさまざまな場所を実験的に破壊することによって感情にどのような変化が生じるかを検討すると同時に，それまでに得られていた脳の解剖学的・生理学的な知見をもとに，感情の起こるしくみを考えた．彼らの考えたしくみは以下のようなものである．外界で起こったさまざまなできごとは感覚器により受容され，その情報は感覚神経により脳に送られる．脳に送られてきた感覚情報は間脳の視床を経由し，多くは大脳皮質に送られ，さまざまな感覚・知覚を生じる．同時に，視床からの出力の一部は視床下部にも送られる．視床下部は原始的な感覚（たとえば快・不快）や内臓反応，自律神経反応などを制御する中枢で，ここに送られてきた情報により，手足や体の震え，心拍数の増減，発汗などの身

●船橋新太郎

第1部 感情の基礎

体反応が生じる．視床から大脳皮質に送られた情報によるさまざまな感覚と，視床下部に送られた情報による身体反応が統合されてある感情が生まれる，というのがキャノンとバードの考えである．つまり，「悲しくて泣く」ということになる．

キャノンとバードは感情における**視床下部**の役割を重要視したが，その後の研究により，側頭葉の内側部にある扁桃体，さらには前頭葉眼窩部の重要性が指摘されている．視床下部，扁桃体，前頭葉眼窩部が感情とどのようにかかわっているのかを考えてみよう．

3 視床下部と感情表現

左右の半球からなる大脳のほぼ中心部に，隠れるようにして間脳と呼ばれる場所があり，そのなかに視床と呼ばれる場所がある．視床は，多くの核（神経細胞の集団．視床前核や視床背内側核を含む）で構成された複雑な構造で，大脳に入力するさまざまな情報を伝達するニューロンの中継場所であると同時に，大脳からの出力情報を伝達するニューロンの中継場所でもあり，大脳への入出力を制御するという重要な役割をになっている部位である．**視床下部**は，図4-1にみられるように，文字どおり視床の下部にあり，視床と同様に多くの核からなる複雑な構造で，私たちの生存に不可欠なさまざまな機能をになっている．たとえば，空腹感や満腹感を生じることにより摂食行動を調節する，体内の水分量をモニターし，不足していると飲水行動を誘発する，性行動を促進したり，抑制したりする，血圧の調整，心拍数の調節，体温の調節をおこなうなど，いわゆる自律神経機能の中枢としてのはたらきをになっている．

自律神経機能の中枢としてのはたらきに加え，視床下部は**情動**行動の発現にも密接にかかわっている（小野，2006）．たとえば，ラットの視床下部に電気刺激用の電極を埋めこみ，ケージにとりつけたレバーをラットが押すと，埋めこんだ電極から弱い電流が短時間流れ，視床下部の一部が刺激されるようにする．レバー押しによって視床下部後部の外側野が電気刺激

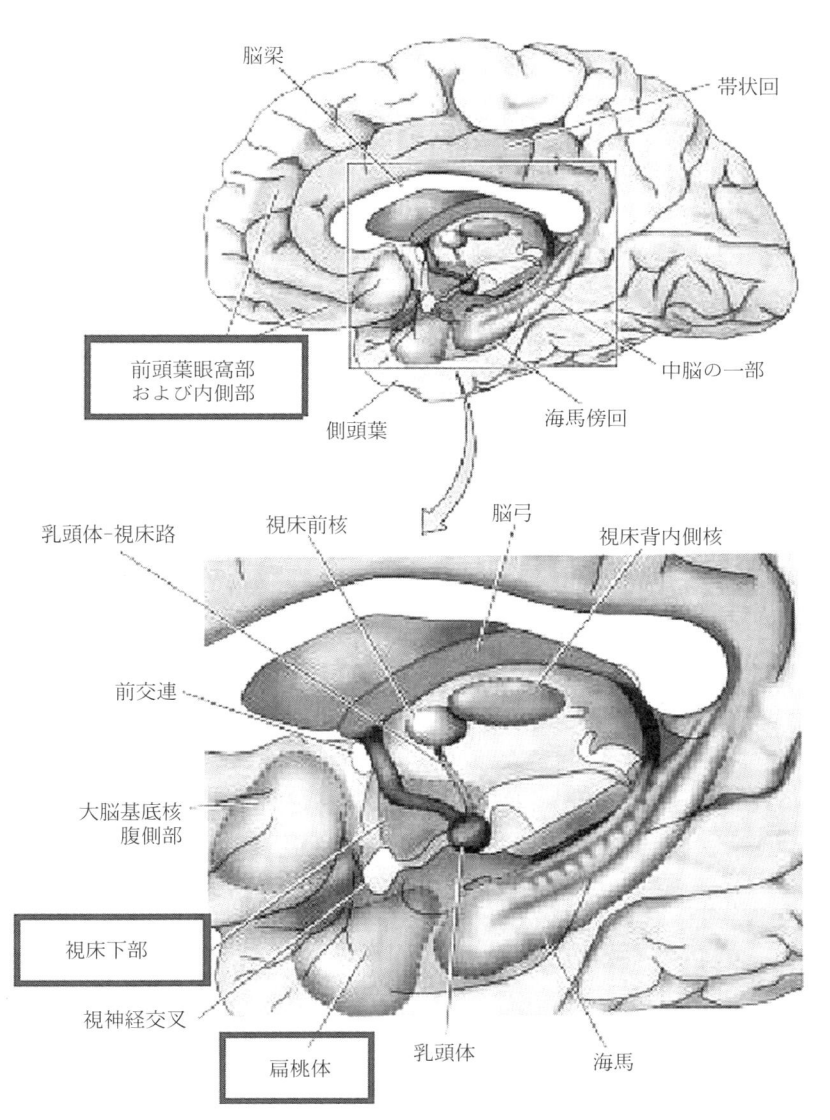

図 4-1 感情にかかわる脳部位.
（Purves et al., 2004 に掲載の図を改変）

●船橋新太郎

されると，ラットは飲水も摂食も忘れ，一心不乱にレバーを押し続けるようになる．この行動はオールズによって最初にみいだされ，「脳内自己刺激（intracranial self-stimulation, ICSS）」と呼ばれた（Olds, 1958, 1977）．いっぽう，視床下部内側部や背側被蓋野がこのような方法で刺激されると，前者とはまったく異なり，ラットは二度とレバーに触れなくなってしまう．

このように視床下部には，脳内自己刺激行動を誘発する場所と，それとは正反対の効果を誘発する場所が存在し，前者では電気刺激が報酬（正の強化子）としての効果を，後者では罰としての効果をもつことがわかる．ヒトの視床下部の電気刺激によっても脳内自己刺激行動が観察され，この場所の刺激によりある種の快感が生まれることから，俗に快楽中枢などと呼ばれることもある．脳内自己刺激行動を誘発する場所は快感と，これとは逆に罰としての効果を誘発する場所は不快感と結びついていると考えられている．このように，視床下部には快感を生じたり不快感を生じたりする場所があり，これらの場所がなんらかの方法で刺激されると，刺激された場所に応じて，私たちは快感や不快感をもつことになる．

いっぽう，視床下部の腹内側核と呼ばれる場所付近を電気刺激すると，動物が突然怒りの行動をとるようになる（小野と西条，2002）．ネコの脳のこの場所を電気刺激すると，横たわっていたネコが突然立ちあがり，両足をぴんとのばし，尻尾を立てる．刺激を続けると，背中を丸め，前肢を曲げ，口を開いてウウーと声を出し，全身の毛を逆立たせて，いまにもなにかに飛びかかろうとする姿勢を示す．しかし電気刺激を止めると，なにもなかったかのようにもとの静かな状態にもどってしまう．電気刺激によって起こるネコのこのような怒りの行動は，ネコが周囲にあるなにかに対して怒りをあらわしているわけではないので，「仮性の怒り（sham rage）」と呼ばれている．このように視床下部には，怒りの行動という複雑な行動パターンの生起を制御している場所があることがわかる．仮性の怒りは本人のそのときの感情とは無関係に起こることから，この場所がなんらかの原因で刺激されると，本人の意思とは無関係に，怒りの行動があらわれることになる．

原始的な脳と考えられる視床下部には，原始情動として分類されている快・不快の感情にかかわる領域がある（福田，2003）と同時に，怒りや恐れなどの情動行動の発現にかかわる領域のあることがわかる．私たちがある感情を経験するとき，大脳やその周辺部のいくつかの場所（たとえば，扁桃体や前頭葉眼窩部）で活動の変化が生じると同時に，その感情にともなう身体反応や行動が生じることになるが，感情にともなって生じる行動のあるもの（たとえば怒り）は，視床下部への直接入力により，そのときの感情とは無関係に，また大脳の制御を受けることなく生じることがあることがわかる．快・不快などの原始情動にかかわる場所と，怒りや恐れなどの原始的な情動行動の発現にかかわる場所が，近接して視床下部内に存在することは，「キレる」といった突発的で攻撃的な情動行動の発現を理解するうえで重要であるかもしれない．

4　扁桃体と感情

　感情にかかわる重要な脳の場所がほかにもある．それが**扁桃体**である．図4-1や図4-2にみられるように，扁桃体は大脳皮質側頭葉の内側にあり，長期記憶にかかわる海馬のすぐ前方に位置している．そのかたちが西洋ナシに似ていることから扁桃体という名前がつけられている．

　扁桃体を破壊したサルでは，普通のサルでは絶対に観察されない特異な行動が観察される（小野と西条，2002）．たとえば，サルのなかにはヘビを嫌悪する個体がいる．このようなサルでは，決してヘビやヘビに似せたおもちゃに近づこうとはしない．しかし，扁桃体を実験的に破壊したサルでは，ヘビのおもちゃをまったく恐れることがなくなり，それを手でつかんだり，食べようと口にもっていく行動をしたりする．あるいは，ふだんならけっして近づこうとはしないクモのおもちゃを口のなかに入れたり，ローソクの炎を近づけると，炎を指でつかもうとしたりする．扁桃体を破壊したサルのこのような行動から，扁桃体の破壊により恐れや恐怖の感情が消失したと解釈されている．扁桃体を破壊したサルにみられるこのような異常行

●船橋新太郎

第I部 感情の基礎

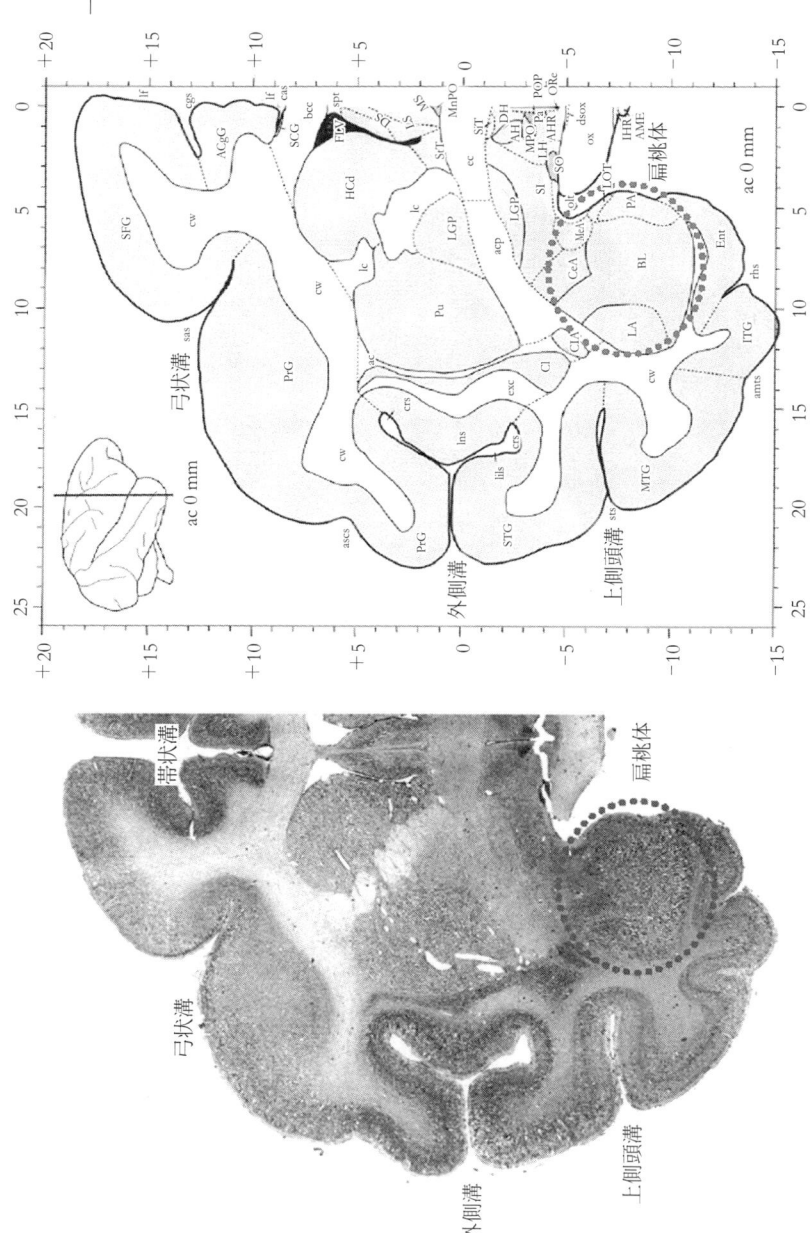

図4-2 アカゲザルの脳における扁桃体の位置.

動に類似した行動はヒトでも観察され，その症状はクリューヴァー・ビューシー症候群と呼ばれている．このような患者では，目の前にあるものが食べられるものか，食べられないものかの区別ができず，なにもかも口に入れてしまう（精神盲，口唇傾向などと表現される）．あるいは，性行動が亢進する．情動反応が低下し，普段なら恐れて近づかないようなものにも平気で近づくようになる．このように，扁桃体が障害されると情動反応に大きな変化が起き，とくに恐れや恐怖反応がなくなることがわかる．

　扁桃体が恐怖反応の発現にかかわっていることをたしかめ，その神経メカニズムをあきらかにするため，**恐怖条件づけ**と呼ばれる行動反応をもちいた研究がおこなわれている（Gazzaniga et al., 2002）．このような研究では，実験用の小箱を用意する．その下面に銅の網を張り，これに弱い電流を流すことにより，電気ショックが一時的に動物に加わるようになっている．側面には小型スピーカーをとりつけ，音刺激を出す．

　このような実験用小箱にラットを入れると，最初小箱のなかを動き回って探索する，いわゆる探索行動をとる．そのあいだにスピーカーから適度な強さの音刺激を出しても，ラットはとくに行動を変化させることはない．ラットを小箱に慣らせたあと，音刺激と同時に下面の網に電流を流し，電気ショックを与える．音刺激と同時に電気ショックを1, 2回受けたラットは，そのあと，音刺激が呈示されるだけで，フリーズ（すくみ行動，行動の一時停止）と呼ばれる典型的な恐怖反応を示すようになる．極端な場合は，電気ショックを受けた実験箱におかれただけで，フリーズ反応を生じるようになる．このように，電気ショックと組み合わせた音刺激の呈示のみでフリーズ反応を生じさせるようになることを，一般に恐怖条件づけと呼んでいる．いわゆる，条件反射の一種である．

　しかし，恐怖条件づけをおこなったラットの扁桃体を破壊すると，電気ショックと組み合わせた音刺激を呈示してもフリーズ反応は生じなかった．また，扁桃体を実験的に破壊したラットでは，恐怖条件づけを学習することができなかった．扁桃体の破壊がラットの一般的な感覚・知覚能力や運動発現や制御などに影響を与えていないことをたしかめる目的で，さまざ

●船橋新太郎

まな行動テストがおこなわれた．しかし，破壊手術などの操作をしていない普通のラットの行動と，扁桃体を実験的に破壊したラットの行動とのあいだには，とくに違いはみられなかった．このように，扁桃体を破壊したラットでは恐怖条件づけが成立しなくなり，一般の動物にみられる恐怖反応が消失してしまうことから，扁桃体は恐怖反応の発現にかかわっていることがわかる．

　軽度な電気ショックを使用した恐怖条件づけを動物に学習させるような研究は，動物に対して残酷な行為をしているような印象を与えるかもしれない．しかし，このような研究の成果は，感情を生じるしくみや感情を制御するしくみを理解するうえで非常に重要な知見をもたらしてくれる．たとえば，私たちの周囲にはいろいろな刺激（視覚刺激や，音刺激や，味覚・嗅覚刺激など）が存在するが，最初にそれを経験するときは，どの刺激も，私たちにとっては概して中性的なもので，快・不快などの感情をとくにともなっていない．ラットが実験用の小箱のなかに入れられたとしても，そのなかでとくになにも起きなければ，小箱に対して嫌悪感も恐怖感ももつことはない．また，小箱のなかにいるあいだに，行動のじゃまにならない程度の音がスピーカーから呈示されたとしても，それにともなってなにか大きな変化が生じなければ，その音に注意を向けたり，恐怖反応や忌避反応を示したりすることもない．しかし，いったんある周波数の音刺激が電気刺激と同時に生じると，音刺激と電気刺激による驚愕や不快感が結びつき，その周波数の音刺激が生じるだけで恐怖感や不快感を生じることになる．しかし，これ以外の周波数の音で恐怖反応や忌避反応が起きるわけではない．特定の周波数の音と電気刺激による驚愕や不快感とが結びついたわけである．

　日々の経験や学習により，もともと中性的な刺激が，恐怖や不安，嫌悪感情など，特定の感情と結びつくことになり，その結果，さまざまな刺激がさまざまな感情と結びつくようになる．不適切な刺激や危険からの回避は，私たちの安全で快適な生存には不可欠である．さまざまな経験や学習により，私たちにとって不適切な刺激や危険な刺激が不快感，嫌悪感，恐

怖などと結びつくことにより，容易にその刺激から回避できるようになる．

　このように，動物実験によって，特定の刺激によって特定の感情が誘発されるしくみを理解できると同時に，同じ刺激があらわれても人によって経験する感情に違いが生じる理由を理解することができる．さらに，もともと特定の感情との結びつきのなかった刺激がどのようなしくみである感情と結びつくようになるのか，ある刺激とある感情の結びつきは脳のどこで起こるか．ラットをもちいた研究は，このような問に対する答えを提供してくれる．

　扁桃体はさまざまな感覚情報を，末梢から直接に，また大脳皮質を介して間接的に受けとっている．扁桃体に入力してきた感覚情報が扁桃体内に存在する神経回路とのあいだで新たな神経結合を作りあげることにより，いろいろな刺激に感情的な意味をもたせられるようになることがあきらかになってきている．このような研究に興味のある読者は，ジョセフ・ルドゥーの『エモーショナル・ブレイン―情動の脳科学―』を参照されるとよい．

　いっぽう，SM というイニシャルの人に関する興味深い報告が最近アドルフスらによりされている（Adolphs et al., 1995）．SM は扁桃体に限局した損傷があり，その周辺の海馬や側頭葉の内側部には損傷は広がっていなかった．さまざまな神経心理学的検査の結果，感覚・知覚機能，運動，記憶，言語などの機能にはとくに障害はみられなかった．SM にいろいろな表情の顔写真をみせ，それぞれの表情から推測される感情の種類とその強さを判断するテストを実施した．その結果，図 4-3 にみられるように，喜びや悲しみなどの感情では，顔写真の表情から推測される感情の強さの強弱の評価ができた．しかし，恐怖の感情をあらわす顔写真の呈示では，恐怖の感情を認識することも，恐怖の感情の強さを評価することもできなかった．扁桃体以外の大脳皮質の場所に損傷のある人で同じテストをしたところ，感情の認識でも，感情の強さの評価でも，脳損傷のない人の認識や評価と類似した結果を示した．

　このように，扁桃体は，個体に恐怖の感情を起こし，それにともなうフ

●船橋新太郎

第Ⅰ部 感情の基礎

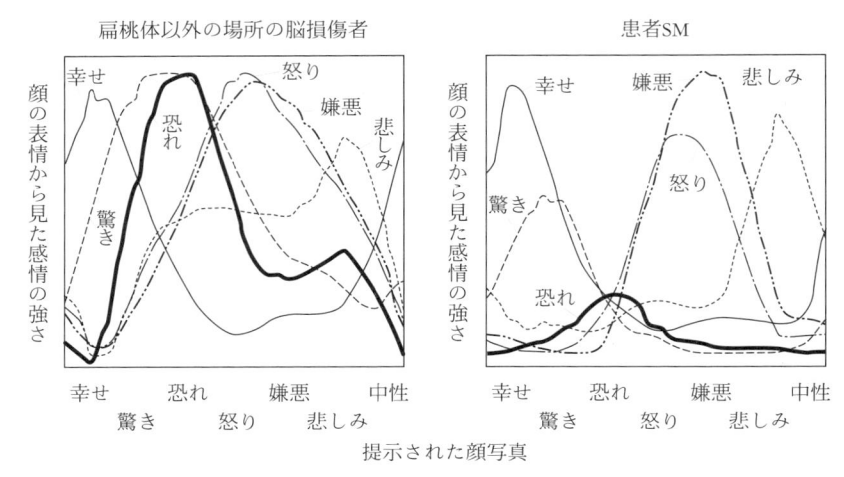

図4-3 扁桃体に病変をもつSMさんと，扁桃体以外の場所に病変をもつ患者さんで，顔の表情から知ることができる感情の強さ判断をしてもらったときの結果．SMさんでは「恐れ」の感情評価を正しくできないことがわかる．

リーズ反応などの行動反応を生じさせるはたらきがあるばかりではなく，他個体の恐怖の感情の認識やその強さの評価にもかかわっていることがわかる．

5 前頭葉眼窩部と感情

感情に関して脳にはもう1つ重要な場所がある．それは前頭葉の眼窩部である．私たちの額のすぐあとに，大脳のなかでももっとも重要なはたらきをしている**前頭連合野**（または前頭前野）がある．前頭連合野は外側面，内側面，下面の3つの部分に大きくわけられ，外側面は思考，判断，意志決定などのいわゆる高次認知機能にかかわっていることが知られている（船橋，2005）．いっぽう，内側面や下面は辺縁系に属し，感情や動機づけにかかわっていることが知られている（Masulam, 2000）．前頭連合野の下面は，図4-1にみられるように，眼球を囲む眼窩のすぐ上側にあるので，**前頭葉眼窩部**と呼ばれる．この部分の損傷で感情の認知や表出に障害のあらわれ

感情の神経科学 | 第4章

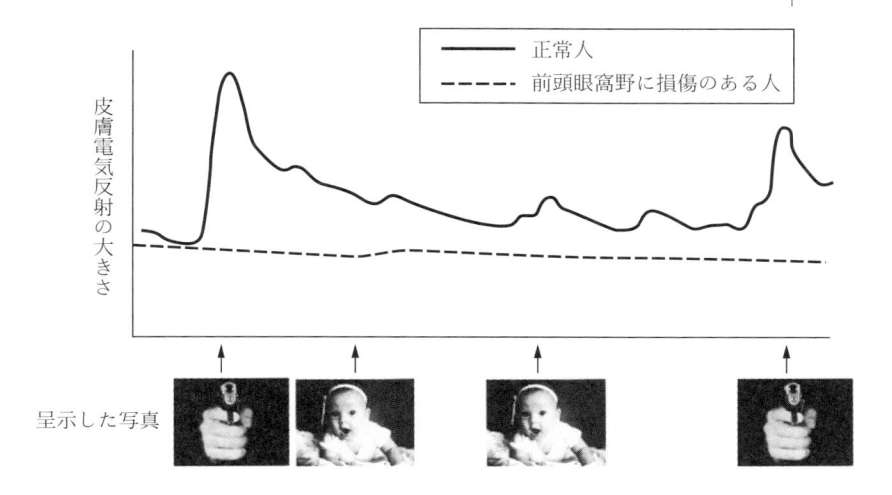

図4-4 前頭葉眼窩部の損傷により感情の変化が消失するようす．
感情の変化を皮膚電気反射の大きさで測定すると，前頭葉眼窩部に損傷のある人では，感情的な刺激を提示しても変化が生じないことがわかる．
(Gazzaniga et al., 2002 に掲載の図を改変)

ることが多くの研究であきらかにされている．

　赤ん坊の笑った顔をみると心がなごみ，ほほえましい気持ちになる．いっぽう，手にもったピストルの銃口がこちらを向いている写真を突然みせられると驚きや恐怖を感じる．このような感情の変化は，皮膚電気反射を利用して測定することができる（「うそ発見器」はこの原理を利用している）．皮膚電気反射を記録しながら，いろいろな感情を誘発する写真を次々にみせる．図4-4にみられるように，脳に損傷のない人では，写っている内容に応じて波形の変化が測定器にあらわれる．たとえば，とくに感情の変化を生じない自然の風景写真などであれば，波形のゆれはほとんど生じないが，気味の悪い写真や驚かされる写真などをみせられると，波形に大きな変化が生じる．しかし，前頭葉眼窩部に損傷のある人で調べてみると，赤ん坊の笑っている写真をみせられても，こちらに銃口が向けられた拳銃の写真をみせられても，波形の変化がまったく観察されなかった．このことから，さまざまな感情を誘発させる写真をみても，前頭葉眼窩部に損傷の

●船橋新太郎

ある人では，損傷のない人に生じている感情の変化が生じていないことがわかる（Gazzaniga et al., 2002）．このように，前頭葉眼窩部に障害が生じると，いままでさまざまな刺激に対してもっていた感情の変化がなくなり，感情の変化をほとんど示さない人になってしまうことが知られている．同時に，他の人があらわす感情や感情の変化の認知もできなくなってしまうことが知られている．

ブルーマーとベンソンは，前頭葉眼窩部に損傷のある人の行動上の特徴として，子供っぽさ，こっけいな態度，抑制のきかない性的ユーモア，不適切な自己満足，そして，他人に対する配慮の欠如などをあげている（Blumer & Benson, 1975）．あるいは，スタスとベンソンは，同情・共感などの感情移入の欠如や，他人に対する思いやりや心づかいの欠如をあげている（Stuss & Benson, 1986）．さらに，前頭葉眼窩部に損傷のある人の行動上の特徴として，自慢げな態度，自制心や分別のない行動，衝動性，ふざけた態度，将来に関する不安や関心の消失などがあげられている．このように，前頭葉眼窩部の損傷は感情や感情にともなう行動に変化を生じるが，その変化は自分自身の感情表現や他の人の感情の認知に問題があると同時に，社会的な場面における感情表現において問題がより深刻にあらわれてくることが大きな特徴といえるようである．

たとえば，ダマシオにより EVR というイニシャルで報告されている人では，髄膜腫のために両側の前頭葉眼窩部に損傷が生じてしまった（Damasio, 1994）．知能検査を含むさまざまな神経心理的な検査の結果はいずれも正常の範囲内にあり，とくに障害は認められなかった．しかし，社会生活上ではさまざまな問題をかかえることになった．世間での評判のよくない人物といっしょに事業を起こすが失敗して自己破産する，仕事につくが仕事に対する態度がよくないという理由ですぐに解雇されてしまう，知人の助言を無視して離婚・結婚をくりかえす，などの問題を起こしたと報告されている．

EVR の場合は，成人になってから前頭葉眼窩部に損傷をもった例である．アンダーソンらは，乳児期に腫瘍の摘出などで前頭葉眼窩部に損傷を負っ

た人の例を報告している（Anderson et al., 1999）．この男性は生後3ヶ月目に右側前頭葉に腫瘍がみつかり，摘出手術を受けた．手術後はとくに問題はなく，順調に回復し，腫瘍も再発することはなかった．小学校に入学後，新しい環境に慣れるのが難しい，他の児童とのコミュニケーションがうまくできない，1つの課題をおこなわせるために何度も指示をしないといけない，などの問題をもつことに担任教員が気づいた．不注意，衝動的な行動，課題に集中しないなどの行動上の問題のため，担任教員は特別学級行きを推薦したが，学習状況を判断するテストの成績は標準以上であったため，特別学級に入ることはなかった．彼は学校のクラス内ではつねに問題児であり，出された課題を時間内に終えることがしょっちゅうできなかった．しかし，彼は1年留年しただけで高校までの全教育課程を修了したばかりでなく，知能テストでも，学習成績でも，つねに平均か平均以上の成績を示した．高校卒業後仕事につくが，自分から辞めたり，解雇されたりで，いくつもの職を転々とした．放っておくと1日中テレビをみていたり，音楽を聴いて過ごしてしまう．金銭感覚がなく，クレジットカードで買い物をくりかえすが，お金の支払いをしない．ささいな盗みをする．しばしば嘘をつく．友達つきあいも長続きせず，友人に対して共感や同情もほとんど示さなかった．無責任な性行動によって1児の父親になるが，父親としての態度はおろか，親としての義務もはたそうとはしなかった．自分自身のこのような態度に対して，罪悪感も良心の呵責も示さなかった（Tranel, 2002）．

このように，前頭葉眼窩部の損傷により，自分自身の感情表現や他の人の感情の認知に問題が生じると同時に，社会的な場面における感情表現においても大きな問題をかかえるようになる．そして，その結果，社会生活においてさまざまな問題行動を起こすことになることがわかる．

ではどのような方法をもちいることにより，前頭葉眼窩部の損傷による障害を理解することができるのだろうか．ベシャラらが考案したギャンブル課題を使うことにより，前頭葉眼窩部損傷による障害の特徴があきらかになってきている（Bechara et al., 2000）．**アイオワ・ギャンブル課題**と名づ

●船橋新太郎

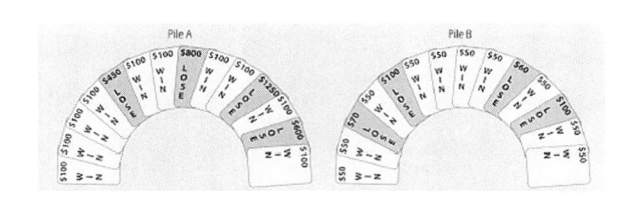

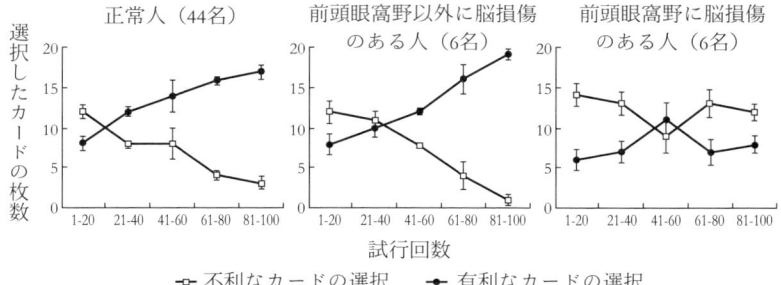

図 4-5　アイオワ・ギャンブル課題のようす．
　上段はこの課題でもちいられたカード群を示す．右側は有利なカード群，左側は不利なカード群．下段は脳損傷のない人，前頭眼窩部以外の部位に脳損傷のある人，そして，前頭眼窩部に脳損傷のある人が，ギャンブル課題をした時に選択するカード群の，時間的な変化を示す．

けられたこの課題では，獲得金額や支払い金額の書かれたカードを裏向きにして積み重ねたものを4群用意する（図4-5の上段）．被験者は4つのカード群のうちの1群からカードを1枚とり，カードに書かれてある指示にしたがって，実験者からお金をもらったり，実験者にお金を支払ったりしなければならない．4つのカード群のうちの2群には，高額のお金（100ドル）をもらえるカードと同時に，高額の支払い（最高で1250ドル）をしなければならないカードが含まれている．そのため，このカード群からカードを選び続けると，短期的にはお金がもうかるが，長期的には損をすることになる（不利なカード群）．いっぽう，残りの2群には，小額のお金（50ドル）をもらえるカードと同時に，小額の支払い（60-100ドル）ですむカードが含まれている．そこで，このカード群からカードを選び続けると，短期的

にはそれほどもうからないが，長期的には得をすることになる（有利なカード群）．被験者にはどれが有利なカード群かは知らされない．被験者はこの課題をはじめるにあたって2000ドルのお金を実験者から貸してもらい，この2000ドルを元手に，適当な群のカードをとって，できるだけ多くの金額を獲得するように指示される．

図4-5下段の左図は，脳に損傷のない人のカード選択の様子を示している．最初はどの群のカードが有利で，どの群のカードが不利かがわからないため，有利なカード群を選択する比率と不利なカード群を選択する比率には大きな違いはない．しかし，不利な群のカードを引いて大きな損をすると，その群のカードを引く比率が減少し，有利な群のカードを引く比率が上昇する．その結果，このゲームを続けていくと，図にみられるように，有利な群のカードを選ぶ比率が上昇し，それが最後まで維持される．そして，最終的にはもうけを出すようになる．前頭葉眼窩部以外の場所に損傷をもつ人でも，図4-5下段の中央図にみられるように，脳損傷のない人と同様の行動を示すことが観察されている．

しかしながら，前頭葉眼窩部に損傷のある人では，図4-5下段の右図にみられるように，いつまでも不利な群のカードを選び続ける傾向がみられ，高額の支払いをくりかえすことになる．そして，最終的には，大きな損をしてゲームを終わることになる．

このような結果から，前頭葉眼窩部に損傷のある人では，なんらかの選択をするとき，その選択によって将来起こると思われることがらが有利に運ぶのか不利になるかという長期的な視点に立った予測には依存せず，選択直後に起こる結果が有利になるか不利になるかといった短期的な予測にのみもとづいて行動をする傾向があると結論されている（Tranel, 2002）．いいかえると，前頭葉眼窩部に損傷のある人ではその場その場の選択をランダムにおこなう傾向があるのに対して，損傷のない人ではなんらかの予測（経験にもとづく予測）にしたがって選択をおこなっていると考えることができる．

事実このような予測にもとづいて選択がおこなわれているのかどうか，

●船橋新太郎

このような予測になにが関与しているのかを検討する目的で、ベシャラらにより被験者の皮膚電気反応が測定されている（Bechara et al., 1996）。不利な群のカードを引いて大きな支払いを経験した前と後で、その群のカードを引く直前の皮膚電気反応を比較したところ、脳損傷のない人では、大きな支払いを経験したあとでは、その群のカードを引く直前に大きな皮膚電気反応が観察されるようになった。つまり、不利な群のカードを引くときには、また大きな支払いをするのではないかという、ある種の不安感が生じていると思われる。いっぽう、前頭葉眼窩部に損傷のある人では、最後までこのような変化は観察されなかった。

　脳損傷のない人で、不利な群のカードを引いて大きな支払いを一度経験すると、不利な群のカードを引く前に大きな皮膚電気反応が生じたが、この反応は、どちらのカード群が有利でどちらが不利かを被験者自身が意識するようになる時点よりかなり前からあらわれてくることがあきらかになっている。この結果は、私たちが獲得した知識にもとづいて意識下で判断や選択をおこなうより前に、なんらかの感情的なバイアスが行動にかけられていることを示唆している。たとえば、右側を選ぶか、左側を選ぶかの、二者択一をせまられたとする。このような場面では当然理性や知性をはたらかせてどちらを選ぶかを判断することになるが、このような場面での判断に、そのときのちょっとした感情が影響をおよぼしていることはよく経験することではないだろうか。なんとなく右側の方が良さそうだという気がして、右側を選ぶとか、とくに理由もなく、左側を選ぼうとすると不安感のようなものがよぎるとかいうことがよくあると思う。あるいは、はじめて会った人をみただけで、快く思ったり、ちょっといやな感じをもったりすることがある。その人になにかを薦められると、最初に快く感じたら快諾するが、いやな感じがしたら躊躇してしまう。なぜこのような感情が生まれるのかを自分自身では理解できないが、たしかにこのような感情が生じることを経験することは多い。私たちが意志決定や選択をせまられる場面にいたると、それにかかわる認知情報処理系が活動することになるが、その系の一部である前頭葉眼窩部には同じような意志決定場面で

かつて経験した感情や気分に関する情報が保持されており，この情報が自律神経系などに送られてある種の感情（たとえば，ある種の不快感）を生じさせると考えられている．このような感情の変化が無意識に起こることにより，私たちの意志決定や選択にバイアスがかけられることになると思われる．

　ダマシオは，このような感情を「**ソマティック・マーカー**（somatic marker）」と表現した（Damasio, 1996）．私たちがある意志決定をするとき，または問題解決にむけて考えはじめるとき，ある選択肢に関連して悪い結果を頭にうかべると，かすかな不快感のようなものを体に感じる．これは感覚というよりは「体の状態（somatic state）」に関連するものであり，これがある選択肢や選択にともなって生じるイメージに「しるし（mark）」をつけることから，これをソマティック・マーカーと名づけた．ソマティック・マーカーはある種の特別な感情で，学習によりいくつかのシナリオの予測結果と結びついてきたものと考えられている．これは，いくつかの選択肢を他の選択肢のなかから際立たせる一種のバイアス装置として機能し，選択を有利に運ばせることができると考えられる．前頭葉眼窩部の損傷により，ある選択肢とソマティック・マーカーとを関連づけられなくなったり，学習により形成されていたソマティック・マーカーが消滅したり機能しなくなってしまった結果，経験を利用した有利な選択ができなくなり，不利益をこうむることになると考えられている．このように，前頭葉眼窩部は感情の認知や表出にかかわると同時に，私たちが記憶として保持している情報にある種の感情を結びつけ，必要に応じて無意識下でその関係を想起させ，ある種の身体反応を生じさせるはたらきをしていると考えることができる．

　前頭葉眼窩部の損傷により感情認知や感情表出ができなくなってしまった結果，罪悪感や良心の呵責をもたないような行動を示したり，不適切な場面で不適切な感情表現をしたり，礼儀正しい態度を示すが紋切り型で感情がこめられていないと感じられる行動がみられたりすると考えられる．また，記憶している情報と感情との連合ができなくなった結果（ソマ

●船橋新太郎

ティック・マーカーが消滅したり機能しなくなってしまった結果），その場しのぎの無計画でランダムな判断や決定がなされるようになり，その結果将来に向けての計画性の無さが指摘されたり，社会生活上の失敗を何度もくりかえすことになると考えられる．このように，前頭葉眼窩部は，扁桃体とは違った，やや高次な感情の認知や形成，そしてそれをもとにした意志決定や選択にかかわっていることがわかる．

6 他人の感情はどのようにして理解されるか

　映画やテレビのドラマのなかで主人公が悲しみに涙する場面をみると，みているだけの自分自身も悲しい気分になり，ときには涙を流すこともある．他人の楽しげな表情をみると自分自身も楽しくなる．他人が鋭い痛みに顔をゆがめているのをみると，無意識に自分自身の顔をゆがませているのを意識することもある．このように，他人の表情や行動から，その人の感情を読みとったり，理解したり，共感したり，同情したり，その人の心の状態を推測することは，私たちが社会的生活をいとなむうえで，また他の人たちと上手にコミュニケーションするうえで，非常に重要である．ではいったいどのようなしくみでこのようなことが可能になるのだろうか．

　この問に答えられるかもしれないメカニズムが，意外な研究によりあきらかになった．イタリアのリゾラッティのグループが，大脳皮質の運動前野と呼ばれる部位から「**ミラー・ニューロン**（mirror neuron）」と名づけたニューロン活動をみつけた（Rizzolatti et al., 2001）．これがそのはじまりである（図4-6）．

　運動前野は，運動野とともに，私たちの手足の運動の制御にかかわっている場所である．1次運動野のすぐ前にあり，大脳皮質では，1次運動野と前頭連合野に挟まれた領域である．ジュースの入ったコップをとろうと机に向かって手をのばそうとするとき，運動前野のニューロンがその運動開始の直前から活動し，おこなおうとする手の運動に関する制御情報を大脳皮質運動野を経由して脊髄の運動ニューロンなどに出力していることはよ

別のサルがテーブル上の物体をつかむ行動を見ている

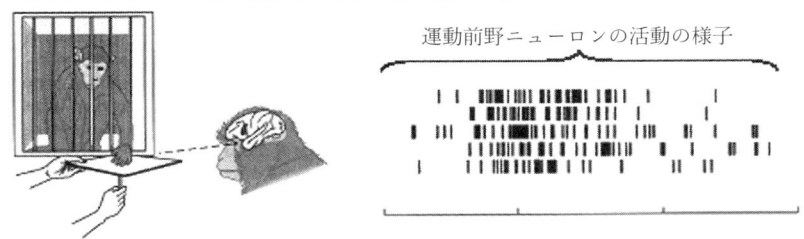

運動前野ニューロンの活動の様子

実験者がテーブル上の物体をつかむ行動を見ている

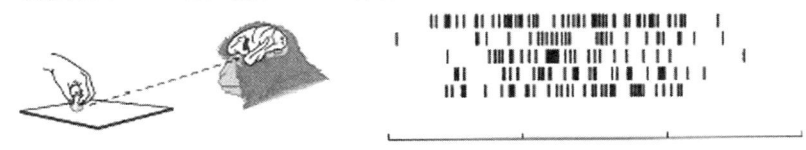

自分でテーブル上の物体をつかむ行動をする

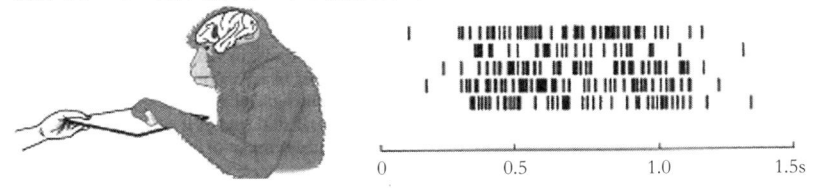

0   0.5   1.0   1.5s

図4-6 サルの運動前野で観察されるミラー・ニューロンの活動のようす．
自分自身が行動する場合はもちろん（下図），他のサル（上図）やヒト（中図）が同じ行動をするのを観察している場合にも，同じニューロン活動が観察される．
(Kandel et al., 2000に掲載の図を改変)

く知られている．ある日，いつものようにニューロン活動を記録するための電極をサルの運動前野に刺入し，手の運動制御にかかわるニューロン活動の解析がおこなわれていた．サルが机の上におかれた物に手をのばし，それを手でつかむ運動をするときに活動をするニューロンが記録されていた．その記録の最中に，たまたま実験者の1人が手をのばして机の上の物を手でつかんだところ，サルは手をまったく動かさなかったにもかかわらず，サルが手をのばして物をつかむときと同じニューロン活動が観察された．運動前野で，そしてその後頭頂葉でも記録されたこのようなニューロ

●船橋新太郎

ンは，いずれも，サルが実際に手を動かす動作をしたときはもちろん，他のサルやヒトが同一の動作をするのをみたときにも，同じ活動を生じた．リゾラッティらは，このような活動をするニューロンを「ミラー・ニューロン」と命名した．ミラー・ニューロンは，自分自身の起こす特定の行動の発現に直接かかわると同時に，自分自身は行動を起こさなくても，このニューロンがかかわる行動を他のヒトや動物がおこなうのをみたときにも，実際に自分が行動している時と同一の活動をするのが特徴である．

　私たちは，相手の行動の観察によって，その人のその後の行動を予測することができる．他人の行動の予測は，他人の行動を自分自身の行動におきかえることにより可能になると考えると，他人の行動の予測におけるミラー・ニューロンの重要性がより容易に理解できる．また，他人の行為をみてその行為をまねることができる．「みてそれをまねる」という行為の模倣やその容易さも，ミラー・ニューロンの存在を考えることにより容易に理解できるようになる．言語の獲得には「聞いてそれをまねる」という行為が重要な役割をはたしていると思われるが，「みてそれをまねる」と同様に，「聞いてそれをまねる」場合にもこのミラー・ニューロンが重要なはたらきをしているだろうと思われる．もしそうだとすると，私たちの言語の習得には，ミラー・ニューロンが重要な関与をしている可能性が考えられる．

　運動前野や頭頂葉でみいだされたミラー・ニューロンはいずれも運動制御にかかわるものであったが，このようなニューロンの存在を運動制御以外の他の機能でも考えることにより，さまざまな人の行動を理解できるようになると思われる．その1つが，感情理解にかかわるミラー・ニューロン・システムであろう．他人の表情や行動から，その人の感情を読みとったり，理解したり，共感したり，同情したりすることができる．私たちの脳には前頭葉眼窩部，扁桃体など，感情にかかわる脳領域があり，そこには情動行動の発現や制御に重要なはたらきをしているニューロンが多数存在する．前頭葉眼窩部や扁桃体のニューロンにも，運動前野や頭頂葉でみいだされたミラー・ニューロンと同様の活動特徴があるとすると，前頭葉

眼窩部や扁桃体のニューロンは，その個体自身の感情表現や情動行動の発現・制御に直接かかわると同時に，他個体に同じ感情表現や情動行動を観察したときにも同様の活動をするのではないかと思われる．そして，他個体の行動観察によりこのような活動が生じることにより，その個体自身にも他個体と同じ感情が生じることになるのではないかと思われる．このように，感情理解にかかわるミラー・ニューロンの存在を仮定することにより，他人の感情を読みとったり，理解したり，共感したり，同情したりすることができるしくみを容易に理解できるようになる．

いま，感情理解にかかわるミラー・ニューロン・システムが，私たちの脳内に存在するのかどうかの検討がおこなわれている．リゾラッティの研究グループは，脳機能イメージングにより，嫌悪を示す表情の発現にかかわっている脳部位（側頭葉の島と呼ばれる部位）が，その表情をしている他人の顔をみたときにも活動することをヒトでみいだしており（Gallese et al., 2004），感情理解にかかわるミラー・ニューロン・システムが私たちの脳内にも存在し，自分自身の感情の表出や制御と同時に，他人の感情の認知や理解や共感などにもかかわっている可能性が示されている．

7 まとめ

感情は，あくまでも個人の主観的な体験であり，また，あいまいであると同時に複雑なものであり，客観性を重視する自然科学の研究対象とするのが難しいテーマである．しかしながら，人の心を理解するためには，感情は避けて通ることのできないテーマである．最近の研究により，運動制御メカニズムの研究でみいだされたミラー・ニューロンと類似した機能をもつニューロンが，感情表現や情動行動に関係するメカニズムにも存在する可能性が示されてきている．もしこのようなシステムが私たちの脳のなかに存在すると考えると，他人の表情や行動からその人の感情を理解したり，共感したりすることができるしくみを容易に理解できる．しかしながら，私たちが他人の表情や行動からその人の感情を理解できるためには，

●船橋新太郎

私たちの脳内にそのような感情を表出するシステムが存在しなければならず，そのようなシステムが私たちの脳内に形成されるためには，私たち自身がそのような経験をしなければならないであろうということが，ラットなどをもちいた恐怖条件づけなどの動物実験であきらかにされている．したがって，誕生してから成人になるまで，恐怖を一度も経験していない人には，自分自身の行為によって他人が恐怖におびえた表情をしていても，その表情の意味を読みとることはできないであろう．したがって，さまざまな表情や行為から相手の感情（あるいは，心）を読みとるためには，自分自身がさまざまな感情体験をしていることが不可欠である．自分自身の感情体験があってはじめて，他人の感情の理解，共感，同情が可能になると思われる．対人コミュニケーションが苦手なため，携帯電話や電子メールなどを利用して他人とコミュニケーションをとる人たちが増加している．対人コミュニケーションには，言語的な要素と同じくらい，その人の表情や行為から得られる非言語的な要素が重要である．若年時からメールに代表される言語コミュニケーションのみに集中し，非言語的なコミュニケーションを軽視すると，対人的な感情体験が希薄になり，前頭葉眼窩部に損傷のある人でみられたような，同情・共感などの感情移入ができない，他人に対する思いやりや心づかいができない，衝動的で，自制心や分別のない行動をとる，などが多くの人で観察されるようになることが懸念される．そうならないためにも，若年時からさまざまな刺激に触れ，さまざまな感情体験を積むように心がける必要があるように思われる．豊かな感情体験は，その人をたくましくすると同時に，やさしさをも育むことになるであろう．

文献

 Adolphs, R., Tranel, D., Damasio, H., & Damasio, A. R. (1995). Fear and the human amygdala. *Journal of Neuroscience,* 15, 5879−5891.
 Anderson, S. W., Bechara, A., Damasio, H., Tranel, D., & Damasio, A. R. (1999). Impair-

ment of social and moral behavior related to early damage in human prefrontal cortex. *Nature Neuroscience,* 2, 1032-1037.

Bechara, A., Tranel, D., Damasio, H., & Damasio, A. R. (1996). Failure to respond autonomically to anticipated future outcomes following damage to prefrontal cortex. *Cerebral Cortex,* 6, 215-225.

Bechara, A., Tranel, D., & Damasio, H. (2000). Characterization of the decision-making deficit of patients with ventromedial prefrontal cortex lesions. *Brain,* 123, 2189-2202.

Blumer, D. & Benson, D. F. (1975). Personality changes with frontal and temporal lobe lesions. In Benson, D. F. and Blumer, D. (eds.), *Psychiatric Aspects of Neurologic Disease,* New York, Grune & Stratton, 151-169.

Damasio, A. R. (1994). *Descartes' Error: Emotion, Reason, and the Human Brain.* New York, Putnam.

アントニオ・ダマシオ（著），田中三彦（訳）(2000)．生存する脳―心と脳と身体の神秘―．講談社．

Damasio, A. R. (1996). The somatic marker hypothesis and the possible functions of the prefrontal cortex. *Philosophical Transaction in Royal Society of London,* B 351, 1413-1420.

福田正治（2003）．感情を知る―感情学入門―．ナカニシヤ出版．

船橋新太郎（2005）．前頭葉の謎を解く．京都大学学術出版会．

Galleze, V., Keysers, C., & Rizzolatti, G. (2004). A unifying view of the basis of social cognition. *Trends in Cognitive Science,* 8, 396-403.

Gazzaniga, M. S., Ivry, R. B., & Mangun, G. R. (eds.) (2002). *Cognitive Neuroscience: The Biology of the Mind (2nd Edition),* New York, W. W. Norton & Company.

Kandel, E. R., Schwartz, J. H., & Jessell, T. M. (2000). *Principles of Neural Science (4th Edition),* New York, McGraw-Hill.

Mesulam, M. M. (2000). *Principles of Behavioral and Cognitive Neurology (2nd Edition),* New York, Oxford University Press.

Olds, J. (1958). Self-stimulation of the brain. *Science,* 127, 315-324.

Olds, J. (1977). *Drives and Reinforcements: Behavioral Studies of Hypothalamic Functions,* New York, Raven Press.

小野武年（編）(2006)．特集：情動の脳科学．神経研究の進歩，50，1-171．

小野武年，西条寿夫（2002）．大脳辺縁系・大脳基底核における情と意の出力機構―本能，情動，生きる喜び―．松本元，小野武年（編）．情と意の脳科学．培風館．2-24．

Purves, D., Augustine, G. J., Fitzpatrick, D., Hall, W. C., LaMantia, A. S., McNamara, J. O., & Williams, S. M. (eds.) (2004). *Neuroscience (3rd Edition),* Sunderlamd, MA, Sinauer Associates.

Rizzolatti, G., Fogassi, L., & Gallese, V. (2001). Neurophysiological mechanisms underlying the understanding and imitation of action. *Nature Reviews Neuroscience,* 2, 661-670.

ジョセフ・ルドゥー（著），松本元，川村光毅（訳）（2003）．エモーショナル・ブレイン―情動の脳科学―．東京大学出版会．

Stuss, D. T. & Benson, D. F. (1986). *The Frontal Lobes.* New York, Raven Press.

Tranel, D. (2002). Emotion, decision making, and the ventromedial prefrontal cortex. In Stuss, D. T. and Knight, R. T. (eds.), *Principles of Frontal Lobe Function,* New York, Oxford University Press, 338-353.

第 II 部 ●感情の発生

現在わたしたちが示す感情システムは,突如として出現したものではない.それらは,おそらくは長い進化的時間を通じて熟成した遺伝的基礎をもち,かつ成熟や生後の経験により徐々にその表出や認知が完成型へと変化していくものである.ここでは,こうした感情の発生過程を,進化,個体発生,文化の3つの軸でとらえ,4人の著者が最新の成果にもとづいて論じる.

第5章

乳幼児における感情の発達

板倉昭二

> 感情知能　自己意識的感情　基本感情　社会的微笑
> 社会的参照　表示規則　感情調整　共感　文化

1 感情の発達

1.1 子どもは待てるか

　感情，情動および情緒は，いずれもよく似た用語である．厳密には区別されるべきかと思うが，本章では，感情ということばで統一して表現することにする．幼児の感情について，よく引用される実験がある．それは，ミシェルらがおこなった実験である (Mischel, 1981; Rodriguez et al., 1989)．彼らは，次のような場面を設定した．実験は幼稚園の一室でおこなわれた．そこで実験者は子どもにお菓子を呈示したあと，自分がしばらく部屋を離れることを告げ，その際に，2つの選択肢があることを教えた．ひとつは，実験者が部屋にもどって来るまで待っていて，お菓子を2つともらうという選択肢で，もう1つの選択肢は，ベルを鳴らして実験者をすぐに呼びもどすことであった．しかし，この場合には，お菓子はひとつしかもらえなかった．ミシェルらは，このような実験条件によって，就学前の子どもや学童期の子どもの忍耐能力，すなわち，より大きな報酬を得るために小

さな報酬を我慢するという能力について検討した．実験の様子はビデオに記録され，対象となった子どもたちが，部屋で待っているあいだに示した行動が分析された．その結果，子どもによってとられた方略に違いがあることがわかった．たとえば，ある子どもは，自分の注意をお菓子からそらすために，ひとりごとをいったり，歌を歌ったり，眠ろうとしたり，はたまた自分でゲームを思いついてそれを実行したりしていたのである．また，お菓子とベルとをじっとみている子どももいた．

さて，それでは，どのような方略をとった子どもが，大きな報酬を手に入れただろうか．当然ながら，待っているあいだに他のことをして，自分の気をまぎらわすことのできた子どもたちであった．さらに重要なことは，どの程度長く待つことができたかということが，その子どものあとの社会的・認知的能力や対人関係に関する技術をよく予測したということである．たとえば，その子どもたちが10歳になったときに，子どもの親に，言語の流暢さ，合理的な思考，注意力，計画性，フラストレーションへの対処のしかたなどを評定してもらったところ，長く待つことのできた子どもたちのほうが，待てなかった子どもたちよりも，より高く評定された（Peak, Hebl, & Mischel, 2002）．さらに，20代になったときにも同様の調査がおこなわれ，その子どもたちはますます社会的能力や自己制御能力にすぐれ，自尊心も高かったという．

1.2 感情知能（emotional intelligence）

前述したように，子どもがある状況で，報酬を待つことのできる能力が，そのあとの学術的な能力や社会的能力，感情調整能力などを予測するという事実は，「**感情知能（emotional intelligence）**」という概念の重要性を示唆するものである（Goalman, 1995）．感情知能には，自分を動機づけることや，フラストレーションに直面したときに耐える力，衝動性を制御する能力，自分や他者の感情を同定し理解する能力，自分の気分や感情の表出を調整する能力などが含まれる．すなわち，感情知能とは社会的機能に関する能

力のセットのこととともいえる．

　重要なことは，感情知能のほうがIQよりも人生の豊かさに関するよい指標となるということ，とくに社会生活において，より有効なものとなるということである．例をあげてみよう．フェルスマンとヴァイラントは，貧困地区の450人の少年を壮年期まで追跡記録した研究で，社会性に関する質問をおこない，IQとは関係ないことを示した．むしろ，うまく生きていく力は，自分のフラストレーションにどのように対処するか，感情をどのように制御するか，そして他者とどのようにうまくやっていくか，というような能力と関係があったという（Felsman & Vaillant, 1987）．この結果は，ミシェルの発見ときわめてよく一致しており，感情が日常的な生活や他者との関係のなかで重要な役割をはたすことを示している．

1.3　感情を構成するもの

　感情を構成するものとしては，次のようなものが想定される．(1) ある事象を回避したりそれに接近したりする，また環境のなかの人や物を変えるといった行動を起こしたいという欲求，(2) 心拍や呼吸，ホルモンのレベルなど生理的なもの，(3) 主観的に感じるもの，(4) 感情を誘発するあるいは感情に付随する認知，などである．単純な例のなかにも，その組み合わせが認められる．たとえば，人はいまにも飛びかかってきそうなイヌに対して恐怖を感じるとき，そのイヌから逃れたいという動機をもち，そのために生理的覚醒が高まるのを感じ，恐怖という主観的経験をし，そしておそらくイヌが自分を傷つけるかもしれないと思うであろう．ここで仮定された動機づけの要素の重要性から，感情は，個人が環境のなかの重要な事象との関係を確立したり維持したり変えたりする試み，あるいはその準備であると定義されることもある（Saarni et al., 1998）．こうした考え方はすべての研究者によって共有されているわけではなく，認知の方がほかのなによりも重要な役割をはたすと考えている研究者もいる．さらに，感情の基本的な性質については大きな議論がある．それは，生得的であるか，

●板倉昭二

もしくは部分的に学習されたものか，また，いつ，どのように，異なる感情が乳幼児期に出現するのか，ということである．

子ども期の特殊な感情の発達を考える前に，感情の本質と出現について提出されてきたおもな見解を見直してみよう．

1.4 感情出現の理論

感情の本質とその出現についての議論には深くて大きな根がある．1872年に出版された「人と動物の感情の表出」という著書のなかで，ダーウィンは，内的な感情と顔の表情は直接的につながっており，それらの関係は学習されるものではなく，非常に早い時期の乳児にもみいだされるとした．ダーウィンは，人間の感情表現は，種に限定された生得的な基本的感情のセットにもとづいており，すべての人にその類似性を認めることができると考えた．これと一致した見方として，トムキンスやイザードらが唱えたのは，「離散的感情理論 (discrete emotions theory)」である (Izard, 1991; Tomkins, 1962)．彼らは，感情は生得的なものであり，それぞれの感情は，特有の身体および顔の反応のセットからなり，その感情の区別は発達の非常に早い時期からみられる，としている．

発達の初期では，感情は未分化なものであり，分化した感情の出現や表出のしかたには環境要因が大きな役割をはたすと考える研究者もいる．たとえば，生まれてから数週間，乳児は興奮や苦痛しか経験しない，ほかの感情は経験の結果としてあとに出現するという考え方もある(Sroufe, 1979)．スロウフェは，3つの基本的感情システムを想定している．それは，歓喜・喜び，怒り・フラストレーション，警戒・恐怖である．これらのシステムは，基本的なものからより進んだ形態へと，発達の初期に変化する．たとえば，警戒・恐怖は，驚きや痛みの最初の反応としてあらわれる．乳児は，生後数ヶ月で，新奇な状況に警戒を示しはじめる．そして，その2, 3ヶ月後，新奇な状況への明確な怖れを示すようになる．スロウフェは，このような変化は，乳児が社会的相互交渉を調節し，経験したことを理解する能

力を拡張したからであるとする．たとえば，乳児はある時期に，見知らぬ人に怖れを示すが，これは6，7ヶ月までは出現しない．おそらく，それ以前は，未知の人と既知の人とは別のものであるということを理解するための社会的経験が十分ではないのであろう．

いっぽう，機能的アプローチをとる研究者は，環境要因を強調し，感情の基本的機能は，目標に達するための行為をうながすことだと考える（Campos et al., 1994; Saarni et al., 1998）．たとえば，怖れの感情は，逃走か，または，その脅威を引き起こす刺激を回避する行為をうながす．この行為のために，自己保存が可能となる．機能主義者は，人は社会的存在なので，さまざまな状況での感情的反応は，身近な他者に影響されるとした．たとえば，小さい子どもの恥や罪悪感のような感情経験は，両親によって教えられた価値と基準，また，両親のとる方法と関係している．

これまでの研究は，以上述べたようなすべての見解をある程度支持しており，どれが決定的ともいえない．次節では，乳児がさまざまな感情を示すことを紹介する．あることに対する関心を示す顔の表情，笑顔，生後すぐの不快感，2ヶ月ころにあらわれる怒りと悲しみなどである．しかし，その表情，とくに否定的な表情を，どの程度まで区別しうるのか，またそれらがどの程度まで予測された状況で生起するのかは，まだ明確ではない．年少の子どもの基本的感情がどの程度，生得的または経験の結果として発達したものであるかも，はっきりしていない．しかしながら，その両者が関与していることは，まちがいない．

2 感情の出現

親は，乳児が非常に早い時期から，喜び，関心，怒り，恐れ，そして悲しみといった感情を表出していると考えるが，それは親の主観にもとづいたものである．すなわち，親は子の感情を判断するとき，その場の状況に相応しいものとして想定してしまいがちである．たとえば，乳児が新奇なおもちゃを前にした反応をみて，恐れの感情を想定するかもしれないが，

●板倉昭二

それを過剰に見積もってしまうと,怒りや苦痛だと判断してしまうこともある.

乳児の感情をより客観的に解釈するために,研究者は,より系統だった精緻な方法を開発してきた.それは,赤ちゃんの表情をきちんとした基準にもとづいて,その意味するところの感情に分類する方法である.この手法は,顔の各部分の状態を符号化し,その全体的な成り立ちによって評価するものである.具体的には,眉があがっているか,眉を寄せているか,目は大きく見開かれているか,または強く閉じられているか.唇はすぼめられているか,緩やかにまるくなっているか,もしくは後方にぎゅっと引かれているか,などである.このような顔の各部位の動きの組み合わせを分析し,感情を判断するのである.しかしながら,それでもなおかつ,乳児の感情判別は困難である.まずは,肯定的な感情と否定的な感情の2つに大きくわけてみていこう.

2.1 肯定的な感情（positive emotion）

乳児が表出する喜びの最初の明確なサインは,微笑みである.乳児は,生後すぐに自発的な微笑を示す.これは基本的には,「レム睡眠（rapid eye movement：浅い眠りをさし,このときに夢をみていることが多いとされる）」のときにあらわれる.けれども,その微笑の意味は週齢とともに変わってくる.この初期の微笑みは,反射的なものであり,社会的な相互作用というよりもむしろ,ある種の生物的な身体の状態によって引き起こされると考えられる.しかしながら生後6週間から7週間後,赤ちゃんは**社会的微笑**をあらわすようになる.その微笑みは,他者に対して向けられたものである.社会的微笑は,通常,両親とのやりとりのあいだに起こる.赤ちゃんの微笑によって,赤ちゃんに対する両親の関心や情愛が引き出され,また,そのことによってさらに社会的微笑が誘発される.このように,乳児の初期の社会的微笑は,両親やほかの大人との関係の質を高めていく役割をになっている.社会的微笑は,赤ちゃんが興味をもつ面白い対象物よりも,

人によってより頻繁に引き出される．その証拠として，3ヶ月児は，人によく似た人形よりも，本物の人に対して笑いかけたり声を出したりするということが報告されている（Ellsworth et al., 1993）．少なくとも，生後2ヶ月の乳児は，社会的な文脈および非社会的（自分が制御できる事象）な文脈の両方で，喜びの感情を表出することがある．

　ある実験研究（Lewis et al., 1990）を紹介しよう．乳児は，2つのグループにわけられた．赤ちゃんの手首には，紐がつけられており，1つの条件では，赤ちゃんが手首を動かして紐を引っ張ると，音楽が聞こえてきた．もうひとつのグループは，紐を引くことにかかわりなく，ランダムに音楽が鳴ったり消えたりした．そのような状況で，それぞれの乳児の行動が観察された．紐を引くことで音楽を聴くことができる条件にあった乳児は，紐を引くことと音楽の開始が関係なかった乳児よりも，頻繁に紐を引いて音楽を鳴らし続けた．そして，音楽が鳴ったときにより関心を示したり，笑顔を示したりした．つまり，自分が制御できる事象に対しては，赤ちゃんはより大きな喜びを示し，その行為を続けようとしたのである．

　7ヶ月になると，乳児は，見知らぬ人よりも既知の人に対して，笑いかけるようになる．実際に赤ちゃんは，知らない人とかかわることから，苦痛を感じることがある．このような選択的な微笑みは，赤ちゃんとコミュニケーションをはかり，維持しようとする両親の動機づけを高めることになる．赤ちゃんのほうも，両親に対して興奮と歓喜をともなう笑いなどを示す．そして，さらに肯定的な社会的相互交渉を続けようとする動機づけを高める（Weinberg & Tronick, 1994）．

　そのような正の感情の交換は，とくに両親とのあいだに生起し，赤ちゃんが自分にとって特別なものだということを，両親に実感させる．それは，親子の絆をさらに強くするものである．

　また，生後1歳の終わりくらいまでに，彼らの認知能力の発達とともに，予期しないことが起こったときに笑うということもみられるようになる．母親が変な声を出したり，変な帽子をかぶったりすると，子どもはそれを聞いたりみたりして笑うのである（Kagan et al., 1978）．

●板倉昭二

2歳では，今度は自分がおどけて他者を笑わせることをするようになる．このことから，2歳児は，両親と肯定的な感情や行為を共有する欲求をもつことを示していると考えられる．

2.2 否定的な感情（negative emotion）

乳児に最初にみられる「否定的感情（negative emotion）」は，空腹や痛みといったストレス要因から引き起こされる苦痛であろう．これは，激しい泣きやしかめつらなどから容易に判別可能である．しかし，乳児におけるその他の否定的な感情は，判別が難しい．

◆恐れと苦痛

明確な恐れの感情の表出は，生後6，7ヶ月くらいからみられはじめる．とくに，見知らぬ人に対する恐れの反応が顕著である．このころになると，見知らぬ人は，もはや乳児を快適にしてくれる存在ではなくなり，既知の人と区別されるようになる．この変化は，両親への愛着形成の進展を反映しているのであろう．見知らぬ人への恐れは，一般的には2歳くらいまで続くが，その継続性には個人差がみられる．すなわち，個人の気質によって変わるのである．7ヶ月では，見知らぬ人への恐れだけではなく，新奇なおもちゃ，大きな音，そして急激な動きなどに対しても恐れの感情を抱く．そのような恐れは，12ヶ月くらいまでに減衰する．7ヶ月児のこのような感情の出現には，適応的な意義があると考えられる．この月齢では，自由に素早く動くことはできない．したがって，危険な状況にさらされたときには，恐れや不快な感情表出が養育者の援助行動を引き出し，自分を守るための強力な道具となるのである．

とくに顕著な恐れや苦痛は，8ヶ月ころにはじまる「分離不安（separation anxiety）」である．分離不安は，保護者から分離されることによる生起する苦痛であり，13ヶ月から15ヶ月にかけて減少する．

◆怒りと悲しみ

2歳までには，怒りとその他の否定的な感情との区別は容易になる（Camrus et al., 1992）．1歳児はあきらかに，他者に対して怒りを向けることがある．怒りの表出は，2歳で増加し，自分の環境をよりよく統制できるようになる．そして思い通りにならなければ，驚いたり，また怒ったりするのである．

乳児は，怒りが誘発される状況と類似した状況で，悲しみの感情をしばしば経験する．たとえば，注射などの痛みのあとだとか，まわりの状況が思い通りにならない場合や両親と離れた場合などである．しかしながら，悲しみの出現頻度は恐れや苦しみなどにくらべて少ない．ただ年長の幼児で，両親と長時間離れて，きめの細かい世話を受けられない場合，長く続く悲しみの感情を示すことがある．

2.3　自己意識的感情

◆非自己意識的感情と自己意識的感情

感情は，大別すると，非自己意識的感情と自己意識的感情の2つにわけることができる．非自己意識的感情は，喜び，悲しみ，恐れ，怒りなど，いわゆる**基本感情**と呼ばれるもので（Ekman & Friesen, 1969），ヒト以外の動物にもみられると考えられている（第8章参照）．これに対して，**自己意識的感情は**，当惑，誇り，罪悪感，そして恥などで，より高次の感情であるといわれる．

2歳を過ぎるころになると，乳児は，自己意識的感情を示すようになる（Zahn-Waxler & Robinson, 1995）．なぜ，自己意識的感情と呼ばれるかであるが，それは，このような感情が，私たちの自己感覚や，他者の自分への反応に関する意識と関連しているからである．ルイスは，自己意識的感情は，2歳になるまでには出現しないとしている（Lewis, 1995）．なぜなら，そうした感情は，乳児が自分は他者とは異なる存在であると意識することに依拠しているからだとルイスは考える．そして，自己意識的感情と，自己鏡映

●板倉昭二

像の認知との関連を指摘している．

15ヶ月齢から24ヶ月齢のあいだに，乳児は，皆に注目を浴びたときに当惑の感情を示すようになる．歌を歌うことを頼んだり，新しい洋服について言及したりすると，目を伏せたり，手で顔を覆ったりする．

誇り感情は，子どもがなにかに挑戦して成功したとき，またなにか新しいことを達成したときにみられる．3歳までには，子どもの誇りは，うまくやれた程度と密接に結びつくようになる．また，困難な課題を達成したときほどより強く誇りを感じるようになるのである．

罪悪感は，他者に対する共感と結びついており，良心の呵責と後悔の念を含む．子どもが罪悪感を体験するとき，子どもは自分の犯したまちがいそれ自体に焦点をあてる．これに対して，恥は，他者との関係は想定されない．子どもが恥を感じるときは，してしまったことではなくて，自分自身に焦点があてられるのである．

いずれにしても，自己意識的感情は，2歳をすぎないと出現しないとされるが，どのようなメカニズムが背後に存在するかについては，現在多くの研究が進められているところである．また，ヒト以外の動物に自己意識的情動がみられるかということも，系統発生的観点からは重要である．

◆チンパンジーの自己意識的感情

さて，ここで，ヒト以外の霊長類に関する筆者自身の研究を紹介しよう（Itakura, 1993）．ヒト以外の動物を対象とした実験は，その多くが，食物を報酬としたオペラント実験にもとづいている．しかしながら，状況によっては，食物報酬なしでも，実験者の賞賛などの社会的強化で課題を達成できる場合がある．たとえば，チンパンジーが食物報酬なしに，きわめて長時間の課題を継続することが報告されている（松沢，1991）．こうした事実は，彼らが，食物という報酬のためにのみ課題をおこなっているわけではないことを示す．逆説的に考えると，これは，実験時にチンパンジーが示す感情的な反応が，必ずしも報酬の有無にもとづいてあらわれるのではないかもしれないことを示唆する．本研究は，こうしたことをたしかめるた

め，京都大学霊長類研究所のアイというチンパンジーを対象としておこなわれた．実験手続きは以下の通りであった．対象となったチンパンジーが「見本合わせ課題」をおこなっている場面をビデオテープに記録し，チンパンジーが示す感情的な行動を分析した．この課題では，条件に応じて，フィードバックが異なっていた．訓練試行では，正答に対しては，ホロホロというチャイム音と同時に，報酬としてリンゴ片やレーズンなどが与えられた．誤答に対しては，ブザー音が呈示された．また，テスト試行では正誤のフィードバックがないプローブ試行が与えられた．さらに，報酬のないチャイム音のみという試行も含まれていた．反応として，フィードバックが呈示されて10秒以内に出現した感情的反応を記録した．出現した感情的な反応を列挙してみると，不満をあらわす発声，顔をこする，身体をかくなどの反応がみられた．このような反応がどのような試行条件のときに出現したかをくらべてみると，もっとも多いのが，ブザーがフィードバックとして呈示されたときであった．次に多かったのがフィードバックなしの試行であった．そしてもっともネガティブな感情反応が少なかったのは，チャイム音のみのフィードバック条件であった．この結果は実に興味深い結果である．なぜなら，チンパンジーは，まちがった反応をして，食物をもらえなかったために，ネガティブな反応を示したのではないことが，推測されるからである．もし食物を得ることができないということで，ネガティブな感情反応が出現するなら，食物をもらえないその他の条件でも同様にネガティブな感情が生起したはずである．つまり，チンパンジーは，食物を得られなかったから感情的な反応を示したのではないことがわかる．また，チャイム音でもっともネガティブな感情反応が少ないこと，またブザー音でそれらがもっとも多いことを考えると，正答であったか，誤答であったかが大きく関与しているように思われる．チンパンジーは，誤答を知らせるブザーに対してネガティブな感情反応を示していることから，誤答することそれ自体が不満の対象になったのではないだろうか．自分自身が，まちがえたことそれ自体がネガティブな感情を引き起こすとしたら，これは自己意識的感情と呼んでもいいかもしれない．ただし，この

●板倉昭二

結果には別の解釈も考えられる．すなわち，ブザー音は食物を得られないサインとなることを単なる連合により学習して，ブザー音に対して嫌悪感が高まっており，とくに反応が増大しただけなのかもしれない．ヒトとそれ以外の動物の感情が連続的であるか不連続であるかの問題は，自己意識的感情の有無に焦点があてられて検討すべきであろう．今後は，感情の進化を考える場合に，こうした視点からの研究がますます重要となってくると思われる．

◆共感行動の発達

共感は，他者の感情に対する代理的な感情反応だと定義される（Feshbach & Roe, 1968）．ここでは，1-2歳児を対象におこなった筆者らの研究を紹介する（松沢ら，2002）．この研究では，他者の苦痛を目撃した際の共感行動を観察し，同時に心拍数を計測し感情反応の指標とした．被験児は，1歳児12人，2歳児13人であった．手続きは以下のとおりであった．実験は，実験者が被験児の家を訪問し，バッジテストと呼ばれるテストと，そのときの心拍数を計測した．バッジテストは，母親が子どもにバッジをつける際に，ピンで指を突いたふりをして痛がっている演技をおこない，そのときの子どもの行動を観察するものである（松沢ら，2002）．行動評定は，ザン-ワクスラーらの行動分類を参考にし，テスト開始後30秒間の被験児の行動に対しておこなわれた(Zahn-Waxler et al., 1992)．行動は，いくつかの下位項目を含んではいるが，大きくは自己指向行動と他者指向行動の2つにわけられた．自己指向行動には，「甘え」「笑う」「自己中心」といった下位項目があり，他者指向行動には，「なぐさめ」「援助」「同情」「たしかめ」「まね」といった項目からなっていた．結果を概略する．1歳児群では，2歳児群にみられなかった「甘え」反応がみられた．これに対して，2歳児群では，1歳児群ではみられなかった「なぐさめ」反応や「まね」がみられた．また，自己指向行動は1歳児群に多くみられ，他者指向行動は，2歳児群に多くみられた．なお，成人を対象とした先行研究でみられた心拍との関連は，あまり明確ではなった．ホフマンによると，1歳から2歳にか

けての自他の分化が，共感行動の発達の基礎となるという．その仮説は，そのあとの実証的研究で指示されてきた．しかしながら，共感行動の発達に，他者への共感という感情反応がどのように作用しているのかに関する実証的研究はほとんどなかった．本研究では，自己指向的な共感から，他者指向的な共感へと発達することがわかった．なお，成人における先行研究では，他者の苦痛を観察しながら，自分もその苦痛を受けることをイメージした被験者が心拍数の増加を示したのに対し，苦痛を受けることをイメージせずに観察だけおこなった被験者では心拍数の減少がみられた(Craig, 1983)．また，別の研究では，心拍数の減少を示した被験者は，自分を犠牲にして他者を援助するという他者指向の共感行動を多く示した(Krebs, 1975)．こうした研究結果は，他者の苦痛に対する共感的な苦しみの感情は，心拍数の増加をもたらすこと，しかしながら，自他を分化させることにより，感情の変化と心拍数の減少が起こり，他者指向の共感行動が動機づけられると考察できる．本研究では，1歳児で多少そのような傾向が示されたが，2歳児では明確ではなかった．しかしながら，今回使用した機器よりももっと簡便で正確な計測が可能な機器も開発されているので，こうした生理的指標をもちいた研究も，今後有効になってくると思われる．

3 感情の理解

子どもの感情の発達について，もうひとつの重要な視点は，どのような感情をどのように理解するのかということである．感情の理解は，社会的な行動に直接的に影響を与えるため，社会能力の発達の評価に重要となる．

3.1 他者の感情の同定

他者の感情理解の最初のステップは，他者には，自分とは異なる感情が存在することを知ることである．生後4ヶ月から7ヶ月くらいまでに，乳

児は，喜びや驚きといった感情の表出を区別するようになる．たとえば，馴化法をもちいた実験で，最初に喜びの表情の顔に馴化させ，テストで驚きの表情の顔を呈示すると，脱馴化が起こる．すなわち，喜び顔とは異なる驚き顔に対して，注視時間が長くなるのである．しかし，このことはその表出された感情の意味を理解しているということではない．7ヶ月にならないと，他者の表出している感情の意味を知覚するようにはならない．この時期の乳児に，表情と声が一致しているビデオ刺激（楽しい顔とはずんだ声を同時に呈示）と，それらが一致していないビデオ刺激（悲しい顔とはずんだ声を同時に呈示）をみせると，7ヶ月児は表情と声の一致した方の声をよくみるという．7ヶ月より前の乳児では，この2つの刺激の区別はない（Walker-Andrews & Dickson, 1997）．

　8ヶ月から12ヶ月になると，子どもは，ある事象に対する両親の表情表出と感情的な声のトーンとを対応づけることができるようになる．このような子どものスキルは，社会的参照とも関連する．**社会的参照**とは，新奇な事象やあいまいな事象に対する他者の表情や声の手がかりを，その新奇な対象に対する自分の態度を決定するために参照することである．たとえば，見知らぬ人に近づこうとするとき，乳児はその人に対して両親がどのように感じているかを察しようとするかもしれない．実験室では，乳児はまったく新奇な人に会わされたり新奇なおもちゃを呈示されたりする．そして母親が，その新奇刺激に対して，肯定的な表情をするか，恐れの表情をするか，もしくは中立の顔をする．この結果，12ヶ月児では，母親が恐れの表情を示したときは，母親の近くにいる傾向がみられ，母親が肯定的な表情を表出したときには，それらの刺激に近づいていく傾向がみられた．中立顔のときは，半分近くまでそれらの刺激に近づいた（Moses et al., 2001）．もうひとつ，社会的参照の実験で有名なものをあげておく．それは，視覚的断崖をもちいた実験である．視覚的断崖とは，乳児の奥行き知覚に関する実験にもちいられたもので（図5-1），図に示されるように，台全体は同じ模様であるが，半分はガラス張りで段差がついていた．したがって，奥行き知覚が可能な乳児は，恐怖のためそこを渡ることができない．

図 5-1 社会的参照に用いられた視覚的断崖の装置.

　乳児のいるところとは反対の場所に母親が立っており，さきの実験のように肯定的な表情もしくは否定的な表情を乳児に対して示した．この結果，対象となった 12 ヶ月児の 74% が，母親が幸せな表情を表出したときにはその断崖を渡ったが，恐れの表情を表出したときには，渡るものは誰もいなかった (Sorce et al., 1985)．12 ヶ月児で示された関連研究をもうひとつ紹介する．母親の顔をみることができないようになっている状況で，12 ヶ月児は新しいおもちゃを呈示されたとき，母親が恐れの声を発するのを聞いた場合に，感情的に中立な声を聞いた場合よりも，より警戒を強め，またより恐れの表情を示した (Mumme et al., 1996)．このように，1 歳までには，乳児は一般的に保護者の感情的な信号を読みとり，自分自身の解釈に使用し，自分の行為を決定する．それはおそらく，危険なものを回避するという重要な役割をになっているのであろう．

　3 歳までに，子どもは，写真や人形の顔で表された表情に対して，詳細なラベルをつけることができるようになる．もっとも早く区別できるのが，幸福顔である．これに対して，否定的な感情，たとえば，怒り，恐れ，そして悲しみの区別は，就学前および就学直後にかけて徐々にできるように

●板倉昭二

なる．ほとんどの子どもは，誇り，恥，罪悪感といった複雑な感情は，小学校中学年になるまでラベルすることはできない（Boone & Cuningham, 1998）．

　異なる感情を弁別しラベルづけをする能力は，自分自身の感情や他者の感情に対して，適切にふるまうことを可能にする．もし子どもが罪悪感をもつことを理解しているとしたら，罪悪感を軽減するために，なにかつぐないをする必要のあることを理解するかもしれない．同様に，友達が怒っていることがわかる子どもは，その子を避けたりまたはなだめたりできるかもしれない．実際，他者の感情表出に敏感な子どもは，社会的能力の高いことも報告されている．

3.2　感情を引き起こす原因の理解

　感情を引き起こす原因についての知識は，自分自身や他者の行動，および動機づけを理解するためにはきわめて重要である．また，それは自分の感情をうまく調整するためにも必要である．

　さまざまな感情を引き起こす状況の理解は，就学前から就学期にかけて急速に発達する．典型的な実験例を紹介しよう．被験児は，ある状況が設定された物語を聞かされる（図5-2）．

　物語は，たとえば，誕生会を開いているとかペットが逃げてしまったとかいった内容である．被験児は，その物語の主人公がどのように感じたかをたずねられた．2歳児でも，楽しい状況では，楽しい顔の絵を選択して答えることができた．3歳までには，楽しい状況をしっかり理解できると思われる．しかしながら，否定的な感情の同定となると，そうはいかない．否定的な感情を同定できるようになるには，4歳になるのを待たなければならない．年少の幼児には，恐れと怒りが含まれた状況を同定するのは難しいが，就学前から学童期にかけて，その能力は徐々に獲得される．複雑で社会的な感情，たとえば誇り，恥，罪悪感，嫉妬といった感情の誘発因となった環境を理解する子どもの能力は，7歳くらいに出現すると考えら

| 誕生パーティ | ピンク色の髪のお母さん | イヌが走り去る |

| まずい食べ物 | 妹が積み木で作った
タワーを壊す | スーパーマーケット
で迷ってしまう |

図 5-2 他者の感情に対するラベリング実験の刺激.
（Machelson & Lewis, 1985 より）

れている（Harris et al., 1987）．

　しかしながら，このように，物語を聞かせて主人公の感情を判断させるやり方が，適切であるかどうかに疑問をもつ研究者もいる．それは，子どもが他者の感情と状況との関係を理解しているというよりは，ただ単に自分をその場においてみて判断しているだけかもしれないからである．もう少し別のやり方を紹介してみよう．それは，日常における子どもたちの感情に関連する発話の分析である．28ヶ月の子どもでさえ，楽しみ，悲しみ，怒り，恐れ，などについて，適切に言及できるし，しばしば，その原因についても話すことがある．4歳から6歳までに，友達が実生活でなぜ否定的な感情をもつにいたったのかを説明できるようになる．そして，それは大人の説明と類似しているのである（Fabes et al., 1988）．

　また，年齢にともなって，子どもは過去に起こったできごとを思い出し

●板倉昭二

第II部　感情の発生

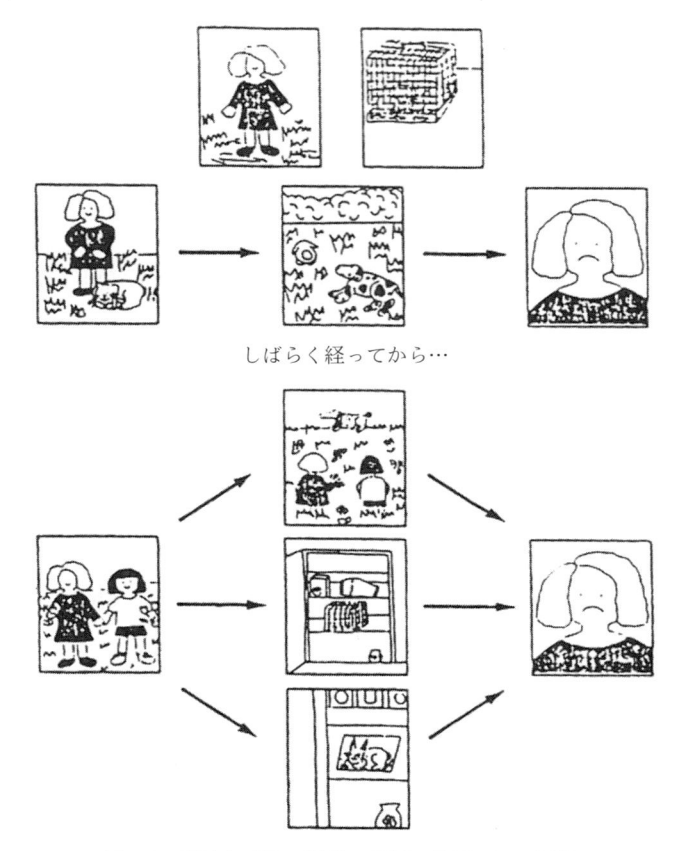

図 5-3 記憶と感情の関係の理解に使用された刺激.
（Lagattuta et al., 1997 より）

たときにも，人がある種の感情を経験することを理解するようになる．そのような研究の一例を紹介しよう．その研究では，3歳から5歳の子どもを対象として，主人公があまりうれしくない経験をし，そのあとにそのことを思い出した話を聞かせた．物語の内容は次のようなものであった．メアリーという女の子がウサギを飼っていたが，あるとき，そのウサギはイヌに追いかけられて逃げてしまった．その後，ウサギは二度ともどって来なかった（図 5-3）．

しばらく経ってから，メアリーはそのできごとを思い出させるような3つのものをみせられた．ウサギを追いかけたイヌ，ウサギ小屋，そしてのウサギの写真である．この時点で，被験児は，メアリーは悲しくなったことを告げられ，なぜメアリーは悲しくなったかが質問された．ここでの問いは，子どもが，過去に生じた悲しいできごとを想起させるようなものをみたとき，それによって悲しみが生じることを理解しているか否かであった．その結果，3歳児では34%，4歳児では83%，そして5歳児では100%の子どもたちが，なぜメアリーが急に悲しくなったかを理解できた．すなわち，年長児は，記憶が過去の悲しいできごとと感情を結びつける引き金になることを，理解していたのである（Lagattuta et al., 1997）．

3.3 本当の感情と表出される感情の違いの理解

私たちは，感情をつねにそのまま表情に出しているわけではない．現実世界では，感情とは異なる表情をする場合が少なくない．いわゆる「顔で笑って心で泣いて」というパターンである．このような感情のあり方を，子どもはいつごろから理解するのであろうか．よく出される事例として，誕生日のプレゼントがある．誕生日のプレゼントとして，本当は気に入らないものをもらったときでも，がっかりしていることを隠そうとするのはよくあることであろう．3歳児においても，同様の状況で，がっかりした感情を隠そうとすることが報告されている．しかしながら，3, 4歳児では，同じように，がっかりするような場面で，表情のコントロールには気づかない．5歳までに，子どもは真の感情と本当ではない感情の区別ができるようになる．それは次のような実験で示された．対象となった子どもは，まず，6つの話を聞かされた．以下にその一例をあげる．

> ミッシェルはいとこのジョニーの家に外泊している．ミッシェルは，彼女のお気に入りのテディベアを家に忘れてきてしまった．彼女はテディベアを家に忘れてきてしまったことが本当に悲しかった．でもミッシェルは，ジョニーに悲しんでいることを知られたくなかった．なぜなら，ジョニーは，そ

●板倉昭二

のことを知ったら，自分のことを「赤ちゃん」と呼ぶと思ったからである．それで，ミッシェルは自分の悲しい気持ちを隠そうとした．

　この物語を聞かされたあと，子どもたちは，ミッシェルが本当はどう感じているかが問われ，それに対応した顔の絵を選択することが求められた．また，ミッシェルはどのようにみせようとしたのか，その表情と同じ顔の絵を選択することが求められた．すなわち，内心感じている感情と，表出された感情の食い違いの理解が，テストされたのである．3歳，4歳児が半分程度しか正答できなかったのに対し，5歳児では80％の子どもが正答できた（Banerjee, 1997）．また，日本の子どもと西洋の子どもの両方を対象にした研究によると，4歳から6歳までのあいだに，「顔で笑って心で泣いて」という本当の感情と表出された感情の食い違いがあることを，どちらの子どもも理解していた（Gardner et al., 1988）．

　もうひとつこのようなタイプの感情理解に関連して重要なことは，「**表示規則**（display rule）」の理解ということである（Banerjee, 1997，第6章参照）．表示規則とは，個人が属する社会で通用する規範で，いつ，どこで，どのように感情を表出すべきか，また，いつどこで本当の感情を隠して他の感情を表出すべきか，といった非公式な規範のことである．就学前から学童期にかけてこのような能力は発達する．この時期に，子どもは，言語と表情により，他者を傷つけないようにする表示規則を学ぶ．ある人が作った料理を，本当は好きではないが，好きなふりをしたりすることを学習するのである．このような，いわば，現実感情と誤感情および表示規則の理解は，あきらかに認知能力の発達と関係がある（Flavell, 1986）．たとえば，ピアジェの「保存の課題」で，高い成績をあげる子どもほど，感情理解がすぐれているとのデータもある．

3.4　感情の同時性および両面性の理解

　感情の理解のなかで，子どもにとってもっとも難しいのは，人は同時に

複数の感情を経験するということであろう．年少の子どもは，感情は1度に1種類しか存在せず，すべてが肯定的もしくは否定的な感情であると信じている．4,5歳児でさえ，複数の異なる感情が一度に生起するとは考えないし，相反するような感情は異なる時間で，異なる事象に対して生起すると考えるのである（Donaldson & Westerman, 1986）．

5歳から7歳のあいだのある時点で，子どもは同時に2つの矛盾しない感情が存在しうることを理解するようになる．たとえば，誕生日がくるのでうれしく，かつ興奮している，といったことを理解できる．その数年後には，2つの肯定的な感情や2つの否定的な感情が，同じ人に向かって発生することを理解できるようになる．両親や先生に対して恐れと怒りという2つの感情をいだいたりすることなどが考えられる．

10歳くらいになると，同じ事象に対して，肯定感情と否定感情の両方を同時にもつことがあることを理解する．たとえば，自転車を買ってもらった子どもが，うれしいけど乗るのは怖い，といったことである．このような複雑な感情を理解することによって，感情を日常的なコミュニケーションのなかできわめて重要な役割のあるものとすることが可能になるのである．

感情の調整

自分の**感情を調整**できることは，目標に到達するために大変重要である．しかし，それは，単純なことではない．実際，感情の自己調整は，開始，抑制，調節といういくつかの構成要素からなり，目標へと向かわせる複雑な過程であり，以下のものから構成される．

(1) 内的な感情の状態（主観的な感情経験），(2) 感情に関係した生理的過程（心拍，ホルモンなど），(3) 感情に関係した認知過程（人がなにを望んでいるか，もしくはどのように説明するかに関する思考），(4) 感情に関係した行動（感情の表出や怒りによる攻撃行動など），以上である．

子どもの感情調整の出現は，長くゆっくりした過程である．あきらかに，

●板倉昭二

幼い乳児は感情の調整は得意ではない．乳児は，大きな音や急な動き，空腹や痛みなどで容易に乱される．年長の乳児も，知らない人に対する恐れやひとりにされることにともなう激しい感情を，うまくコントロールできない．そんなときには，両親のもとに駆けもどり，なぐさめてもらうのである．すなわち，安定して自分の感情を調整するようになるまでには，長い年月が必要なのである（Gianino & Tronick, 1988）．

4.1 感情調整の発達

　感情調整の発達（第6章も参照）は，年齢に応じた3つのパターン変化により特徴づけられる．最初は，保護者により感情を調整してもらう時期から，自分で感情を調整する能力を増大させる時期への移行である．2つめは，否定的な感情に対する認知的な方略の変化である．3つめは，適切な調整方略を選択できるようになる時期である．

◆保護者による調整から自己調整へ

　生後1ヶ月は，両親は乳児の情動的な調整を，彼らがさらされている刺激を統制することによっておこなう．乳児が，不快な状態になったり，ストレスを感じたり，なにかを怖がったりしたとき，両親は乳児をなぐさめたり，乳児の気をまぎらわそうとしたりする．すなわち，乳児に対して，やさしく語りかけたり，あやしたり，また，乳児の興味をもつような刺激を呈示したりして，気を引いたりする．

　しかしながら，乳児の情動的な調整はしだいに，こうした両親による調整から，少しずつ自分自身による調整へと変化しはじめる．6ヶ月になると，感情を刺激している状況から，視線をそらすようになる．また，自分の否定的な感情を引き起こしている人や物から注意をそらしたり，自分で自分の身体を何度もくりかえしこすったりして自分でなぐさめることをよくするようになる．こうした変化は，おそらく乳児が自分の注意や運動をコントロールできるようになることと関係があると思われる．

◆負の感情の制御のための認知的方略

年少の乳児が否定的な感情の調整をするために，おもに行動的な方略，たとえば，遊びで自分をまぎらわせるといったような方略を使うのに対し，年長の幼児は，認知的な方略を使うようになる．認知的な方略とは，ストレスを感じるような事象をまぎらわすために，精神的に自分をまぎらわそうとしたり，心地よくなるようなものをみいだそうとしたりすることである．本章の最初に述べたように，幼児が報酬を待つ実験で，5歳児は，いままさに望んでいるもの（お菓子）とは別のものに注意を向けることで，自分が報酬の遅れを長く待つことができ，その結果，より多くの報酬を得ることができると気づいていることが示された．6年生になるまでには，欲しいものが，自分の欲求とは関係のない機能をもつということを抽象的なやり方で想定することによって，欲求を抑えられるようになる．すなわち，いま欲しいと思っているお菓子について，それがどれほどおいしいものであるかを考えるよりも，おもちゃの小屋を作るのによい材料だと考えることによって，がまんするのである．

子どもはまた年齢があがるにつれて，感情的にどうにもならない状態におかれたときに，認知的な方略を使うようになることがわかっている (Brenner & Salovey, 1997)．たとえば，自分が心地よくない，しかも恐ろしい状況におちいったことがわかったとき，事象における目標や意味を，違った点から考えるかもしれない．そして無理なくその状況に自分を適応させようとするかもしれない．この能力は，非生産的なやり方を回避するために機能する．たとえば，ある子どもが友達にからかわれたときに，そのからかいをたいしたことではないと思うようにしたり，それ以上，からかいを助長したりするような行動は避けるようにするのである．これはきわめて高次の能力といえよう．

◆適切な方略の選択

自分の感情をうまく調整するために，子どもは，その状況やストレス要因に応じて，だんだんと行動的な方略か認知的な方略を適切に選択するよ

●板倉昭二

うになってくる．このような能力の下地になっているのは，ストレス要因が自分自身でコントロールできるものであるか（例：宿題など），または自分の力ではどうにもならないものなのか（例：病気による痛みなど）を区別する能力とともに増大する．年長の子どもは年少の子どもより，コントロールできる状況であるのか否かに感受性が高い．すなわち，その状況を無理に変えようとするのではなく，その状況に単純に合わせることによって，自分の感情を制御するのである．たとえば，ある病気で手術を受けなければならなくなったとしよう．年長の子どもは，手術の結果，健康が回復されるというよいことを想像することによって，手術というストレスを与えるような場に適応しようとするかもしれない．これに対して年少の子どもは，手術はしたくないといいはるかもしれないのである．

4.2 文化と子どもの感情の発達

　すべての**文化**で人は類似した感情を経験するが，近年の研究では，文化間で感情表出の度合いが異なることが示されている．これは異なる文化に存在する気質のようなものの違いが反映されているようにも思われる（第7章参照）．たとえば，フリードマンらによると，ヨーロッパ系アメリカ人の乳児は，中国系アメリカ人の乳児よりも一般的によく感情表出を示すことがわかっている．ヨーロッパ系アメリカ人の乳児のほうが，日常のできごとに対してよりたくさん泣いたり笑ったりするのである（Freedman & Freedman, 1969）．養育のしかたにおける文化的差異もまた，乳児の感情表出の文化間の違いに影響をしているかもしれない．中央アフリカに住むンガドゥ族の乳児は，アカ族の乳児よりもぐずったり泣いたりする度合いが高い．これは，生活スタイルに関係した養育のしかたにもとづくものだと考えられる．アカ族は狩猟採集民で，採食のため，女性も子どもいっしょに行動する．そのため，子どもはつねに身近に誰かが存在する環境におかれる．つまり，なにかあればすぐに誰かが対処できる距離にあるということである．いっぽう，ンガドゥ族は，農耕民族で，乳児はいつもひとりに

される．アカ族の乳児は，つねに誰かと身体的な接触があり，必要なときにはすぐに手の届く範囲に保護者が存在するために，ぐずりや泣きが少ないと考えられる(Hewlett et al., 1998)．もちろん，こうした現象はこのような一義的な原因で決まるわけではないだろうが，生活環境の差異が，子どもの感情表出に与える影響のひとつの例であろう．

　感情の表出に関する文化差の例として，日本とアメリカの比較研究があげられる．ザン‐ワクスラーらは，日米の就学前児に，葛藤や不快感が生じるような場面でどのような解決法をとるかを質問した．たとえば，誰かに殴られる，両親がいいあらそいをしているのを聞く，作ったばかりの積み木のビルを友達に壊されるといった状況である．アメリカの子どもたちは，日本の子どもたちよりも，これらの状況に対して，怒りや攻撃性を表出した(Zahn-Waxler et al., 1996)．この違いは，両親の養育態度にあるらしい．アメリカ人の母親は，日本人の母親よりも，子どもに対してより強い感情をあらわすように励ますことが報告されており，このことが日米の子どもの反応の差異を生み出す．

　このように，感情発達やその調整の違いは，遺伝的な影響だけではなく，親子関係や両親の社会性の質に影響を受けると考えられる．基本的な感情は文化を越えて共有されるが，感情の価値や，どのような感情をいつ，どのように表出すべきか，ということが文化差となってあらわれるのである．

5　まとめと展望

　本章では，乳幼児における感情の発達を，感情の表出の発達，感情の理解の発達，感情の調整の発達を中心にすえてこれまでの研究を概観してきた．生後初期から，感情は，生存や社会的コミュニケーションにおいて重要な役割をはたす．肯定的な感情や否定的な感情は誕生直後からみられるが，否定的な感情を判別することは難しい．自己知覚に関連した，より高次の自己意識的感情は2歳以降にみられる．感情理解に関しては，7ヶ月をむかえるころから，他者の感情を意味のあるものとして受け止めるよう

●板倉昭二

になる.そして,8ヶ月から12ヶ月のあいだに,他者の感情情報を参照する,社会的参照がみられるようになる.そして,感情を引き起こす原因の理解,表示規則の理解,複合的な感情の理解へと発達は続く.また,感情調整機能は自己の目標到達のためには重要であるが,このような調整能力は,あとの社会的能力と大いに関係があることも報告されている.

　以上のように,子どもの感情発達に関する多くの知見が得られてきたが,当然ながら,まだ解決しなければならない問題も残されている.子どもの一般的知能と感情の表出および理解は,どのように関係しているのか.また,感情理解に寄与する他の要因はなんであるか.さらに,感情の理解は,心の理論の理解をどのように促進するのか.これらはいずれも,今後の課題となる.

文献

Banerjee, M. (1997). Hidden emotions: preschoolers' knowledge of appearance-reality and emotion display rules. *Social Cognition*, 15, 107–132.

Boone, R. T. & Cunningham, J. G. (1998). Children's decoding of emotion in expressive body movement: The development of cue attunement. *Developmental Psychology*, 34, 1007–1016.

Brenner, E. M., & Salovey, P. (1997). Emotion regulation during childhood: developmental, interpersonal, and individual considerations. In P. Salovey & D. Sluyter (eds.), *Teaching in the heart of the classroom: Emotional development, emotional literacy, and emotional intelligence*. New York: Basic Books.

Campos, J. J., Mumme, D. L., Kermoian, R., & Campos, R. G. (1994). A functionalist perspective on the nature of emotion. *Monographs of the Society for Research in Child Development*, 59, 2–3, serial No. 240, 284–303.

Camras, L. A., Oster, H., Campos, J. J., Miyake, K., & Bradshaw, D. (1992). Japanese and American infants' responses to arm restraint. *Developmental Psychology*, 28, 578–583.

Craig, K. D. (1968). Physiological arousal as a function of imagined, vicarious, and experience. *Journal of Abnormal Psychology*, 73, 513–520.

Donaldson, S. K., & Westerman, M. A. (1986). Development of children's understanding of ambivalence and causal theories of emotions. *Developmental Psychology*, 22, 655–662.

Ekman, P., & Friesen, W. V. (1969). The repertoire of nonverbal behavior: Categories, origins, usage, and coding. *Semiotica*, 1, 49-98.

Ellsworth, C., Muir, D., & Hains, S. (1993). Social competence and person-object differentiation: An analysis of the still-face effect. *Developmental Psychology*, 29, 63-73.

Fabes, R. A., Eisenberg, N., McCormic, S. E., & Wilson, M. S. (1988). Preschoolers' attributions of the situational determinants of others' naturally occurring emotions. *Developmental Psychology*, 24, 376-385.

Feshbach, N. D., & Roe, K. (1968). Empathy in six- and seven-year-olds. *Child Development*, 39, 133-145.

Felsman, J. K., & Vaillant, G. E. (1987). Resilient children as adults: a 40-years study. In E. J. Anderson & B. J. Cohler (Eds.), *The Invulnerable Child*. New York: Guilford.

Flavell, J. H. (1986). The development of children's knowledge about the appearance-reality distinction. *American Psychology*, 41, 418-425.

Freedman, D. C., & Freedman, N. C. (1969). Behavioral differences between Chinese-American and European-American newborns. *Nature*, 224, 1227.

Feshbach, N. D., & Roe, K. (1968). Empathy in six- and seven-year-olds. *Child Development*, 39, 133-145.

Gardner, D., Harris, P. L., Ohmoto, B. T., & Hamazaki, T. (1988). Japanese children's understanding of the distinction between real and apparent emotion. *International Journal of Behavioral Development*, 11, 203-218.

Gianino, A. & Tronick, E. Z. (1988). The mutual regulation model: The infant's self and interactive regulation, coping, and defense. In T. Field, P. McCabe, & N. Schneiderman (Eds.), *Stress and Coping*, Hillsdale, NJ: Erlbaum.

Goleman, D. (1995). *Emotional intelligence*. New York: Bantam Books.

Harris, P. L., Olthof, T., Terwogt, M. M., & Hardman, C. E. (1987). Children's knowledge of the situations that provoke emotion. *International Journal of Behavioral Development*, 10, 319-343.

Hewlett, B. S., Lamb, M. E., Shannon, D., Leyendecker, B., & Scholmerich, A. (1998). Culture and early infancy among central African foragers and farmers. *Developmental Psychology*, 34, 651-661.

Itakura, S. (1993). Emotional responses in a chimpanzee during the contingency tasks. *Perceptual and Motor Skills*, 76, 563-566.

Izard, C. E. (1991). *The Psychology of Emotions*. New York: Plenum Press.

Kagan, J. (1978). *Infancy: Its Place in Human Development*. Cambridge, MS: Harvard University Press.

Krebs, D., (1975). Empathy and altruism. *Journal of Personality and Social Psychology*, 29, 342-347.

Lagattuta, K. H., Wellman, H. M., & Flavell, J. H. (1997). Preschoolers' understanding of the link between thinking and feeling: Cognitive cuing and emotional change. *Child Development*, 68, 1081–1104.

Lewis, M. (1995). Embarrassment: The emotion of self-exposure and evaluation. In J. P. Tanganey & K. W. Fischer (Eds.), *Self-conscious Emotions*. New York: Guilford Press.

Lewis, M., Alessandri, S. M., & Sullivan, M. W. (1990). Violation of expectancy, loss of control, and anger expressions in young infants. *Developmental Psychology*, 63, 630–638.

松沢哲郎（1991）．チンパンジーから見た世界．東京大学出版会．

松沢正子，山口千尋，板倉昭二（2002）．1–2才児の共感行動の発達（1）―心拍反応との関連―．昭和女子大学生活心理研究所紀要，5，56–62．

Mischel, W. (1981). Metacognition and the rules of delay. In J. H. Flavell & L. Ross (Eds.), *Social Cognitive Development*, 240–271. Cambridge, England: Cambridge Univeersity Press.

Moses, L. J., Baldwin, D. A., Rosicky, J. G., & Tidball, G. (2001). Evidence for referential understanding in the emotions domain at twelve and eighteen months. *Child Development*, 72, 655–948.

Mumme, D. L., Fernald, A., & Herrera, C. (1996). Infants' responses to facial and vocal emotional signals in a social referencing paradigm. *Child Development*, 67, 3219–3237.

Peake, P. K., Hebl, M., & Mischel, W. (2002). Strategic attention deployment for delay of gratification in working and waiting situation. *Developmental Psychology*, 38, 313–326.

Rodriguez, M. L., Mischel, W., & Shoda, Y. (1989). Cognitive person variables in the delay of gratification of older children at risk. *Journal of Personality and Social Psychology*, 57, 358–367.

Saarni, C., Mumme, D. L., & Campos, J. J. (1998). Emotional development: Action, communication and understanding. In N. Eisenberg (Ed.), *Handbook of Child Psychology (5th edition)*, Vol. 3, 237–309. New York: Wiley.

Sorce, J. F., Emde, R. N., Campos, J. J., & Kilinnert, M. D. (1985). Maternal emotional signaling: Its effect on the visual cliff behavior of 1-year-olds. *Developmental Psychology*, 21, 195–200.

Sroufe, L. A. (1979). Socioemotional development. In L. J. Osofsky (Ed.), *The Handbook of Infant Development*, Vol. 762–516. New York: Wiley.

Tomkins, S. S. (1962). *Affect, Imagery, Consciousness: Vol. 1. The Positive Emotions*. New York: Springer.

Walker-Andrews, A. S. & Dickson, L. R. (1997). Infants' understanding of affect. In S. Hala (Ed.), *The Development of Social Cognition*, West Sussex, England: Psychology Press.

Weinberg, M. K., & Tronick, E. Z. (1994). Beyond the face: An empirical study of infant affective configurations of facial, vocal, gestural, and regulatory behaviors. *Child Develop-

ment, 65, 1503-1515.

Zahn-Waxler, C., & Robinson, J. (1995). Empathy an guilt: Early origins of feelings of responsibility. In J. P. Tangney & K. W. Fischer (Eds.), *Self-conscious Emotions: The Psychology of Shame, Guilt, Embarrassment, and Pride,* 143-174. New York: Guilford Press.

Zahn-Waxler, C., Robinson, J., & Emde, R. N. (1992). The development of empathy in twins. *Developmental Psychology*, 28, 1038-1874.

Zahn-Waxler, C., Friedman, R. J., Cole, P. M., Mizuta, I., & Hiruma, N. (1996). Japanese and United States preschool children's responses to conflict and distress. *Child Development*, 67, 2462-2477.

第6章

感情の成長
情動調整と表示規則の発達
....
子安増生・田村綾菜・溝川　藍

> 乳児期　幼児期　児童期　情動調整　情動表出　表示規則
> 期待はずれのプレゼント課題　情動のみかけと本当の区別
> 　　　向社会的動機　自己保護的動機

1　はじめに

　この章では，乳児期から児童期の子どもたちが，日常生活においてさまざまな感情体験をする中で，自分や他者の「情動（emotion）」を認知し，場面に適した**情動表出**をおこなう「**表示規則**（display rule）」を身につけていく過程について，発達心理学の研究を参照しながら考える．

　人間は日々の生活のなかで，外的なできごとや内的な信念等によって引き起こされるさまざまな情動（喜び，悲しみ，驚き，恐れ，嫌悪など）を，場面や相手に合わせて柔軟に調整している．たとえば，子どもの悲しみや痛みの感情の表出が養育者からの援助を引き出すといったように，情動は子どもとその社会的パートナーのコミュニケーションの源として役立っており（Shipman et al., 2003），「**情動調整**（emotion regulation）」は子どもの社会的環境への適応を促進する役割をもっている．

　たとえば，次のような場面を想像してみよう．

マーちゃんは運動会の徒競走で1等になりたくて，1ヶ月も前から一所懸命にトレーニングをしていた．運動会の当日，マーちゃんはゴール直前で転んでしまい，1等賞はとれなかった．マーちゃんは負けてしまったにもかかわらず，先生や友達の前では平気な顔をして笑っている．

　マーちゃんは平気な顔をしているが，本当に負けたことを気にしていないのだろうか．私たちには，必ずしもそうではないことがわかる．マーちゃんは，本当は徒競走で負けて悔しい思いをしているのかもしれない．しかし，先生や友達の手前，強がって悔しい気持ちを抑えて平気な顔をしているだけなのかもしれない．私たち大人はこのように表情に出ていないマーちゃんの内的な情動を推測することが可能であるが，幼いころから同じような推測ができていたわけではない．このような推測をするためには，「マーちゃんは勝ちたかったけれども負けた」という意図や状況を考慮してマーちゃんの本当の情動を考えることができなければならないし，そもそも表に出している情動が必ずしも本当に心に抱いている情動ではないということにも気づいていなければならない．

　以下では，子どもがどのようにしてこのような情動表出の調整ができるようになっていくのか，またどのように自己や他者の情動調整を理解するようになっていくのかという問題に注目し，論じていきたい．

2　表示規則の発達

　私たちは，いつも心のなかの情動をそのまま表出しているとは限らず，どのような場面でどのように情動を表出すべきか，また表出すべきでないかといった表示規則にのっとって情動表出を調整している．**表示規則**とは，アメリカの心理学者ポール・エクマンらが提唱した概念であり（Ekman & Friesen, 1969），情動表出の適切性を支配するルールのことをいい，子ども時代を通して社会的に学習され，情動表出を調整したり管理したりするために使用される．たとえば，「人から受けとったプレゼントが期待はずれ

のものであっても，がっかりした気持ちを表情に出さない」「お葬式のときには悲しみを表出する」などのルールが例としてあげられる．エクマンら（Ekman & Friesen, 1969）は，表示規則には少なくとも以下の4つがあるとしている．

(1) 強調化（例：それほどうれしくないプレゼントを受けとっても，喜びを強く表出する）
(2) 最小化（例：競争相手に勝ったときに，喜びの表出をできるだけ抑える）
(3) 中立化（例：仕事のことで批判されても，ポーカーフェイスを保つ）
(4) 代　用　（例：目上の人に怒りを感じても，笑顔を表出する）

　この表示規則の理解の発達的な変化をはじめて体系的に調べたのはサーニ（Saarni, 1979）であった．サーニは，児童期の子どもを対象として，「**期待はずれのプレゼント**（a disappointing gift）」をもらうなどの仮想状況をもちい，主人公の本当の情動，表出する情動について尋ねることで，表示規則の理解の発達を調査した．その結果，6歳児・8歳児よりも10歳児の方が課題の成績がよく，表示規則は児童期に獲得されることが示された．
　乳児は，大人とは違って，状況によって引き起こされた内的情動とその表出が一致しており（Hiatt et al., 1979），その後の成長のなかで，徐々にいつどのように情動表出を調整するかを学んでいく．では，子どもはいつどのようにしてこのような表示規則を学習し，このルールにそって情動表出を調整できるようになっていくのだろうか．子どもはいつごろから本当の情動とは異なる情動を表出できるようになるのだろうか．また，人が本当の情動とは異なる情動を表情や態度に出すことがあることを，子どもはいつごろから理解するようになるのだろうか．
　これらの疑問に答えていくために，乳児期における情動調整の発達の萌芽から，幼児期における情動調整のはじまりとその理解の発達，そして就

●子安増生・田村綾菜・溝川　藍

学という大きな転換を経たあとの児童期における情動調整のさらなる発達,と順を追ってみていくことにしよう.

3 乳児期

　発達心理学では，子どもが生後1歳半までの時期を「**乳児期**（infancy）」と呼ぶが，生後最初の4週間は新生児期として区別されることがある．生まれたばかりの赤ん坊（新生児）は，情動を自分自身で調整することはできない．みずから情動調整をする技術を獲得する前の赤ん坊は，不快な情動を感じたとき，母親の微笑み・言葉かけ・身体接触などによる「なだめ（soothing）」や，子どもの気をまぎらわせるために注意を他の刺激へとそらせようとする「方向づけ（orienting）」によって心を落ち着かせている.

　3ヶ月-6ヶ月児の場合，苦痛を感じたあと，興味深い物体をみせられたり聞かされたりすることによる方向づけによって苦痛が消えたとしても，それらの方向づけが消えたあとには最初と同じレベルの苦痛がもどってくることが知られている（Harman et al., 1997）.

　乳児期のはじめのころは，このように自分自身で方向づけをコントロールする能力が未発達であり，その大部分は養育者に頼っているものの，3ヶ月ごろから徐々に方向づけをすることによって不快感情を低減させたり快感情が得られたりすることに気づきはじめ，4ヶ月までに，乳児は視線をそらすなどの方略を使用して少しずつ方向づけをコントロールできるようになる．この方向づけのしやすさは低いネガティブ情動気質やなだめやすさといった子どものパーソナリティ特性とも関係があることが知られている（Johnson et al., 1991）.

　また，生後3ヶ月ごろの乳児は基本的な情動（怒り，恐れ，喜びなど）を示すものの，それらはまだ特定のできごとと明確には結びついていない．それが3ヶ月-12ヶ月と成長していくにつれて，特定のできごとに結びついた異なる**情動表出**ができるようになっていく（Zeman et al., 2006）．生後5ヶ月ごろには，大人の女性が悲しみを示しながらある文章を読む姿が

映っているビデオを視聴して慣れたあとで、別の女性が喜びを示しながら同じ文章を読む姿をビデオ視聴すると、喜びを表出しながら文章を読む女性を注視する時間が回復することから、乳児でも悲しみ表出と喜び表出を区別できることが示されている (Caron et al., 1988). また、8ヶ月-12ヶ月ごろになると、他者 (おもに母親) の情動表出を手がかりにして、未知の状況やはじめてみるおもちゃなどの新規な事物に対して、行動をとったり情動を調整したりすることができるようになる. このような「社会的参照 (social referencing)」(第5章参照) の研究からは、赤ん坊が助けを求めて母親をみて、母親の反応に頼って行動を調整することが広く示されている (Moses et al., 2001 ほか).

幼児期

幼児期 (1歳半から就学までの時期) に入ると、歩行と言語を獲得することによって、子どもの世界は飛躍的に広がり、母親や他の家族メンバーだけでなく友人や幼稚園・保育所の先生など多くの他者とかかわるようになる. そのため、情動調整は子どもが集団や社会のなかで適応的に生きていくためのより重要な問題として浮かびあがってくる. 幼児期には、情動調整とその理解の双方の側面で大きな発達がみられ、子どもは他者とのやりとりのなかで多様な情動表出の調整をおこない、人が必ずしも本当の情動を表出しているわけではないことや、偽りの情動表出によって他者に誤った情動状態を推測させることができることについても理解するようになる.

ここでは、幼児期初期の情動調整のはじまり、幼児期の情動調整の発達の基盤となる認知的な要因、そして情動調整と社会的関係との関連の3点をとりあげることとする.

4.1 幼児期初期の情動調整のはじまり

1-2歳ごろになると、自己意識の芽生えや注意のコントロール能力等の

●子安増生・田村綾菜・溝川 藍

発達にささえられて情動調整も徐々に発達し（Fox & Calkins, 2003），苦痛や悲しみのような不快情動を表出することで，身近な大人から援助を引き出そうとする行動がみられるようになる．これまでの研究から，苦痛の表出は養育者からコミュニケーション，アタッチメント，援助などの反応をもたらすこと（Malatesta et al., 1989）がわかっており，悲しみ表出は社会的パートナーに助けやなぐさめや支援の要請を伝え（Shipman et al., 2003），相互関係を生み出し（Huebner & Izard, 1988），社会的パートナーからポジティブな反応を引き出すものであること（Huebner & Izard, 1988; Shipman et al., 2003）が示されてきた．

　恐れや怒りを喚起する状況におかれた24ヶ月児の苦痛表出について調査したバスら（Buss & Kiel, 2004）は，子どもが母親から援助（なぐさめ）を引き出すために他の苦痛情動（怒り，恐れ）よりも悲しみを多く表出することを示した．24ヶ月児は母親の方をみているときだけ，恐れや怒りよりも悲しみの情動を多く表出したのである．

　母親がみているときに限って悲しみを多く表出するという24ヶ月児の行動は無意図的なものかもしれない．しかし，日常生活のなかでこのような情動表出の調整をくりかえしていくうちに，子どもは自分自身の情動表出が他者に向けて調整可能なものであることに気づいていくと考えられる．また，この時期の子どもは，徐々に他者からみられる自己の姿を意識するようになり，このことも以後の情動表出の調整の発達の重要な基盤となる．

　この時期の情動の理解についてみていくと，1-2歳ごろからは，言語能力の発達にともなって，自他の情動について「うれしい」あるいは「悲しい」などと同定すること（ラベリング）が可能になり（Bretherton et al., 1986），異なる状況が異なる情動を喚起すること（例：誕生日パーティーは喜びを引き起こし，ペットがいなくなることは悲しみを引き起こす）についても徐々に理解しはじめる．2歳ごろには，喜びを喚起する状況をかなり正確に識別できるようになるが，ネガティブな情動についてはまだ難しく，悲しみを引き起こす状況については4歳ごろ，恐れや怒りについてはさらにあとであることが示されている（Denham & Couchoud, 1990; Eisenberg et al., 1997）．ま

た，2歳ごろから情動の原因についても徐々に理解を示すようになる．ブレザートンら（Bretherton & Beeghly, 1982）による28ヶ月児30名を対象とした観察研究では，28ヶ月児が会話のなかで喜び・悲しみ・怒り等の情動について言及し，ときどきその原因についても話すことが示されている．また，その後，幼児期を通じて，情動の原因についてより上手に説明できるようになっていく（Fabes et al., 1988）．

4.2　幼児期の情動調整の認知的要素

◆みかけの情動と本当の情動の理解

乳児期のはじめは養育者の方向づけを必要としていた子どもも，幼児期初期には少しずつ調整可能な自己に気づきはじめ，3歳ごろになると自発的な情動調整が可能になってくる．

コール（Cole, 1986）は，調査対象の子どもたちの好きなものと嫌いなものをあらかじめ調べておき，それぞれの子どもに「**期待はずれのプレゼント**」を与えたときの表情を観察することで，幼児期の自発的な情動表出の調整を調べた．その結果，3-4歳児の多くは，「期待はずれのプレゼント」を受けとったときに，ネガティブ情動を抑えてポジティブ情動を表出する行動を示した．つまり，3-4歳児でさえ，「人から受けとった贈り物が期待はずれのものであっても，がっかりした気持ちを表情に出さない」という表示規則にしたがった行動をとることが確認された．

その後の研究からも，3歳ごろから行動としての**情動調整**ができるようになることがたしかめられている（Josephs, 1994）．しかし，人が必ずしも本当の情動を表出するわけではなく，本当の情動とは異なる情動を表出することによって相手が誤った情動状態の推測へと導かれる可能性があるのだということを子どもが理解するようになるのはもう少し先のことである．

では，子どもが**みかけの情動と本当の情動を区別**するようになるのはいつごろのことなのだろうか．物体のみかけと本当の違いについては，4歳までに区別できるようになることが示されている．たとえば，岩のように

みえるスポンジなどみかけと本当が異なる物体をみせ，子ども自身にも触らせたあとで，「みかけ」と「本当」がそれぞれなんであるかを尋ねたとき，3歳児の多くは「みかけ」が岩で「本当」がスポンジであることを区別して答えることができなかったが，4歳児には両者の区別が可能であった (Flavell et al., 1983). しかし，これとくらべると，情動のみかけと本当の区別は4歳児には難しい．そのことをハリスら (Harris et al., 1986) は幼児を対象とした以下のような調査をおこなうことによって調べている．ハリスらの研究 (Harris et al., 1986) では，「主人公がポジティブな情動を感じていながら，それを抑制しようとする場面」と「主人公がネガティブな情動を感じていながら，それを抑制しようとする場面」を課題としてもちいた．たとえば，ネガティブ情動抑制場面の1つでは次のようなお話をもちいている．

> ダイアナはお外に行きたいけれど，お腹が痛いです．もしママにお腹が痛いといえば，ママに「お外に行ってはいけません」といわれるのがわかっています．ダイアナは，ママにお外に行かせてもらえるように，気持ちを隠そうとしています．

このようなお話の提示後，子どもは，主人公のみかけの情動と本当の情動について，「喜び」「悲しみ」「普通」の表情図のなかから選択し，その回答に理由づけをした．その結果，4歳児にはみかけの情動と本当の情動の区別はまだ難しいが，6歳児になると情動のみかけと本当を適切に区別することができ，さらに適切な理由づけも可能になることが示された．

ハリス (Harris et al., 1986) 以降，幼児期の子どものみかけの情動と本当の情動を区別する能力について多くの研究がおこなわれ，4歳から6歳のあいだに両者を区別する能力が発達するという一致した見解が得られている (Gross & Harris, 1988; Josephs, 1994; Joshi & MacLean, 1994 など). さらに，偽りの情動を表出することによって他者を誤った情動状態の推測へと誘導できることの理解も4歳から6歳のあいだに発達することが示されている (Gross & Harris, 1988).

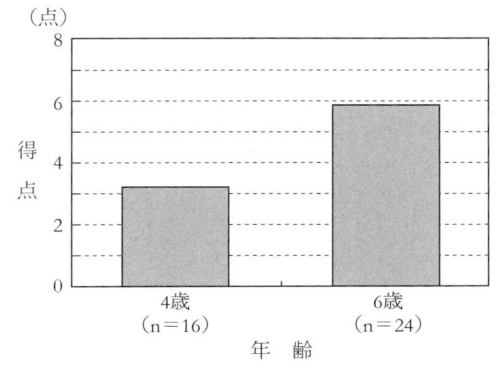

図 6-1 情動の「みかけと本当」課題における得点の平均（溝川, 2006）.
「みかけと本当」を適切に区別できているときに1点を与えた．1人の被験者につき8問あり，得点範囲は0〜8点である．
年齢差は有意であった（$t(38) = 6.46, p < .001$）.

　また，幼児期に徐々にみかけの情動と本当の情動が区別できるようになってくることについては，イギリス・アメリカ・日本のあいだでは文化差がないことも確認されている（Gardner et al., 1988）．溝川（2006）は，ハリスら（Harris et al., 1986）と類似の課題をもちいて，新たに「主人公がポジティブな情動を感じていながら，それを抑制し，代わりに悲しみを表出する場面」を課題に加え，幼児期の偽りの悲しみ表出の理解について検討した．本当の情動を隠す動機によって理解の程度は異なっていたものの，日本の子どもでも先行研究と同様，6歳児の方が4歳児よりも情動のみかけと本当を区別できるという結果が得られた（図6-1）.
　人は必ずしも本当の情動を表出しているわけではないということの理解，みかけの情動と本当の情動を区別する能力，偽りの情動の表出が他者を誤った情動状態の推測へ導くことの理解は，表示規則の適切な使用の大切な基盤となる．表示規則の使用にあらわれる情動調整能力が対人関係に与える影響については，あとの4.3節で述べることとする．

●子安増生・田村綾菜・溝川　藍

◆行動と理解のタイムラグ

　先述のように，これまでに 3-4 歳児でも**表示規則**にしたがった行動をとることが可能であることが示されてきた（Cole, 1986; Josephs, 1994）．しかし，**実際にみかけの情動と本当の情動を区別**できるようになるのは幼児期後期であり（Harris et al., 1986; Banerjee & Yuill, 1999; Josephs, 1994 など），行動と理解のあいだには 2 年ほどのずれが生じている．この 2 年のずれ（タイムラグ）はなぜ生じるのだろうか．

　久保（1992）は，みかけの情動と本当の情動の区別を測る調査方法にその原因の一部をみいだしている．久保（1992）のいうように，子どものみかけの情動と本当の情動の認識を調べた研究のほとんどが，ハリス（Harris et al., 1986）のように仮想状況のお話を紙芝居等で提示する（または，単にお話を聞かせることで想像させる）方法をもちいており，この仮想的な状況の理解そのものが年少児には難しいことが問題としてあげられる．事実，バナジー（Banerjee, 1997）が，従来のみかけの情動と本当の情動の区別の課題を改良し，主人公が本当の情動を表出すると課題中の他者がネガティブな反応をするという状況設定によって主人公が本当の情動を隠す動機をよりはっきりさせたり，課題場面を幼児にとってより日常的なものにしたり，主人公と課題中の他者を別の性にすることで混乱をまねかないようにしたりすることによって，年少児にとってよりわかりやすい手続きで調査をおこなったところ，3 歳児でも 50％以上が正答できることが示された．しかし，久保（1992）が指摘するように，年少児は，自分の欲することが結果としてかなうように（あるいはいやな状況を避けられるように）行動するときなどに，意識はしていなくても表示規則にそったような行動をとっており，それがやがて意識的に情動表出を調整できるようになっていくと考えられるため，方法論を工夫してずれを小さくすることができたとしても，なくなることはないだろう．

　ジョゼフス（Josephs, 1994）は，表示規則にしたがった行動とその理解のあいだのずれについて，さらに詳細な考察をしている．ジョゼフスによると，初期の表示規則にしたがった行動は，状況と表情を結びつける連合学

習のようなものであり，みかけと本当の情動の区別の理解を必要としない．たとえば，期待はずれのプレゼントをもらったときにニッコリするという行為は，単純なルールさえあれば可能であり，年少児はその単純なルールにしたがっているだけである．しかし年長児になってくると，より系統的な理解を示すようになる．つまりみかけの情動と本当の情動についての知識を持ちはじめるのである．このような知識が獲得される過程について，ジョゼフスの考察を引用しながら以下に述べることとする．

期待はずれのプレゼントをもらったときに，「プレゼントをもらったときはいつもニッコリする」という単純なルールにしたがって微笑んだ子どもがいたとする．この子どもが自分の情動状態をモニターしたとき，自分は期待はずれのプレゼントをもらったことによって悲しみや怒りを感じていることがわかるだろう．しかし，期待はずれのプレゼントをもらってニッコリしている子どもをみる他者は異なる結論にいたり，その子どもは微笑んでいるのだからプレゼントに満足しているのだろうと推測する．つまり，子どもの表示規則が他者を誤った情動状態の推測へと導くことを意図していなくても，他者に誤った情動状態（微笑んでいるからうれしい）を推測させることになるのである．そこで他者が誤誘導されていることを推測させるようなコメントをすると，子どもは次の2つの情報源のあいだの葛藤に直面することとなる．1つ目は，自分自身が感じている本当の情動についての情報（期待はずれのプレゼントを受けとって生じるネガティブな情動），2つ目は，その子どもが感じている情動についての他者の不適切なコメント（微笑みから推測したポジティブな情動）である．この葛藤が，他者は必ずしも自分が感じている情動をそのまま知るわけではないということを子どもに教え，子どもは徐々に他者を誤った情動状態の推測へと誘導することを意識しながら表示規則を使用できるようになっていくのである（Josephs, 1994: 321）．

4.3 幼児期の情動調整と対人関係

ここまで，子どもの情動調整能力や理解といった認知的な側面の発達を中心にみてきたが，これらの行動とその理解は子どもの対人関係にとっても重要である．これまでの幼児を対象とした多くの研究から，情動表出を上手に調整できることが，その子どもの対人関係をよりよいものにすることが示されている．

たとえば，教師から友だちづくりが上手であるなどと評価され，友だちからも人気のある子どもは，怒りが喚起されるような葛藤場面にかかわることが比較的少ない傾向にあり，そのような葛藤場面においても，すねたり，先生に告げ口したり，仕返ししたりといった方法ではなく，相手に直接怒りを言葉であらわすなど，対人関係のさらなる葛藤を最小限抑えるような非攻撃的な方法で対処していることがわかった（Fabes & Eisenberg, 1992）．また，自由遊びの場面における友だちとのかかわりのなかで，怒りや悲しみよりも喜びを多く表出する子どもは，教師や友だちからポジティブな評価を受け，そのことがよりよい対人関係を築くことにつながっているのではないかと考えられている（Denham et al., 2003）．

このような情動調整能力が対人関係，中でも友人との関係をうまく築いていくことに寄与しているとされ（Howes, 1987），対人関係がうまくいくことが就学前児のスクール・レディネス——学習や学校生活にうまく参加するための準備状態——にとってきわめて重要であるという認識がますます強まっている（Carlton & Winsler, 1999）．たとえば，対人関係がうまくいっている子どもはそうでない子どもよりも，小学校に入学した際，学校に適応的であり，よりよい成績や評価を得るということがいわれている（Birch & Ladd, 1997; Ladd, 1990; Ladd et al., 1999; Ladd et al., 1996）．

こうして最近では，子どもが小学校へうまく移行できるように，幼児期に情動調整などの能力をのばすためのさまざまな介入プログラムが考案されている（Denham & Burton, 2003）．たとえば，「亀作戦（turtle technique）」といって，強い怒りや恐れなどのどうしようもない情動を感じたときに，

甲羅のなかに入る亀を想像させ，自身がその甲羅のなかに入るように，腕を体につけ，頭を下げ，目を閉じるように教えるというものがある．これは，腕を体につけることで攻撃的・衝動的行動の予防になり，そのあいだに自分の情動をみつめ，名前をつけ，調整し，どう対処すべきかを考える時間ができるというものである．これまでこうした能力は自然と身につくものとされていたが，より具体的な方法を教えることで，子どもの情動調整能力を育てていくことがますます必要とされている．

5　児童期

わが国では，初等教育の6年間の時期を「**児童期**（childhood）」と呼ぶ．小学校に入学することは，子どもにとって大きな人生の転機といえよう．幼稚園や保育所での遊び中心の生活から，学習中心の生活へと移行し，自分の関心のあることだけをやっていればよいというわけにはいかなくなる．成績がつけられるようになり，他者からの評価を受けたり，他者とくらべられたり，といった経験が多くなってくる．また，それまで保育者を介することの多かった友達とのかかわりが，小学校に入ると友達同士の直接的なかかわりが増え，親や教師との関係だけでなく，友達との関係づくりが重要な課題となる時期である．このような児童期において，情動表出の調整能力はどのように発達していくのだろうか．ここでは，まず表示規則の理解と使用，情動表出の調整をおこなう動機および方略それぞれの発達について確認してから，それらの性差とその発達が児童の対人関係に与える影響について論ずる．

5.1　表示規則の理解

子どもは，**表示規則**を少しずつ学ぶことによって，**情動表出**を調整することができるようになるといわれている（Saarni, 1979）．そこで，情動表出の調整能力の発達を検討するために，子どもが表示規則を理解しているか

●子安増生・田村綾菜・溝川　藍

どうかに焦点があてられ，これまで仮想場面をもちいた研究が多くなされてきた．

仮想場面をもちいた研究では，たとえば「誕生日のプレゼントをもらったが，そのプレゼントが期待はずれのものであった」などの物語を聞かせる．そして，主人公がそれぞれの場面でどのような表情をするかを尋ねたり，自分ならどのように表出するかを報告させたりして，なぜそのような表情をするのかを理由づけさせ，これらの反応から表示規則を知識として獲得しているかどうかを調べるのである．

幼児期のところでみたように，6歳ごろになると情動のみかけと本当を適切に区別し，適切な理由づけも可能になる．そのあと，児童期においては，年齢があがるにつれて，自発的に表示規則にもとづく反応をする頻度が高くなり，そのような反応をする子どもの割合が増えるという結果が多くの研究から得られている (Gnepp & Hess, 1986; Saarni, 1979; Zeman & Garber, 1996). これまでの研究では，だいたい5年生ごろまでに，たいていの子どもが表示規則の知識を獲得しているとされる．しかしながら，絵本形式で**「期待はずれのプレゼント」**課題を小学生890人と大学生57人に実施した子安（1997）の研究の結果では，たしかに年齢とともに正答率は上昇したが，5-6年生でも正答率は40％あまりであった（図6-2）．この課題では，大学生でも正答率は73.7％に過ぎず，「期待はずれのプレゼント」課題に含まれる状況設定や提示する刺激の特性によって正答率が変動する可能性があり，さらに慎重な検討を要する．

また，多肢選択形式だけでなく，理由づけをたずねることが重要である．仮想場面において本当の気持ちとは異なる表情をすると答える際に，3年生は幼児や1年生とくらべ，「他者に嫌な思いをさせたくないから」などと自発的に理由づけを口にすることが多いことが確認されている (Cole, 1986). このように，児童期にはただ情動表出の調整ができるようになるだけでなく，その行動を言語的に説明することが可能になる．これは，児童期に発達するとされる自分自身の行為を振り返る内省的思考やメタ認知能力の発達にともなって可能になるのではないかと考えられるが，これらの能力の

「今日は、みさとさんのおたん生日です。ばんごはんの前に、おじさんがやってきました。おじさんは、おたん生日のおいわいに、お人形をプレゼントしてくれました。
ところがなんと、そのお人形は、友だちと「あんなかわいらしくないお人形は、ほしくないわね」と言っていたものでした。でも、そんなことを言うとおじさんにわるいので、言いませんでした。

みさとさんの顔に、1つ○をつける。

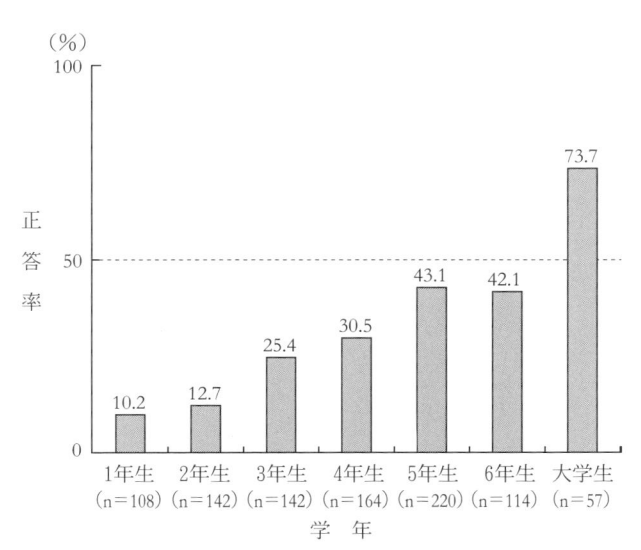

図 6-2　児童期の表示規則の発達（子安，1997）．
上の設問に対して「笑顔」を選択することを正答とした場合の正答率の学年別の推移．学年による比率の差は有意（$\chi^2(6) = 115.1$, $p < .001$）．

●子安増生・田村綾菜・溝川　藍

関連を直接検討した研究はまだあまりみられず，今後の検討を要する課題である．

5.2　表示規則の実験的観察

仮想場面をもちいた研究では，想定された場面でどのように表出すべきかを理解しているかどうかを調べることはできるが，それは子どもが実際におこなっている情動表出とは異なる可能性がある．そこで，子どもが実際に表示規則をもちいるのかどうかについて，実験をもちいて子どもの反応を観察するという方法で研究がおこなわれてきた（Cole, 1986; McDowell, O'Neil, & Parke, 2000; McDowell & Parke, 2005; Saarni, 1984）．

この実験的観察研究でもちいられてきた方法のほとんどが「期待はずれのプレゼント課題」であり，1回目には子どもが喜ぶようなプレゼントを渡し，2回目には子どもががっかりするようなプレゼント（たとえば，赤ちゃん用のおもちゃなど）を渡し，そのときの子どもの表情などをビデオテープで録画し，分析するというものである．

児童を対象にした最初の実験的観察研究（Saarni, 1984）では，期待はずれのプレゼントをもらったときに，1年生は3・5年生とくらべ，口を一文字にするなどのがっかりした気持ちの表出を調整していない反応が多くみられ，情動表出の調整能力が未発達であることが示唆された．しかし，同様の課題を幼児から3年生までを対象におこなった研究では，年齢による反応の差がみられず，幼児でも1年生や3年生と同程度にネガティブな情動の表出を調整しようとすることがわかった（Cole, 1986）．

これらの結果を解釈するのに，サーニ（Saarni, 1984）の考えた3つの「発達決定因（determinants）」が役に立つ．その3つとは，ある状況において表出行為に関する社会的慣習やルールがあることへの「気づき（awareness）」，そのような表出を産出する「能力（ability）」，そして，そのような行為を実行する「動機づけ（motivation）」である．つまり，子どもは幼児期に情動表出を調整する能力を獲得してはいるが，課題の場面がその状況であること

に気づいていない，あるいは調整しようとする動機づけが未発達であった可能性が考えられる．

このことは，なぜ情動表出を調整するのかという動機が児童期において発達的に変化するといわれていることと関連していると思われる．そこで，次節では情動表出の調整をおこなう動機についての研究をみていく．

5.3 情動表出を調整する動機

感じた情動をそのまま表さずに調整して表出する動機として，「相手を傷つけたくない」などのように，他者の感情を保護することを目的とする「**向社会的動機**（prosocial motive）」と，「自分を弱虫にみせたくない」などのように，自分自身の自尊心を保ち，損失を避け利益を得ることを目的とする「**自己保護的動機**（self-protective motive）」の2つの動機について，子どもの年齢によってどのように変化するのかという観点からこれまで研究がさかんにおこなわれてきた．

ネップとヘス（Gnepp & Hess, 1986）は，この2つの動機ごとに場面を次のように区別し，それぞれの場面で表示規則をもちいる傾向についての発達を調べた．向社会的動機場面は，たとえば「おばさんからぶかっこうなセーターをもらったが，おばさんを傷つけないように喜びを表出する」といったもので，自己保護的動機場面は，「スケートが得意だと自慢したあとに転んでしまったが，平気な顔をする」といったものである．ネップらは，小学校1・3・5年生と高校生を対象に，それぞれの場面で主人公がどのような表情をしたかを推測させた．その結果，自己保護的動機場面よりも向社会的動機場面において，他者の前では本当の感情を反映しない表情を表出すると答える子どもが多くみられ，この傾向はどの学年でも確認された．

この結果の解釈として，向社会的動機にもとづく情動表出の調整は，親のしつけや学校などの教育的なはたらきかけを通して幼児期などから学習されているのに対し，自己保護的動機にもとづく情動表出の調整は，社会的に求められるものではなく，自分の経験を通して主体的に学習しなけれ

●子安増生・田村綾菜・溝川 藍

ばならないため，理解が遅れるのではないかと考えられた（Gnepp & Hess, 1986; 平林，1993）．

　他方，動機によって場面を区別するのではなく，情動表出を調整したあと，なぜそうするのかを子どもに尋ねてみると，向社会的動機よりも自己保護的動機の方が自発的に言及されることが多く，3年生や5年生にくらべて，1年生は自己保護的動機を選ぶことが多いという結果がいくつかの研究で示されている（樟本ら，2000; Saarni, 1979; Zeman & Garber, 1996）．

　この結果については，もともとは自分にとってネガティブな結果を避けたり，利益を得たりするためにおこなわれてきた情動表出の調整が，児童期以降の友人関係が深まっていく中で，道徳性の発達などと相まって，他者への配慮や思いやりにもとづいておこなわれることが増えるのではないかと考えることができる．

　また，情動表出の調整行動とまわりからの評価との関連を検討した研究では，向社会的動機にもとづいて表示規則をもちいる子どもは，教師や友達からふだんの行動も向社会的であると評定され，社会的に受け入れられるということがわかっている（Garner, 1996; Jones et al., 1998）．このように，情動調整能力の発達を考える際，表示規則にしたがって行動できるかどうかのみではなく，その行動を引き起こす動機も重要な側面であるといえる．

　ただ，表示規則の使用は観察研究で確認できるのに対し，表示規則を使用する動機については自己報告に頼らざるを得ないという方法上の限界もあり，その発達過程を検討することは簡単なことではない．しかし，一般的に人が向社会的動機にもとづいて情動表出を調整することがあると理解することと，実際に向社会的動機にもとづいて情動表出を調整するかどうかは別問題であり，実際の子どもの行動がどのような動機にもとづいておこなわれているのかについて検討していくことは重要であると思われる．

5.4　情動表出を調整する方略

　サーニ（Saarni, 1984）の観察研究によると，期待はずれのプレゼントをも

らった際に，3年生では，視線がプレゼントと実験者のあいだで行ったり来たりするなど，ネガティブな表出はしないがポジティブとまではいえないような中間的な表出が多くみられ，5年生になると笑顔などのはっきりしたポジティブ表出が多くなるという傾向がみられた．

　この場合，どちらもがっかりした気持ちをそのまま表出していないという点で情動表出を調整しているといえるが，3年生はニュートラルな表出による「中立化」方略をおこなっているのに対し，5年生では本当の気持ちとはまったく異なる表出をおこなう「代用」方略をもちいているということができる．ニュートラルな表情であればネガティブな気持ちが伝わりにくくなるのに対し，笑顔であれば本当の気持ちとはまったく異なる感情が相手に伝わることになることから，「代用」は「中立化」より高度な方略だといえるかもしれない．

　このような情動表出の調整方略の発達的変化について，山口（1986）は仮想場面をもちいた研究によって検討している．小学校1・2・4年生と大学生を対象に，「期待はずれのプレゼント」課題のような表示規則をもちいるべき場面の物語を紙芝居形式で提示し，主人公の表情を推測させた．その結果，1・2年生ではほとんど抑制されないが，4年生になると「中立化」の方略がみられるようになり，大学生では「中立化」から「代用」の方略が多くもちいられるという少なくとも3つの発達段階をみいだした．

　また，田村（Tamura, 2006）の研究では，小学校1・3・5年生を対象に，「友達が約束を破ったのに謝らなかった」などの仮想場面を提示し，「このときどんな気持ちになりますか」という質問と「このときどんな顔をしますか」という質問について，「喜び」「怒り」「悲しみ」「ニュートラル」の4つの表情図からそれぞれ選択してもらった．そして，「怒り」を感じるとしながらも「怒り」以外の表情をすると答えた子どもの調整方略について検討した結果，1年生は他の学年にくらべて「悲しみ」の表情を選択する割合が高く，3年生では「ニュートラル」を，5年生では「喜び」を選ぶ割合が増えるという結果が得られ，児童期において情動表出の調整方略が発達的に変化することを支持した（図6-3）．

●子安増生・田村綾菜・溝川　藍

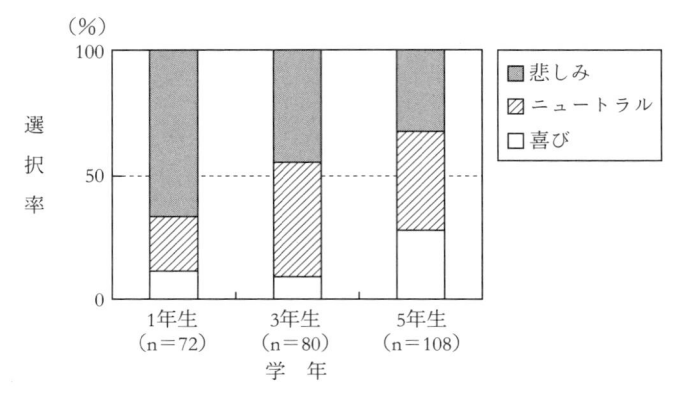

図 6-3 怒りの表出の調整方略.
学年による比率の差は有意（$\chi^2(4) = 29.25, p < .01$）.

　この研究で1年生に多くみられた，「怒っているけれど悲しい顔をする」という反応は，「情動をそのまま表わすべきではない」ということは理解しており，異なる表情として表出しているものの，ネガティブな気持ちは相手に伝わってしまうため，表出する情動の強さを弱める「最小化」の方略とも考えられる．この方略は，大人が騒々しい子どもに対して落ち着くように注意するなど，幼い時期からなされる社会化の影響が大きいと考えられ，「中立化」や「代用」よりも早い段階で身につく方略であることが考えられる（Saarni, 1999）．このように，児童期には，ただ情動表出が調整できるようになるだけではなく，その方略が洗練されていくことも発達的特徴のひとつであるといえるだろう（Zeman et al., 2006）．

5.5　情動表出の調整の性差

　情動表出の調整については一貫した性差がみられることがわかっているが，その差は幼児期にはあまりはっきりとみられず，児童期において目立つようになる．
　たとえば，期待はずれのプレゼント課題において，女子の方が男子より

もネガティブな情動を出さずに，よりポジティブな情動表出をおこなうという結果がいくつかの研究から示されており（Davis, 1995; McDowell et al., 2000; Saarni, 1984, 1988），全般的に女子の方が情動表出の調整に精通しているとされる．

しかし，仮想場面をもちいた研究では，表示規則の理解に性差がみられないという結果もあり，一般に男子が情動表出の調整能力が低いというよりは，表示規則を実行しようという動機づけの違いが性差にあらわれているのではないかと考えられる（Saarni, 1979, 1984）．

また，コール（Cole, 1986）の観察研究では，期待はずれのプレゼントをもらう場面で，男子でも笑顔をみせることはあるが，女子の方が満面の笑みである傾向が強かった．同様に，情動表出は調整していても，女子はポジティブな表出を強調するのに対し，男子はよりニュートラルな表出をおこなったという研究結果もあり（Saarni, 1984），情動表出の調整の方略にも性差がみられることがわかっている．

塙（1999）によると，ほぼ一貫して男子より女子の方が情動をそのまま表出する傾向が強いが，怒りについては，表出相手が友達の場合や，低学年ではとくに，女子より男子の方が表出しやすいという．つまり，女子は男子よりも，怒りの表出は抑制することが望ましいといった，社会的望ましさに影響を受けやすく，感じがよいと人から思われる情動を表出する傾向があるのではないかと思われる．

これらの性差が幼児期ではあまりみられず，児童期になってあらわれるということから，情動表出の調整に関する社会化の影響が大きいことがわかる．たとえば，親が情動について話をしたり，会話中に情動語をもちいたりするのは，息子に対してよりも娘に対して多く（Adams et al., 1995），怒りについての会話は息子との方が頻繁だが，悲しみについては娘と話すことが多いということが報告されており（Fivush, 1989），その結果，性別により異なった表示規則や規範的な情動的行動を獲得するのではないかと考えられている（Cervantes & Callanan, 1998）．

このように，親の影響については研究が進んでいるが（McDowell &

●子安増生・田村綾菜・溝川 藍

Parke, 2005），きょうだいや友達の影響などについて調べた研究はまだあまり多くない．とくに児童期の友人関係は男女によって大きく異なり，性差をもたらす大きな要因として考えられるため，友達の影響について調べることが重要と思われる．

5.6 児童期の情動調整と対人関係

情動表出の調整能力は，児童期においても他者との関係を維持したり発展したりするために重要であり，子どもの社会的適応を考えるうえで考慮すべき問題であるとされ，その能力と対人関係との関連が研究されてきた（Zeman et al., 2006）．

観察研究からは，期待はずれのプレゼントをもらってもうれしいプレゼントをもらったときと同じようにポジティブな表出をおこなう子どもは，教師とクラスメートの両方から人気があるといった傾向が確認されており（McDowell et al., 2000），仮想場面をもちいた研究でも，情動表出を抑制する子どもに対する仲間からの評価が高いという結果が得られている（平林と柏木，1993）．

また，4年生から5年生にかけての縦断的研究では，4年生のときに上記のような場面でポジティブな表出をした子どもは，5年生になってからの教師や友人からの評価も高く，情動表出を適切に行えることが長期的にみてもまわりとの関係をよりよいものに維持していることが示されている（McDowell & Parke, 2005）．

もし情動表出の調整が適切におこなわれない場合，さまざまな社会的障害が生じる可能性がある．たとえば，情動の強度を過剰に抑制することは，抑鬱や不安障害，神経性過食症などの個人の内面で起こる内的不適応につながると考えられる（Sim & Zeman, 2004）．

逆に，対人場面であらわれる不適応な行動は，情動表出を抑制できないことと関連していることが考えられる．たとえば，ADHD（注意欠陥・多動性障害）と診断された6-11歳の男子は，パズルをどちらが早く完成させら

れるかという競争場面において，パズルが難しくても競争相手にさとられないように情動表出を調整するよう教示されたときでさえ，統制群の子とくらべて情動を隠すのに失敗しやすかった（Walcott & Landau, 2004）.

また，攻撃的でかつ仲間から拒否されている子どもは，平均的な社会的地位にある子どもよりも，表情と言葉の両方において怒りの表出が多くみられるいっぽうで，コンピュータゲームで自分が優勢な状況であるときには，攻撃的でない子どもよりも喜びをよく表出することがわかった（Hubbard, 2001）. このことから，これまで怒りなどのネガティブな情動の調整について注目されてきたが，ポジティブな情動の調整に関しても今後検討していく必要性が示唆されている.

6 発達過程のまとめ

本章では，生後12年間の情動調整と表示規則の発達過程の研究成果について述べてきた. 最後に，その研究成果を要約してまとめたのが図6-4である.

2歳ごろまでは，母子相互作用を通して情動の方向づけがおこなわれ，情動調整の基礎が形成される. 3歳ごろから，子どもの自発的な情動調整の活動があきらかになり，表示規則にそった行動がみられるようになる. 4歳ごろから物のみかけと本当の区別ができるようになるが，情動のみかけと本当の区別は，それよりも遅れ，5-6歳ごろからとなる. たとえば，「期待はずれのプレゼント」に対して，本当はうれしくないのにうれしいという顔をする場合があることがわかるようになるのである.

児童期になると，子どもを取り囲む人間関係は複雑になり，情動調整の個人差が拡大するとともに，性差もみられるようになってくる. 児童期には，乳幼児期のような細かな年齢区分にわけての発達的変化を示すことが難しくなる. 表示規則をまだ理解しない子どもがいるいっぽう，自分が表示規則を使う動機について明確に述べる子どもがいる. 図6-4においては，児童期には，乳幼児期のように発達的転機を特定の年齢に結びつけること

●子安増生・田村綾菜・溝川　藍

第Ⅱ部 感情の発生

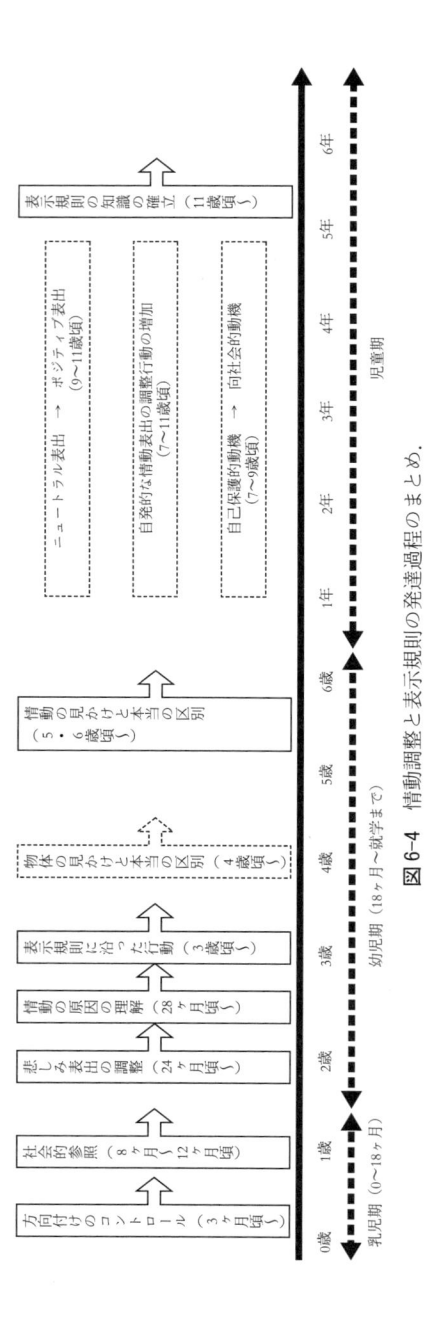

図 6-4 情動調整と表示規則の発達過程のまとめ．

（乳児期 0〜18ヶ月）
方向づけのコントロール（3ヶ月頃〜）
社会的参照（8ヶ月〜12ヶ月頃）
悲しみ表出の調整（24ヶ月頃〜）
情動の原因の理解（28ヶ月頃〜）
表示規則に沿った行動（3歳頃〜）
物体の見かけと本当の区別（4歳頃〜）
情動の見かけと本当の区別（5・6歳頃〜）
表示規則の知識の確立（11歳頃〜）

ニュートラル表出 → ポジティブ表出（9〜11歳頃）
自発的な情動表出の調整行動の増加（7〜11歳頃）
自己保護的動機 → 向社会的動機（7〜9歳頃）

乳児期（0〜18ヶ月）／幼児期（18ヶ月〜就学まで）／児童期

0歳 1歳 2歳 3歳 4歳 5歳 6歳 1年 2年 3年 4年 5年 6年

166

はできないことから，研究対象の範囲（点線の長方形の枠）と，研究の結果からいえる移行期を示す形式であらわしている．たとえば，子どもたちが表示規則を使う動機は，7-9歳ごろに，自己保護的動機重視から向社会的動機重視に変わっていくことが図示されている．自発的な情動表出の調整行動は，7-11歳ごろにかけてゆるやかに増加していく．ネガティブ情動の表出を抑える状況において選択される反応は，9-11歳ごろにニュートラル表出からポジティブ表出へと変化するが，その背後には表示規則の知識の確立があると考えられる．表示規則の知識の確立の時期については，さらに研究を積み重ねる必要があるが，ここでは一応11歳ごろ以後と想定している．

本章では，典型的平均的な発達過程をみてきたが，ADHD，自閉症のような発達障害のケースについては個別的にみていく必要があることはいうまでもない．また，中学生以後の青年期にも情動調整と表示規則の発達はなお重要な課題である．

〔付記〕本章は，執筆者の3人で「ディスプレイ・ルール研究会」として関連文献の検討をおこない，幼児期までの発達について溝川が，おもに児童期の発達について田村がそれぞれ第1稿を書き，子安が加筆修正をおこない，その内容について3人で数度討議したあと，子安が最終原稿にまとめたものである．

文献

Adams, S., Kuebli, J., Boyle, P. A., & Fivush, R. (1995). Gender differences in parent-child conversations about past emotions: A longitudinal investigation. *Sex Roles*, 33, 309-323.

Banerjee, M. (1997). Hidden emotions: Preschooler's knowledge of appearance-reality and emotion display rules. *Social Cognition*, 15, 107-132.

Banerjee, R., & Yuill, N. (1999). Children's understanding of self-presentational display rules: Associations with mental-state understanding. *British Journal of Developmental Psychology*, 17, 111-124.

Birch, S. H., & Ladd, G. W. (1997). The teacher-child relationship and children's early school adjustment. *Journal of School Psychology*, 35, 61-79.

Bretherton, I., & Beeghly, M. (1982). Talking about internal states: The acquisition of an explicit theory of mind. *Developmental Psychology*, 18, 906-921.

Bretherton, I., Fritz, J., Zahn-Waxler, C., & Ridgeway, D. (1986). Learning to talk about emotions: A functionalist perspective. *Child Development*, 57, 529-548.

Buss, K. A. & Kiel, E. J. (2004). Comparison of sadness, anger, and fear facial expressions when toddlers look at their mothers. *Child Development*, 75, 1761-1773.

Carlton, M. P., & Winsler, A. (1999). School readiness: The need for a paradigm shift. *School Psychology Review*, 28, 338-352.

Caron, A. J, Caron, R. F, & MacLean, D. J. (1988). Infant discrimination of naturalistic emotional expressions: The role of face and voice. *Child Development*, 59, 604-616.

Cervantes, C. A., & Callanan, M. A. (1998). Labels and explanations in mother-child emotion talk: Age and gender differentiation. *Developmental Psychology*, 34, 88-98.

Cole, P. M. (1986). Children's spontaneous control of facial expressions. *Child Development*, 57, 1309-1321.

Davis, T. L. (1995). Gender differences in masking negative emotions: Ability or motivation? *Developmental Psychology*, 31, 660-667.

Denham, S. A., Blair, K. A., DeMulder, E., Levitas, J., Sawyer, K., Auerbach-Major, S., & Queenan, P. (2003). Preshool emotional competence: Pathway to social competence? *Child Development*, 74, 238-256.

Denham, S. A., & Burton, R. (2003). *Social and Emotional Prevention and Intervention Programming for Preschoolers*. New York: Kluwer Academic/Plenum.

Denham, S. A., & Couchoud, E. A. (1990). Young preschoolers' understanding of emotions. *Child Study Journal*, 20, 171-192.

Ekman, P., & Friesen, W. V. (1969). The repertoire of nonverbal behavior: Categories, origins, usage, and coding. *Semiotica*, 1, 49-98.

Eisenberg, N., Murphy, B. C., & Shepard, S. (1997). The development of empathic accuracy. In Ickes, W. J. (Ed.), *Empathic Accuracy*, 73-116. New York: Guilford Press.

Fabes, R. A., & Eisenberg, N. (1992). Young children's coping with interpersonal anger. *Child Development*, 63, 116-128.

Fabes, R. A., Eisenberg, N., Fultz, J., & Miller, P. (1988). Reward, affect, and young children's motivational orientation. *Motivation and Emotion*, 12, 155-169.

Fivush, R. (1989). Exploring sex differences in the emotional context of mother-child conversations about the past. *Sex Roles*, 20, 675-691.

Flavell, J. H., Flavell, E. R., & Green, F. L. (1983). Development of the appearance-reality distinction. *Cognitive Psychology*, 15, 95-120.

Fox, N. A., & Calkins, S. D. (2003). The development of self-control of emotion: Intrinsic and extrinsic influences. *Motivation and Emotion*, 27, 7–26.

Gardner, D., Harris, P. L., Ohmoto, M., & Hamazaki, T. (1988). Japanese children's understanding of the distinction between real and apparent emotion. *Child Development*, 11, 203–218.

Garner, P. W. (1996). The relations of emotional role taking, affective/moral attributions, and emotional display rule knowledge to low-income school-age children's social competence. *Journal of Applied Developmental Psychology*, 17, 19–36.

Gnepp, J., & Hess, D. L. R. (1986). Children's understanding of verbal and facial display rules. *Developmental Psychology*, 22, 103–108.

Gross, D., & Harris, P. L. (1988). False beliefs about emotion: Children's understanding of misleading emotional displays. *International Journal of Behavioral Development*, 11, 475–488.

塙朋子（1999）．関係性に応じた情動表出―児童期における発達的変化―．教育心理学研究, 47, 273–282.

Harman, C., Rothbart, M. K., & Posner, M. I. (1997). Distress and attention interactions in early infancy. *Motivation and Emotion*. 21, 27–43.

Harris, P. L., Donnelly, K., Guz, G. R., & Pitt-Watson, R. (1986). Children's understanding of the distinction between real and apparent emotion. *Child Development*, 57, 895–909.

Hiatt, S. W., Campos, J. J., & Emde, R. N. (1979). Facial patterning and infant emotional expression: Happiness, surprise, and fear. *Child Development*, 50, 1020–1035.

平林秀美（1993）．情動表出の制御に関する発達的研究の外観と展望．東京大学教育学部紀要, 33, 135–142.

平林秀美，柏木恵子（1993）．情動表出の制御と対人関係に関する発達的研究．発達研究, 9, 25–39.

Howes, C. (1987). Social competence with peers in young children: Developmental sequences. *Developmental Review*, 7, 252–272.

Huebner, R. R., & Izard, C. E. (1988). Mothers' responses to infants' facial expressions of sadness, anger, and physical distress. *Motivation and Emotion*, 12, 185–196.

Hubbard (2001). Emotion expression processes in children's peer interaction: The role of peer rejection, aggression, and gender. *Child Development*, 72, 1426–1438.

Johnson, M. H., Posner, M. I., & Rothbart, M. K. (1991). Components of visual orienting in early infancy: Contingency learning, anticipatory looking, and disengaging. *Journal of Cognitive Neuroscience*, 3, 335–344.

Jones, D. C., Abbey, B. B., & Cumberland, A. (1998). The development of display rule knowledge: Linkages with family expressiveness and social competence. *Child Development*, 69, 1209–1222.

Josephs, I. E. (1994). Display rule behavior and understanding in preschool children. *Journal of Nonverbal Behavior*, 18, 301-326.

Joshi, M. S., & MacLean, M. (1994). Indian and English children's understanding of the distinction between real and apparent emotion. *Child Development*, 65, 1372-1384.

子安増生（1997）．小学生の〈心の理解〉に関する発達心理学的研究．平成8年度文部省科学研究費報告書．

久保ゆかり（1992）．他者理解と共感性．木下芳子（編）．新・児童心理学講座 第8巻 対人関係と社会性の発達，173-215．金子書房．

樟本千里，近藤慈恵，林千津子，原野明子，八島美菜子（2000）．児童の表示規則に関する知識の発達と家庭の感情表出風土．広島大学教育学部紀要，49, 399-406．

Ladd, G. (1990). Having friends, keeping friends, making friends, and being liked by peers in the classroom: Predictors of children's early school adjustment? *Child Development*, 61, 1081-1100.

Ladd, G. W., Birch, S. H., & Buhs, E. S. (1999). Children's social and scholastic lives in kindergarten: Related spheres of influence? *Child Development*, 70, 1373-1400.

Ladd, G. W., Kochenderfer, B. J., & Coleman, C. C. (1996). Friendship quality as a predictor of young children's early school adjustment. *Child Development*, 67, 1103-1118.

Malatesta, C. Z., Culver, C., Tesman, J. R., & Shepard, B. (1989). The development of emotion during the two years of life. *Monographs of the Society for Research in Child Development*, 54, 1-2, Serial No. 219.

McDowell, D. J., O'Neil, R., & Parke, R. D. (2000). Display rule application in a disappointing situation and children's emotional reactivity: Relations with social competence. *Merrill-Palmer Quarterly*, 46, 306-324.

McDowell, D. J., & Parke, R. D. (2005). Parental control and affect as predictors of children's display rule use and social competence with peers. *Social Development*, 14, 440-457.

溝川藍（2006）．幼児期における他者の見かけの悲しみ表出の理解．京都大学教育学部卒業論文．（未公刊）

Moses, L. J., Baldwin, D. A., Rosicky, J. G., & Tidball, G. (2001). Evidence for referential understanding in the emotions domain at twelve and eighteen months. *Child Development*, 72, 718-735.

Saarni, C. (1979). Children's understanding of display rules for expressive behavior. *Developmental Psychology*, 15, 424-429.

Saarni, C. (1984). An observational study of children's attempts to monitor their expressive behavior. *Child Development*, 55, 1504-1513.

Saarni, C. (1988). Children's understanding of the interpersonal consequences of dissemblance of nonverbal emotional-expressive behavior. *Journal of Nonverbal Behavior*, 12, 275-

294.

Saarni, C. (1999). *The development of emotional competence.* New York: Guilford Press.

Shipman, K. L., Zeman, J., Nesin, A. E., & Fitzgerald, M. (2003). Children's strategies for displaying anger and sadness: What works with whom? *Merrill-Palmer Quarterly.* 49, 100–122.

Sim, L., & Zeman, J. (2004). Emotion awareness and identification skills in adolescent girls with bulimia nervosa. *Journal of Clinical Child & Adolescent Psychology,* 33, 760–771.

Tamura, A. (2006). *Ragulation of emotional expressions in childhood: Developmental change of motives and strategies.* Poster presented at the 19th Biennial Meeting of the International Society for the Study of Behavioural Development. Melbourne, Australia.

Walcott, C. M., & Landau, S. (2004). The relation between disinhibition and emotion regulation in boys with attention deficit hyperactivity disorder. *Journal of Clinical Child & Adolescent Psychology,* 33, 772–782.

山口雅史（1986）．表出行動のコントロールに関する発達的研究 II．日本教育心理学会第 28 回発表論文集，544–545.

Zeman, J., Cassano, M., Perry-Parrish, C., & Stegall, S. (2006). Emotion regulation in children and adolescents. *Journal of Developmental and Behavioral Pediatrics,* 27, 155–168.

Zeman, J., & Garber, J. (1996). Display rules for anger, sadness, and pain: It depends on who is watching. *Child Development,* 67, 957–973.

第7章

文化と感情
現代日本に注目して

北山　忍・内田由紀子・新谷　優

> 文化　感情　対人関与と脱関与　独立的自己　協調的自己
> 幸福観　甘え　日本文化　名誉の文化

　1990年代にバブルがはじけて以来，いじめ，ひきこもり，インターネット自殺などさまざまな社会・心理的問題が日本社会でふたたび顕在化してきている（斎藤，2003；Zielenziger, 2006）．いじめが小中学校，会社などをはじめとして日本社会のいたるところに存在しているという事実はもはや疑うことはできない．また，ひきこもりは現在100万人前後存在すると推定されているが（Zielenziger, 2006），この現象が現代社会の病理と表裏一体となっているという点にも異論はないように思われる．加えてこれらの問題は，東洋の端に位置しつつも過去100年にわたってつねに西洋を志向してきた日本という文化と社会について考えることを抜きにしては理解できないように思われる（Zielenziger, 2006）．つまりこれらの現象は，心理的であると同時に社会的でもある．さらにこのような心理・社会的問題は，感情という生物的資質に深く根ざしている．現代社会にある諸問題の解決のためには，その問題の根幹にある感情とその社会・文化的素地についてのじゅうぶんな理解が必要であろう．

　近年，心理学では，**文化**と心の関係が学術的課題として認知され，多くの知見が蓄積されてきている．残念ながら，現代日本でなぜいじめが多い

のか，あるいはなぜ社会・心理的病理がひきこもりという特殊な様相を示すのか，また日本の自殺率がアメリカや韓国の約2倍もあるのはなぜかなどについて明白な回答が用意されているわけではない．しかし同時に文化心理学の研究は，心を理解するためには文化を理解することがきわめて重要であるという点に関して多くの証拠を提供してきている．心理学が現代の病理をはじめとする多くの課題に貢献しうるためには文化的視座が不可欠であるとすれば，ここで感情の文化心理学の現況を概観することにも一定の意義があるように思われる．そこで本章では，まず文化とはなにかを考察し，そもそもなぜ文化という事象をとりあつかうことが感情を理解する際に不可欠であるのかをあきらかにする．ついで，**感情の文化心理学**という領域に含まれるいくつかの実証研究を概観し，今後の展望を示す．とくにひきこもりをはじめとする現代日本がかかえる問題の解決に向けての方向性を探る．

1 感情を理解する際になぜ文化が大切なのか

1.1 文化的動物

20世紀の後半，とくに1980年代から現在にかけて，人の心の特性を理解する際に**文化**が必要不可欠であるということが活発に議論されてきた (Bruner, 1990; Cole, 1996; Markus & Kitayama, 1991; Shweder & Bourne, 1984; Triandis, 1989)．ここでいう文化とは，人が作り出した人工物の総体であり，善悪の基準としての価値観や，概念，信念，素朴理論，理念，イデオロギーなどのシンボル，そしてそれらにもとづく習慣や，社会組織や社会構造などからなっている (Kitayama et al., in press; Triandis, in press)．これらは，人が作り出したものであると同時に，人がもちいて社会生活をいとなみ究極的には適応を達成するためにもちいる道具でもある．この意味で文化のさまざまな要素は，一種の「資源」であると考えることができよう (Geertz, 1973)．

かつてレビン (Lewin, 1936) は，人の行動は，その人が当座の状況をど

のように知覚し受けとめているか，つまり，どのような「場」におかれていると理解するかに大きく依存することを指摘した．文化は，このような日常生活の行動環境に大きな影響を与え（Hallowell, 1955），レビン的「場」の性質をつくりだす．環境の性質によって人の心の性質がどのように影響を受けるのかを解明するのが心理学の大きな役割である以上，心理学において文化を考慮に入れる必要性は自明であろう．

　人は文化をもちいて生物的適応を達成してきたおそらくは唯一の生物種である（Baumeister, 2005）．たしかに人は生物の一種としてこの地上に生を得ている．そして，人のDNAの約98％がチンパンジーと共通であるという事実からもあきらかなように，私たちの体も心も，他の生物，とくに高等哺乳類や霊長類と多くの部分を共有している．しかし，このような生物的類似性にもかかわらず，人のみが言語をもちい，非常に複雑に入り組んだ社会生活をいとなみ，子孫を教育し，その考えや道具などを世代を超えて受けついでいく．他の動物との生物的類似性を前提にした場合，このような他の動物とは異なる人の行動的特異性は一見不思議に思える．

　このパラドックスを解く手がかりは，人が極度に肥大化した脳をもっているという事実にある．このような脳を用いることにより，人は文化的動物として，文化の情報をたくわえ処理し，そこから新たなものを作り出すことが可能になっているのである．さらに，このように肥大化した脳を社会化し，ある特定の文化の環境に対応させるためにはある一定以上の時間が必要であると考えられる．人も他の動物も発育途中の「子ども」の時期を経験するが，この期間は人の場合最低15年近くというように他の動物にくらべて極端に長く，脳という「コンピュータ」に入れる情報を獲得する期間（つまり，しつけや教育を受ける期間）をじゅうぶんに確保しているという特徴がある．

　脳の肥大化や長期にわたる幼年期などの特殊性があるとはいえ，人の動物としての基本的なデザインが他の動物と劇的に異なっているわけではない．遺伝的にいえば，これらは脳の発達の速度や発達の期間の変化といった非常に微細なパラメータの違いでしかない．しかし，脳の肥大化と長期

化した幼年期が組み合わさることによって，人は文化を作りだし，かつ文化を資源として活用することが可能になった．さらに，文化的いとなみを通じて作られた行動環境は，自然淘汰をうながし，遺伝的パラメータの変化を導いたと考えられる．言語をあやつるために必要な生得的資質なども獲得されてきたと考えられる．かくして，言語使用が可能になり，社会的行動パターンは制度化され，現在私たちが「文化」として理解するシステムが生まれたのである（Tomasello, 1999）．つまり，生物種としてのヒトは社会，文化的主体としての人として生まれかわることになった．

1.2　文化化された感情

　上に述べた点は，**感情**の性質を理解する際にも大切である．後述するように，感情のさまざまな要素，とりわけ行動を活性化する「興奮（arousal）」の次元や，接近・回避・攻撃・逃避などを含む快・不快などの次元は，人以外の動物種にも共通であると考えられる．しかし人の場合には，これらの感情の要素は文化的状況と連動していると考えられる．

　たとえば，世界のいたる場所に存在している名誉を重んじる文化,「**名誉の文化**」を考えてみよう（Cohen & Nisbett, 1997; Gregg, 2005; Nisbett, 1993; Vandello & Cohen, 2003：第9章参照）．これらの文化では，とくに男性はみずからの領分に対する他者の干渉を容認しない．また女性はしばしば男性の所有物として位置づけられ，その結果,「貞操」が女性の価値となる．実際，中東社会では家族内の女性の貞操は，家族そのものの名誉と深くかかわっている．そのためこういった社会の男性は，非常にささいな行動でもそれがみずからの名誉を侵しうる場合，たとえば妻が別の男に無遠慮な視線を送られた場合などに，しばしば過大な暴力で反応することになる（Nisbett & Cohen, 1996）．このような文化のなかで生じる怒りの感情や攻撃行動は，牧畜・遠洋漁業など非常に広い地域を生活空間とする場合や，やくざなどの暴力集団，さらにはいわゆる「乱世」の時期など，秩序を守る公的機関の権力が非常に限られているか，あるいは限られざるを得ない条件の下で

発生し，みずからの利益や所有物を防衛する機能をはたす．さらに，世の中が変化してもはや同様の攻撃行動が必要とされないようになったとしても，これらの文化的システムはしばしば一種の慣性をもって存続する．

「名誉の文化」では，暴力行動が観察されるとはいえ，暴力のレベルがつねに高いというわけではない．無用な暴力を回避するために，人はより礼儀正しくなる場合さえある．そして暴力はあくまでも「名誉」が侵された場合に限られる（Nisbett & Cohen, 1996）．よって，突発的暴力にあらわれるサムライなどの攻撃性は，単なる生物学的な外敵に対する「怒り」というよりは，かれらをとりまく文化的行動環境，とりわけ「名誉」や「社会的序列」といった社会的意味から誘発されている（池上，2000）．

1.3 感情対処システムとしての文化

興奮・快不快・攻撃性などの感情の諸要素は，文化に依存しているだけではない．文化に条件づけられた感情は，逆に文化のシステムの維持に深くかかわっている．ふたたび「名誉の文化」の例に立ちもどると，「名誉」が「侵犯」されるとそれに過剰に反応する心理特性を獲得した人々からなる集団は，おそらくは日常的には非常に秩序あるものであろう．それというのも，秩序をそこなうことによって相手の怒りをまねくことの代償があまりにも大きいのである．よって，警察など公の権力はあまり必要とされないかもしれない．

しかし，ここでの秩序は，名誉の侵犯に対する突発的暴力の恐怖があってはじめて成り立つ．その結果，このような文化にあっては，「名誉」を防衛する能力（たとえば怒りをあらわす能力など）はもっとも重要な心理的資質になる．この能力がないと判断されると，人は「恥知らず」「腰抜け」「意気地なし」などのレッテルが貼られ，「笑いもの」になり，この不名誉は親族にもおよび，その結果，当人はしばしば集団から除外される．

また現代日本における「いじめ」に関しても同様の分析が可能である．たとえば，日本の名誉概念の中心には「面子」があると考えられるが，相

●北山　忍・内田由紀子・新谷　優

手のそれを守る文化的習慣や技能をもたない帰国子女などは，集団的抹殺の対象になりやすい．くわえて日本文化には，相手に抵抗したり影響を与えたりするよりむしろ相手にあわせる行動習慣が定着しているが（Morling et al., 2002），いじめの状況ではこのような文化的慣習が思わぬかたちで負の効果をもたらしている可能性がある．つまり，加害者側にあわせようとする被害者側の行動が「恥知らず」「腰抜け」「意気地なし」などといった負の評価をさらに助長し，「いじめ」をさらにエスカレートさせている可能性がある（竹川，1993）．

このように文化的に条件づけられた感情に対処するために，大人は子供に「名誉」の概念，とくに「男性性」「貞操」「潔さ」「面子」などの文化的形態を教えこみ，明示的，もしくは暗黙の文化的規範がさらにそれらを強化する．つまり，文化化された感情がきっかけとなり，そもそもの文化の規範や価値観そのものがより強固になるといったように，文化と感情は相互に補完しあっている．

1.4 感情の文化心理学

感情の文化心理学とは，上にみたような感情と文化システムの相互構成過程をあきらかにすることを目ざす心理学の一分野である（Kitayama & Markus, 1994; Mesquita & Leu, in press; Stigler, Shweder, & Herdt, 1990）．もし文化と感情が相互構成的であるとしたら，感情のはたらきや性質には多くの文化的多様性が認められるであろう．たとえば，「自尊心」や「誇り」は個の独立を示す感情であるが，このような感情は個人主義的文化慣習の維持に深くかかわっているだろう．さらに，一見同じにみえる感情の性質も文化に依存している可能性がある．また，文化のなかでそれぞれの感情が経験される頻度も，認知化されている程度も，感情の性質により異なるであろう（Levy, 1984）．

以下では，このような予測を支持する最近の実証研究のいくつかを紹介する．感情の文化心理学はまだ非常に若い分野であり，現在のところ，実

証研究の多くは，アメリカの文化と日本の文化などいくつかの東アジアの国々との比較がほとんどである．また，名誉の文化でみたような文化と感情の相互構成過程が系統立って分析されているわけでもない．しかし同時に，ここ20年ほど，私たちは文化と感情について多くのことを学んできたことも事実である．

そこでまず2節と3節で，文化と感情を理解する際に，有効な分析の次元にははたしてどのようなものがあるかを検討し，「個人志向関係志向」という対人志向性の次元の重要性を文化と感情のそれぞれに関して確認する．次いでこの次元の重要性を感情一般について例証する研究を紹介する．また，感情一般についての研究と平行して，特定の感情に注目することも非常に大切である．そこで4節と5節では，近年私たちがおこなってきている「幸福感」と「甘え」についての比較文化的研究を紹介する．

2 文化と感情に次元はあるのか

2.1 文化の次元

文化は，概念・信念・素朴理論などからなっているとさきに述べたが，これら文化のなかにある「資源」はある特定の文化集団のなかで時代を超えて蓄積されてきたものである．したがってある特定の地域や集団の歴史的経緯によって，文化の資源の性質はかなり異なっている．

マーカスと北山らは，ある特定の文化のシンボル資源は，その文化で歴史的に育まれてきた自己の概念と深く関連していると指摘した（北山と唐澤，1996；北山と宮本，2000；Kitayama & Uchida, 2005; Markus & Kitayama, 1991, 2004）．とりわけ西欧と北米の社会では，とくに近代以降，自己は周囲から独立し，みずからの意図や考えによって周囲に影響を与える存在であるとする「**相互独立的自己観**」が歴史的に育まれてきた．その結果これらの文化圏では，相互独立的自己観にもとづいた日常的な慣習や概念，価値観が比較的広範に分布している．これとは対照的に，日本を含む東アジアの諸

文化では，自己は周囲と結びつき，周囲にみずからを合わせようとする存在であるとする「**相互協調的自己観**」が歴史的に育まれてきた．その結果これらの文化圏では，相互協調的自己観にもとづいた日常的な慣習や概念，価値観が広範に分布している．いうまでもなく自己の独立と社会的協調という概念はどの文化にも存在している．しかしこれらの概念が，それぞれの文化の慣習や常識に組みこまれている程度には大きな文化的な相違がみられる．

　これら自己観の起源にかかわるさまざまな要因は大きく2つに分類することができる．その第1は，生態学的環境要因とそれにともなう生業形態である．かつて和辻哲郎（1935）が指摘したように，概して西欧の風土は牧畜に適し，東洋のそれは農耕に適している．牧畜は広大な土地を要するため人口密度は低くなり，社会的協調の機会もその必要性も限られる．これに対して農耕，ことに東アジアで主流の米作では多くの人の協調を必要不可欠とする．このことから，牧畜社会では相互独立的自己観が，農耕社会では相互協調的自己観が生まれやすくなるだろう．

　自己観の起源に関する第2の要因は，それぞれの土地に根ざした思想である．ギリシャの時代から西洋では，議論をおこない，弁論術を競い，さらには「個」という考えを全面に出すことをよしとする思想が主流であった．アリストテレスの論理学が，よい議論と悪い議論をよりわける社会的道具としてそもそも生まれてきたという点は非常に示唆的である．つまり，西洋の思想からは，独立的自己観や分析的思考法が生まれやすいといえる．これに対して東洋では，仏教，儒教，道教などに代表されるように，社会の階層性や宇宙の調和といった全体性，協調性を重んじる思想が主流であった．たとえば，儒教道徳はさまざまな人間関係，とくに上下の関係を中心に構成されている．

　これらの思想は，いずれも時の支配階級に受け入れられ，しばしば支配の道具としてもちいられるいっぽうで，被支配階級の人々による模倣をうながし，その結果，その集団全体にしだいに拡散していった（Richerson & Boyd, 2005）．

風土と思想という2つの要因は密接に結びついている．現代の東洋の社会が協調性を重視するとしたら，それは農耕と結びついた風土を無視しては考えられないし，同様に，近代西欧の個人主義的思想はその「牧畜的」風土と間接的，直接的に結びついている．近年北山らは，人口密度が低く総じて未開の辺境の地（フロンティア）へみずからの意志で移住した人々のあいだには個人主義的心理傾向が芽生えていくという「自主的移民仮説」を提唱し，風土と思想が連動するという点に関して一定の証拠を示してきている（Kitayama & Bowman, in press; Kitayama et al., 2006）．

2.2 感情の次元

喜び，怒り，悲しみといった感情は興奮の次元と快不快の次元によって大まかに分類することが可能である（Russell, 1980）．たとえば，興奮の高い快感情には誇りなどがあるし，不快感情には怒りがある．同様に，興奮の低いものには落ち着きや悲しみなどがある．ラッセル（Russell, 2003）は，これらの2次元は感情をつかさどる脳内機構と密接に対応していると主張している．

同時に，人の経験する感情はこれら2つの次元のみで分類するにはあまりに複雑，かつニュアンスに富んでいる．そこで，人の感情経験のさまざまな次元を記述し，これらの複雑性を理解しようとする理論が感情の「評価理論（appraisal theory）」である（Ellsworth & Scherer, 2003; Mesquita & Ellsworth, 2001）．この理論によれば，人はさまざまな場面に接した場合，いくつかの基礎的評価次元でその場面の性質を認知する．この評価的認知によって，経験する感情の性質が規定されると考えられる．感情経験にかかわる評価次元として現在一般に想定されているものを表7-1にまとめる．ここで示されているように，人はある場面に遭遇すると，まずその場面が予期していたものかどうか，そしてそれが快であるか不快であるかを判断し，ついで起きていることの責任の所在を決定する．ついで，その場の状況ははたしてなんらかの対応をせまるものであるか否かを判断する．そし

第 II 部　感情の発生

表 7-1　感情の評価次元．（遠藤，1996 を一部改変）

評価次元	各評価次元ごとの評価の質	次元の内容
新奇性	新奇 既知	状況が目新しいものか否か
快・不快	快 不快	全般的に快か不快か（接近すべきか回避すべきか）
目標や欲求との一致・不一致	一致 不一致	自らの目標や欲求に積極的に関わるものか否か
対処可能性	対処不可能 高い処理能力 低い対処能力	自身はその状況に対して適切な対処をなしうるのか否か
社会的基準や自己の基準との一致	一致 不一致	状況は社会的基準あるいは自己の基準に合致するものか否か

てもし対応を要する場合，どの程度の努力が必要とされるかを判断する．感情の評価理論では，これら一連の判断や評価の結果としてさまざまな感情が作り出されていくと想定されている．そして多くの研究により，これらの次元がしばしば通文化的にみいだされるという点が確認されてきている（総説として，Mesquita & Ellsworth, 2001; Scherer, 1997）．

　ではすべての感情は，これらの評価次元のみで分類できるのであろうか．それとも他にも別の重要な次元があるのであろうか．この点に関連して，「対人的志向性」の次元の必要性が北山らの一連の研究により指摘されてきた（例：Kitayama, Markus, & Kurokawa, 2000; Kitayama, Markus, & Matsumoto, 1995）．北山らによれば，感情のなかには，自己が周囲から独立し，まわりの人から切り離されているという認知から生じるものがある．これらの感情には，誇り，自尊感情，自信などが含まれる．こういった感情は，「**対人脱関与的快感情**」と呼ばれる．逆に，自己の独立が妨げられたり脅かされたりした場合，人はみずからの独立を回復しようと動機づけられることがある．このような場合に生じる感情には，怒り，欲求不満，いらだちなどがあり，これらは「対人脱関与的不快感情」と呼ばれる．いっぽうで，親しみや尊

敬などは，自己が周囲と結びつきなんらかの協調性が確立したという認識から生じる．これらの感情は「**対人関与的快感情**」と呼ばれる．最後に，罪，恥，負い目などは，自己が関与している関係性になんらかの問題が生じた場合に，その問題を解決し，関係性を回復しようとする動機がある場合に生じる．これらは「**対人関与的不快感情**」と呼ばれる．

　対人的関与の次元は，感情の評価理論においてはとりあげられていない．しかしこの次元は感情経験を規定するうえで非常に大切であるとする証拠がある．北山ら（Kitayama et al., 2000）は，日本人とアメリカ人の実験参加者に多くの感情語を呈示し，それぞれの感情をどれくらいの頻度で感じるかを報告させ，この評定値をもとに感情間の相関を求めた．この相関が高いほど，2つの感情が同時に感じられる程度が高いということになり，感情間の心理的距離は近いと考えられる．そこで，この相関を心理的距離の指標として多次元尺度法をおこない，心理的距離にもとづくマッピングをおこなった．多次元尺度法を用いることにより類似度が高いものを近くにマッピングするように「認知地図」を描くことが可能になる．この分析の結果，まず，快不快の次元がみいだされた．つまり，人々は多くの感情を快不快の次元で分類し，たとえば喜びと悲しみなど，快い感情と不快な感情は同時に感じられることは少なく，心理的距離も遠いものとなっていた．これに加えて対人的志向性の次元もみいだされた．つまり，対人関与的な感情（たとえば親しみ）と対人脱関与的な感情（たとえば誇り）も同様に心理的に距離のあるものとなっていた．

　この研究では対人志向性の次元は日米で共通にみられたが，対人関与が高い感情に関しては，英語で一般にもちいられる感情語だけでは不十分で，「甘え」「親しみ」「負い目」など，英語には単語では存在しない日本語の感情語を含める必要があった．この事実は，英語においては対人関与の高い感情の領域の認知化の度合いが比較的低いという可能性を示している．しかし同時に，いったんこれらの感情語を英訳してアメリカ人の実験参加者に呈示すると，同様の対人志向性の次元がみいだされ，日本人と同じようにアメリカ人にも理解されていることがあきらかになった．このことから

●北山　忍・内田由紀子・新谷　優

推測すると，アメリカ人の場合，これらの感情は言語化されていないだけで，実際には似たような状態は経験しているとしてよい．しかし同時に，その強度は文化間で異なるかもしれない．この可能性について次に述べる．

3 感情の文化差——対人的関与と脱関与をめぐって

3.1 感情経験の強度は文化によって異なる

対人関与的感情は，相互協調的人間関係から生まれ，かつそのような自己のあり方を肯定すると考えられる．すると，このような自己観が優勢な文化では，対人関与的感情はとくに経験されやすい可能性がある．同様に，対人脱関与的感情は，相互独立的関係から生まれ，かつそのような自己のあり方を肯定すると考えられる．このような自己観が優勢な文化では，対人脱関与的感情はとくに経験されやすい可能性がある．

北山，メスキータと唐澤（Kitayama et al., 2006）は，日米の実験参加者に，2週間にわたって毎晩1日でもっとも感情的だったできごとを思い出してもらい，そのできごとが起こったときにどの程度の強さでさまざまな感情を経験したかを6点尺度上に評定させた．すると，望ましい状況下では快感情が強く感じられるといったように，日米を問わずそれぞれのできごとの快不快の性質に一致した感情がとくに強く報告された．しかしこの点に加えて，顕著な文化差もみられた．図7-1に示すように，望ましい状況下では，アメリカ人は親しみや尊敬などの関与的快感情よりも，誇りや自尊心などの脱関与的快感情をより強く感じると報告した．これに対して日本人では逆に，脱関与的感情より関与的感情をより強く感じると報告している．望ましくない状況では，日米を問わず，恥，負い目などの関与的不快感情よりも，怒り，欲求不満などの脱関与的不快感情をより強く感じると報告されているが，予測と一致して，このような傾向はアメリカ人でとくに強いことがみてとれる．

北山らはついで，ここで得られた文化差は，単に日米の実験参加者が経

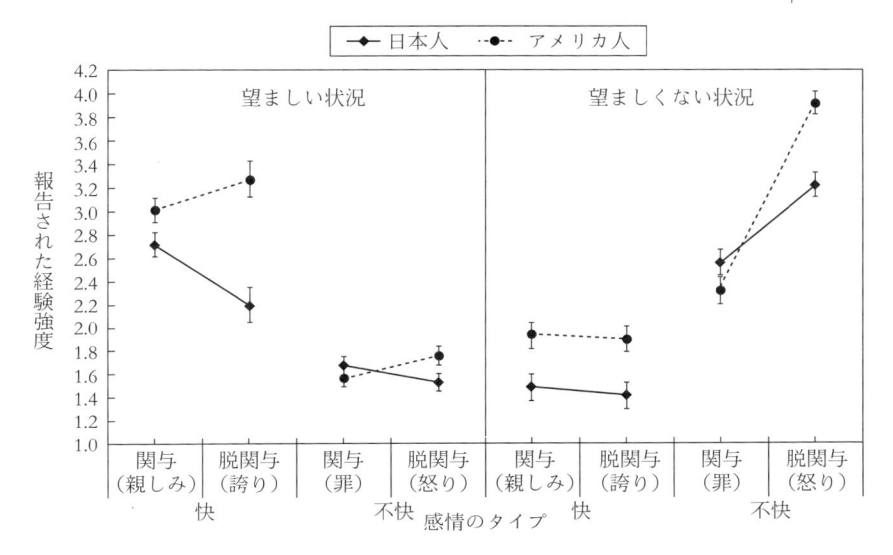

図 7-1 日本人とアメリカ人の日常的感情経験.
望ましい感情状況と望ましくない感情状況における感情経験の強度.
（Kitayama et al., 2006 を一部改変）

験したエピソードの違いによるかもしれないという可能性を検討するために，22 のエピソード（たとえば，友達と楽しく過ごした，など）を前もって用意し，それらのエピソードをもっとも最近経験した際の感情経験を報告させた．ここでの結果は，研究 1 の結果を追認するものであった．よって日米文化差は，日米の実験参加者が思い出した状況の違いによるものではなく，それぞれの文化の実験参加者のもつ心理的バイアスの違いをあらわしていると結論づけられる．

3.2 どのような場面で幸せは経験されるのか

対人関与的感情，とくに親しみや尊敬といった関与的快感情は，相互協調的人間関係から生まれ，かつそのような自己のあり方を肯定すると述べたが，もしそうであれば，これら関与的快感情を経験することは協調性を

得るという目標が達成されたことの指標になると考えられる．したがって，協調性を得ようと動機づけられている人は，とくに関与的快感情を経験したときに幸せ・満足・充足感といった一般的快感情を経験することであろう．これに対して，対人脱関与的感情，とりわけ誇りや自尊心といった脱関与的快感情は，相互独立的人間関係から生まれ，かつそのような自己のあり方を肯定すると述べたが，もしもそうであれば，これら脱関与的快感情を経験することは独立性を得るという目標が達成されたことの指標になる．したがって，独立性を得ようと動機づけられている人は，とくに脱関与的快感情を経験したときに幸せ・満足・充足感といった一般的快感情を経験することであろう．

　上記の研究で，北山ら（2006）は関与的，脱関与的のどちらの快感情をより強く経験した場面で，一般的快感情（幸せ，充足感，うきうき，落ち着きなど）が経験されているかも併せて検討した．具体的には，まずそれぞれの状況での脱関与的快感情の経験強度から関与的快感情の経験強度を差し引き，この値がその状況における一般的快感情の経験強度を予測しているかをみた．もし一般的感情が脱関与的感情により強く結びついているのであれば，予測係数は正の値をとる．これに対して，もし一般的感情が関与的感情により強く結びついているのであれば，予測係数は負の値をとる．図 7-2 は，北山らの研究の結果をまとめたものである．X 軸は，予測係数の値を示している．ここからあきらかなように，アメリカ人の予測係数は正の値をとる傾向がある．つまり，脱関与的感情を関与的感情よりも強く感じていればいるほど一般的快感情を感じる，という人の割合が高い．これに対して，日本人の予測係数は負の値を示す傾向がある．つまり，関与的感情を脱関与的感情よりもより強く感じていればいるほど一般的快感情を感じる，という人の割合が高くなっている．つまり予測と一致して，日本人は親しみや尊敬などの関与的快感情を経験した場面で幸せなど一般的快感情を経験しているのに対し，アメリカ人は，誇りや自尊心などの脱関与的快感情を経験した場面で幸せなどの一般的快感情を経験する傾向が強かったといえる．またここからあきらかなように，各文化内にもばらつき

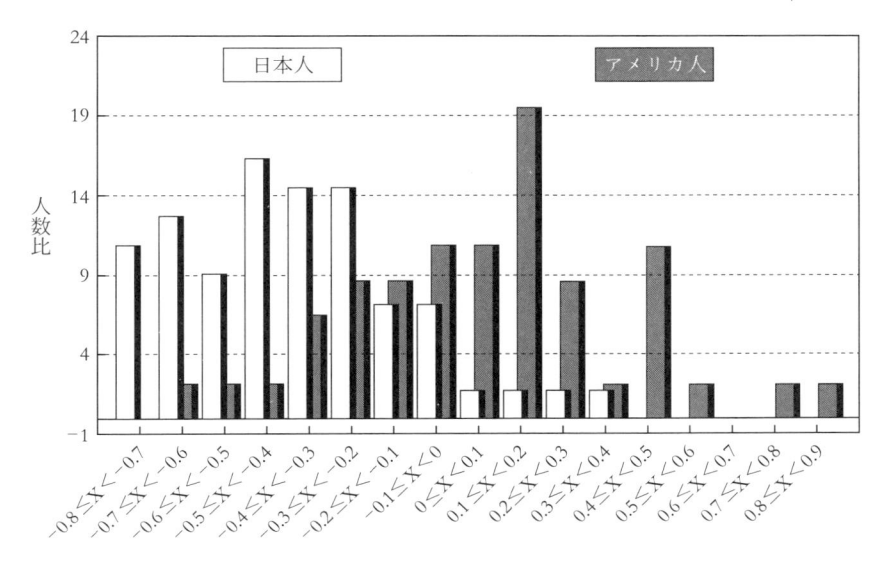

図 7-2 日常場面において幸せが親しみなど関与的快感情により予測される人（Y軸上の負の値）と誇りなど脱関与的快感情により予測される人（Y軸上の正の値）の日本とアメリカにおける割合.
(Kitayama et al., 2006 を一部改変)

はたしかにあるものの，日米間の違いは文化内の標準偏差の約1.5倍に達しており，文化内の違いよりも文化間の違いが相対的に非常に大きくなっている．

上述の点は，日本人は一般的に協調性を求めているが，アメリカ人は独立性を求めているという仮説を支持している．この結果にもとづいて北山ら (2006) は，一般的快感情の予測因として関与的快感情と脱関与的快感情のどちらが相対的に大切かが独立・協調性の指標になるのではないかと指摘している．この指標は，たとえば「私は人とのかかわりが重要だと思う」といったような，独立・協調性への明示的な態度を測る従来の尺度と異なり，独立や協調への志向性を暗黙のうちにはかるものである．人のもつ文化への志向性とは，本来，しばしば無意識的で暗黙のものであるとすると，このような暗黙の文化志向性の指標は今後重要になっていくものと

●北山　忍・内田由紀子・新谷　優

思われる.

3.3　どのような人が幸せを経験するのか

　東洋文化では協調性が大切だが西洋文化では独立性が大切であるという点は，主観的幸福感や人生への満足度の予測因をみた研究からの知見とも一致している．北米文化においては，幸福感は自己の価値の認識である「自尊心」の強さと相関することがくりかえし示されてきている（Campbell, 1981; Diener & Diener, 1995; Diener et al., 1985）．テイラーとブラウン（Taylor & Brown, 1988）は，欧米圏でなされた研究をまとめ，外界に対する自己の統制力を信じ，自己の将来を楽観視するなど，「自己の存在のポジティブさ」の幻想をもつことで精神健康を維持できると結論した．同様に，エモンズ（Emmons, 1986, 1991 など）は「個人的な目標の達成」が幸福感などの肯定的感情を予測し，逆に達成可能性の低さが否定的感情を予測することをあきらかにしている．

　これに対して東洋文化においては，個人による目標達成ではなく，むしろ周囲の人との情緒的な結びつきが幸福感の規定因となっている．クワンら（Kwan et al., 1997）は人生の満足感（Diener et al., 1985）の予測因として自尊心と「関係性の調和（relationship harmony）」のどちらが相対的に重要であるかを，香港とアメリカで検討した．上の知見に一致して，アメリカでは自尊心のみが人生の満足感の予測因となっていたが，香港ではこれに加えて関係性の調和も同程度の予測力をもっていた（同様の知見は Kang et al., 2003 にもみられる）．また，大石とディナー（Oishi & Diener, 2001）は「個人的目標」と「関係的目標」の2種類の目標の達成と幸福感の関連について検討した研究で，ヨーロッパ系のアメリカ人とアジア系のアメリカ人に，今後1ヶ月間の重要な目標を5つあげさせ，それぞれどの程度「個人的」な目標（自分の喜び，楽しみを得ること）ならびに関係的な目標（親や両親を喜ばせること）であるかを評定してもらった．そして1ヶ月後に，それぞれの目標が達成された程度と，その1ヶ月間の人生の満足度とを回答させた

ところ，ヨーロッパ系のアメリカ人では個人的な目標の達成が幸福感を予測していた．これに対して，アジア系のアメリカ人ではそのような効果がみられず，逆に関係的な目標の達成が幸福感を予測していた．

ここまで，とくに独立・協調志向の文化，および対人的関与，脱関与の感情といった概念にもとづいた感情についての文化心理学的研究を概観した．以下では，これまでみてきた点をさらに掘り下げるために，「幸福」と「甘え」という2つの個別の感情に注目する．幸せ・甘え・怒りといった感情は，快不快，興奮などの基礎要素を有しており，この限りにおいて，これら個々の感情についても感情一般の特性をあつかう研究から多くを学ぶことができる．しかし同時に，個々の感情はその詳細については非常に多岐にわたっており，それぞれの文化での特徴をとらえることは重要であると考えられる．

4　幸福の意味

従来，幸福は誰しもが追い求める「よいもの」として定義され，また，そのような定義が普遍的にあてはまるとする前提にもとづいた研究がおこなわれてきた．しかし近年，このような「**幸福観**」は北米の文化慣習や人間観，人生観と強く結びついたものであり，異なる文化においてはまた別の「幸福観」が存在するということが指摘されてきている．本節では，幸福感の意味がさまざまな歴史的，思想的背景をもとに文化により大きく異なることを示す．まず第1に，上記の幸福感の予測因の議論から予測できるように，幸福とは個人的な目標の達成に根ざしているのか，それとも社会的関係の実現にもとづいているのかという観念に，大きな違いがあると予測できよう．しかし，ここに紹介するデータを詳細に検討すると，それに加えていくつかの文化差の側面が浮かびあがってくる．ここで紹介する内田と北山（Uchida & Kitayama, 2006）のデータは，日米の大学生が暗黙のうちにもっている幸福についての観念を探索するために収集されたものである．

●北山　忍・内田由紀子・新谷　優

4.1 日米での幸福の意味を探る実証研究

内田と北山 (2006) は幸福について人々がもっている観念や意味を探索するため, 2段階からなる調査をおこなった. まず第1段階では, 日米の学生に「幸せ」の特徴や, それを感じたときに生じる結果などの「幸せの意味」について, 5つまで自由に記述してもらった. たとえば「幸せになると, 自信がもてる」「幸せとはまわりの人とうまくやれることである」「幸せになると, 人はほほえむ」など, 多様な幸せの意味についての記述が得られた. そして, 集められた記述から, 日米それぞれで約100の記述をランダムにとりだし, それらの記述をインデックスカードに1枚ずつ印刷した.

第2段階ではこうして作られた記述カードの山を新たな実験参加者に示し, 記述間の意味内容の類似性を判断してもらった. アメリカ人の実験参加者にはアメリカで得られた記述の山を, 日本人の実験参加者には日本人で得られた記述の山をそれぞれ渡し, 記述の類似性にもとづいてカードをグループわけしてもらった. 分類は, 各自の主観的判断にまかせ, グループ数なども個人で決定してもらった. また必要に応じて, 大きなグループのなかに包含される下位グループを作ってもらった. この2つの課題により, (1) 日米での文化それぞれで, 人がもっている幸福感の観念や意味の収集と, (2) 収集された意味が, 日米の文化それぞれでどのようにカテゴリー化されているのかを知ることができる.

分析では, 第2段階で同じ山にわけられた記述間の類似度がもっとも高くなるように数値化した. たとえば, 「幸せになるとうきうきする」「幸せになるとわくわくする」の2つの記述が同じ山に分類されていたとすれば, その2つの記述のあいだの類似度が最も高くなるようにした. そして, その類似度の平均をもちい, 多次元尺度法をおこなった. その結果を示しているのが図7-3A (アメリカ) と図7-3B (日本) である. このような認知地図からは, 幸福感にはいくつの意味的なまとまりをもつグループがあるのか, それぞれの意味グループ間の関係性はどのようなものか, そしてそれぞれの意味グループが, 幸福感全体の意味を構成する割合などがわかる.

まず，図7-3A（アメリカ）と図7-3B（日本）で示されているように，「個人的—関係的」「肯定的—否定的」の2つの軸が，両文化に共通してみいだされた．近くにマッピングされている記述をグループ化して解釈すると，右側の「肯定的」次元では，「一般的な快感情（喜び，興奮，うきうきなど）」「個人的達成（よい成績をとる，自尊心があがる）」，そして「関係性の調和（他の人とうまくいく，人に優しくなれる）」の3つの意味グループが日米で共通してみられた．このことは，幸福感のある一定の意味が，両文化に共通して存在していることを示している．しかしこれに加えて，いくつかの文化差もみいだされた．次項以降では，この文化差について概観する．

4.2 個人的達成と関係の実現

図7-3Aと7-3Bをみてみると，幸福にまつわる「一般的な快感情（うきうき，喜びなど）」は，北米では「個人的達成」のグループの近くに位置するのに対し，日本ではこれらは「関係性の調和」のグループの近くに，ほとんど重なるように位置していることがわかる．つまり，北米では幸福な感情経験は個人的達成とより強く意味的に結びついており，個人的達成を感じたときに喜びなどの感情が感じられるといえる．これに対して日本では幸福な感情経験は関係性の調和とより強く意味的に結びついており，関係性の調和が確認されたときに，喜びなどの感情が感じられるといえよう．この結果は，前節でも紹介したような幸福感の予測因の文化差（Kitayama et al., 2006）と一致する．

実際，北米文化において幸福とは，個人のもつ属性の望ましさを可能な限り最大化した状態で得られるものとして定義されている．ウィルソン（Wilson, 1967）やマイヤーズとディナー（Myers & Diener, 1995）は，幸福な人物とは「若く健康で，よい教育を受けており，収入がよく，外向的・楽観的で，自尊心が高く，勤労意欲がある者」というように，一般的に「よい」とされる要素を多く持ち合わせていることを「幸福」の指標としている．

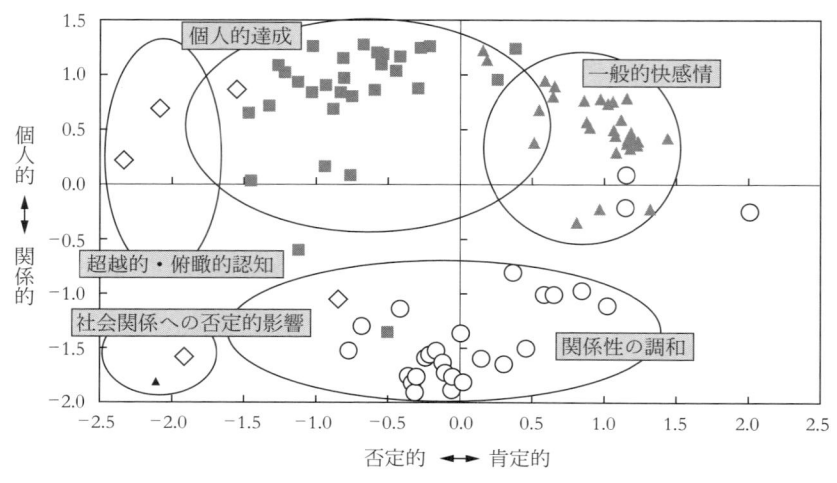

図 7-3A アメリカ文化での幸福感の意味構造.

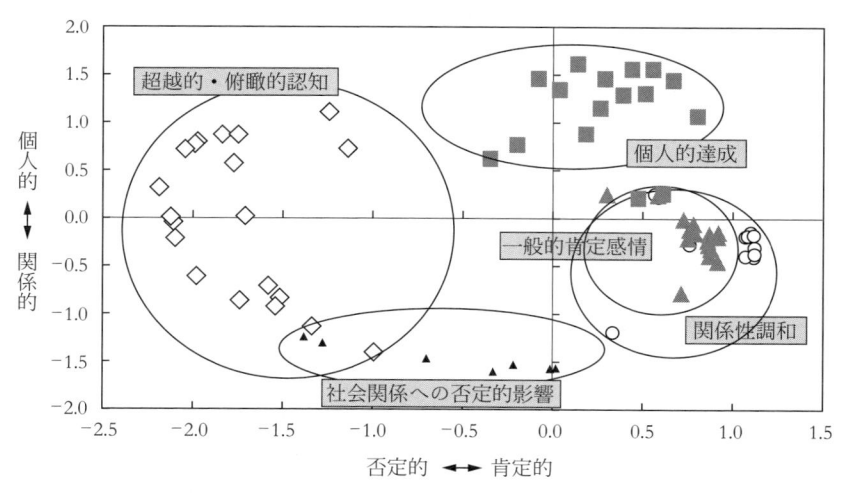

図 7-3B 日本文化での幸福感の意味構造.
▲＝一般的快感情の記述
■＝個人的達成の記述
○＝関係性の調和の記述
◇＝超越的・俯瞰的認知の記述
▲＝社会的関係への否定的影響の記述
（Uchida & Kitayama, 2006 を一部改変）

欧米，とくにプロテスタントの流れをくむ北米中流階級で幸福感が自己の属性の望ましさの最大化によって得られるという定義の背景には，この宗教のもつ倫理観がある．ヴェーバー (Weber, 1920) はプロテスタントの宗教観においては，個々人が「自分は神に選ばれた者である」と自覚し，それを証明するためにはたらくことが人生の目標であり，「善」であることを指摘している．このような宗教観のもとでは，幸福感は自分が神により選ばれていることが証明されているという安心感を生み，逆に幸福感の欠如は，自分は神に見捨てられた失敗者なのではないかという懸念を引き起こす．よって，個人はつねに自分の遂行・能力・保有物についての「良さ」の最大化を追求し，幸福を感じることが必要となるであろう．

　これに対して日本では，「自己の属性の望ましさ」そのものが，関係性のなかで相対化されていると考えられる．たとえばなにが自分にとって望ましいかは関係性のもつ状況・文脈によって異なる．そのうえ，たとえ自分にとって望ましくてもそれが関係内の他者にとって望ましくない場合には，望ましさの認知が差し引かれる可能性がある．たとえば，自己の成功が他者の嫉妬を生み，逆に自己の失敗は他者の思いやりを誘い出すような場合には，自己の属性の望ましさを最大化することは必ずしも至上の幸福とはならない．むしろ日本文化での幸福感は，「関係内要素の平衡化」によって定義されているといえよう．

4.3　東洋における感情の陰と陽——バランス志向と包括的認知

　図 7-3A，図 7-3B をみてみると，もう 1 つ日米での大きな違いがあることがわかる．それは，幸福の「裏の意味」ともいえる，否定的意味の量の違いである．

　アメリカでは 98％の回答が幸福のよい側面に関する記述であり，否定的側面についての記述はわずか 2％程度であった．つまり，アメリカでは幸福が「自己内の望ましさの最大化」によって定義されているという考察に一致して，幸福とは望ましいものであるという知覚が一般的になされてい

るといえる．

　これに対して，日本の記述には，幸福の否定的意味が全体の記述の 30% 程度含まれていた．否定的意味のなかには，「幸福は周囲の嫉妬をまねいてしまう」「幸福になるとまわりに気遣いができなくなる」などの「対人関係への否定的影響」についてのグループと，「幸福が続くと，かえって不安になる」「幸福は長くは続かない」など，幸福な状態を客観的に一定の距離をもってみるような，いわば「超越的認知」とよべるものについてのグループがみられた．

　「対人関係への否定的影響」は，日本文化において，幸福が関係内要素の平衡化によって定義されているという考察と一致している．つまり，個人的によいことがあっても，それが周囲との関係性にとってよくない影響を与えてしまうという認知が日本文化において存在しているということになる．このような記述は，日本で集められた幸福感の意味記述の 10% 程度を占めていた．

　他方，「超越的認知」は日本の記述の 20% 程度もみられた．これは，東洋文化の儒教的・道教的な人生観・宗教観と連動していると考えられる．東洋文化においては，「よい」ことは必ずしもよい意味だけをもつのではなく，否定的な要素をも持ち合わせているという「陰陽思考」「バランス志向」といった素朴理論が存在する（Kitayama & Markus, 1999; Peng & Nisbett, 1999）．幸福の場合も同様に，その裏（陰）に否定的な意味をもつという素朴理論が存在する．「幸福が続くと，かえって不安になる」などの意味記述は，このような陰陽思考を反映している．このような素朴理論は，感情経験の性質に影響を与える可能性がある．バゴージ，ウォンとイ（Bagozzi et al., 1999）は，快感情と不快感情を感じる強さを測定し，アメリカではこれらが負の相関をもつのに対し，中国と韓国では逆に正の相関をもつことを示している．つまり北米では肯定感情と否定感情は相反するものであり，たとえば幸福を強く感じているときには不幸せはまったく感じられないのに対し，東洋文化においてはそれらが同時に感じられることもあり，バランスをたもって共存しているといえる．同様の結果は，北山ら（Kitayama et al., 2000）

も報告している．

　陰陽思考は，近年ニスベットらの研究グループが指摘している「包括的認知傾向」(ニスベット，2004) とも関連している．包括的認知傾向とは，対象間，または自己と対象の関係を全体的にとらえようとする傾向で，日本や中国などの文化で優勢であるとされている．包括的認知傾向では，より多くの文脈や，物と物とのつながりに注意を向けるため，プラス面とマイナス面がひとつのものに同時に混在するとか，「いまあるものは変化する」といったような思考傾向をもつ．「幸せは長くは続かない」といった意味記述は，このような変化の認識についての思考様式にもとづいていると考えられる．東洋における陰陽的思考は，西欧におけるより直線的な思考と対照的である．たとえばジー，ニスベットとスー (Ji et al., 2001) は，アメリカ人と中国人にいくつかのパターンの時系列的変化をあらわす折れ線グラフを示してその後の変化を予測させた．すると，それまでの変化にそった予測をおこなう（増加を示すグラフであればその後も増加を予測する）傾向はアメリカ人の方が強かったが，それまでの変化と逆の予測をおこなう（増加を示すグラフから，その後の減少を予測する）傾向は中国人の方が強かった．

4.4　日米での幸福の意味——実体と社会的プロセス

　これまでに述べてきた研究結果を総合すると，北米文化での幸福感は個人的，かつ肯定的な意味をもつのに対し，日本などのアジア文化での幸福感は，対人的かつ否定的な意味もあわせもつと考えられる．

　これらの結果から，幸福という，一見文化を超えて普遍的と考えられる感情も，文化・社会的に構築されているものであることが示された．もちろん，文化のあいだには差異だけではなく，共通性も存在する．個人的達成と関係性の調和のどちらに重きをおくのか，その相対的な程度は文化によって異なるが，それぞれの概念は日米の文化双方で重要視されていた．

　このように，人が幸福などについてもつイメージや意味は，実際の日常

●北山　忍・内田由紀子・新谷　優

的感情経験と強く結びついているといえる．たとえばどのような時に幸福を感じるのか，どのように幸福を実現しようとするのか，実際に幸福を感じたときにどのような感覚をもつのか，などは，歴史的に受け継がれ，文化のなかで共有されている人間観や，人生観，価値観とかかわっているといえよう．

5　日本人の甘え，アメリカ人の甘え

5.1　日本とアメリカにおける甘え

　土居（1980）は日本人の心を理解するうえで，「**甘え**」は欠かせない概念であるとした．土居は甘えを「人間存在に本来つきものである分離の事実を否定し，分離の痛みを止揚しようとすること」とし，具体的には「人間関係において相手の好意をあてにしてふるまうこと」であると定義している．甘えは行動・状態・愛情表現をともなう快い気分であり，またそのような気分を求める欲求でもあるため，概念として大きくとらえる必要があると土居は主張する．甘えが日本の文化を理解する際に非常に重要であることは，たとえば「義理と人情」「内と外」「対人恐怖」といった現象が甘えに根ざしていると土居が指摘していることからもうかがい知ることができる．実際，多くの人類学者は甘えを日本文化の真髄として分析している（Johnson, 1993; Young-Bruehl & Bethelard, 2000）．

　甘えの原型は，幼少期の母子関係にあると考えられるが，この感情概念の意味はさまざまなかたちで比喩的に拡張され，大人の人間関係にも適用される．大人の場合，適度の甘えは関係性の維持・向上をもたらすといわれている（Maruta, 1992）．新谷，山口，村上と針原（Niiya et al., 2000）が日本人を対象におこなった調査では，「いつも甘える人」や「決して甘えない人」よりも「ときどき甘える人」の方が温かく，人に好かれ，人間関係が良好であると評価されることが示されている．甘える側は受け入れられることで相手に親しみを感じ，また甘えられる側は相手が自分を信頼し，親

しい関係を望んでいるものと理解することで親しみを感じ、たがいの関係が向上すると考えられる．

いっぽう、欧米では日本語の「甘え」に該当する単語は存在せず、日本人が、甘えという1つの概念として結晶化しているようなかたちでは甘えは認識されていないようである．とくに甘えは「依存」と混同されており、独立性を重視する欧米文化では、幼少のころから甘え（依存）を表出することが抑制され (Mizuta et al., 1996)，大人になってからも甘え（依存）を不快と感じる傾向が強い (Kitayama et al., 2000)．これらの点は、より一般的に、欧米人は自己の独立を志向するため、他者への関与やましてや依存には非常に否定的なニュアンスがともない、一種の抑圧や抑制の対象になっているという可能性を示している．

とはいえ、甘えという概念でくくられるような人間関係のパターンが日本に固有であるという結論を導くのは性急にすぎるであろう．レヴィ (Levy, 1973) は、人は生まれつきあらゆる感情を理解しうる能力をもつが、文化や教育により、「認識しやすい感情（hypercognized emotion; 高認知感情）」と「認識しにくい感情（hypocognized emotion; 低認知感情）」が形成されるとしている．この考えを甘えにあてはめれば、甘えは日本ではとくに認知化されているが、「甘え」という言葉で認知化していない他文化においても同様の人間関係のパターンとそれに付随する主観的経験の諸要素は存在しているという可能性がみてとれよう．

5.2 人から甘えられることへの反応

はたしてアメリカ人も日本人同様、他者から甘えられることで関係の親しさを推測し、それを好ましく感じることがあるのだろうか．この点を探索するために、新谷、エルスワースと山口 (Niiya et al., 2006) は、日本人が甘えられて好ましく感じるようなシナリオをアメリカ人に提示し、アメリカ人も日本人同様、その状況を好ましく感じるかを調べた．まず、予備調査にて日本人大学生が友人に甘えられたと感じるシナリオを選別した（「留

●北山　忍・内田由紀子・新谷　優

第II部　感情の発生

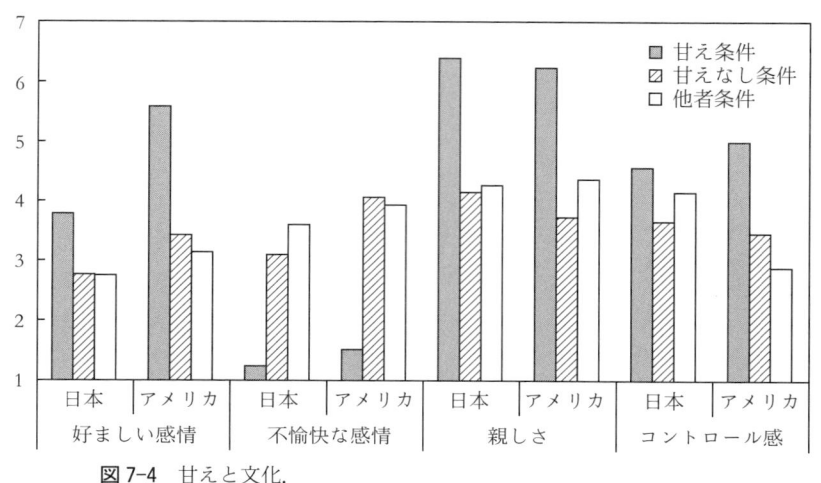

図 7-4　甘えと文化.
3条件における異なる感情の強度.（新谷ら，2006を一部改変）

守中に庭の植物に水をやるよう友人に頼まれた」「友人に1週間アパートに泊めてほしいといわれた」など）．友人から頼みごとをされるこれらのシナリオ（甘え条件）に加え，友人が誰にも頼みごとをしないシナリオ（甘えなし条件），友人が他の友人に頼みごとをするシナリオ（他者条件）を用意した．本実験では，日本人大学生とアメリカ人大学生をいずれかの条件にランダムに振りわけ，シナリオにあるような状況でどのように感じるか，友人が自分とどのくらい親しいと感じていると思うか，自分と友人がどのくらい状況をコントロールしていると思うかを評定させた．

　図 7-4 に示したように，結果は，甘えの文化的共通性と特異性を同時に示していた．まず，共通性に関しては，日本人同様，アメリカ人も友人が誰にも甘えない条件や別の友人に甘える条件よりも，友人が自分に甘える条件で友人との親しさをより高く見積もり，快感情（うれしさ・誇らしさ・尊敬・愛情）をより経験し，不快感情（落胆・悲しさ・イライラ・腹立たしさ）はそれほど経験していないという結果がみられた．このことから，甘えられると親しみが増し，その結果快感情を経験するという点に関しては日米共通であると推測できる．ところが，それぞれのシナリオ状況で感じるコ

ントロール感に関しては文化差がみられ，アメリカ人は，友人に甘えられるとコントロール感が高くなるのに対し，日本人は，友人に甘えられても甘えられなくてもコントロール感に差はみられなかった．つまり，日本人にとって，甘えが好ましいのは関係の親しさを示唆するためであるが，アメリカ人にとって甘えが好ましい理由には，関係の親しさに加え，自分が状況をコントロールしているという効力感が関係していると考えられる．日本の場合，甘えはもっとも典型的な関与感情であると考えられるが，アメリカの場合，自己のコントロール感という脱関与的要素が加わっているといえる．

　さらに追加実験で，アメリカ人が普段の生活のなかで甘えを経験することがあるのか調べるため，友人に甘えられる状況を描いたシナリオをアメリカ人大学生に提示し，普段の生活のなかから似たような状況を思い出して作文してもらった．それを翻訳したものを日本人大学生に提示し，それらの作文がどの程度甘えを描いているか7点尺度で評定してもらった．その結果，アメリカ人の作文のなかには，8割以上の日本人が6点以上の評価を与えた作文がいくつかあることが示された．この結果は，アメリカ人も普段の生活のなかで甘えを経験しうることを示しており，アメリカ文化に甘えが存在しうるという点をさらに示している．

5.3　人に甘えることの感情的帰結

　上に紹介した新谷ら（2006）の結果は，親しい人に甘えられると日本人は親しみを感じるが，アメリカ人は親しみを感じると同時にみずからの効力感も高まるということを示している．では，今度は自分が相手に甘えた場合，人はどのように感じるのだろうか．

　この点をみるために，私たちは，さきに紹介した北山ら（Kitayama et al., 2006）の研究2のデータの二次分析をおこなった．この研究では，日米の実験参加者が22の状況のそれぞれについて最近起きた場面を思い出して，その場面でいくつもの感情のそれぞれをどの程度の強さで感じていたかを報

表 7-2　甘えと他の 6 つのカテゴリーの間の相関.

		一般的快感情（幸せ）	関与的快感情（親しみ）	脱関与的快感情（誇り）	一般的不快感情（不幸せ）	関与的不快感情（罪）	脱関与的不快感情（怒り）
甘えとの単純相関	日本	0.01	0.41	0.14	0.34	0.53	0.15
	アメリカ	−0.24	0.11	−0.17	0.45	0.29	0.45

告した．使われた感情語には，快不快と社会的志向性（関与，脱関与，一般）で定義された 6 種類に加え，甘えに関連したもの 3 つが含まれていた．後者の 3 つは，「甘え（feel like being babied）」，「頼りにする（feel like relying on someone）」，「すがる（feel like leaning on someone）」である．これら 7 つの感情カテゴリーごとに感情経験の平均強度を求め，それらのあいだの 22 の状況を通じての相関を実験参加者ごとに求めた．その相関の日米の平均を示したのが表 7-2 である．

　6 つすべての感情に関して，甘えとの相関は 2 つの文化で有意に異なっていた．日本人の場合，甘えとの相関は関与的快感情と関与的不快感情でとくに強くなっている．これに対してアメリカ人の場合，一般的不快感情と脱関与的不快感感情でとくに強くなっている．またアメリカでは甘えることと快感情とは負の相関を示しがちであることもみてとれる．これは，さきの「人から甘えられる」ことでアメリカ人は自分みずからのコントロール感が高まるとする新谷ら（2006）の知見と対照的である．ここから，「人に甘える」という対人関与的行為は，日本では対人関与度を深めるのに対して，アメリカではむしろ甘えの関係から脱却し，脱関与しようとする動機づけを導く不快なものとして経験されているらしいことがうかがわれる．これは，日本人が協調性に動機づけられアメリカ人が独立性に動機づけられているというさきの仮説に合致した結果である．

5.4　甘え研究における今後の課題

　レヴィ（Levy, 1973）が指摘したように，ある感情を単純に言語化するす

べが文化になくても，人はその感情を経験できる場合がある．甘えの場合，英語にはこの状態を示す単語は存在しないが，アメリカ人は甘えに類似した経験を明らかに理解しているようである．しかし同時に，甘えがアメリカで存在するからといって，日本の甘えとアメリカの甘えがまったく同じであるとも結論できない．実際，日本人の甘えは基本的に対人関与的であるが，アメリカ人の甘えは自己のコントロール感と密接にかかわる，より脱関与的ニュアンスを持っていることを上記の研究は示唆している．さらに，アメリカにくらべ日本では，「甘え」という言葉が存在するため，甘えが頻繁に意識されると考えられるが，このことは社会関係になんらかの帰結をもたらすかもしれない．たとえば，人からなんらかの援助を得ようとする際の「甘え戦略」の有効性が異なってくるかもしれない．これらの問題は，いずれも今後の重要な研究課題である．

6 結論と今後の展望

　本章では，日常の慣習，素朴理論，常識，言語など「文化」の概念でひとくくりにされる事象と感情とのあいだにどのような相互関係があるのかについて，まず文化心理学的観点から理論的枠組みを呈示した．それをもとに，感情一般について調べた場合に文化の影響をどのように理論化したらよいかを考察し，近年の比較文化研究の成果を紹介した．ついで，幸福と甘えという2つの個別の感情にとくに注目し，これらについても文化の役割を検討した．

　ここでの議論から浮かびあがってくる結論には2つの関連した側面がある．まず第1に，文化と感情の双方を理解するにあたって，独立と協調の概念が重要であるということである．独立を助長する脱関与的感情と協調を促進する関与的感情の経験強度の文化差は，ともに理論的予測と合致がみられたし，またこれらの感情はそれぞれの文化で予測された方向で幸福と結びついていた．さらに関与的感情である甘えにも，とくに独立的文化（アメリカ）では脱関与的ニュアンスが付加されていた．今後同様の概念を

●北山　忍・内田由紀子・新谷　優

もちいた場合，どの程度他の文化圏や同一文化内の地域差などを理解し，また分析できるのかを注意深く見定める必要がある．

　第2に，感情の文化による共通性と差異の双方を考慮に入れることの重要性があげられる．感情の文化差を問題とする際に，そもそもそれぞれの文化で，感情というものには共通性があることを前提にしているという点がある．私たちの分析が正しければ，関与，脱関与の次元は感情一般を定義する際文化を通じてあらわれてくるものであると考えられるし，また幸福や甘えという概念そのものも汎文化的なものである．しかし，これらの文化の共通の感情の要素は，文化のもつさまざまな性質，とくに独立や協調，あるいは名誉や恥といった規範や社会制度などによって大きく影響を受けているため，同じ幸福や甘えという概念でひとくくりにされていてもその実質はしばしば文化要因の考慮抜きには理解が難しくなるのである．この点を私たちは，とくに幸福と甘えに注目して検討した．

　現時点での文化的観点からの感情研究の弱点は，そのほとんどが態度質問紙にもとづいたセルフレポートをもちいていることである．本章で紹介した日記法や自由記述とそれに付随した多次元尺度法などは，今後の新たな方向性を示しているし，また記憶，判断，反応時間，その他諸々の実験手法を今後積極的にとりいれていくことも重要であろう．さらに近年の神経科学の発展と連動して，感情の脳内機構と文化の関係も今後考慮にいれていく必要があるであろう．

　国際化やグローバリゼーションが加速度的に進む現代にあって，今後，文化と感情の相互作用の研究はますます重要度が増すことと思われる．とりわけ，冒頭に述べたように，感情と文化の問題を考慮に入れることによって，現代日本がかかえる問題の解決に向けてある一定の手がかりを得ることが可能になるように思われる．

　本章での考察から，協調的，集団志向的価値観とそこに付随する一種の名誉の概念，さらには，それらに根ざした幸福感やその対人的基盤としての甘えなどが**日本文化**の底辺に存在することはまちがいないように思われる．しかし同時にここ100年来，こと第2次大戦以後，日本社会は急激な

西洋化を経験した．「和魂洋才」という標語が端的に物語るように，この西洋化は，応用技術，ファッション，経済至上主義などに限られたきわめて表層的なものであった．しかし近年は，ますますグローバリゼーションと情報化の荒波が押し寄せ，従来の「追いつけ追い越せ」型のシステムでは対応できなくなってきている．日本文化に短期間にもたらされたこのような変化は，どのような心理的帰結をもたらすのであろうか．これら心理的帰結はすでにみられているのであろうか．それともそれが本当にあらわれてくるのには一定の時間を要するのであろうか．

　現在のところ，これらの疑問に明白に答えることは不可能である．しかし，本章で紹介したような，日本文化がアメリカにくらべると相互協調的で，関係志向的であるという証拠にもかかわらず，伝統的集団主義的文化規範はいたる所でほころびを示している．これは，儒教的価値観で学校教育を終えた世代（つまり，1945年の時点で20歳前後であった世代）が生涯を終えつつある今日，とくに顕著になってきているように思われる．自由・自己責任・自己選択といった西洋文化の底辺にある個人主義の思想を根底からとりいれることのなかった日本の文化は，儒教的価値観が死に絶えつつある今日，価値観の空洞化というあまりに高い代償を払いつつあるのではなかろうか．

　かつて，カナダ生まれの哲学者，チャールズ・テイラー（Taylor, 1989）は，近代西欧の自己の思想史的系譜をまとめ，人は東西南北，上下左右といった物理的次元ではなく，名誉や自己確認であるとかといったさまざまな価値観によって定義された意味の次元のなかでみずからを定位する必要があるとした．そうであるとすると，現代日本社会にみられる価値観の空洞化はきわめて深刻な結果を生んできている可能性がある．つまり，価値観の空洞化の結果，多くの日本人は生きることの方向性をみいだせないでいるのではないだろうか．

　マイケル・ジレンジガー（Zielenziger, 2006）は，現代日本の突出した自殺率の背後には，上にみたようなアイデンティティー・クライシス（自己の同一性危機）があるとしている．さらに，ひきこもりは，現代日本社会の文

化的軋轢のなかでみずからを探し出そうとしている個人が，いまだ根強く存在する集団的画一性への規範や圧力に屈した結果であるとして理解できるとした．同様の議論を拡張するならば，しばしばひきこもりの誘因となるいじめの背後には，いたる所で崩壊しつつある集団的文化規範を維持しようとする一種の集合的，心理的防衛機制があるのかもしれない．さらにそのような防衛機制の背後には，「死の恐怖」にも通じるアイデンティティ喪失の不安があるのかもしれない（Kashima, Halloran, Yuki, & Kashima. 2004）．

　現在のところ，日本の心理学者が日本の文化を前提にして，この問題に正面からとりくんだ科学的実証研究は非常に限られている．これは残念なことである．しかし同時に，日本の心理学にとっては，このような現代日本の状況はまたとない機会であるともいえよう．まず，伝統とグローバリゼーションのはざまに生まれた文化的価値の空洞化とその社会・心理的帰結という問題を実証的，かつ理論的にあつかうことによって，心理学者は社会に対する説明責任をはたすことが可能になるであろう．さらにそのような心理的理論とデータは，文化的，社会的産物としての心の理解という一般的，普遍的課題にも大きく貢献することであろう．

　もし現代日本社会が伝統とグローバリゼーションのはざまで病んでいるとしたら，そのような社会に適応するとは，いったいなにを意味しているのだろうか．もしかすると病んだ社会に適応できないことこそ，なんらかの意味での精神の健全さを示している可能性すらある．これらの社会・心理病理に正面からとりくむためには，現在の科学的知見はじゅうぶんというにはほど遠い．しかし，本章でまとめた研究成果から少なくとも今後の方向性をさししめすことはできると信じ，ここでの議論が将来の糧になることを切に願うものである．

文献

　　Bagozzi, R. P., Wong, N., & Yi, Y. (1999). The role of culture and gender in the relation-

ship between positive and negative affect. *Cognition and Emotion,* 13, 641-672.
Baumeister, R. F. (2005). *The Cultural Animal: Human Nature, Meaning, and Social Life.* New York: Oxford University Press.
Bruner, J. (1990). *Acts of Meaning.* Harvard University Press.
Campbell, A. (1981). *The Sense of Well-being in America.* New York: McGraw-Hill.
Cohen, D., & Nisbett, R. E. (1997). Field experiments examining the culture of honor: The role of institutions in perpetuating norms about violence. *Personality and Social Psychology Bulletin,* 23, 1188-1199.
Cole, M. (1996). *Cultural Psychology: A Once and Future Discipline.* Cambridge, MA: Harvard University Press.
Diener, E., & Diener, M. (1995). Cross cultural correlates of life satisfaction and self-esteem. *Journal of Personality and Social Psychology,* 68, 653-663.
Diener, E., Emmons, R. A., Larsen, R. J., & Griffin, S. (1985). The satisfaction with life scale. *Journal of Personality Assessment,* 49, 71-75.
土居健郎 (1980). 甘えの構造. 弘文堂.
Ellsworth, P. C., & Scherer, K. R. (2003). Appraisal processes in emotion. In R. J. Davidson, H. Goldsmith, & K. R. Scherer (Eds.), *Handbook of Affective Science,* 572-595. New York: Oxford University Press.
Emmons, R. A. (1986). Personal strivings: An approach to personality and subjective well-being. *Journal of Personality and Social Psychology,* 51, 1058-1068.
Emmons, R. A. (1991). Personal strivings, daily life events, and psychological and physical well-being. *Journal of Personality,* 59, 453-472.
遠藤利彦（1996）．喜怒哀楽の起源―情動の進化論・文化論―．岩波書店．
Geertz, C. (1973). *The Interpretation of Culture: Selected Essays.* New York: Basic Books.
Gregg, G. S. (2005). *The Middle East: A Cultural Psychology.* New York: Oxford University Press.
Hallowell, A. I. (1955). *Culture and Experience.* Philadelphia: University of Pennsylvania Press.
池上栄子（著），森本醇（訳）（2000）．名誉と順応―サムライ精神の歴史社会学―．NTT出版．
Ji, L., Nisbett, R. E., & Su, Y. (2001). Culture, change, and prediction. *Psychological Science,* 12, 450-456.
Johnson, F. A. (1993). *Dependency and Japanese Socialization: Psychoanalytic and Anthropological Investigations into Amae.* New York: New York University Press.
Kang, S., Shaver, P. R., Min, K., & Jin, H. (2003). Culture-specific patterns in the prediction of life satisfaction: Roles of emotion, relationship quality, and self-esteem. *Personal-*

ity and Social Psychology Bulletin, 29, 1596-1608.

Kashima, E. S., Halloran, M., Yuki, M., & Kashima, Y. (2004). The effects of personal and collective mortality salience on individualism: Comparing Australians and Japanese with higher and lower self-esteem. *Journal of Experimental Social Psychology,* 40, 384-392.

Kitayama, S., Duffy, S., & Uchida, Y. (in press). Self as cultural mode of being. In Kitayama and D. Cohen (Eds.), *Handbook of Cultural Psychology.* Guilford Press.

Kitayama, S., & Bowman, N. (in press). Psychological consequences of settlement in the frontier: Evidence and implications. In M. Schaller, A. Norenzayan, S. J. Heine, T. Yamagishi, & T. Kameda (Eds.), *Culture and evolution.* Mahwah, NJ: Lawrence Erlbaum.

Kitayama, S., Ishii, K., Imada, T., Takemura, K., & Ramaswamy, J. (2006). Voluntary settlement and the spirit of independence. *Journal of Personality and Social Psychology.*

北山忍，唐澤真弓（1996）．感情の文化心理学 児童心理学の進歩，35, 271-301. 金子書房．

Kitayama, S., & Markus, H. R. (1994). Introduction to cultural psychology and emotion research. In S. Kitayama & H. R. Markus (Eds.), *Emotion and Culture: Empirical Studies of Mutual Influence,* 1-19. Washington, D. C. : American Psychological Association.

Kitayama, S., & Markus, H. R. (1999). Yin and yang of the Japanese self: The cultural psychology of personality coherence. In D. Cervone & Y. Shoda (Eds.), *The Coherence of Personality: Social Cognitive Bases of Personality Consistency, Variability, and Organization,* 242-302. NY: Guilford.

Kitayama, S., & Markus, H. R., & Kurokawa, M. (2000). Culture, emotion, and well-being: Good feelings in Japan and the United States. *Cognition and Emotion,* 14, 93-124.

Kitayama, S., Markus, H. R., & Matsumoto, H. (1995). Culture, self, and emotion: A cultural perspective on "self-conscious" emotions. In J. P. Tangney & K. W. Fisher (Eds.), *Self-conscious Emotions: The Psychology of Shame, Guilt, Embarrassment, and Pride,* 439-464. New York: Guilford Press.

Kitayama, S., Mesqiuta, B., & Karasawa, M. (2006). Cultural affordances and emotional experience: socially engaging and disengaging emotions in Japan and the United States. *Journal of Personality and Social Psychology,* 91, 890-903.

北山忍，宮本百合（2000）．文化心理学と洋の東西の巨視的比較―現代的意義と実証的知見―．心理学評論，43, 57-81.

Kitayama, S., & Uchida, Y. (2005). Interdependent agency: An alternative system for action. In R. Sorrentino, D. Cohen, J. M. Olson, & M. P. Zanna (Eds.), *Culture and Social Behavior: The Ontario Symposium,* Vol. 10. Mahwah, NJ: Erlbaum.

Kwan, V. S. Y., Bond, M. H., & Singelis, T. M. (1997). Pancultural explanations for life satisfaction: Adding relationship harmony to self-esteem. *Journal of Personality and Social*

Psychology, 73, 1038-1051.

Levy, R. I. (1973). *Tahitians: Mind and Experience in the Society Islands.* Chicago: University of Chicago Press.

Levy, R. I. (1984). Emotion, knowing, and culture. In R. A. Shweder & R. A. LeVine (Eds.), *Culture Theory: Essays on Mind, Self, and Emotion,* 214-237. Cambridge: Cambridge University Press.

Lewin, K. (1936). *Principles of Topological Psychology (1st Edition).* New York: McGraw-Hill.

Markus, H. R., & Kitayama, S. (1991). Culture and the self: Implications for cognition, emotion, and motivation. *Psychological Review,* 98, 224-253.

Markus, H., & Kitayama, S. (2004). Models of agency: Sociocultural diversity in the construction of action. In V. Murphy-Berman & J. Berman (Eds.), *The 49th Annual Nebraska Symposium for Motivation: Cross-cultural Differences in Perspectives on Self,* 1-57. Lincoln, NE: Nebraska University Press.

Maruta, T. (1992). Does an American puppy Amaeru? A Comment on Dr. Doi's paper. *Infant Mental Health Journal,* 13, 12-17.

Mesquita, B. & Ellsworth, P. (2001). The role of culture in appraisal. In K. R. Scherer & A. Schorr (Eds.), *Appraisal Processes in Emotion: Theory, Methods, and Research.* New York: Oxford University Press.

Mesquita, B., & Leu, J. (in press). The cultural psychology of emotion. In S. Kitayama & D. Cohen (Eds.), *Handbook of Cultural Psychology.* New York: Guilford.

Mizuta, I., Zhan-Waxler, C., Cole, P., & Hiruma, N. (1996). A cross-cultural study of preschoolers' attachment: Security and sensitivity in Japanese and US dyads. *International Journal of Behavioral Development,* 19, 141-159.

Morling, B., Kitayama, S., & Miyamoto, Y. (2002). Cultural practice emphasize influence in the United States and adjustment in Japan. *Personality and Social Psychology Bulletin,* 28, 311-323.

Myers, D. G., & Diener, E. (1995). Who is happy? *Psychological Science,* 6, 10-19.

Niiya, Y., Ellsworth, P. C., & Yamaguchi, S. (2006). Amae in Japan and the U. S. : An exploration of a "culturally unique" emotion. *Emotion,* 6, 279-295.

Niiya, Y., Yamaguchi, S., Murakami, F., & Harihara, M. (2000). Converging evidence on the meaning of amae among Japanese. *Paper presented at the International Congress of the International Association of Cross-Cultural Psychology,* Pultusk, Poland.

Nisbett, R. E. (1993). Violence and U. S. regional culture. *American Psychologist,* 48, 441-449.

ニスベット，リチャード E.（著），村本由紀子（訳）（2004）．木を見る西洋人　森を見る東洋人―思考の違いはどこから生まれるか―．ダイヤモンド社．[Nisbett, R. E. (2003). *The Geography of Thought: How Asians and Westerners Think Differently. . . and*

Why.]

Nisbett, R. E., & Cohen, D. (1996). *Culture of Honor: The Psychology of Violence in the South.* Boulder, CO: Westview Press.

Oishi, S., & Diener, E. (2001). Goals, culture, and subjective well-being. *Personality and Social Psychology Bulletin.* 27, 1674–1682.

Peng, K., & Nisbett, R. E. (1999). Culture, dialecticism, and reasoning about contradiction. *American Psychologist,* 54, 741–754.

Richerson, P. J., & Boyd, R. (2005). *Not by genes alone: how culture transformed human evolution.* Chicago, IL, US: University of Chicago Press.

Russell, J. A. (1980). A circumflex model of affect. *Journal of Personality and Social Psychology,* 39, 1161–1178.

Russell, J. A. (2003). Core affect and the psychological construction of emotion. *Psychological Review,* 110, 145–172.

斎藤環（2003）．ひきこもり文化論．紀伊国屋書店．

Scherer, K. R. (1997). The role of culture in emotion-antecedent appraisal. *Journal of Personality and Social Psychology,* 73, 902–922.

Shweder, R. A., & Bourne, E. J. (1984). Does the concept of the person vary cross-culturally? In R. A. Shweder & R. A. LeVine (Eds.), *Culture Theory: Essays on Mind, Self, and Emotion.* Cambridge, England: Cambridge University Press. 158–199.

Stigler, J. A., Shweder, R. A., & Herdt, G. (1990). *Cultural Psychology: Essays on Comparative Human Development.* New York, NY: Cambridge University Press.

竹川郁雄（1993）．いじめと不登校の社会学―集団状況と同一化意識―．法律文化社．

Taylor, C. (1989). *Sources of the Self: The Making of Modern Identities.* Cambridge: Harvard University Press.

Taylor, S. E., & Brown, J. D. (1988). Illusion and well-being: A social psychological perspective on mental health. *Psychological Bulletin,* 103, 193–210.

Tomasello, M. (1999). *The Cultural Origins of Human Cognition.* Cambridge, MA: Harvard University Press.

Triandis, H. C. (1989). The self and social behavior in differing cultural contexts. *Psychological Review,* 96, 506–520.

Triandis, H. C. (in press). Culture and psychology: A history of the study of their relationship. In S. Kitayama & D. Cohen (Eds.), *Handbook of Cultural Psychology.* New York: Guilford.

Uchida, Y., & Kitayama, S. (2006). *Happiness and Unhappiness in North American and Japanese Culture: Themes and Variations.* Unpublished Manuscript: Koshien University.

Vandello, J. A., & Cohen, D. (2003). Male honor and female fidelity: Implicit cultural scripts that perpetuate domestic violence. *Journal of Personality and Social Psychology,* 84, 997-1010.

和辻哲郎（1935）．風土―人類学的考察―．岩波文庫．

ヴェーバー，M.（著），大塚久雄（訳）（1989）．プロテスタンティズムの倫理と資本主義の精神．岩波書店．［Weber, M. (1920). Die Protestantische Ethik und der "Geist" des Kapitalismus, *Gesammelte Aufsatze zur Religionssoziologie,* Bd. 1, SS. 17-206.］

Wilson, W. (1967). Correlates of avowed happiness. *Psychological Bulletin,* 67, 294-306.

Young-Bruehl, E., & Bethelard, F. (2000). *Cherishment: A Psychology of the Heart.* New York: Free Press.

Zielenziger, M. (2006). *Shutting Out the Sun: How Japan Created Its Lost Generation.* New York: Nan A. Talese.

第8章

感情の進化

藤田和生

動物　霊長類　イヌ　進化　不公平感　思いやり
感情の覚知　基本感情

1　動物の感情体験

　ヒト以外の**動物**（以下単に動物と書く）は，感情を体験しているのだろうか．この問いに厳密に答えることは難しく，実証的な研究は限られる．しかし，動物を飼ったことのある人なら，ちゅうちょなく「もちろんそうだと思う」と答えるだろう．感情のまったくない**イヌ**やネコやサルを想像することは難しい．愛犬に「ご飯だよ」と声をかけたときや散歩に連れ出そうとしたときのはしゃぎようをみれば，それを「喜んでいる」と表現する以外にどんな方法があるだろうか．逆に「ハウス」と命令したときなど，後ろをふり返りながらしぶしぶケージに入る様子は，「落胆」以外に適当な表現がみつからない．これらの様子は，小さな子どもに「お出かけだよ」とか「ハンバーガー食べに行こうか」などと誘ったときや「もうねんねしなさい」と告げたときの行動と，寸分変わりがない．違いがあるとすれば，子どもの場合には「うれしい」とか「早く早く」とか「まだ眠くない」とかの言語反応があることである．しかし仮にそうした言語反応がなくても，子どもには喜びや落胆といった感情語を私たちはためらうことなくあては

めるだろう．同じ基準をあてはめれば，動物にも感情があるというしかあるまい．

　逆にもし動物にまったく感情がないとすれば，上記のような行動にはどういう意味があるのだろうか．たとえば喜びのあまり興奮して思わずおもらしをしたり，飼い主に飛びついて散歩の準備の邪魔をしたりすれば，それは動物にとって適応的な行動ではない．報酬を手に入れるのを遅らせるだけである．しぶしぶケージに入るのも，感情がないのであれば，さっさと入った方が早く飼い主にほめてもらえるはずだ．単純な条件づけ学習では，上記の行動を説明することは難しいのではないだろうか．感情の存在を認めることによって，はじめてこれらの奇妙な行動はうまく説明できるように思える．

2　基本感情

　では動物は，どのような種類の感情を体験しているのだろうか．ヒトの**基本6感情**（Ekman, 1992）のうち，喜び，悲しみ，恐れ，怒りの4つについては，ヒトがそれらを経験したときに生じるさまざまな行動と類似した行動が，同様の文脈で生じる．このことは日常の観察からもあきらかであるし，**霊長類**を中心とした種々のエピソードや，実験的観察からも示される．

　喜びは，食事などの好ましいできごとを期待したときに，多くの動物でみられる．先述の散歩に連れ出そうとしたときのイヌのように，活動性のいちじるしい増加が明瞭に生じる．これらはおそらくは生得的な反応であろうと思われるが，そうではない事例もある．たとえば手話を学んだチンパンジーのウォショウについては次のようなエピソードが報告されている（Masson & McCarthy, 1995）．ウォショウが生んだ最初の赤ん坊は虚弱児で，生後4時間で死んでしまった．3年後，ウォショウは2人目の子，セコイアを生んだ．ウォショウは子どもの世話をよくしたが，セコイアも生後2ヶ月で肺炎を起こして死んでしまった．ウォショウのトレーナーであっ

たファウツ（R. Fouts）らは手をつくして代わりの幼いチンパンジーを探し，ようやく10ヶ月齢のルーリスをみつけた．セコイアの死後15日経ったとき，ファウツはウォショウに「赤ん坊」と手話でサインを作って伝えた．ウォショウは手話で「うれしい」とつづり，全身の毛を逆立てて，興奮したフーフーという声を出しながら，「赤ん坊」と何度もつづったのである．

しかしファウツがルーリスを連れてやってくると，ウォショウの興奮は一気に冷めてしまった．ルーリスを抱こうとせず，元気なく「赤ん坊」とつづったという．1時間経って，ようやくウォショウはルーリスと遊びはじめた．そしてその晩，ウォショウはルーリスを腕に抱いて寝たのである．

おそらくウォショウは，ファウツから「赤ん坊」と告げられたときに，セコイアが帰ってくると思ったに違いない．そして手話の他，全身で喜びを表現した．しかし期待は裏切られ，落胆をあらわにしたのであろう．

悲しみについては，グドール（Goodall, 1986）が母親の死を経験して，悲嘆のあまりあとを追うように死んでしまったチンパンジーのことを記載している．フリントは8歳半のオスである．彼は5歳のときに6ヶ月の妹をなくし，そのあと年老いた母親のフローに異常なほど依存するようになっていた．フローが死ぬと彼は長い時間死体のそばで過ごした．彼はしだいに無気力になり，他個体との交渉をもたなくなり，観察者も彼を見失った．ふたたび発見されたときには体調はすでにきわめて悪く，結局母親の死後3週間で死んでしまったのである．胃腸炎と腹膜炎が原因であった．野生チンパンジーの場合，母親を失って孤児になった子どもの多くは，離乳して栄養的な問題がなくなっている場合でも，その後無気力になり，抵抗力が減退し，病気にかかりやすくなるようである．グドール（Goodall, 1986）はそうした事例のリストを作成している．こうしたおそらくは心理的な変化は，「鬱」あるいは「深い悲しみ」と表現するのがもっとも適切ではないかと思われる．

恐れについては，広い範囲の動物で確認されており，ほとんど唯一これまで比較心理学の研究対象とされてきた感情といってよい．自身が危険にさらされると，多くの動物は逃げる，身構える，あるいはフリーズするな

●藤田和生

どの防御的行動をとる．こうした行動自体は感情の存在を意味するとは限らないが，それにともなって脱糞，排尿，特有の姿勢，表情，音声，心拍数の増加など，同様の事態におけるヒトの行動的・生理的反応と類似した反応が出現するため，当該の動物はヒトと類似した恐怖を経験していると考えられてきた（LeDoux, 1996）．これらの反応は，ラット，イヌ，ネコ，ウマ，霊長類などの広い範囲の哺乳動物で確認されている．ルドゥーがいうように，すべての動物が恐れの対象に対して同じ反応をするという保証はないものの，生理学的な裏づけのあるこれらの反応は，おそらくヒトの恐怖と相同なものであろうと推察される．したがって，これらを恐れの感情の存在を示すものとみて，大きな問題はなかろう．おそらく恐怖反応は，すみやかな危険回避に役立っているものと思われる．

　怒りの感情を抱くとき，ヒトは他者，あるいはその代償となる対象に対して攻撃行動を向けやすくなる．動物の攻撃行動には捕食性のもの，テリトリーや食物，配偶者などの資源の獲得や防衛を目的とするもの，自身や血縁個体の身体を守るためのもの，および遊びを目的とするものがある．ヒトの場合も同じことであろう．おそらく怒りの感情を背景にもつものは，これらのうち，資源防衛と身体防衛にかかわる攻撃行動であろう．攻撃的，あるいは敵対的な状態にある動物は，しばしば特有の表情や姿勢を示す．ダーウィン（Darwin, 1872）は，攻撃的な心の状態にあるときと，へりくだって親愛の情に満ちた心の状態にあるときのイヌの特徴的な姿勢を記述している（Halliday & Slater, 1983）．前者の場合，イヌの姿勢は高く，眼は大きく見開かれ，毛は逆立ち，耳を立て，尾を立てて，吻部にしわが走り，犬歯が露出し，低音のうなり声がともなう．後者の場合には逆に姿勢は低く，見あげる仕草で，吻部はおだやかで，尾は低く，耳も寝ている．

　資源防衛と身体防衛にかかわる攻撃行動の場合，侵入者の性質によっては恐れの感情が同時に引き起こされることも多いであろう．こうしたとき，動物は特有の表情や姿勢の組合せを示すことが多い．たとえばフォックス（Fox, 1974）は，攻撃性と恐れの2軸にそって，コヨーテの表情がどのように変化するかを整理している．攻撃性が高まると，毛が逆立ち，上唇が

めくれあがり，犬歯が露出し，頭部が屹立する．恐れが強まると，耳が後方に引かれ，頭部が下降する．ローレンツ（Lorenz, 1963）はイヌの表情について，ライハウゼン（Leyhausen, 1979）はネコについて同様の記述をしている．耳が後方に引かれているにもかかわらず唇がめくれあがっているのはアンビバレントな状態を示し，この状態にある動物は突然攻撃をしかけてきたりするので危険である．

このように，いくつかの基本的感情については，多くの哺乳類で共通に認められると考えてよいだろう．しかし，驚きと嫌悪については，それと同定することは難しく，なにもわかっていないといってよい．乳幼児の認知研究でしばしば使用される期待違反手続きは，少なくとも霊長類（例：Adachi et al., 2006; Hauser, 2000）やイヌ（Adachi et al., in press）では利用可能で，動物が期待するであろう事象に違反した事象が提示されると，通常凝視時間が長くなる．しかしこうした変化が，驚きという感情的体験をともなったものであるかどうかは明瞭にはわからない．驚きの持続時間が短いことも，その例証を難しくする一因である．嫌悪はどうか．動物が好まない対象物はもちろん存在する．しかし，それらを回避したり攻撃したりすることが，嫌悪という感情的体験をともなっていると証明することは難しい．哺乳類以外の系統群では，上記基本的感情についてもよくわかっていない．

3 派生的な感情

基本的感情以外の派生的な感情については，動物ではまだほとんどわかっていない．近年散発的にいくつかの関連する研究が報告されているので，それらについて述べておく．

3.1 不公平感

ブロスナンとドゥヴァール（Brosnan & deWaal, 2003）は，フサオマキザルにトークン（交換用の物体）を渡し，それを食物と交換することを訓練した．

サルが実験者にトークンを渡すと，実験者はそれをキュウリと交換した．サルは2頭が隣接したケージに入れられてテストされている．相手がなにをしているか，なにを受け取っているかはたがいに確認することができる．2頭とも同じ条件で交換をしている間は，サルは普通にトークンを差し出し，キュウリを受け取っていた．

次に実験操作が加えられた．1頭のサルにはこれまで通りキュウリを与えるいっぽう，もう1頭のサルにはトークンと交換にブドウを与えた．ブドウはサルの大好物である．するとキュウリを与えられ続けたサルは，トークンを差し出さなくなったり，投げ捨てたり，あるいは与えられたキュウリを捨てることが多くなった．

経済学的観点からすれば，これはもちろん不適切な行動である．価値の低い報酬であっても，もらわないよりはもらった方がよい．つまりサルは合理的に行動しなかったということができる．こうした「不適切な」行動は，もう1頭にはトークンとは無関係に「不労所得」としてブドウを与える条件にするとさらに増加した．

サルはみえるところにあるブドウが欲しかったためにフラストレーションを起こしたと考えることもできる．それをたしかめるために，ブロスナンらは，どちらのサルもキュウリを受けとるが，試行ごとにブドウが実験者側に貯まっていく条件でサルの交換行動を観察した．この場合にも，キュウリだけの条件よりは交換拒否などの行動は増加したが，その数は，不労所得条件よりも少なかった．

おそらくサルはフラストレーションも感じていただろうと思われる．しかし，他個体の不労所得に対してもっとも強い「抗議行動」が出現したとみられることは，フサオマキザルが同種他個体との不公平なあつかいを嫌ったのだと考えるのが自然である．こうした不合理な行動は，「嫉妬」の感情に近いものの帰結であるかも知れない．野生生活においてフサオマキザルがこうした感情を経験する事態があるのかどうかはよくわからない．このサルは食物をわけ合ったり，積極的に他個体に与えたりすることも知られている．**不公平感**は，こうした平等主義的な社会に関係があるかも知

れない．

　ヒトの場合，よく似たことが「最後通告ゲーム」（友野，2006 など）という場面でみられる．このゲームでは，まずいっぽうの参加者にたとえば 1000 円を預ける．この参加者は，その金額をもうひとりの参加者とどのように分配するかを決めて宣言しなければならない．自分が 800 円で相手が 200 円，あるいは 500 円ずつなど，どのように決めてもよいが，その金額が受け取れるのは，その分配を相手が受諾したときだけである．2 人目の参加者にとっては，お金がまったく受け取れないよりはましなのだから，分配金が 0 でない限り受諾するのが合理的判断である．ところが，このような事態では，いちじるしく不公平な分配の場合，2 人目の参加者は多くの場合提案を拒否する．多くの宣言者はそれを予測して 5:5 に近い通告をする．上記のフサオマキザルの行動はこの提案受諾拒否と同質のもののように思われる．

　ヒトは，自身が直接的に関係しないことであっても，利他的処罰といって，コミュニティのなかで不正をはたらく人物を，自身の財産を使って処罰することが知られている（Fehr & Fischbecher, 2003：第 9 章サンクション行動参照）．不公平感を社会の規則や規範といったものに高めているといえよう．自身にかかわらないことについても不公平を感じるかどうかは，まだヒト以外の動物ではたしかめられていない．

3.2　思いやり

　図 8-1 の写真は，オランダ・アーネム動物園のチンパンジー集団で観察された 1 場面である．リーダーを巡る争いに敗北したオス（イェルーン）がヒステリックな「だだこね」行動を取ったとき，ヴァウターという子どものオスがなぐさめようとしているところだという（deWaal, 1998）．うるさく騒ぐ個体を止めようとしただけかもしれないが，他者に対する思いやりのあらわれと解釈することも可能だろう．

　1986 年のこと，アメリカのジャージー動物園のゴリラのコロニーに，12

第 II 部 感情の発生

図 8-1 リーダーの地位を巡る争いで敗北したおとなオスを，子どものチンパンジーが慰めている様子．
(deWaal, 1996 訳書 p. 127 より)

歳の少年が落ちたことがあった．ナンディというメスが子どもとともに駆け寄ってきた．そこへジャンボというおとなオスがやってきた．人々はもう少年のいのちはないと思ったことだろう．しかしジャンボは，少年とナンディのあいだに割って入り，少年をそっと抱きあげて，飼育係のところに運んでいったのである．

　もちろんこれらはエピソードにすぎないし，多様な解釈が可能である．ゴリラは単にそうすればなにか報酬がもらえると思っただけかも知れない．しかしそのように多様な解釈が可能であるからといって，ゴリラやチンパンジーに，思いやりや優しさといった感情がないということにはならない．これらの観察は，少なくとも，もう少し厳密な実験下でこの可能性を検討すべきであることを示唆している．

　服部らは，図 8-2 に示したような装置を使って，実験的場面でみられるフサオマキザルの協力行動を分析した (Hattori et al., 2005)．2 連の透明アク

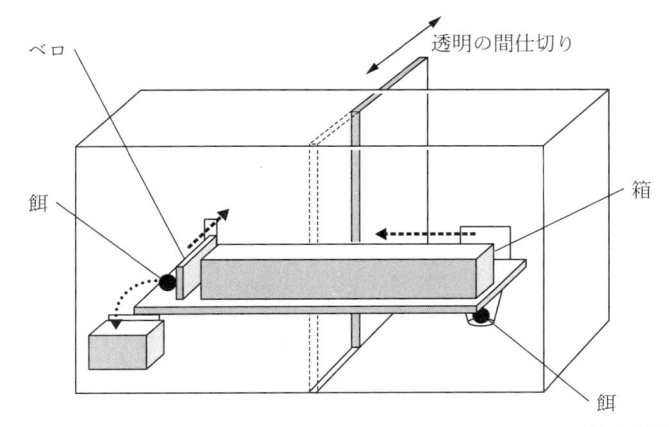

図 8-2　Hattori et ai., 2005 で用いられたフサオマキザルどうしの協力行動分析用の実験装置.

リル板製の実験ボックスの外側にレールがとりつけられ，その上に細長い箱がおかれていた．図の左側の箱には内側に向かって引き抜くことのできる小さな板（ベロ）が差しこまれていて，これが箱の動きを妨害している．右側の箱には窓があって，そこから箱を左方向に押すことができる．右箱の箱の下の穴と左箱のベロの左横には餌がおかれている．サルは左側のベロを引き抜いたあと，右側に回って箱を押せば，箱の下の餌と，箱に押されて餌箱に落下した餌を手に入れることができた．この一連の動作をひとりでよどみなく完了するまで，6頭のサルを訓練した．

　ついでテストに入った．テストでは2つの箱の中央に透明の間仕切りが挿入され，2頭のサルがそれぞれの箱に1頭ずつ入れられた．この場面では，サルは2頭で一連の動作を分業し，協力し合わなければならない．3ペアのサルは，いずれも自発的に協力をはじめた．役割を入れかえても協力は維持された．

　その後いくつかのテストがおこなわれたが，そのうちの1つでは，左箱には餌をおかないようにした．右側のサルが餌を手に入れるためには，あいかわらず左側のサルにベロを引き抜いてもらわなければならない．しかし，左側のサルはただばたらきで，間仕切りのために餌をわけてもらうこ

●藤田和生

ともできない．このような事態では，左のサルがベロ引きをしなくなるのは容易に予測できる．そこで1試行ごとに左右のサルを入れかえた．すると3ペアのサルは，いずれも協力行動を維持したのである．つまりサルは相互的利他行動をとったということができる．

相互的利他行動は，将来の自身の利益があってはじめて生じる．厳密にいえば，思いやりではないかも知れない．しかし，自身に即時の利益がなくても，他者の利益につながる行動をとれることは，思いやりや優しさの発生過程として重要なステップであろう．

フサオマキザルは，自身に対する見返りが直接的には期待できない事態でも，他者に対して**思いやり**をみせる可能性も示されている．瀧本，黒島と藤田（2006 未発表）は，フサオマキザルの食物分配行動を実験的に分析した．飼育集団のなかの中位個体4頭のそれぞれが，食物分配者として，集団の最優位個体あるいは最劣位個体と向かい合わせの透明アクリル製ケージで対面した．ケージのあいだに透明の餌箱が左右に2つおかれた．餌箱は特殊なもので，分配者側からしか操作できない．分配者が引き出しを引くと，引き出しのなかの食物をとることができた．引き出しが引かれると，同時に反対側におかれている食物が向こう側に落下し，被分配者はそれを手にすることができた．

テストでは，分配者側には左右いずれにも同じもの（固形飼料またはリンゴ）が入れられた．他方，被分配者側には，分配者にとって価値の高いもの（たとえばリンゴ）と価値の低いもの（たとえばピーマン）が入れられた．分配者は，左右いずれを引いても同じ食物が手にはいるだけである．しかし相手にわたる食物は異なっている．この場合，もし自身と相手のあいだに分配の不公平が生じることに対する不寛容があるならば，相手には自身の好まない食物を与えようとするのではないか，そしてそれは自身が手にする食物が価値の低いもの（固形飼料）である場合により明瞭にみられるのではないかと予想した．またそうした好ましくない食物を与える行動は，相手が優位個体であるときには少なく，劣位個体であるときには多くなるであろうと予想した．

ところが，4頭の分配行動を調べると，思いがけない結果が得られた．まず相手に好ましくない食物を与える傾向は弱く，優位個体に対してわずかに示されただけだった．逆に劣位個体に対しては，好ましい食物を与える傾向が強く，優位個体と劣位個体に対する分配のしかたには有意な差がみられた．これらの傾向は分配者自身が手にする食物がなんであるかとは関係がなかった．サルは集団で飼育されているが，中位個体がとくに劣位個体からの見返りを期待できる状況ではない．つまり，この実験場面でサルは劣位個体に対して「思いやり」があるような行動をみせたのである．

　先述のように，フサオマキザルは他者に対して寛容であり，積極的に食物を提供することすらある．自身が失うものをとくにもたない状況では，そうした優しさが姿をあらわすのかも知れない．「思いやり」の霊長類的な起源をここにみることもできるのかも知れない．

　他方，よりヒトに近いチンパンジーでは，他者の取り分に無関心であることが示されている．シルクら（Silk et al., 2005）は，2つの操作体のうち一方を操作すると自身だけに食物が与えられ，他方を操作すると相手にも食物が与えられるような装置をチンパンジーに与えた．しかしチンパンジーは，とくに両方に食物が与えられる操作体を選ぶ傾向をみせなかった．チンパンジーには優しさはないのだろうか．そうとは思えない．次節でみるように，チンパンジーは社会的な場面では他者の感情状態に敏感なように思えるからである．競合的なチンパンジーの社会が，こうした食物分配的な場面における「思いやり」の出現を阻害しているのかも知れない．

◢　他者の感情の認識

　多くの逸話的報告で，チンパンジーが他者の感情状態に対して共感的な行動をとることが示されている．たとえばドゥヴァール（deWaal, 2005）によれば，コート・ディヴォワールのタイの森のチンパンジーで，ヒョウに襲われて大けがをした個体を，仲間のチンパンジーが介抱したことが目撃されているという．彼らは傷ついた個体をいたわってゆっくりと歩いたほ

●藤田和生

か，傷口をなめる，ハエを追い払う，泥をとりのぞくなどの行動をしたという．

オランダのアーネム動物園のチンパンジー集団では，メスによるオスどうしのケンカの仲裁がよくみられたという (deWaal, 1996)．ケンカをしたあと，オスどうしが離れて背を向けて座っている．彼らは落ちつきなく視線を泳がせる．しかし眼を合わそうとはしない．ヒトでいえば，仲直りをしたいけれども，きっかけがつかめないといった状況である．このようなとき，メスはしばしば一方のオスに近づいて，キスをしたり，プレゼンティング（尻をみせる姿勢）をしたりしてオスを誘う．そうするとオスはメスをグルーミングしたりメスについて歩いたりする．オスがついてこないときには，メスはふり返ったりオスの腕を引っ張ったりすることもある．そうしてメスは，他方のオスのところまでゆっくりと歩いていく．すると他方のオスもメスをグルーミングしはじめる．ひとしきりしてメスはその場からそっと立ち去る．そうすると残されたオスたちはたがいにグルーミングをはじめるのである．

チンパンジーが他者の感情状態を認識できるらしいことは，実験的にもたしかめられている．パー (Parr, 2001) は，まず別のチンパンジーが注射針を刺されているシーン，吹き矢や注射針だけのシーン，獣医師に対してチンパンジーが対立的な行動をとっているシーンの3種をみせ，鼻の温度を測定した．すると，前2者では最後のシーンにくらべて大きく温度が低下した．これはより強い負の感情の喚起を示すものである．次いでパーは，上記の獣医学的な処置のビデオの他，ごほうびをもらうテスト室やお気に入りの食べ物のビデオをみせ，それらに対して，チンパンジーの恐怖の表情の写真やプレイフェイス（遊びの表情）の写真を合わせられるかどうかを，見本合わせ手続きをもちいて調べた．見本合わせとは，複数の刺激（比較刺激）のなかから，見本と同じものを選ぶ課題である．もちいられた3頭のチンパンジーは，図形や写真の見本合わせに習熟している．しかしこのテストでは，見本刺激と同じ比較刺激があるわけではない．それにもかかわらず，彼らは最初から関連する感情が共通な物どうしを結びつけた

のである．パーはこれを「意味合わせ」と呼んでいる．もちろん単に同時に観察することの多い刺激どうしを選択した可能性も否定できないが，チンパンジーは刺激から感情的意味を抽出し，それが共通する刺激を選択したと考えることができる．

　また，森本と藤田（2006）は，フサオマキザルが，他者の表情や動作を手がかりにして，その原因となる事物を推測できる可能性を示している．箱を1つ用意する．箱には食べ物のようなサルの喜ぶものと，シャワーヘッドのようなサルの怖がるもののいずれかが入っている．2頭のサルのうち1頭（デモ個体）に箱を近づけ，ふたを開けて中身をみせる．そのサルの自然な応答をもう1頭のサル（観察個体）がみえるようにした．ついで，箱を観察個体の方に近づける．フタは開かないようにしてある．このときに観察個体が，この箱に対してどれくらいの頻度で手をのばすかを，喜ぶ物体と怖がる物体とで比較した．するとサルの手のばし頻度は，喜ぶ物体の場合に多くなった．デモ個体の反応は自然に任せているので，どのような表情や姿勢が観察個体の分化した反応の手がかりになっているのかはわからない．観察個体の表情や姿勢には，特段の感情的な応答はみられていないので，単純な情動の伝染により接近・回避の傾向が生じたようには思われない．フサオマキザルはデモ個体の感情状態を認識し，内容物の価値を判断したという可能性が示唆される．

　命令や視線や指さし等，ヒトが出す社会的手がかりに敏感に応答し，飼い主に忠誠を誓うと信じられている**イヌ**ではどうだろうか．マクファーソンとロバーツ（Macpherson & Roberts, 2006）は，飼い主が危機におちいったときに，イヌが他者に助けを求めるかどうかを調べた．第1実験では，野外で飼い主が心臓発作を装って倒れる場面をイヌにみせた．しかしイヌがそばにいる実験協力者に援助を求めることはなかった．倒れて動かないというのは，手がかりとして微小に過ぎるかも知れない．そこで，マクファーソンらは，部屋のなかで書棚が倒れてきて飼い主が下敷きになる，という場面をイヌにみせた．飼い主は，うめき声を出して苦しむ様子を演じた．しかし，やはりイヌがそばにいる人に助けを求めることはなかった．

●藤田和生

イヌは，飼い主がそのような演技をしない統制条件にくらべて，より長い時間，倒れた飼い主のそばを歩き回った．これは飼い主の危機を認識した徴候ともみえるが，実験条件では，飼い主の頭部や腕にイヌが触れやすいこと，それに加えて実験2では飼い主が声を出してよりイヌの注意を引いたことが原因であったかもしれないという．厳密には苦しんでいる状態の認識は感情状態の認識ではないかも知れないが，いずれにせよ，イヌがそうしたヒトの状態に感受性をもっているという証拠は得られなかったといえる．

5 自己の感情の認識

ドゥヴァール（deWaal, 1982）はチンパンジーには自己の感情が認識できるのではないかと考えられるエピソードをいくつか報告している．アーネム動物園のチンパンジーコロニーでニッキーが当時第1位オスのラウトに挑戦していたときのことである．ラウトがメスの支援を受けて，ニッキーを樹上に追い払った．しばらくしてニッキーは，背中を向けて木の下に座っているラウトに向かってふたたびフーフーという威嚇の声を出しはじめた．それを聞いたラウトは思わず歯をむき出しにする表情を示した．これはグリメイス（泣きっ面）と呼ばれ，チンパンジーが恐れなどで神経質になっていることを示す表情である．しかしラウトはその瞬間あわてて手を口のところにもって行って，上下の唇を押さえた．同じことがくりかえされた．3度めにやっとグリメイスがおさまったところで，ラウトはニッキーの方に向き直り，威嚇をやり返したのである．

他方ニッキーの方は，ラウトとメスが去るのを待っていた．突然彼は背を向けた．直後にニッキーの顔にグリメイスがあらわれ，静かに悲鳴に似たやわらかい声を出しはじめた．ニッキーも恐怖が顔にあらわれるのを必死でこらえていたのであろう．

ライバルにグリメイスをみせることは戦いを進めるうえで不利である．この2頭のオスは，おそらく自身の恐怖心とその表出に気づいて，それを

抑制したのだと思われる．

　また，これは厳密にいえば感情ではないかも知れないが，以下のようなエピソードも報告されている．ダンディは4頭のおとなオスのなかでもっとも若い個体である．上位のオスはダンディがメスと交尾するのを許さない．あるときダンディと1頭のメスが誘い合って，落ちつきなさそうに辺りをうかがいながら交尾をしようとしていた．チンパンジーの求愛は即物的で，脚を開いて股間の元気なものをみせるのである．ダンディがこうして求愛をはじめたとき，年長オスのラウトが近づいてきた．するとダンディはあわてて両手で股間を隠したのである．

　別のとき，ラウトがメスに求愛をしようとしていた．第1位オスのニッキーは，50mほどさきで寝転がっていた．ニッキーが目を開けて立ちあがると，ラウトはメスから数歩離れ，ニッキーに背を向けて座った．ニッキーは思い石を途中で拾い，ラウトの方に近づいてきた．ラウトはニッキーの様子をうかがいながら自分の股間をみた．それはしだいにしぼみつつあった．ラウトはそれが完全にしぼんだのを確認してからニッキーに向かって歩み寄った．そしてニッキーがもっていた石の匂いをちょっとかいだあと，メスと一緒に去っていった．

　これらはいずれもエピソードである．しかし同様の観察がヒトの子どもでおこなわれたとしたら，人はおそらくそれを自身の感情や感情的願望を認識できる証拠と考えるだろう．先述の，ウォショウが「赤ん坊」と手話で告げられたときに「うれしい」「赤ん坊」という手話サインを出したという事例と合わせて考えれば，チンパンジーにはこうした自身の内的状態を認識できると考えた方が自然ではないだろうか．

6　感情の進化のストーリー

　ここまで述べてきたように，ヒト以外の動物の感情に関する研究は，体系的におこなわれてきたわけではなく，散発的な実験やエピソードによって，種々の感情の存在やその性質がある程度論じられるにすぎない．し

●藤田和生

がって，事実にもとづいて感情の進化のストーリーを描き出すことは現時点では困難である．そこで，今後の研究をある程度方向づけるため，神経系の複雑化にともなって生じてきたであろう行動の進化の流れのなかに，感情とその処理を位置づけて，感情**進化**の仮説的モデルとして以下に提示してみたい（図8-3）．

なお，これは機能面から構成したモデルであり，それぞれの機能を実現する脳部位を特定しているわけではない．また各ステージは，感情にまつわる過程の複雑さで定義される段階であり，生物としての序列を示すものではない．さらに現時点では，感情にかかわる過程はヒトにおいてもっとも複雑化していると想定しているが，これがまちがいである可能性も排除することはできないし，ヒトは経験しないような感情をもつ動物もいるかもしれない．したがって，この進化のモデルは，あくまでヒトからみて描き出されたものである．

ステージ0：末梢的処理の段階

行動が外的刺激に対する末梢部の反射で生じる状態で，中枢神経系による内部処理がない状態．クラゲの刺胞のように，各部分は独立に動き，全体としての行動の調整はなされない．

ステージ1：簡易的な中枢的処理の段階

感覚器からの求心性の神経伝達経路と，中枢からの遠心性の神経伝達経路が発生し，外的刺激の処理が中枢部でおこなわれるが，経路は単純で，大くくりな処理が，高速に実行され，不随意的な行動が出力される状態．刺激のフィルタリングは末梢部でおこなわれることもある．

ステージ2：詳細な中枢的処理付加の段階

ステージ1の簡易的な中枢的処理に加えて，外的刺激のより詳細な処理がおこなわれる段階．1つの外的刺激から多様な情報が抽出され，それらの組合せが行動を決定する．この行為は随意的制御下にあるが，熱い鍋を

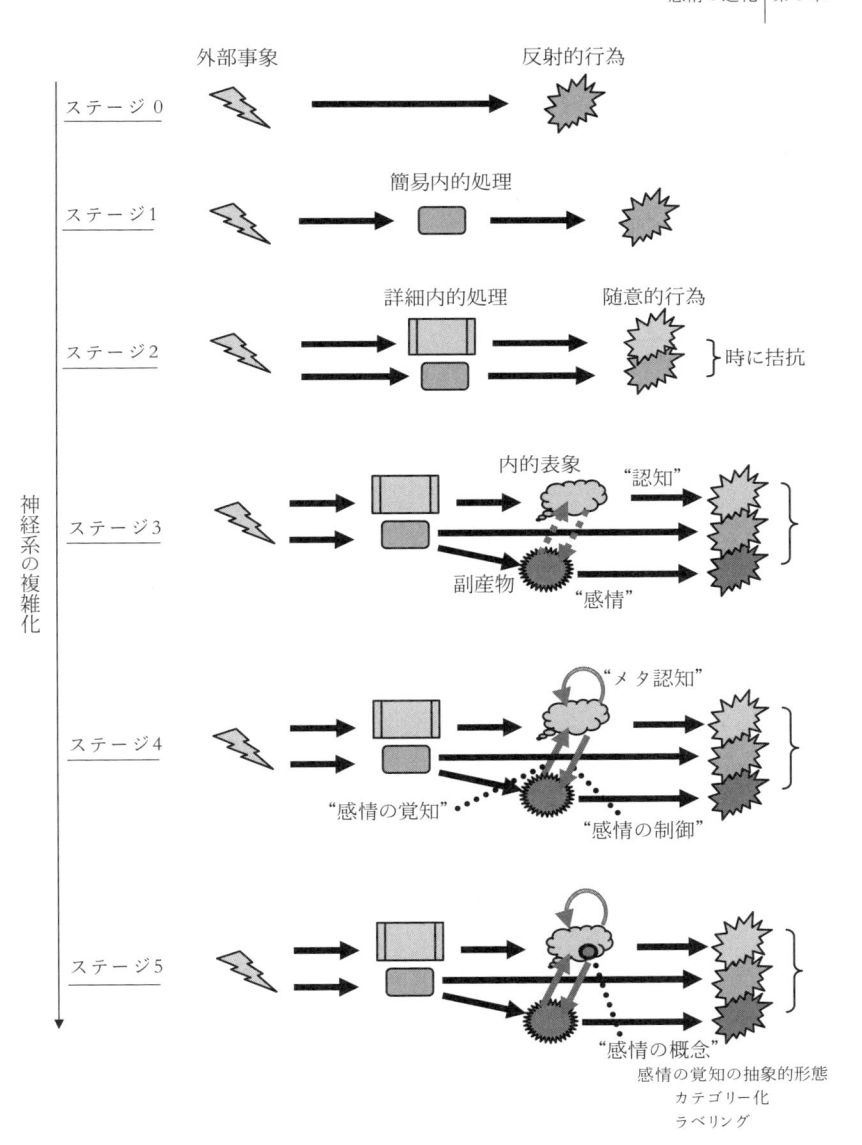

図 8-3　感情の進化のモデル．

●藤田和生

もとうとして落としてしまうときのように，高速な簡易的中枢的処理の結果出力される不随意的行動が，これに拮抗することがある．

ステージ3：認知と感情の発生の段階

外的刺激の詳細な内的処理が複雑化し，内部処理のトークンとして表象がもちいられるようになり，認知が発生する．神経ネットワークの複雑化にともない，簡易的な中枢的処理に付随する副産物として感情が発生する．感情は独自に行動を制御するとともに，無意識的な影響を認知におよぼし，同時に認知処理の結果からの無意識的な影響を受ける．ここでは3つの行動制御系が存在することになる．認知的処理の結果生じる知的行動，感情により制御される身体状態の変化，そして高速な簡易中枢的処理により制御される行動，である．これらはたがいに拮抗する場合がある．この段階ではメタ認知（認知に関する認知．ステージ4参照）はなく，感情に対する気づきはない．

ステージ4：認知のモニター機能と感情の覚知・制御の発生の段階

外的刺激の詳細な内的処理がさらに複雑化し，内部状態のモニター機能（メタ認知）が発生する．この内部状態のモニター機能は感情に対しても作動し，「**感情の覚知（emotional awareness）**」が発生する．感情の覚知が発生すると，認知機能は能動的に感情を制御できるようになる．自身の感情の覚知は，シミュレーションにより他者の感情を認知することをも可能にする．この段階で重要なことは，感情により制御される身体状態の変化が認知的処理の結果生じる知的行動と拮抗する場合，認知は感情を制御することにより，間接的にその拮抗関係を弱めることができる点である．

ステージ5：感情の覚知・制御が抽象化され感情の概念が発生する段階

感情が認知の構成要素の1つとしてとりこまれる段階である．認知が認知の内部に概念としての感情を作り出すことができる．感情の概念は感情の覚知の抽象的形態であり，種々の感情のカテゴリー化やラベリングが可

能になる．また認知の一構成要素となった感情は，それを意図的に他者に伝達することもできる．発達した概念形成能力や言語機能は，この段階への移行を支援する．

　これまでに述べてきた事例をもとに，諸動物がどの段階に位置づけられるかを考えてみよう．この仮説では，感情が発生するのはステージ3であるが，この段階では感情は無意識的な過程として存在するので，その存在を証拠づけるものは，当該感情に一致した接近，回避，不動，活動性の増減などの外的行動と，表情や姿勢，それらに付随する心拍，体温，血圧などの生理的指標だけである．生理指標や表情や種々の外的な行動から，齧歯類やイヌやネコ，霊長類をはじめ，多くの哺乳動物は少なくともステージ3に到達していると考えてよいと思われる．これらの動物では，記憶課題や推論など，表象の介在が示唆される行動が可能なので，対応する認知面からもこの段階が示唆される．

　この段階は，ルドゥーの二過程説（Le Doux, 1996）を発展させたかたちになっている．ルドゥーは，感情を作り出す神経系の経路を2つにわけている．1つは扁桃体を中心とする辺縁系経路で，もう1つは新皮質を経由し扁桃体に収斂する経路である．前者は大づかみで高速な経路，後者は認知的処理のあとにはたらく経路である．たとえばイヌは窓の外でうごめく怪しい人影に対して激しく吠えかかるが，窓を開けて飼い主が姿をあらわすと，態度が豹変する．おそらくこうした行動の変化の背後には，対応する感情の変化が存在するものと思われる．

　本モデルでは，感情から認知への影響をも明示した．恐怖にとりつかれていれば，枯れ尾花も幽霊にみえる．同様のことは最近ラットでも示唆された．ハーディングらは，一方の音（P）に対してレバーを押し，他方の音（N）に対してはレバーを押さないようにラットを訓練した．Pに対してレバーを押すと餌が提示される．Nに対してレバーを押してしまうと大きなホワイトノイズ（嫌な事象）が30秒間提示された．その後ラットを2群にわけた．1群は予測不可能な飼育条件群，もう1群は予測可能な飼育

●藤田和生

条件群である．予測不可能群では，毎日，ケージが新奇である，傾いている，知らない個体が入っている，昼／夜のサイクルが一時的に逆になる，敷きわらがぬれている，などの介入が，でたらめなときに入れられた．予測可能群ではそうした介入はなかった．こうした介入から2時間以上経過後にテストがおこなわれた．テストではPとNの中間の高さの音も提示された．そうすると，予測不可能群のラットでは，食物を予測する音Pと音Pに近い中間の音に対する反応までの時間が長く，反応も少なかった．つまり，この群のラットは，予測可能群のラットにくらべて，よい事象を期待することが少なくなったということである．これは**鬱状態や不安な状態**でみられるヒトの行動によく似ている（Harding et al., 2006）．

つまり感情と認知は相互作用する．正負のフィードバックループにより，感情が増幅された抑制されたりすることが想定される．**鬱状態や躁状態**は，そうした作用の結果ととらえることができる．

なお，ハトやカラスなどの鳥類も多様な認知的課題が学習可能であり，表象の介在やその操作可能性は例証されている（例：Chappell & Kacelnik, 2002; Heinrich, 2000; Neiworth, 1992 など）．しかしこれらの動物では感情を示す行動が不明瞭で，現在のところ研究はあまりない．脳構造のいちじるしい違い（清水，2000）から，このモデルをあてはめることが適当であるかどうかの判断も現時点では難しい．

自身の感情に気づきそれを隠蔽し制御しようとしたチンパンジーは，少なくとも感情の覚知と感情の制御が可能なステージ4に位置づけられると思われる．また他者の感情的応答により自身の行動を調節したフサオマキザルも，この段階に位置づけられるかもしれない．

ステージ4において感情の覚知が発生することは，動物の行動調節にきわめて大きな意味をもっている．たとえば捕食者のひそむ危険な場所を通って，よい資源のある場所に行かなければならないときなど，恐怖に支配されてからだが動かなければ，その資源は手に入らない．自身の恐怖を認識してそれをある程度制御することができれば，その個体は適応度を大幅に高めることができる．また社会的な場面においても，自己の感情を認

知して感情表出を制御できれば，より適応的にふるまうことができる．

　この段階ではメタ認知の存在が想定されているが，近年，イルカや霊長類を対象に，いくつかのメタ認知過程の存在が実証されてきている．たとえばスミスらは，ハンドウイルカとアカゲザルが，知覚的判断や記憶再認において，判断の確信度を認識できることを示唆している（Smith et al., 1995; Smith et al., 1997; Smith et al., 2003）．ハンプトン（Hampton, 2001）は，アカゲザルが遅延見本合わせと単純なキー押し課題を選択できる場面で，自身の記憶痕跡の強さをモニターできることを示している（これらの詳細については，藤田，2007aを参照されたい）．また感情の制御ではないが，情報の隠蔽や誤情報の開示（つまりあざむき行動）が可能であることも，多くの霊長類では実験・観察から示唆されている（例：Byrne & Whiten 1988; Whiten & Byrne, 1997，藤田，2007b 参照）．したがって，おそらくこれらの動物では感情を覚知できるのではないかと思われる．

　ヒトのおとなはステージ5に位置づけられ，言語をもちいて自身の感情について平静に語ったり，本書のように，抽象的な「感情」の概念について論じたりすることもできる．感情を複雑で多様なカテゴリーに分類することもできる．

　動物ではどうだろうか．「赤ん坊」というサインをみせられて「うれしい」とサインしたウォショウの事例は，チンパンジーがこの段階に位置づけられる可能性を示しているかもしれないが，現在のところ，明確な証拠はない．ステージ5になにか特別な適応的意義を考えることは可能だろうか．ステージ5では言語が重要な役割をはたしており，この段階は言語機能の発達による副産物だと考えることもできる．しかし言語によらない概念の形成は多くの動物に可能なので，感情を覚知できる動物のなかには，それを非言語的にカテゴリー化できる種がいると考える方が自然であろう．言語がなければこの段階に到達できないと考える理由はじゅうぶんではない．むしろ今後は感情の概念の存在を証拠づけるための非言語的な課題を工夫する必要があるであろう．

●藤田和生

文献

Adachi, I., Kuwahata, H., & Fujita, K. (2007). Dogs recall owner's face upon hearing owner's voice. *Animal Cognition*, 10, 17–21.

Adachi, I., Kuwahata, H., Fujita, K., Tomonaga, M., & Matsuzawa, T. (2006). Infant Japanese macaques in their first age have already formed a multi-modal representation of their own species. *Primates*, 47, 350–354.

Brosnan, S. F., & de Waal, F. B. M. (2003). Monkeys reject unequal pay. *Nature*, 425, 297–299.

Byrne, R. & Whiten, A. (eds.) (1988). *Machiavellian Intelligence: Social Expertise and the Evolution of Intellect in Monkeys, Apes, and Humans*. Oxford Science Publications. ［藤田和生, 山下博志, 友永雅己（監訳）（2004）．マキャベリ的知性と心の理論の進化論―ヒトはなぜ賢くなったか―．ナカニシヤ出版．］

Chappell, J., & Kacelnik, A. (2002). Tool selectivity in a non-primate, the New Caledonian crow (Corvus moneduloides). *Animal Cognition*, 5, 71–78.

Darwin, C. (1872/1965). *The Expression of the Emotions in Man and Animals*. Chicago, University of Chicago Press.

de Waal, F. B. M. (1982/1989/1998). *Chimpanzee Politics: Power and Sex among Apes (revised edition)*. Baltimore, Maryland: The Johns Hopkins Uuniversity Press. ［西田利貞（訳）（2006）．チンパンジーの政治学―猿の権力と性―．産経新聞社．］

de Waal, F. B. M. (1996). *Good Natured: The Origins of Right and Wrong in Humans and Other Animals*. Cambridge: Massachusetts, Harvard University Press. ［西田利貞, 藤井留美（訳）（1998）．利己的なサル, 他人を思いやるサル．草思社］ Harvard Unvierstiy Press.

de Waal, F. B. M. (2005). *Our Inner Ape: A Leading Primatologist Explains Why We Are Who We Are*. New York, Riverhead. ［藤井留美（訳）（2006）．あなたのなかのサル―霊長類学者が明かす「人間らしさ」の起源―．早川書房］

Ekman, P. (1992). An argument for basic emotions. *Cognition and Emotion*, 6, 169–200.

Fehr, E., & Fischbecher, U. (2003). The nature of human altruism. *Nature*, 425, 785–791.

Fox, M. J. (1974). *Concepts in Ethology: Animal and Human Behavior*. Minneapolis: University of Minnesota Press. ［今泉吉晴（訳）（1976）．行動学の可能性．思索社．］

藤田和生（2007a）．動物たちのゆたかな心．京都大学学術出版会.

藤田和生（2007b）．心を読むこと, 他者を操作すること．山極寿一（編著）ヒトはどのようにしてつくられたか（ヒトの科学 1）．岩波書店. 133–152.

Goodall, J. (1986). *The Chimpanzees of Gombe: Patterns of Behavior*. Cambridge: Massachusetts, Harvard University Press. ［杉山幸丸, 松沢哲郎（監訳）（1990）．野生チンパンジー

の世界．ミネルヴァ書房］．

Halliday, T. R., & Slater, P. J. B. (eds.) (1983). *Animal Behaviour Vol. 2 (Communication)*. Blackwell Scientific Publications.［浅野俊夫，長谷川芳典，藤田和生（訳）(1998)．動物コミュニケーション．西村書店］

Hampton, R. R. (2001). Rhesus monkeys know when they remember. *Proceedings of the National Academy of Science, USA.*, 98, 5359–5362.

Harding, E. J., Paul, E. . S., & Mendl, M. (2006). Cognitive bias and affective state. *Nature*, 427, 312.

Hattori, Y., Kuroshima, H., & Fujita, K. (2005). Cooperative problem solving by tufted capuchin monkeys (Cebus apella) : Spontaneous division of labor, communication, and reciprocal altruism. *Journal of Comparative Psychology*, 119, 335–342.

Hauser, M. D. (2000). What do animals think about numbers? *American Scientist*, 88, 114–151.

Heinrich, B. (2000). Testing insight in ravens. In Heyes, C., & Huber, L. (eds.), *The Evolution of Cognition*. Cambridge, Massachusetts: MIT Press, 289–305.

LeDoux, J. (1996). *The emotional brain: The mysterious underpinnings of emotional life*. New York, Brockman.［松本元，川村光毅ほか（訳）(2003)．エモーショナル・ブレイン─情動の脳科学─．東京大学出版会．］

Leyhausen, P. (1979). *Cat Behavior: The Predatory and Social Behavior of Domestic and Wild Cats*. New York: Garland STPM Press. (translation by Tonkin, B. of the original in German, 1956)［今泉吉晴，今泉みね子（訳）(1998)．猫の行動学．どうぶつ社．］

Lorenz, K. (1963). *Das Sogenannte Böse: Zur Natugeschichte der Aggression*. Wien, Dr. G. Borotha-Schoeler Verlag.［日高敏隆，久保和彦（訳）(1970)．攻撃─悪の自然誌─．みすず書房．］

Macpherson, K., & Roberts, W. A. (2006). Do dogs (Canis familiaris) seek help in an emergency? *Journal of Comparative Psychology*, 120, 113–119.

Masson, J. M., & McCarthy, S. (1995). *When Elephants Weep: The Emotional Lives of Animals*. Wheeler Publisher Inc.［小梨直（訳）(1996)．ゾウがすすり泣くとき─動物たちの豊かな感情世界─．河出書房新社．］

森本陽，藤田和生（2006）．フサオマキザルにおける他者の表情の情動的意味の理解．日本動物心理学会第66回大会．

Neiworth, J. J. (1992). Cognitive aspects of movement estimation: a test of imagery in animals. In Honig, W. K. & Fetterman, J. G. (eds.), *Cognitive Aspects of Stimulus Control*. Hillsdale: NJ, Lawrence Erlbaum Associates. 323–346.

Parr, L. A. (2001). Cognitive and physiological markers of emotional awareness in chimpanzees (Pan troglodytes). *Animal Cognition*, 4, 223–229.

清水透（2000）．心の進化と脳の進化．渡辺茂（編）．心の比較認知科学．ミネルヴァ書房．27-81.

Silk, J. B., Brosnan, S. F., Vonk, J., Henrich, J., Povinelli, D. J., Richardson, A. S., Lambeth, S. P., Mascaro, J., & Schapiro, S. J. (2005). Chimpanzees are indifferent to the welfare of unrelated group members, *Nature,* 437, 1357-1359.

Smith, J. D., Schull, J., Strote, J., McGee, K., Egnor, R., & Erb, L. (1995). The uncertain reponse in the bottlenosed dolphin (Tursiops truncatus). *Journal of Experimental Psychology: General,* 124, 391-408.

Smith, J. D., Shields, W. E., Schull, J., & Washburn, D. A. (1997). The uncertain response in humans and animals. *Cognition,* 62, 75-97.

Smith, J. D., Shields, W. E., & Washburn, D. A. (2003). The comparative psychology of uncertainty monitoring and metacognition. *Behavioral and Brain Sciences,* 26, 317-373

瀧本彩加，黒島妃香，藤田和生（2006）．フサオマキザルにおける餌分配行動の実験的分析．（未発表）

友野典男（2006）．行動経済学―経済は「感情」で動いている―．光文社新書．

Whiten, A. & Byrne, R. (eds) (1997). *Machiavellian Intelligence II: Extentions and Evaluations.* Cambridge University Press.［友永雅己，小田亮，平田聡，藤田和生（監訳）（2004）．マキャベリ的知性と心の理論の進化論―新たなる展開―．ナカニシヤ出版．］

第 III 部 ●感情と生活

　日常生活において感情はどのようなあらわれ方をするのか．ここでは，まず社会集団における感情のはたらきを，人の経済活動や社会活動との関連で論じる．そのあとの3つの章で，臨床心理学的研究にもとづいて，心に問題をかかえる人々の感情体験のありようや，その隠された機能を論じ，豊かな感情をはぐくみ今日の社会問題を解決する指針を提示する．

第 9 章

感情と集団行動
社会的適応性の観点から

渡部　幹・小宮あすか

> 合理性　適応　進化　アージ理論　シグナリング　名誉の文化
> 社会的ジレンマ　サンクション　集団意思決定　インセンティブ

1 感情の社会的適応性

　感情と集団の関係については，古来，さまざまな議論がかわされてきた．ここ数十年では，社会心理学や文化心理学において，人のもつ感情のさまざまな構成要素が社会的文脈や文化によって異なることや，感情の表出過程が社会的文脈によって異なるという知見が多く得られている．ヒトの感情と社会との関係を理解するために，これらの知見は大きく貢献するだろう．しかしながら，これまでの知見のほとんどは，社会，あるいは集団から，個人の感情がいかなる影響を受けるかのみに焦点をあててきたものである．これに対して，本章においてとくに注目したいのは，個人の感情が，社会，あるいは集団におよぼす影響についてである．

　感情が集団にはたす役割を考えるとき，それが集団にとってポジティブな側面をもつ場合と，ネガティブな側面をもつ場合の両方が存在する．ネガティブな例としては，感情が個人の欲望の体現であり，個人の利益や生存をある短期的状況において最大にする役割をになうために，感情の表出は集団の利益に反する，という考え方があげられる．この立場をとる研究

者は，もし誰もが欲望や感情のままに行動したならば，集団の秩序が破壊されるというとらえ方をしている．たとえばホッブズが述べた，「万人の万人に対する戦争状態」という言葉は，こうした人間の感情や欲望の性質と市民社会の関係についての象徴的な見方であろう．また，20世紀初頭，社会心理学者ル・ボンはその著書のなかで，人々が集団のなかに埋没し群集となることで，感情的になり，不合理な行動をとることを指摘した（ル・ボン，1993 [Le Bon 1895]）．さらに，感情的行動が集団内に拡がり，結果として，集団としての不合理な行動を導き，暴徒化する原因になることを論じている．これらの言説は，ときに感情が集団にネガティブな影響をおよぼすことを示している．

　いっぽう，ポジティブな側面の例としては，感情を共有することによる集団の親和度の上昇などの知見があげられる．最近の研究では，人々が意図的に感情経験を共有することでおたがいの絆をたしかめ合い，親和的にふるまうことが指摘されている（Gable et al., 2004; Keltner & Haidt, 1999）．親和的な集団では，人々は集団内のメンバーに対して互恵的にふるまうことが可能である．結果的に，集団としての適応度が高くなると考えられる．ある集団に属し，メンバー達と喜びを分かち合うといった経験は，この章の読者にもあるだろう．

　しかしながら，これらポジティブな側面についての研究の蓄積は，まだじゅうぶんであるとはいえない．上記の例のように，親和性の高まりが，集団秩序の維持や集団内葛藤の回避のために役立つとは考えられるものの，それがどれだけ継続的なものか，具体的にどのような行動を引き出すのか等についてはまだ検討の余地が多く残されている．さらに，より重要な点として，これらの研究の多くは，質問紙実験の段階に過ぎず，具体的な集団内葛藤状況での行動を対象とする分析をおこなっていない．

　いっぽうで，社会心理学のみならず経済学，政治学など社会科学の諸分野において，感情が集団にはたすポジティブな役割という観点からの分析は，いままさにホットトピックになりつつある．その中心となるのは，本来，集団にとって**非合理的**な側面が強調されてきたはずの感情が，実は現

代社会における集団の秩序維持になんらかのポジティブな貢献をしているかも知れないという問題意識である．その背景にはカーネマンとトゥヴァスキーの一連の意思決定研究（Kahnemann & Tversky, 1979）によって，人間は必ずしも合理的な意思決定をおこなわないという結果が報告されたことや，神経科学分野において理性的な意思決定には感情がかかわっているという知見が得られているという事実がある．論理的判断や合理的推論の妨げになると考えられてきた感情の，ポジティブな側面に焦点をあてることは，集団と個人の相互規定問題——マイクロ＝マクロ問題——という社会科学の本質的問題を考えるうえで，大きな理論的貢献をもたらす可能性がある．このような観点から，本章では感情がもたらす人間の行動とその社会的機能について論じ，新たな研究の方向性の提示を試みる．

1.1 感情の機能と適応性

本章で注目するのは，感情とはなにか，あるいは感情がどんなときに，どのように発生するか，という視点ではなく，感情の機能とはなにか，という視点である．このような感情の機能について考えるとき，もっとも一般的な考え方は，それが自然環境への**適応**価をもつからだという説明である．たとえば，ある対象に恐怖を感じて逃げるという回避行動は，自然環境のなかで生命を脅かされるような危険な動物等に出会ったときに，すばやく自動的に危険を回避するための行動であると考えられる．そして，そのような迅速な行動の引き金となるのが恐怖感情であり，この意味で感情は自然環境に対して適応的な行動をとる機能をもっているといえるだろう．

このように，**進化**的視点から考えるのであれば，感情が自然環境に対する適応装置としてはたらくという議論は説得力をもつ．しかし，進化には長い年月を要することを考慮すれば，感情が現在の社会環境に対する適応装置としてはたらくという論拠にはならない．遺伝レベルの進化と比較すれば，人類をとりまく環境が社会的に複雑な環境になったのはつい最近のことであり，適応に要する期間があまりにも違いすぎる．冒頭に述べた感

●渡部　幹・小宮あすか

情のネガティブな側面は，こうした環境の違いから生じたと考えられる．

　それでは，現代の世界において，感情は集団にとって非適応的と結論づけられるのか．筆者らはそのような結論を出すには，まだ早いと考える．いやむしろ，感情が集団に対してもっている適応的な側面こそが，まだ研究されていない重要な領域であると感じている．事実，社会科学の諸分野で注目されつつあるのは，人類がこの感情の機能をうまく利用して，社会を作りあげているという議論である．いいかえるならば，本来別の理由で獲得されたかも知れない感情を，集団のためにうまく使うことができたからこそ，人類が今日の社会を作りあげ，繁栄にいたっているという考え方である．以下の節で述べる戸田の議論は，この考えを反映しており，フランクは，感情が個人にとって，一見社会的に非合理的な行動を導くがゆえに，社会的な問題を解く機能をもつと主張している．この両者の議論に共通するのは，感情がなんらかの社会的な役割をもつという観点である．

　このような観点にもとづいた研究は，理論的にも実証的にもまだはじめられたばかりであるが，いくつかの興味深い議論が提出されはじめている．そのなかからとくに興味深いと思われる議論を以下の節でとりあげ（2節），筆者らがおこなった研究（3節）とともに，感情の社会的な役割とその研究の可能性について論じたい．

2　感情と社会環境

　これまでの研究のなかには，社会的適応の観点から感情と集団の関係を論じたものがいくつか存在する．本節では，理論的背景として，戸田のアージ理論を，さらにより具体的な議論として，フランクのコミットメント装置理論をとりあげ，社会的適応の観点から，集団と感情の関係について論じる．

2.1 社会の構造複雑性と感情

アージ理論は，戸田によって提出された人々の意思決定に関する理論のひとつである．「アージ（urge）」とは，「野生環境を背景としての，遺伝的に基本枠が設定された行動選択・実行用の心的ソフトウェア」と定義される（戸田，1992）．このアージという概念をもちいて，戸田（1992）は，感情の野生合理性，すなわち自然環境への適応性を説き，そのことが現代においても人々の行動に直接的に影響をおよぼすことを論じている．

戸田の議論において本節でもっとも注目すべき点は，社会ルールに対する考察である．戸田（1992）は，「それまでアージ・システムが実行していた集団制御機構を社会ルール化（儀礼化，制度化，成文法化）すること」（p. 166）によって，大集団を制御することが可能になった，と述べる．すなわち，アージが効率的に機能しないような大集団において，社会ルールがアージの補完機能をはたしている，というのである．ここで問題になるのは，アージという概念が感情を含むということである．すなわち，戸田の主張は，原始時代における小集団での感情の役割が，現代社会における制度や慣習などの社会ルールの役割に相当する，といいかえることができる．このことについて，もう少し具体的に考えてみる必要があるだろう．

狩猟採集時代においても，生存・生殖確率をあげるための小集団は存在した．このことは，対面での相互作用が可能な二者，三者関係，あるいは個体が判別できるような血縁集団を維持するようなはたらきを感情がもっている可能性を意味している．たとえば，集団を作るメリットのひとつは，おたがいに困ったときには助け合うということであろう．いま困っている相手を助け，将来困っているときに相手に助けてもらう，という互恵性の考え方である．こうした互恵性が成り立たなければ，集団であること自体が意味をなさないし，ホッブスの指摘するように，おたがいが搾取しあうような状況におちいった結果として集団ごと絶滅することもありうる．とするならば，このような交換を進めるような感情があってもおかしくはない．それは，感謝の念であったり，お返しができないときの罪悪感であっ

たりするだろう．感情が交換関係に影響を与える実証研究の例として，ヴァン・クリーフらの実験があげられる．彼らは，交渉ゲームをもちいて，罪悪感や失望感などの感情をいだいている交渉相手に対しては，そのような感情をいだいていない交渉相手にくらべて，人々の交渉のしかたが変わることを示した（Van Kleef et al., 2006）．この研究は，交渉の際，相手の内的な情報を得るときに，感情が重要な情報となり，交換関係を円滑に進める役割をになうことを示す好例といえるだろう．

しかし，互恵性の例でもわかるように，このようなかたちで感情が適用できる範囲には限界がある．おたがいに顔も知らず，血縁関係にもないような人々が集う「大きな社会」では，助けてくれた相手に会うのは，一度きりかもしれない．であれば，もはや感情だけでは集団を維持することが不可能であろう．しかし，実際に集団の拡大は起こり，現代において，私たちは見ず知らずの人々とともに「大きな社会」を作り，その社会を維持している．なお戸田によると，この集団の拡大が起こった大きな理由のひとつは，危険性の排除であったとされる．定住が進むにつれて，ムラのなかは自然環境として安全な領域となった．集団の拡大が起こることで，安全を確保できる土地が増え，食料を確保し，さらに集団の規模が拡大していった．このことから，集団の拡大は，人類の自然環境に対する適応度を高めるために自然な流れであったと考えられる．ここで問題になるのは，集団の拡大が安全の確保を意味するだけではなく，さらに，人類をとりまく主要な環境を自然環境から社会環境へシフトさせたことである．だが，さきにも述べたとおり，シフト後の社会環境においては，本来のアージ・システムそのままでは，集団の維持という目的に対して効率的に機能することができない．このため，集団を拡大したときに人々が採用したのは，こうした感情を含めたアージ・システムの役割を，社会ルールとして共有することであったという推測がなりたつ（戸田，1992）．

戸田のアージ理論は，感情が社会の秩序を維持している，という議論を可能にする大きな理論的背景となる．私たちは同時に，感情のはたらきにそうかたちで社会秩序，制度や慣習を作りあげ，社会の維持を可能にして

いると考えることも可能なのではないだろうか．そのように社会ルールを拡大することによって，感情が社会に与えるネガティブな影響を，可能な限り排除しているのではないだろうか．感情というマイクロと，制度や社会ルールといったマクロとの動的相互作用をあつかった理論として，また感情が社会的適応性をもつことを述べた理論として，戸田のアージ理論は多くの示唆に富むものである．

2.2 情報価値と感情

　前項における戸田の議論は，感情の社会適応性についての理論的背景を示す先駆的研究として重要な価値をもつと思われる．しかし戸田の議論は，感情の社会適応性をもつことの根拠を提示するにしても，感情が具体的にどう役立っているのかという細部には触れておらず，また実証的証拠も乏しいといわざるをえない．そこで，本項ではより具体的に感情が社会的な適応性をもつ場面を論じたものとして，フランクの議論（Frank, 1988）を紹介する．

　感情が情報価をもつという議論は，社会学や経済学などを含めた社会科学の諸分野で近年活発に論じられてきている（Keltner & Haidt, 1999）．その根拠はおもにふたつあり，ひとつは感情が理性の制御を受けにくく，特定の行動を引き起こす指標になるという議論（Roseman et al., 1994）であり，もうひとつは，生理的基盤をもつ感情は，模倣や表出制御などが難しく，他者の行動を予測するうえで，信頼性の高い情報となる（Boone & Buck, 2003）という議論である．この感情が情報価をもつという議論を，フランクもまた前提としている．彼がとくに強調したのは，感情が社会におけるコミットメント問題と呼ばれる問題を解くための役割をになっている点である．コミットメント問題とは，経済学者のトーマス・シェリングによって提唱されたもので，合理的に行動を選択するならば解決できないはずだが，そのようなみずからの合理性をなにかで制限することによって解決される問題をさす（Schelling, 1960）．シェリングはコミットメント問題の例と

して，突然怖気づいた誘拐犯の例をあげている．その誘拐犯は人質を解放して，自分は逃げたいと思っている．しかし，人質は自分の人相等についての情報をすでに知っている．解放されたあと，人質は警察にその情報を話し，自分はとらえられる可能性が高くなるだろう．このことを恐れる誘拐犯は，望みもしないのに人質を殺すことになってしまう．人質がいくら誘拐犯の情報をもらさないと約束しても，それは解放後には拘束力をもたない．

　この場合，有効な解決策となりえるのが，人質が誘拐犯の情報をもらした場合には，人質自身にも大きな不利益がもたらされるような措置をとることである．たとえば，人質が自身の社会的に絶対に容認されないような性癖を暴露し，その証拠を誘拐犯に渡しておいて，情報が漏れた場合にはいつでも公開できるようにすることである．このようにみずからの合理性をコントロールする解決法をコミットメント方略と呼ぶ．

　シェリングが提示したこの例では，感情はあまり重要な役割をはたしているわけではない．しかし，フランクは，感情の非合理性が，実は多くのコミットメント問題の解決のための方略を提供しているというものである，と論じる．さきにも述べたように，感情は，その表出を意図的に作り出しにくい性質がある．これは感情表出をうまくまねするにはコストがかかることを意味しており，それゆえに感情表出はその人の行動傾向を知るうえで信頼できる情報価をもち，**シグナル**として機能する．そして，このシグナルが社会において，まさに重要な役割をもつ，というのがフランクの議論である．

2.3 感情制御と名誉の文化

　上記フランクの議論を実証する好例として，ニスベットとコーエンの「**名誉の文化**（culture of honor）」の研究をあげよう（Nisbett & Cohen, 1996）．彼らは，アメリカ南部出身者とそれ以外の地域出身者では，感情の表出と制御に関して，実質的な差があることを，調査および実験によって証明し

ている．具体的には，南部出身者は他地域出身者にくらべ，みずからの名誉やプライドを汚されるような事象に対して，感情的な攻撃行動をとりやすいというものだ．彼らは，名誉を汚されたという理由で起こった殺人の割合が，とくに南部で多いことを指摘し，さらに，実験室実験において，実験者によって侮辱された男性被験者の唾液に含まれるテストステロン(*1)の濃度を測定したところ，南部出身者の方が他地域出身者よりも有意に多かったという結果を得ている．

　このように，同じ米国人でも，南部出身者と他地域出身者のあいだには，感情制御と表出に関して差が存在するが，それはなぜだろうか．ニスベットとコーエン（1996）は，以下のように説明する．

　過去，他地域にくらべてテキサス州などの米国南部に特徴的だったのは，おもに牛，馬などの畜産，酪農を主とした生活がいとなまれていたことである．このような社会環境のもとでは，家畜を何者かに盗まれるという危険性(*2)がつねに存在した．しかしながら，広大な牧場面積を有する南部地域では，畜産家たちが，家畜の盗難に関していきとどいた監視システムを作るのは不可能なことだった．また，家畜が盗まれた際，盗人を探して罰するには，畜産家たちが多大なコストを負担しなくてはならない．現在よりも交通機関が発達しておらず，家畜の識別も難しいこの時代には，盗人にとっては家畜を盗む**インセンティブ**（意欲刺激）(*3)が大きく，畜産家にとっては所有する家畜が盗まれてしまうという危険性が存在することになる．このとき，畜産家がまったく感情的にならず，合理的な意思決定のみをしたらどうなるか．家畜が盗まれても，それをとりかえすためのコストが，家畜をとりかえしたときの利益よりも大きければ，盗まれた家畜をとりもどすことをせず，そのままにしておくことが合理的行動となるだろ

＊1　テストステロンは，男性ホルモンの一種であり，筋肉増大，タンパク同化作用の促進，体毛の増加などの作用をもつ．攻撃行動など反社会的行動とテストステロンの分泌量には正の相関があることが知られている（Carlson, 2006）．最近の研究では，銃などの武器を短時間もつだけで，分泌が増えるなど，環境による要因によって分泌量が変化することがわかっている（Jennifer et al., 2006）．
＊2　経済学や社会学では「不確実性」ともいわれる．

●渡部　幹・小宮あすか

う.そして,当時の米国南部は,しばしばそのような状況になっていた.合理的に行動することが不利益を生むという意味で,ここにコミットメント問題が生じる.

だが,ここでみずからの利益をかえりみず,怒りの感情に突き動かされるままに,盗まれた家畜をとりかえし,盗人を罰するような「非合理的」で「感情的」な畜産家がいたらどうだろうか.盗人の側からすると,そのような感情的畜産家の家畜を盗むことは,自分の身を危険にする可能性もあり,得策ではない.したがって,自分が盗もうとしている家畜の所有者が,感情的畜産家か否かを知ることが,盗人にとって重要となる.このことは,畜産家からすると,自分が非合理的で感情的になりやすいことを,盗人にわからせておくことが,家畜盗難を未然に防ぐ有効な手段となりえることを意味する.そして,そのためには,日常の生活のさまざまな場面で,侮辱や裏切りを受けた際には,我を忘れて感情的報復にはしるような「気質(disposition)」[*4]を示しておく必要があるだろう.そのような気質をふだんから知らしめることによって,「あいつは,怒らせたらなにをするかわからない」という評判ができ,それが家畜盗難を防ぐのである.かくして,そのような「非合理的な」気質をもつことが,長期的にみると,家畜の保護という目的の達成を導くことになる.

この説明は,合理的決定では解決不可能な問題を解くためのコミットメント方略として感情が一定の役割をはたしており,とくにそれが感情のも

---

*3 インセンティブとは,おもに経済学や経営学で使用される語で,本来「意欲を引き出すためにもちいられる外的な刺激」を意味するが,実際には,「そのような刺激を作り出すためのしくみ」や「そのような刺激によって引き出された意欲」という意味でも使われる.このため,インセンティブという言葉をもちいる際には,上記3つの意味のうちのいずれかをさす場合も,すべてを含む場合もある.本章では,上記すべてを含んでいるため,この用語をもちいる.なお日本語では,「誘因」あるいは「意欲刺激」と訳されているが,経済学・経営学では,インセンティブという言葉の方が定着している.

*4 disposition の訳は,心理学の下位分野によって異なっている.社会心理学では「内的特性」,とくに帰属理論では「傾向性」と訳される.初学者向けの本章では,より日常用語に近い「気質」としている.いずれの訳にせよ,社会的状況や社会的文脈からは比較的独立した,個人のなかで一貫している認知傾向ないし行動傾向を意味する.

つ非合理性ゆえにささえられていることを示した好例といえよう．ここであげられている怒りの感情そのものは，所有物を奪われるときや外敵から身を守るときなどの，自然環境のなかでそなわったものと思われるが，それが，ある特定の文化・社会的な環境においてポジティブな機能をもっていることを示している．

3 感情の社会的合理性

このように，感情の社会的合理性に触れた理論は，いままでにも存在しているが，その数はまだそれほど多いわけではない．いいかえるならば，現段階での研究成果は上記の研究も含めて「感情が社会的合理性をもつこともある」という例をいくつか提示しているにすぎない．感情が社会的合理性をもつという主張が成り立つためには，ある特定の地域や時代のみにあてはまる事例ではなく，人類にとってより普遍的な社会的問題の解決メカニズムにおいて感情が重要な役割をはたしていることが実証されなくてはならない．

人類がその歴史上，直面してきた重要な問題はいくつかあるが，ここでは2種類をとりあげる．ひとつは社会的ジレンマ問題であり，もうひとつは集団意思決定の問題である．以下にそれぞれの問題について述べるとともに，その問題解決に感情がいかなる役割をはたしているかについて，最近の研究を概観する．

3.1 裏切り者に対する怒りと懲罰行動

社会的ジレンマ——公共財問題，ただ乗り問題ともいわれる——とは，個人にとっての合理的行動が集団にとっては非合理的行動となり，すべての個人が合理的にふるまうと，すべての個人が非合理的にふるまったときよりも，個人の得る利益が少なくなってしまう状況をさす．たとえば，狩猟採集時代に，ちょうどひと冬を越せる量の保存食料を集団で備蓄してい

る状況を考えてみよう．集団のメンバーが自由にこの食料にアクセスできるとき，個人にとっては，できるだけ多く食料を食べることが合理的決定となる．しかしながら，メンバーの全員がそのような行動をとると，冬が終わる前に食料はつきてしまい，全員が飢餓と戦わなくてはならない状態になる．このように，有限の資源の使用に関しては必ずといっていいほど社会的ジレンマが生じる．さらにこのような狩猟採集時代の問題のみならず，環境問題に代表されるように現代の多くの社会問題に社会的ジレンマ状況がかかわっている．上記の例で示された社会的ジレンマでは，メンバーの行動は，備蓄食料をできるだけセーブしつつ摂取する「協力」と，好きなだけ食料を摂取する「裏切り」に大別される．社会的ジレンマ研究の目的は，いかにして各メンバーが協力行動をとることができるかをあきらかにすることにある．近年，ジレンマ研究でとくに注目されているのは，裏切り行動を続ける者に対して，みずからコストを負ってまでも罰を与える，あるいは協力行動を続ける者に対してほうびを与える，という「**サンクション**（sanction）」[*5] 行動である．とくに，罰を与える負のサンクション行動は，社会的ジレンマにおける協力率の上昇に大きな効果をもたらすことが示されており，直接的な効果だけではなく，負のサンクション行動が存在するという情報だけで集団の協力率が上昇するような間接的な効果があることも示されている（品田と山岸，2005）．

　この負のサンクション行動を引き起こすものは，なんであろうか．フェアらは，彼らの実験結果から，人はコストがかかるにもかかわらず，裏切り者に対して罰を与えるような特性をもつと主張している（Fehr & Gachter, 2002; Fehr & Schmidt, 1999）．そして，このような特性が裏切り者に対する「怒り」の感情から生じているのは容易に想像できよう．この場合の怒りは，皆がコストを払って協力しているときに自分だけ裏切って利益を得ているものに対する義憤の感情であり，不正義にたいする怒りと同様に，きわめ

---

*5　サンクションという言葉は，社会学や経済学のゲーム理論研究者のあいだでももちいられている．社会的ジレンマのように非協力行動が合理的な場合に，協力行動が合理的となるようなインセンティブを提供することを意味している．

て社会的なものといえる．さらに，デ・クェヴァインらのおこなった fMRI 実験によると，裏切り者に対して，ただ文句をいうだけの罰と，実際に裏切り者の利益を減らせる罰（ただし減った分の利益が自分のものになるわけではない）では，後者のほうで，背側線条体などの報酬に関連すると考えられている部位がより活性化することが認められている（De Quevain et al., 2004）．これらの知見を合わせて考えると，怒り→懲罰行動→快という感情と行動の流れが，負のサンクション行動を引き起こす要因となり，社会的ジレンマにおける集団の相互協力維持をになう役割をはたしている可能性が高いと思われる．

　これに関連してサンフェイらは，社会的ジレンマではない別のゲームをもちいて，相手から不正なあつかいを受けたとき，人はその脳の「前島（anterior insula）」を活性化させることをみいだした（Sanfey et al., 2003）．彼らによると，前島は基礎的な感情，とくにヘビやクモが突然あらわれたときのような不快感情を感じる際に活性化されることが知られており，そのような基礎的な感情が社会的な不正義を感じる際にもはたらく可能性があるという．このような不快感が，相手の利益を減少させるための懲罰行動の引き金となっている可能性は高いだろう．通常，懲罰をおこなう際には，さまざまな面で自分にもコストがかかる．懲罰の相手を探し出したり，相手の行動を監視したり，懲罰行動を遂行したりする際に，経済的だけでなく，心理的にもコストが生じる．この実験においては，参加者には，不正なあつかいを受けた相手の利益を減らすことができる行動を選択できるようにしている．しかし，その行動を選択すると自分の利益も減るルールになっており，相手の利益を減らすための経済的コストを導入している．この意味で，合理的に考えるならば，すなわち，人間が自然環境に適応するために獲得した感情が，社会的な場面においても，ある特定の非合理的行動を引き出すコミットメント方略としてはたらいているのである．

　では，このように懲罰行動を引き出すような怒りや不快感という感情が，なぜ社会的な不正義の場面で感じられるようになったのか．残念ながら，この点に関しては，まだほとんど研究はおこなわれていないが，その問題

へのアプローチとなり得る研究はいくつかおこなわれている．ここでは，森本と渡部（2005）の研究を紹介する．

　森本らは，社会的ジレンマにおいて裏切りを続けている者に対し，被験者がコストを負ってまで懲罰行動をおこなうかどうかを実験によって検証した．その際，あらかじめ被験者の信頼感と公正感を測定しておき，その高低によって被験者を4つの群にわけて分析をしている．ここでいう信頼感とは一般的信頼（山岸，1998）をさす．一般的信頼とは，一般的に見知らぬ他者がどの程度善良かに関する信念である．また公正感は，みずからがどの程度公正さを重要と思っているかの自己評価である．この実験の結果，図9-1に示されているように，懲罰行動は，信頼が低く公正さが高い群と，信頼が高く公正さが低い群でより強く，それ以外の組み合わせでは弱かった．

　この点をさらに詳しく検討するためにおこなった別の質問紙実験の結果によると，人々は懲罰行動を2種類にわけて認識していることがあきらかとなった．ひとつは森本と渡部が「戒め」と呼ぶもので，裏切り者を協力に転じさせるための目的をもち，個人的というよりは制度的な，ルールにのっとった懲罰である．これに対しもうひとつの懲罰は，「報復」と呼ばれるもので，相手になにがしかの不利益を与えること自体が目的の，制度的というよりは個人的で，私的に与えられる罰である．森本らによると，低信頼高公正の人の懲罰は「戒め」に，高信頼低公正の人の懲罰行動は「報復」により近いとしている．

　「戒め」行動をとることは，集団の利益をあげる，すなわちその実行者にとって利益が返ってくるという意味で合理的である．そのいっぽうで，「報復」は，物理的に実行者に利益が返ってくるわけではない．この非合理的行動をとらせるのはなにだろうか．ひとつの要因として考えられるのは，さきに示した怒りや不快感といった感情から引き起こされる行動なのではないか，ということである．一連の流れから引き出される快感情を一種の報酬として，人々が非合理的な懲罰行動をとることが考えられる．しかし，フランクも指摘しているように，私的な報復行動は新たな報復の連鎖を呼

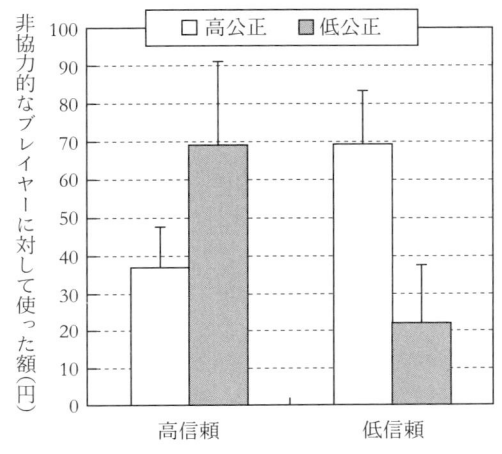

図9-1 公正感尺度と信頼感尺度の高低による非協力者への罰に払ったコストの額.

び，最終的には集団秩序の崩壊をまねきかねない．それを避けるためには，戒めを目的とした非個人的，すなわち制度的懲罰が必要となるであろう．したがって，集団秩序を乱す裏切り者への私的懲罰行動の代替物として，人類は懲罰制度を構築してきたという，戸田と同様の仮説が成り立つ．このことは（裏切りに対する）怒りという感情の役割を社会的制度にになわせざるを得なかったという観点からすれば，人類が社会制度を構築するひとつの促進要因になっている可能性を意味する．人類が本来自然環境への適応のために発達してきた感情の役割を社会的環境に適用するという考え方は，そのままアージ理論へのひとつの傍証としてあつかうこともできる．自然環境への適応のための装置を社会的環境に応用することで，人類はこの地球上ではどの種もなしえなかった大集団での相互協力を達成することができたのかもしれない．

　このような感情の役割については，しかしながら，まだ詳細に検討する余地は多く，さらなる実証研究の積み重ねが必要である．また，人類だけがなぜ，そしてどのように社会的な場面での感情を発達させてきたのか，文化や社会のしくみによってそのような感情の感じ方が異なるのかなど，

●渡部　幹・小宮あすか

解くべき疑問は多く残されている．これらの問題を解くために，実験ゲーム研究，脳科学，比較認知研究，文化心理学などからの多面的なアプローチが期待される．

3.2　集団意思決定における感情

　社会心理学では，人が集団で意思決定をおこなう際には，個人でおこなうときにくらべ，さまざまなゆがみが生じ，個人の意思決定よりもむしろ不正確なものになるという指摘がなされてきた．さきにあげたル・ボンの例とは違い，個人が感情的にならなくてもこのようなゆがみが生じることもわかっている．

　しかし，そのようなゆがみにもかかわらず，人は**集団意思決定**の方が，個人の意思決定よりもよいだろうという素朴な信念を強くもっている．「3人寄れば文殊の知恵」ということわざもそのような信念のあらわれだろう．このような問題意識のもと，近年の集団意思決定研究においては，むしろ集団意思決定のもつポジティブな機能について論じられている（Hastie & Kameda, 2005; Kameda & Nakanishi, 2003）．それらの研究のなかには，感情の役割に注目したものはまだ少ないものの，萌芽的な研究がいくつか存在する．

　ここでは，小宮，楠見と渡部（2007）の後悔の研究を例としてとりあげ，感情には集団意思決定状況における問題解決の可能性を高める役割が存在することを論じる．その際，個人が感情をもつのみならず，感情が集団において共有されることで，本来個人のみに適応的な影響をおよぼすその役割が増幅し，集団にも適応的な行動をとらせる可能性を指摘する．

　小宮ら（2007）がとりあげる問題は，集団として1回失敗しても，また同じようなあやまちをくりかえしやすい要因を，集団そのものが保持しているという点である．すなわち，集団状況においては，与えられた課題を失敗したとき，しばしば，各メンバーが自分の責任を軽く見積もってしまうこと（責任の分散）が知られている（Darly & Latane, 1968）．しかし，同じ

失敗をくりかえすことは，集団にとって生産的・効率的ではない．この問題を解決するための手段となりうるひとつとして，小宮らは，集団意思決定状況における後悔について検討している．

　後悔は，「私たちが違う選択をしていたら，現在と違う結果が得られたのに」と想像する際に感じる，負の感情である．後悔理論によれば，人は後悔という感情を前もって予期し，これを回避しようとする決定をおこなう（Bell, 1982）．したがって，後悔を1度経験した人間は，この失敗の経験を避けようとし，適応的にみずからの行動を変容すると考えられる（Gilovich & Medvec, 1995）．小宮らは，この後悔が行動変容を促進する機能に着目し，集団内に後悔が拡がれば，個々が行動を変容させ，さらに集団の行動変容をうながすひとつのきっかけになりうることを指摘した．しかし，そもそも集団意思決定状況における個人の後悔は小さい（小宮ら，2007，実験1）．これは，後悔が，決定に対するコントロール感と相関しており，集団意思決定状況では個々がもつコントロール感は小さく，その結果，集団意思決定状況における個人の後悔は小さくなると考えられる．そこで，小宮ら（2006）では，集団意思決定状況においても後悔が強まるメカニズムのひとつとして，集団内の他者が後悔を表明している場面を設定し，他者が後悔しているとわかる場面で，集団内に後悔が共有されるかを実験的に検討した．図9-2に示されるように，他者が後悔をしていることを知ることのできない条件では，個人で意思決定をおこなったときよりも集団で意思決定をおこなったときの方が，その個人の感じる後悔は弱いが（棒グラフ白），他者が後悔していることを知る条件の場合には，この差は消失する（棒グラフ黒）．つまり，集団意思決定状況では，他者が後悔を表明している場合には後悔が共有され，集団構成員の後悔が強まる結果を得ている．このことは，個人の感情であった後悔が集団内に共有され，そのことが集団の問題解決を導くひとつの手段となりうることを示している．

　ここで注目したいのは，後悔という個人の感情が集団に共有されることにより，集団として解決すべき問題にも影響をおよぼす可能性があるという点である．このことは，個人の適応性を高める機能を持つ感情が集団に

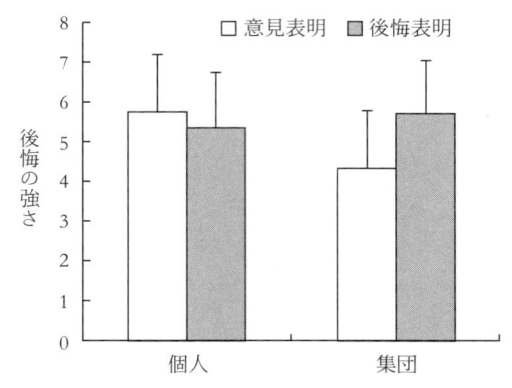

図 9-2 各条件における個人・集団条件における後悔の強さ.

共有されることで,その機能も共有され,個々の問題解決に役立つという議論とは同じではない.

たとえば,田村と亀田(2007)では,他者の恐怖表情を手がかりとして,人はみずからの注意の方向を変えるという結果が得られており,無意識的にでも恐怖を共有することによってその機能を獲得し,人が適応的に行動できる可能性が論じられている.しかし,ここで小宮らが主張したいのは,言語的な表明や表情の模倣などを通して他者と感情を共有することが,個人の適応度を高めるという感情の本来の機能を,集団全体の適応度を高める機能へと拡張させる可能性である.もちろん個々が感情を共有することは,感情の機能を獲得し,個人レベルでの適応度を上昇させるのに役立つ.そのことに加えて,ここでは,感情の機能が集団レベルでの適応度を上昇させるのに役立つ,という可能性を指摘する.恐怖を共有した集団は,集団メンバー個々の適応度を高めるだけではなく,集団全体としても全滅から逃れられるという利点をもつ.あるいは,集団として協力しなくては逃げられないような状況であれば,恐怖を共有することで皆の協力を効率的にうながすことができるかもしれない(少なくとも,恐怖がなければ逃げるという行動も生まれないのだから).すなわち,こうした集団レベルでの問題

解決に，共有という概念を通して，感情が集団に対してポジティブな影響をもたらすことを論じることは可能であろう．

　この例では，後悔や恐怖といった特定の感情が特定の問題状況に対して解決するような役割をもち，その感情が集団内に共有されるならば，集団としてその問題状況に直面したときに，感情が集団の問題解決の一助となりうることを論じている．このような役割をはたす他の感情は存在するのか，他の種類の感情が集団意思決定においてポジティブな役割はもちえるのかなど，多くの疑問が残されているため，今後精力的な研究が望まれる．

4　おわりに

　本章では，感情が集団にはたす役割について述べてきた．かつては，感情は集団にとってネガティブなもの，という見方が主流であったが，近年の研究ではむしろ感情のもつポジティブな側面に光があてられている．そして，このようなアプローチは，人間をもちいた行動実験や脳イメージング法，比較認知的手法など，異なる研究法を組み合わせることによって可能となっている．人類が集団のマネジメントにおいて地球上のどの種よりもすぐれていることに疑問の余地はないだろう．そして人類ほど多くの感情の感じ方や表出のパターンをもつ種もないであろう．集団マネジメントをささえるメカニズムと感情とのあいだには，まだ知られてない重要なメカニズムが必ずあると筆者らは考えている．そしてそのようなメカニズムを解き明かすには，心理学諸分野のみならず社会科学，自然科学諸分野との連携がこれまで以上に重要になるのはまちがいない．異なる手法をもつ研究者が共同でこの問題に挑み，感情研究が大きな飛躍をとげることを筆者らは望んでいる．

文献

　Bell, D. E. (1982). Regret in decision making under uncertainty. *Operation Research*, 30.

●渡部　幹・小宮あすか

961-981.

Boone, R. T. & Buck, R. (2003). Evolutional expressivity and trustworthiness: The role of nonverbal behavior in the evolution of cooperation. *Journal of Nonverbal Behavior*, 27, 163-182.

Carlson, N., (2006). *Physiology of Behavior*. Boston, Allyn & Bacon.

Curci, A. & Bellelli, G. (2004). Cognitive and social consequences of exposure to emotional narratives: Two studies on secondary social sharing of emotions. *Cognition & Emotion*, 18, 881-900.

Darley, J. M. & Latane, B. (1968). Bystander intervention in emergencies: diffusion of responsibility. *Journal of Personality and Social Psychology*, 8, 4, 377-383.

De Quervain, D., Fischbacher, U., Treyer, V., Schellhammer, M., Schnyder, U., Buck, A., & Fehr, E. (2004). The neural basis of altruistic punishment. *Science* 305, 1254-1258.

Fehr, E. & Schmidt, K. M. (1999). A theory of fairness, competition, and cooperation. *Quarterly Journal of Economics*, 114, 817-868.

Fehr, E. & Gachter, S. (2002). Altruistic punishment in humans. *Nature*, 415, 137-140.

Frank, R, H. (1988). *Passions within Reason*. New York, W. W. Norton.

Gable, S. L., Reis, H. T., Impett, E. A. & Asher, E. R. (2004). What do you do when things go right? The intrapersonal and interpersonal benefits of sharing positive events. *Journal of Personality and Social Psychology*, 87, 228-245.

Gilovich, T. & Medvec, V. H. (1995). The experience of regret: what, when and why. *Psychological Review*, 102, 379-395.

Hastie, R., & Kameda, T. (2005). The robust beauty of majority rules in group decisions. *Psychological Review*, 112, 494-508.

Jennifer, K., Tim, K., & Francis T, M. (2006). Guns, testosterone, and aggression: An experimental test of a mediational hypothesis. *Psychological Science*, 17, 568-571.

Kahneman, D., & Tversky, A. (1979). Prospect theory: An analysis of decision under risk. *Econometrica*, XVLII (1979), 263-291.

Kameda, T., & Nakanishi, D. (2003). Does social/cultural learning increase human adaptability? Rogers's question revisited. *Evolution and Human Behavior*, 24, 242-260.

Keltner, D., & Haidt, J. (1999). The social functions of emotions at four levels of analysis. *Cognition and Emotion*, 13, 505-522.

小宮あすか，楠見孝，渡部幹（2007）．個人-集団意思決定状況における後悔．心理学研究，78(2)．（印刷中）

森本裕子，渡部幹（2005）．サンクションにおける公正感の効果及びサンクション分類に関する検討．日本社会心理学会第46回大会発表論文集．174-175.

Nisbett, R. E. & Cohen, D. (1996). *Culture of Honor: The Psychology of Violence in the South*.

Boulder, Westview Press.

ル・ボン, G. (1993). 群集心理. 桜井成夫 (訳). 講談社文庫. [Le Bon, G. (1895). *La psychologie des foules. Paris*, Félix Alcan].

Roseman, I. J., Wiest, C., & Schwartz, T. S. (1994). Phenomenology, behaviors, and goals differentiate discrete emotions. *Journal of Personality and Social Psychology*, 67, 206-221.

Schelling, T. (1960). *The Strategy of Conflict*. Boston, Harvard University Press.

品田瑞穂, 山岸俊男 (2005). 社会的ジレンマ状況におけるサンクションの効果. 日本社会心理学会第46回発表論文集. 176-177.

田村亮, 亀田達也 (2007). 恐怖感情は伝染するか？ ―選択的注意配分行動による検討―. 感情心理学研究, 14. (印刷中)

戸田正直 (1992). 感情―人を動かしている適応プログラム―. 東京大学出版会.

Van Kleef, G. A., De Dreu, C. K. W., & Manstead, A. S. R. (2006). Supplication and appeasement in conflict and negotiation: The interpersonal effects of disappointment, worry, guilt, and regret. *Journal of Personality and Social Psychology*, 91, 124-142.

山岸俊男 (1998). 信頼の構造―こころと社会の進化ゲーム―. 東京大学出版会.

第10章

感情と描画

角野善宏

> 描画　感情　心理療法　コンプレックス　自由画　情動　気分
> 色彩　風景構成法

1 はじめに

　描画を感情との関連で述べるのが，この章の目的である．ところで描画とは言葉でなく，かたちで表出したものである．描いた者でさえ，その描画がなにを意味しているのかわからないことがある．そもそも，描画とは言語のようになにか意図したことを明確に述べるためではなく，ただ自然に思うままに描くという表現方法の1つである．たとえ描く物を指定されたとしても，描く過程のなかでそして描かれていく物のなかで，描き手の自由な表現がなされていくのである．そしてその自由な表現のなかに，描き手の「心のありよう」が浮かびあがってくることがあるのである．心理臨床の場面でクライエント（来談者とも呼ばれ，自分の問題を相談に来る人）により描かれる物が，心理療法のなかでいかに生かされていくかはあとに述べる機会があると思うが，言語を通した心理療法とはひと味違ったものとなる．

　たとえば，本章の目的である**感情**との関連においても，描画をもちいることによって言葉よりも自由に感情を表現されることは，心理臨床の場面で多々あることである．さらに，描き手であるクライエント本人の意識で

きていなかった感情が，自動的に偶然に描画で表されることもある．そして，その描画をみて，クライエント共々セラピスト（治療者の意味．たとえば精神科医や臨床心理士をさす）も一緒に，その描画にこめられている感情の表出に驚いてしまうこともある．しかし，思いもかけなかった感情が，どのようなものであるのか，また如何に激しいものであるのかを描画から知ることができれば，それはまた心理療法に生かしていくことができるのである．往々にして，意識できない無意識のなかで隠されていた感情が，クライエントの実生活で思いもかけず噴出してきて，その人の対人関係や人生そのものに破壊的な作用をおよぼしてしまうこともある．無意識にひそむ感情は，ユング（Jung, 1959）のいう**コンプレックス**[*1]と深い関係がある．コンプレックスが感情とつながっているため，コンプレックスが活動すると必ず感情も動いて表に出てしまうのである．コンプレックスは意識とのかかわりが欠けているため，不意に自動的に活動してしまうと，ほとんど本人には自覚されずに感情が爆発してしまうことがある．そのため，このような状況はいっそう本人にとってやっかいで，対応がとりにくい心理的障害となりやすい．よって，感情もコンプレックスと同じようなもので，意識ではどうにも対応できない状況へと本人を追いこんでしまう．本人にとって現実的にもっとも不利益となるのは，否定的な感情や破壊的な感情が自動的に表出されることであり，対人関係のなかでそのような感情が意識できずに出てしまうと，現実に本人にとって相当なダメージになりかねない．心理臨床の場面で私たちが相談に乗ったり，セラピーの対象となるケースに，このようなコンプレックスの問題やそのときに破壊的な感情が出てしまうことによる問題を深く慎重にあつかう場合が多いように思われる．

---

*1　ユングが創案した心理学用語．それは，人間の意識の制御を越えて活動し，無意識のなかに存在する心的内容の集まり．それは，また感情によって彩られている心的複合体とも呼ばれている．コンプレックスのはたらきによって，意識のコントロールが効かず，思いがけずに強い感情をともなった行動に出てしまうことがある．たとえば，父親コンプレックスや母親コンプレックスなど数々のコンプレックスが，人間の内面に存在している．

以上のような状況において，**心理療法**の過程のなかで描画をもちいることの意義はあるのである．描画を通してそこに表現されるかもしれない感情が，私たちに多くのことを教えてくれる．つまり，それを生かしてみずからのなかにひそむ感情やコンプレックスを知り，それらを理解し，徐々にそして慎重に近づき，対応していくことが，心理療法を可能にしてくれるのである．次の節では，感情と描画との関係に入る前に，筆者なりにまず感情について少し述べてみようと思う．

2　感情とは

　日本語では，ひとことで**感情**という言葉が使われるが，周知の事実であるように，感情という言葉にはさまざまな意味が集合的にこめられている．そのように感情をさらにわけてみて，それぞれを考えてみる．
　たとえば，

（1）情動（emotion）
（2）気分（mood）
（3）高等感情（feeling）

をあげてみる．
　（1）「**情動**（emotion）」とは，感情のなかでも意識とは遠い領域に属する反応である．また，感情を能動的にとらえ，行動を起こす反応でもある．たとえば，喜怒哀楽に代表されるような基本的な感情であり，やはり強く行動と結びつくものである．ときに，激しい感情の代表として表出され，行動と結びつくと衝動的な行為にいたることもある．危険な面でいえば，暴力へと発展しかねない．また情動の特徴として，分化していない不合理な感情の側面をもち，身体的な反応や観察できる生理的な変化を呈するのである．よって原始的な本能としての意味合いももつ．そして興奮に似たところがあり，心理的な感染性が強く，精神的な興奮のにない手となり，

相手に興奮を移してしまう．だから，分化した感情をもっている人は，情動的になりにくいし，深い共感を示すことができるのである．さらに，情動は，感情のなかでも，1節に述べたように，コンプレックスとつながりやすい感情でもあると思う．情動はより無意識の領域，つまり普段は意識から遠い領域に属している．そのため，いったん情動が表出されると，その激しさにまわりの人たちや本人でさえも圧倒されてしまうことがある．それで，やはり情動は，感情のなかでもコンプレックスにもっともつながりやすい感情であろう．そのために，心理療法の過程では，感情のなかで情動に関して話し合うことが多くなり，人間にとって大切な感情のひとつであることを気づかせてくれる．

　(2)「**気分**（mood）」とは，一言でいえば，爽快感と抑鬱感との兼ね合いである．その時々の意識内容とは無関係に，その瞬間における感覚から孤立した，外的環境やできごとには関係のない感情のあらわれである．また，心の基本的エネルギーともいえるし，心の基調となるバックグラウンドの感情ともいえる．精神医学では，気分の障害が躁鬱病の元であると考えられている．たとえば，鬱病の場合，情動と気分がつながっていることにより両方とも抑制されていることがある．とくに気分は低下しているのであるが，表面でも情動は低下しているようにみえる．ところが，鬱病の治療過程で，ある程度鬱状態が回復してくると，情動があがってきてまだ気分の方が回復していない場合，思わぬ行動に出てしまうことがある．それでもっとも気をつけなければならないのが，衝動的な破壊行動を自分に向けてしまう自殺である．このことを知って治療をおこなわないと，危険である．よくいわれているように，鬱病の回復初期段階にかえって自殺が多いのは，その時期にさきに情動があがりはじめてまだ気分が抑制されているようなアンバランスな状態になってしまうことがある．気分がまだ低下している状態のとき，回復していないことによって自己嫌悪にいたりやすく，同時に情動はさきに抑制からとれだしているため，それと結びついた行動が賦活されやすくなる．つまり，抑鬱気分により，行動が自己破壊へと進むからなのである．よって，情動と気分の両方の回復が鬱病の回復にとっ

て必要不可欠である．感情のなかでの「動的な」情動と「静的な」気分の関係は，一般的な感情を知るためにも，治療にあたる場合にも大切な内容である．

ところで，描画において，描き手の気分が表現されることが多いように思われる．その代表となるのが，描画のなかの色彩である．この内容について，またあとのところで詳しく述べてみる．

(3)「**高等感情**（feeling）」とは，情動と気分とは違い，意識の領域に属する感情である．たとえば，美的感情，宗教的感情，道徳的感情などをさす．よって，情動と対照的な位置をなす．だから，合理的な感情ともいえるし，分化した感情ともいえる．本人の意識的な努力により洗練された高等な感情である．よって，この感情をもちいて，人は物事やできごとの自己感覚による価値判断（好きや嫌いか）がしっかりと成され，自分自身の感覚に適した好みをよく知っていることにも通じる．心理療法や精神医学であつかうよりも，芸術的，宗教的な世界で対象となることが多いのではないかと思われる．しかし，この高等感情は，心理臨床の場面で直接あつかうことは少なく，感情のなかで人が成熟し，到達できる理想的な姿としての感情のモデルになりえる意味のあるものと思われる．

よって，心理臨床のなかでは，(1)の情動と(2)の気分の問題がやはり注目されるのである．次の節では，描画からみた感情を事例を通して論じていく．

3　感情と描画の関係から——事例を通して

感情と描画の関係から述べると，感情はとくに描画のなかの**色彩**と関係していることが多いように思われる．ファース（Furth, 1988）が，「色がある感情や気分，あるいはある関係のトーンさえも象徴しうる，という点では一致している．絵のなかである特定の色を特定の場所に使うことは，人生におけるバランスやアンバランスを暗示しているかもしれない．色は重要な心理的要素と身体的要素を示唆しうる」と述べているように，色彩と

●角野善宏

感情や気分との関係は周知の事実である．しかも，色彩は身体的な要素にも関係していることを言及している．また，スーザン・バッハ（Bach, 1990）も赤色に関して，「赤色が情動面であらわすのは，情熱，内面の炎，心のなかの焦眉の問題であり，憤怒または激情までも表現しうる」と述べていて，彩色と情動面との関係性を述べている．やはり，感情との関係においては，描画のなかの色彩に注目することは自然のように思われる．

さてこれから事例を通して，描画と感情の関係を述べてみる．まず，**自由画**(*2)による感情の表出をみた事例から述べる．

3.1　自由画からの事例

◆事例A　男性，15歳

Aは事故によってガソリンが引火したことにより，全身火傷という重傷を負って，救急医療で九死に一生を得て助けられたのであった．その後，損傷部に皮膚移植を2度受けたが，免疫機能による拒絶反応により，移植した皮膚の定着が悪く，その皮膚に強烈なかゆみがともなうようになった．しかし，掻けばせっかく移植した皮膚がはがれてしまい，感染も起こしてしまうため，移植された皮膚がどれほどかゆくても，実際掻くことが治療上許されなかった．そのため，かゆみに対するストレスが強くなり，とくに夜間の掻痒感が不眠を強くさせ，イライラ感，焦燥感が耐えがたいものになっていった．Aの精神的な消耗や不眠，いらだちはピークに達して，精神科を受診し投薬を受けざるを得なくなった．

筆者は精神科医としてAの主治医となり，面接もおこなうこととなった．Aの掻痒感とそれによるいらだちが面接中でもあまりに強いものであったので，筆者は中井のいう枠づけ(*3)した紙に，Aが自分のかゆみをイメージして自由に描くように勧めてみた（中井，1970：79-89）．最初はマジック

---

*2　文字どおり，自由に描いてもらった絵画，つまり描画のことである．通常，臨床の場で描画をおこなう場合，こちらから描き手に描いてもらう物を指定する描画方法が多いが，この場合，描いてもらう物を指定せずに自由に描いてもらう描画方法．

感情と描画 | 第10章

インクで，その後クレパスで色づけをするように指示した．その自由画が作品1（図10-1）である．最初のマジックインクでは自由に線を引いていたが，その後クレパスでの彩色で，赤色でのギザギザ模様とそれをとりまいている黒色の一連の波形が印象的であった．赤色のギザギザの描線は，Aのかゆみから発した怒りを端的に表現しているであろう．とがった鋭いそのかたちはあきらかに彼の怒りと攻撃性を表現している．そして赤色であるということが，いっそう彼の怒り，つまり情動面での憤怒や激情の表出を意味している．また，黒色をした波形の模様は，Aの抑鬱感をうまく表現しているように思われる．かゆみに悩まされている状態が続けば，抑鬱感も当然強まってくる．そういう状態をこの黒色の模様は表現しているのであろう．そして，作品1の右に位置している紫色をした螺旋の模様に注目してほしい．それは，赤色と黒色の描線とは心理学的意味での違いを感じられた．筆者にとって，紫色の螺旋模様はAから苦痛を解放してくれる可能性を強く訴えているようにみえた．またそれは，宗教性や救済してくれる力を約束してくれるようにも感じられた（角野，2001）．スーザン・バッハは，「紫色は宗教的な使い方がされ，抱きかかえられ，ささえられている感じを表現している」と述べている（Bach, 1990）．

　Aが自由画を描いたことは，これがはじめてであった．赤色，黒色そして紫色で表現された描画を描きそれをみたことは，なんらかの彼の内面への刺激になったことと思われる．

　この面接以後，ときどき自由画をおこなうこととなった．作品2（図10-2）は，一連の自由画の1つである．やはり，かゆみをテーマにして，自由に描くように求めた．かゆみは毛玉のように2つ描かれたのち，1つの毛玉の下に点のように小さくなったかゆみの固まりと随分小さくなったかゆみをあらわすかたちを描いた．そして，かゆみの固まりが，点のように小さくなったかゆみに変化したり，ふたたび元の強い大きなかゆみにもどる

---

* 3　一般的にA4用紙に，治療者側がまず最初に四隅にそってマジックインクやサインペンなどをもちいて枠を書きこむ．それは，心理学的に描き手を守るという意味をもっている．

●角野善宏

第Ⅲ部 感情と生活

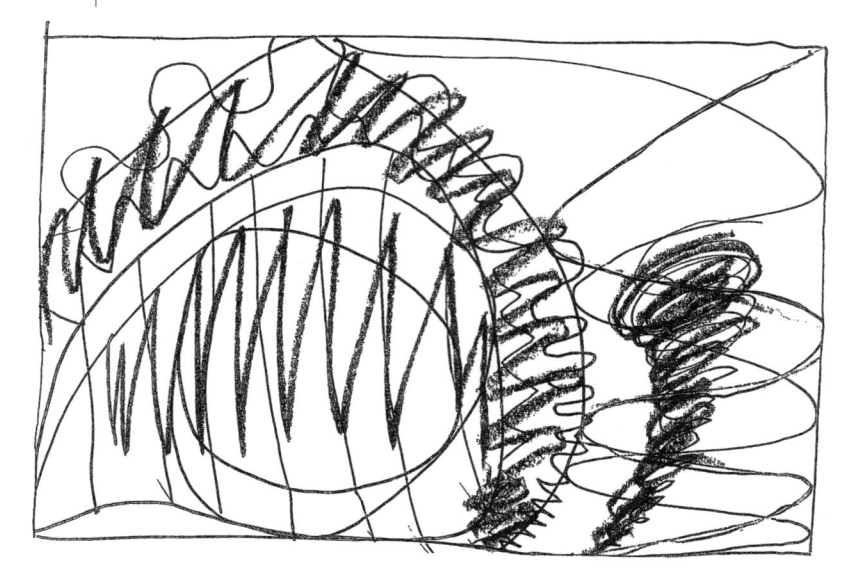

図 10-1　作品 1

こともあることを，作品2をみながら，そしてイマジネーションをはたらかせながら，Aは筆者に語ってくれた．このことは，あとのAの掻痒感が変化し，しだいに減少していく可能性を示してくれて，同時に治療へとAを勇気づけてくれるものであった．

このように描画をもちいて，クライエントの内面にある情動やイメージ，そして心の変化を面接の過程で知ることは，心理療法にずいぶん役立った．

もう1つ自由画によるケースを紹介する．

◆事例B　女性，22歳

Bは一時的に記憶がなくなり，その期間に違う人格が自動的に動いてなんらかの行動をおこなうのであるが，記憶がもどるとそれらの行動をまったく覚えていない状態であった．診断は，解離性同一性障害であった．具体的な症状としては，本屋で立ち読みをして，気がついたらその本を買っていたり，前夜に黄色のセーターを用意していたのに，翌日赤いセーター

図10-2 作品2

で出かけていたり，前に会ったという感じで声をかけてくる男性がいるが，名前もなにもわからない，といったものであった．

　Bとの心理療法のなかで，自発的に一連の自由画を描くようになった．そのなかの1枚が作品3（図10-3）である．それは，灰色をした楕円形のようなもののなかに，左側に赤色の逆三角形と右側に黒色の三角形がある．そして，右上隅に角から緑色，黄緑色，黄色の層が重なっている．この自由画についてBは，「赤色は怒り，攻撃性，悔しさが強く，自分をとことん痛めつけている部分です．黒色は，いままで自分の受けた苦しみをいたわり，かわいそうに思い，憂鬱な気分でいる部分，そして喪の気分です．灰色は，今の自分で，まったく感情がわかず，自分でない感じの部分です．黄色は，これからの自分，よくなる可能性をもつ部分です．緑色は，回復の力，エネルギーをもつ部分で，この色がじゅうぶんな力をもてば，自分の回復に大いに手助けしてくれる部分です」と語った．Bは自分の気持ちや感情を色彩をもちいて，表現していたのである．

●角野善宏

第 III 部 感情と生活

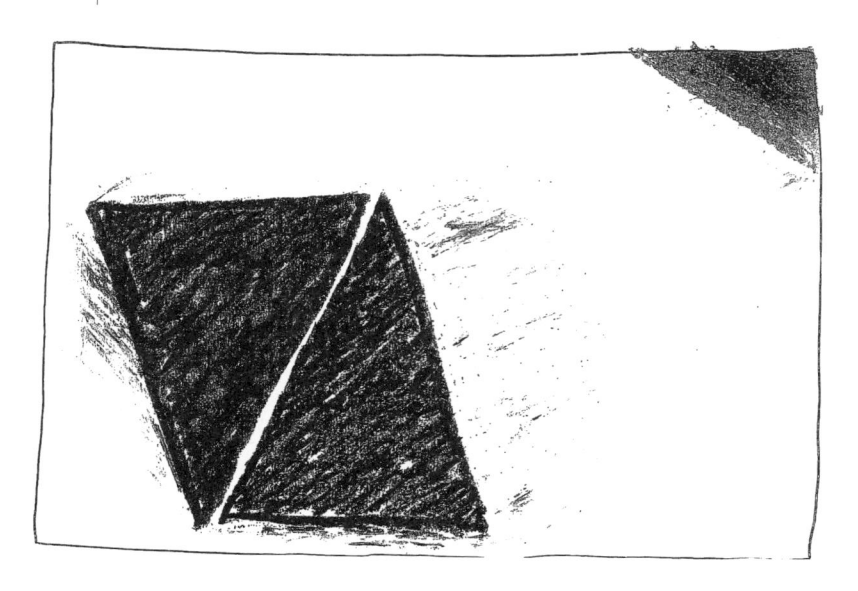

図 10-3　作品 3

　とくに，赤色の三角形と黒色の三角形に注目してしまう．それらの角の鋭さが目立つ．痛々しくて，非常に強いエネルギーを感じさせる．作品 3 は，怒りを中心とした情動を示す赤色と暗く落ちこんだ気分を示す黒色が，隣り合わせで灰色の弱った B を苦しめ，痛めつけている感じを与える描画である．作品 1, 2 と同様に，他の事例でも赤色と黒色が同時に彩色されることがある．これは，両事例が示すように，衝動的攻撃性と暗く沈んだ抑鬱感が同居していることを示し，内面に破壊的なエネルギーや状況が出ていて，さらに強まっているかもしれないことを示す場合がある．この場合臨床上では，自殺行為や自傷行為などの危険性があり，要注意である．いずれにしろ，この描画も，B の感情をじゅうぶんに伝えてくれるものであった．そのなかで，右上隅に位置する緑色・黄緑色・黄色の一連の色の層が，右上から灰色・黒色・赤色の方へやって来るのである．これは，B の内面にある治癒的なエネルギーや穏やかな新鮮な生き生きとした感情を意味しているのではないか．この心理療法の過程のなか，将来 B の内面に

治療的な力となってくれるところを示していたと思われる．

　この描画は，Bが非常に危険な破壊的情動をもっていたことを示し，また同時にBの本来もっている治癒能力も示してくれたのである．これらのことを，一連のBの自由画を通して，話し合うことができた．そして，なんとか緑色の部分が育って，治療的な方向へ進んでくれることを願った．

　次には，**風景構成法**[*4]による描画の事例を紹介する．

3.2　風景構成法からの事例

◆事例C　女性，30歳

　Cは，精神的に調子が悪いということで，両親に病院へ連れられてきた．Cは，「生きている感じがしない，うれしさや悲しさを感じることができない．先生と私のあいだに白いベールのようなものがあり，話をしていても直接会話している感触がない」と語った．診断的には，あきらかな離人症を呈していた．つまり，感情がわからないのである．このような，感情が薄れているクライエントによる描画が作品4（図10-4）である．やはりいちばん注目したのは，彩色の少なさである．塗り残しが，かなり広範囲にある．全体が空虚感におおわれていて，心的エネルギーの低下がいちじるしいことは，あきらかである．重い神経症症状により，生きた感情がまさに枯渇している描画である．

　その後，Cとの心理療法を継続していくなかで，Cはずいぶんと活気をとりもどし，本来の調子にもどりつつあるようであった．その時期に2回

---

*4 まず，方法としてセラピストがクライエントに1枚の画用紙（A4判ぐらい）を出して，こちらがサインペンでふちどり（枠づけ）して，「いまから私がいうものを，1つ唱えるそばからこの枠のなかに描きこんで，全体として1つの風景になるようにして下さい」と告げ，サインペンをクライエントに手渡す．描いてもらう順番は川，山，田，道，家，木，人，花，動物，石，なにか好きな物・描き足したい物である．この順番にセラピストが唱えるたびに患者に描かせ，1枚の風景画を完成してもらうことになる．またサインペンで描いたあと，彩色もしてもらう．彩色道具はほぼ24色のクレヨン・クレパスを用意しておく．このように描かれた風景画を，描き手の心の表現（心像風景）として観察する描画方法．

●角野善宏

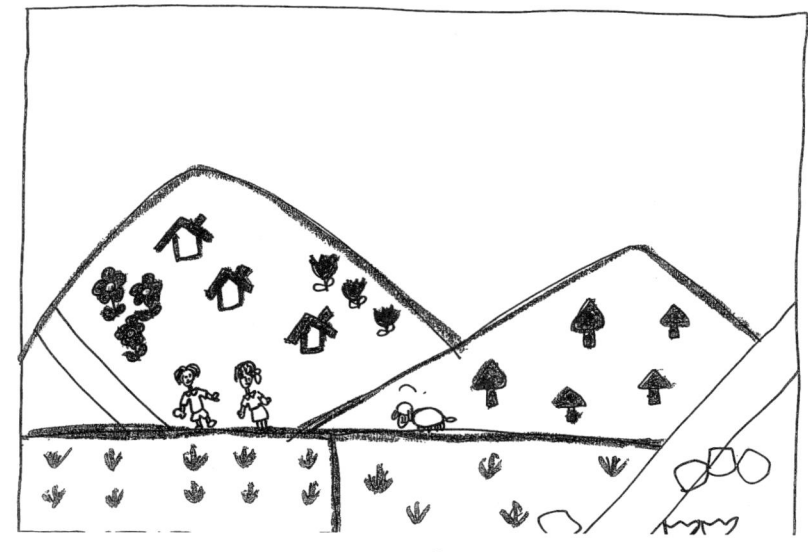

図 10-4　作品 4

目の風景構成法をおこなった．それが作品 5（図 10-5）である．前回の作品 4 と比較して，彩色がずいぶん増えている．山は深緑色で，田は緑色でしっかりと彩られ，川の水色や人物や動物も彩色されている．太陽と雲が追加されて描かれているのも，自発性を感じさせてくれ，回復の過程を示唆してくれている．背景の空がまだじゅうぶんに彩色されていないのは不満であるが，全体としては彩りがよくなり，濃くなっている．離人症の症状もほぼ消失しつつあり，治療は順調に進んでいたが，まだ現実復帰には，この時点でじゅうぶんではない状態であった．この事例の描画から，彩色が感情の有無や強さと密接に関係していることがよく理解できる．

◆事例 D　男性，17 歳

D は中学卒業と同時に就職したが，そこでうまくいかず，1 年余りで退職しその後家に閉じこもる生活となってしまった．その数ヶ月後，幻覚（おもに幻聴）妄想状態にいたり，急性錯乱となり興奮が激しく，緊急に入

図 10-5　作品 5

院となった．診断は，統合失調症である．

　入院後，一応の落ち着きはとりもどしたが，毎回の面接でDは退院の要求をしていた．Dは，みずからの病的体験についてほとんど語らず，また筆者も主治医としてまだそのことをじゅうぶんに安心して聞くことができるほどDとの治療関係はできていなかった．そんな状況で第1回の風景構成法をおこなってみた．作品6がそれである．Dはこの描画についてなにも語らなかった．しかし，語らなくても，この描画が示す風景は一目瞭然である．ただそこには険しい山々と二筋の川，そして空と雲だけである．なんという孤独感，さびしさ，厳しさ，恐ろしさなのかと思わずにはいられなかった．この風景が，Dのもつ心像風景であり，彼の感情をあらわしていたのであろう．かなりすさんだ，無感情に近いものであったろう．Dは父親を早く亡くし，母と兄の3人暮らしで，父親代わりに頼っていた叔父も末期がんで余命幾ばくもない状態であった．学校でも職場でも頻繁にいじめられていたようで，「中学時代は，よくいじめられた．暴力ではなく

●角野善宏

図 10-6　作品 6

口で責められた．職場でも，馬鹿にされることが多かった」と話していた．性格は幼いころから，おとなしく，まじめで，内向的であった．Ｄは，また幼いときにシーソーに手を挟まれて，手の指に大けがを負って，その傷跡を非常に気にしていた．家の事情により，中学卒業と同時に就職したことも不本意であった．統合失調症を発症していたとはいえ，気持ちはずいぶん荒れていて，感情の余裕などまったくなかったであろう．Ｄの感情が，この描画そのものであったことはじゅうぶんに想像できた．その描画をみたことにより，筆者は気持ちの部分でよりいっそうＤに共感ができるようになったと思う．

　作品 7（図 10-7）は，作品 6（図 10-6）より約 1 ヶ月後に描かれた第 2 回目の風景構成法である．前回の描画とくらべると大きく変化している．たぶん描画上でのこのような大きな変化は，Ｄの心の変化を示し，治療的な効果を示してくれているであろう．茶色で彩色された大きな岩山があり，

感情と描画 | 第10章

図10-7 作品7

その奥に民家が3つみえている．3匹の赤トンボが印象的にそれぞれ描かれて，Dの精神の自由さや感情の解放も感じられる．そして，木と花も存在し，描画全体に彩色されている．風景の構図も彩色も，ずいぶん改善して，実際Dの病状も回復に向かっていった．

◆事例E　男性，18歳

　Eは，受験にとりくみはじめた高3の秋ころから，「自分はなにかおかしい」といいだし，家のなかを落ちつきなくウロウロと歩いたり自室に閉じこもることが多くなった．近所の神経科クリニックを受診して神経衰弱との診断で投薬を受けいったん少し落ち着いたが，翌年の夏になって，あることがきっかけで急性錯乱状態にいたり，精神病院に入院となった．診断は急性の統合失調症である．入院当初，多弁，不眠，興奮がいちじるしかったが，徐々に落ち着き出して会話もじゅうぶんにできるようになった．

●角野善宏

第 III 部　感情と生活

図 10-8　作品 8

急性期を脱して幻覚妄想状態が消失したころに，作品 8（図 10-8）である風景構成法を描いた．じゅうぶんに構成された風景を描くことができているので，順調に回復を期待できる描画である．しかし，E はこの時期に強い消耗感や疲労感を訴えていて，ほとんど一日中ベッドで寝ていることが多かった．作品 8 をみてみると，背景となる山や木が黒色や赤茶色に塗られていて，秋から冬に向かう様子が描かれているようであった．全体に枯れた様子で，エネルギーが感じられず，ほんとうに活気が出るにはもう少し時間がかかるように思われた．つまり，感情レベルでいえば，秋から冬の時代をむかえ，元気のない感情の低下した内的状況を，この作品 8 の描画は伝えているようであった．精神医学的に，この時期は急性期を脱して回復期に入る時点で，「精神病後抑鬱状態（post-psychotic-depression）」を起こしやすいといわれている．それは，急性期の幻覚妄想状態で，かなり激しい精神的なエネルギーを費やし，それが終わったとき一時的に強い消耗感に襲われ，気分の方でも鬱状態にいたることがあるといわれている．E

感情と描画 | 第 10 章

図 10-9　作品 9

も一時的にこの描画を描いたとき，このような精神病後抑鬱状態にいたっていたのかもしれない．

　それから約 2 ヶ月半後，作品 9（図 10-9）を描いた．作品 8 と比較して描かれた各内容は変化しているが，背景に注目すると作品 8 よりもいっそう枯れた感じを与えるものである．季節は完全に冬になり，木には葉がまったくなく木々の彩色は赤色と黒色であり，山もほんの少し灰色を塗っているだけであった．実際の E の状態は，活気はないが安定した病棟生活を送り，外泊もできるようになっていた．しかし，この描画をみると，E の感情レベルはまだまだじゅうぶんに回復したとはいえず，依然本来の活力はなかったといえる．感情のなかでも気分のレベルでいえば，抑鬱状態であったと推測できる．この時期にも，注意をおこたらず，じゅうぶんな休養をすすめていた．ただ，描画中央付近の菜の花が咲いて，黄色に彩色されているのをみると，真の回復となる春も近いのではないかと思った．作品 8 には，花は描かれていたが，彩色がまったくなされていなかった．

●角野善宏

図 10-10　作品 10

　黄色の出現は，感情レベルの回復をどこか約束しているのではないかと期待させるものであった．

　その数ヶ月後，退院して社会復帰をはじめたごろの風景構成法による描画が，作品 10（図 10 - 10）である．山は黄緑色に，木々は緑色に，田んぼも緑色に彩色され，みごとに変化している．全体の色彩が明るくなり，中央に描かれたひまわりの花が濃い黄色に彩色されていることから，E のエネルギーの高まりを感じさせる．季節は春になり，夏をむかえようとしているのか．E の気分は鬱を脱して感情レベルは回復したと，この描画から判断できる．E の描画のなかの色彩は，E の感情レベル（さらにいえば，気分レベル）を表現していたといえる．

　次には，スーザン・バッハがあつかった身体疾患のケースから引用した描画について，述べてみる（Bach, 1990）．

感情と描画 | 第 10 章

図 10-11　作品 11（Bach, 1990）

3.3　身体疾患の事例から

◆事例 F，G

　作品 11（図 10-11），作品 12（図 10-12）は同年齢の別の男児が描いた戦車である．作品 11 は良性の脳疾患にかかった子どもによる描画で，作品 12 は悪性の脳腫瘍にかかった子どもによる描画である．作品 12 を描いたＧは，身体の消耗が激しく，感情レベルにおいても相当追いつめられていた状態にあった．作品 11 を描いた F は一時期危険な状態であったが，ほどなく持ち直し，完全に回復して，退院していった．作品 11 と作品 12 の大きな違いは，戦車に彩色された緑色が濃い緑色か薄い緑色かである．やはり，エネルギーの高さを示す濃い緑色は，作品 11 で使われていて，薄い緑色は，作品 12 で使われている．身体の状態はもちろんのこと，感情レベルにおいても，濃い彩色は高く，薄い彩色は低いと判断できるのではないか．

●角野善宏

図 10-12　作品 12（Bach, 1990）

　薄い彩色は全体のエネルギーレベルが低くなっている危険信号である．それは，身体レベルにおいても，感情レベルにおいても同様に描画の彩色で表現されていると思われる．

◆事例 H　女性，11 歳

　H は，転落事故で意識不明にいたり，救急入院した．頭部の内外に外傷はなく，診断は脳震盪であったが，まる 2 日間意識不明であった．そして，意識を回復後，自由画として描いてもらったのが，作品 13（図 10-13）である．家を中心とした風景であるが，まったく彩色されていなくて，白黒の世界である．H は彩色道具がありながら，それをまったく使うことはなかったのである．しっかり意識が回復して，会話もまったく問題のない状態でありながら，しばらくは精神活動がおこなわれず，感情の活動もなかったのである．感情が一時的に消えると，彩色が不可能になるのではないかと推測できる．その後しばらくして，ふたたび自由画を描いてもらったの

図 10-13　作品 13（Bach, 1990）

が，作品 14（図 10-14）である．全部の色を使ったと思われるみごとな孔雀である．それは，完全復活した H の姿である．しかもこれだけの彩色がおこなわれているということは，H の感情レベルも完全にもとにもどって元気になったと思われる．彩色の濃さも，H の本来の精神活動の高さを示すものである．

◆事例 I　男性

　この作品 15（図 10-15）を，スーザン・バッハは「かまどの番人」と呼んでいる．この描画では，かまどの番人が 1 人の男をかまどのなかに押しこめて，下から火をたいている．そして，真っ赤な犬が歯をむいて，その男をにらんでいる．実は，この描画を描いた I は，ある人を殺害する前にこの描画を描いていたのである．すさまじい攻撃性と殺意が，この赤色の

図 10-14　作品 14（Bach, 1990）

犬に象徴されているように思われる．赤色と歯をむき出した犬の形相に，どうしても抑制できなかった情動を感じさせる．その情動は，怒りと破壊性に満ちて，もう自我のコントロールをはるかに超えていたのであろう．もし殺人がおこなわれる前に，この描画をみて理解できる人がいたならば，状況の変化はあったのであろうか．殺人を防ぐことができていたのであろうか．

◆事例J　女性，28歳
　この描画（作品16，図10-16）は，スーザン・バッハが直接心理療法をおこなった女性の描いたものである．心理療法の過程でわかったことである

感情と描画 | 第10章

図 10-15　作品 15（Bach, 1990）

が，Jは，幼いころ叔父に上半身を中心に性的虐待を受けていたのである．そのことが，この描画を描きそれをみたスーザン・バッハによって徐々にあきらかにされていった．この描画にある猫の上半身が，黒色で塗りこめられているのは，上記のことが関係していた．Hは性的虐待を感情とともに描画でもちいた黒色で完全に封じこめていたのである．その感情は，危険で近寄り難く，秘密であり，おそらく楽しみでもあった複雑なもので，親類への罪悪感や自分への怒りもあり，もうJではどうすることもできないものとなっていた．この描画が，Jのその思いを明確に表出していたの

●角野善宏

図 10-16　作品 16（Bach, 1990）

である．黒色で封じこめられていた J の複雑な感情が，少しずつスーザン・バッハとの心理療法を通して J みずからによって受け止められ，癒され，収められていった．それと同時に，J は回復し，社会復帰へと向かっていった．

おわりに

「感情と描画」について，筆者なりの考えを述べてみた．描画により，思いもかけず描き手の感情が表出されることに驚くことがある．それが心理療法へとつながっていくならば，描画が大きな意味をもつことになる．しかし，描かれた物にすべて，感情があらわれているということではない．ただ，描画であれ，どのようなかたちであれ，少しでもクライエントの気持ち，心理，そして感情を理解し，彼らとかかわり合っていくことが重要であると思う．とくに，クライエントによって心の奥に隠されてきた感情は手ごわいものであるが，心理療法を通して少しずつあきらかになってい

くなかで，新たな生きる道が開かれていくのである．その過程に有効な手段として，描画の位置づけが心理臨床において意味あるものとなっている．

文献

Bach, S. (1990). *Life Paints Its Own Span: The Significance of Spontaneous Pictures by Severly Ill Children*. Daimon. ［老松克博，角野善宏（訳）(1998)．生命はその生涯を描く―重病の子どもが描く自由画の意味―．誠信書房］

Furth, G. (1988). *Secret World of Drawings: Healing Through Art*. Sigo Press. ［角野善宏，老松克博（訳）(2001)．絵が語る秘密―ユング派分析家による絵画療法の手引き―．日本評論社.］

Jung, C. G. (1959). *The Archetypes and The Collective Unconscious. The Collected Works of C. G. Jung, Vol. 9*. Pantheon Books.

角野善宏（2001）．全身熱傷を受けた青年の心理療法過程―自由画の可能性を考慮して―．心理臨床学研究，19, 5, 513-524.

中井久夫（1970）．精神分裂病者の精神療法における描画の使用―とくに技法の開発による得られた知見について―．芸術療法，79-89.

●角野善宏

第11章

夢における感情と自我

河合俊雄

夢　自我　病態水準　防衛（安全弁）　深層心理学　ユング
抑制（緩衝材）　神経症　歴史性

1　臨床心理学における感情

　感情というものは，さまざまな心理学において，その位置づけがなされており，本書においてもそれはさまざまな立場からアプローチされている．ここでは，臨床心理学，とくに深層心理学的モデルから，心理療法のなかで扱われる感情について考えてみたい．

　心理療法というのは，すぐれて感情にかかわるものといえよう．つまり心理療法は，極端な不安や抑鬱感をはじめとする，感情の病理や問題にかかわり，それを軽減したり取り扱ったりしようとする．また**ユング**は言語連想検査において，被験者の感情的なひっかかりや問題があるときに，それに関係している一連のことばに対して，反応時間の遅れや，身振りをともなった反応，再生の誤りなどの混乱が生じてくることに気づいて，そのような混乱を引き起こしているものを「感情に色づけられたコンプレックス」（第10章参照）と名付けた（Jung, 1906/1991）．ここにも心理的な問題が感情的な反応を引き起こすことが裏づけられており，心理療法における感情の位置づけの重要さが示唆されている．

　そのように問題や対象としての感情だけではなくて，心理療法をおこな

うなかにおいて，感情が大きな役割を演じるということもある．たとえば親などに向けていた感情がセラピスト（治療者）に対して生じてきたり（転移），セラピストに対して両価的な感情が表出されたりするのは，その典型的なものであろう．その意味で感情は，臨床心理学においては，問題としても，またその解決のための媒体としても重要なテーマになるといえよう．

　さらには心理療法の対象となる感情の問題としては，さきにあげた抑鬱感や不安などのように，否定的であったり，障害になったりする感情が過大に生じてくることがとりあげられることがあれば，なにも気持ちが動かない，なにも感じないなどのように，感情が生じてこないことが問題になることもある．同様に，心理療法においても，抑圧されてきた感情がよみがえってくることが症状や問題の解決に貢献する場合も，逆に感情が治療の妨げになる場合もあると考えられるのである．このようなことからすると，感情の位置づけというのが問題になってくる．つまり**深層心理学**というのは，心を層のモデルで考えているものであり，意識と無意識というわけ方がその基本となるものである．そのなかで感情というのは，たとえば思考や認知よりも無意識に近く，「深い」という前提が一般的に浸透しているように思われる（Hauke, 2000）．だからこそ心理療法のなかで感情が生じてくることが，より無意識に関係していると考えられるので，治療の深まりとして評価されることになる．しかし感情というのは，そのモデルのなかで考えられているように，本当に深いところに位置するのであろうか．これは深層心理学のモデルのみならず，認知心理学や脳科学を含む心理学における，感情の位置づけにも関係してくる問題である．つまり認知科学においても，感情というのが，記憶，認知，思考などの機能よりも，あいまいでコントロールしにくいものとみなされているからである．

　さて，筆者はユング派のオリエンテーションをもつ心理療法家であり，ユング派の心理療法において，クライエント（来談者，心理療法を受ける人）の報告する**夢**が重要な位置を占めているので，筆者もさまざまな人から夢を聞くことになっている．そこで本章では，夢における感情をおもな手がかりとして，感情の問題について考えていきたい．夢における感情を扱う

ということは，自己内感情が他者や外のものに対する感情となってあらわれることになる．つまり夢のなかの登場人物も，自分のなかのイメージであり，本当の他者ではなくて自分のうちのものに対する感情だからである．したがってまず自己内感情を扱ったうえで，他者に対する感情を検討することになるであろう．また方法論的に考えると，夢という現象をとりあげると，感情というあいまいな対象に，ますますあいまいにアプローチしている印象を与えるかもしれないけれども，実はそうではない．つまり，心理療法を全体としてとりあげると，漠然としたものになってしまったり，わかりにくくなったりする可能性があるのに対して，むしろ夢という現象に焦点をしぼることによって，ある種の限定された，いわば実験状況のようなものを作り出しているとも考えられるからである．

　心理療法で報告された夢というのは，ミクロ的で，個別的なデータであるといえよう．それぞれの夢，あるいは分類された夢から考えられることはあっても，それはいつの時代にも，どの文化にも該当するのかは確かではない．心理学においても，ミクロ的なデータからの仮説を，さらにマクロ的な視点から相対化し，位置づける必要があると思われる．したがって夢で確かめられた感情についての仮説を，感情についての歴史的，哲学的な研究を参照しつつ，裏づけていくこともおこないたい．

2　神経症圏の感情

　夢における感情を扱うために，心理療法ではどのような感情が問題になり，またどのような分類が可能なのかにふれておく必要があろう．感情の表出される病理としては，不安，怒り，抑鬱感など，さまざまなものがある．ICD-X（WHOの国際疾病分類基準）と並んで最も一般的なDSM-IV（アメリカ精神医学会が定義している精神障害の診断と統計マニュアル）の分類によれば，大部分が気分障害と不安障害のなかに含まれてしまうであろう．しかしここでは，さまざまな感情の病理を，DSMのように羅列的に列挙する方法はとらない．そうすると，羅列されたさまざまな感情の病理がみら

●河合俊雄

れた夢をやはり列挙するだけに終わってしまうであろう．ここでは感情の機能や位置づけについて考えたいので，臨床心理学の枠組みをまず手がかりとして，感情を整理して，位置づけねばならないであろう．そのための鍵となるのは，病理のレベルの重さ，病態水準であると思われる．

　カーンバーグをはじめとして，**病態水準**は普通，神経症水準，境界例水準，精神病水準に分けられている（Kernberg, 1967）．これは神経症と精神病という区別の中間に，境界例水準を導入したもので，ここでもまずはそれにならいたい．そのなかでとくに**神経症**水準の感情に着目することにする．それは神経症水準がいわゆる正常といわれるものに一番近いと考えられ，一般の人の感情の動きと機能をとらえるための参考になると思われるからである．また通常ではとらえにくい感情の動きが，神経症においては多少極端なあらわれ方をするために，一般の人の感情を扱うよりもとらえやすくなる利点があるということもいえよう．ここでの議論も神経症水準での感情のはたらきを中心にして考えていき，最後にそれとは異なる感情のはたらきについてもとりあげることになる．

2.1　不　　　安

　それでは神経症の人の夢にあらわれてくる感情とは，どのような特徴がみられるのであろうか．たとえば，閉所恐怖や不安発作を訴える40代の女性は，1回目のセッションで次のような夢を報告した．

　　　誰か知らない人に出会い，ぎょっとして目が覚める．

　このクライエントは，この夢を繰り返し見ていたが，このクライエントに限らず，不安夢は繰り返し見られる傾向が強いといえよう．
　また次のものはすでに報告したことがあるが（河合，2000a），20代の不安障害に悩む女性が，治療の初期に報告した夢である．

　　　夜道を歩いていると，後ろから何人かの男性がついてくるようだ．私が歩

みを速めると，向こうもどんどん速くなってついてくる．パニックになる．

　どちらの夢も，神経症の人に典型的な夢であると思われるが，共通するのは，未知なものやわからないものに対しての不安や恐怖という感情が認められることである．もちろんこの2人の症状が不安や恐怖に関係していることもあるけれども，一般に神経症の人の夢における感情としては，不安や恐怖が非常によく生じてくると思われる．

　感情の内容ではなくて，感情の出方としての特徴をみてみると，どちらの夢においても，不安という感情が外からの刺激によって生じてきたのではなくて，いわば不安を自分で作り出しているところが認められる．夢見手からすると，怖いことが起こっているから不安に感じていると素朴に思っているかもしれない．しかしながら夢をよく検討してみるとそうではない．つまり1つめの夢だと，知らない人が怖いかどうかわからないのに，夢見手は不安を感じている．また2つめの夢ではもっとあきらかなように思われるが，見知らぬ男性が怖いかどうか，本当に自分を追いかけているかどうかわからないのに，夢見手はいわば勝手に怖がって逃げている．そして不安だから逃げ，逃げることで追いかけられ，追いかけられるから不安になるといういわば悪循環を作り出している．

　このように，不安を引き起こす状況があるから不安を感じるというよりは，むしろもともと不安な感情があって，それがいわば状況に投影されているというのは，神経症というあり方にふさわしいといえよう．つまり神経症とは，客観的に否定的な状況によって生まれるのではなくて，主観的に作り出されたものだからである（河合，2001）．たとえば2人目のクライエントのような閉所恐怖において，エレベーターなどの狭い場所に恐怖感を感じることになるが，そのような狭い場所が，誰に対しても客観的に恐怖を引き起こすものではない．そうではなくてクライエントが主観的に恐怖を感じているのである．乗り物恐怖，不潔恐怖，高所恐怖など，さまざまな恐怖症のことを考えてみると，恐怖が主観的に作り出されたものであることはあきらかであろう（主観性については，河合，2000bを参照）．

●河合俊雄

不安の根拠がなく，それが主観的に作り出されたものであるということにも関連するが，もう1つ特徴的なのは，たとえ不安を感じていても，恐れているようなできごとが夢で生じないことである．1つめの夢において，夢見手は恐れているけれども，誰も知らない人に襲われることも，殺されることもないし，その人が迫ってくるかどうかさえわからない．2つめの夢でも，追いかけてくる人に追いつかれたり，襲われたりということがない．神経症の人の夢の特徴は，不安を感じるにもかかわらず，恐れているような事態は夢のなかで実際に起こらないところにある．

　そのことの非常にわかりやすいサインは，夢のなかでの自分が死なないということであろう．ここでの夢では，相手が本当に危険かどうかさえわからないけれども，たとえば夢のなかで暴漢に襲われたり，犬に追いかけられたり，ビルから落ちそうになったりして，たとえ危険に思われるようなことが起こって，非常に不安を感じても，神経症圏の人の夢では，夢見手はクライマックスの手前で必ず怖くなって，死なずに目が覚めてしまう．それとは非常に対照的に精神病圏の人では，夢のなかでドラスティックなことが実際に起こってしまうのが特徴的である．統合失調症の人の夢において，自分が殺されてバラバラになったり，高いところからたたきつけられて死んでしまったり，洪水に呑み込まれたりということがしばしば生じる．たとえば，武野が治療した統合失調症の人は，夢ではないが次のような妄想ないし幻覚を報告している（武野, 1998）．

　　……入院前には，お父さん，お母さんからメッタ裂きにされて子どものころの自分が殺されている映像が浮かんでいた．

　このように統合失調症の人のイメージや夢では，神経症圏の人の夢とは異なって，破壊的なことが実際に起こってしまうことが多い．病態水準という意味では，神経症水準と精神病水準をわかつものは，否定的なことが夢で実際に生じるか生じないかであるといえよう．これはどの程度夢のなかの自分を守れるか，深層心理学の枠組みでの用語を用いると自我を守れるかということに関係していると思われる．

同じように，意識のレベルと関係していると思われるが，子どもの夢において，自分が死んでしまったり，殺されたりということは比較的よく生じるが，これもある程度の年齢から，死ぬことがなくなっていき，大人になると死ぬことは非常にまれになる．このことにも，夢で実際にドラスティックなことが生じるかどうかは，意識の水準と意識の確立の程度とにかかわっていることが裏づけられている．

2.2 焦燥感

不安と並んで神経症に特徴的な夢における典型的な感情としては，焦燥感をあげることができる．焦燥感は，なにかをしようとしてもできないというコンテクストで生じてくる．トイレに行こうとしても，トイレがみつからずにあせる，電車に乗ろうとしても乗れなくてあせる，授業にまにあわなくてあせる，試験を受けていて，答えがわからなくてあせるというような夢は神経症圏のクライエントで非常に多いと思われる．しかも単純にみつからなかったり，乗れなかったりではなくて，障害が何度も繰り返されて，なかなか思うように達成できないことが強調され，ますます焦燥感がましていくことが多い．

たとえば，40代の強迫症状に悩む女性は，よく電車にまにあわなかったり，公衆電話がみつからなかったり，お風呂に入ろうとしても入れなかったり，などという夢を報告したが，そのなかに次のような夢がある．

> 電車に乗ろうとして，自動券売機で切符を買おうとするがたくさんの人が並んでいる．3つ券売機があって，うちの1つに並ぶが，私が並んだ列が，なかなか進まずにあせる．ようやく順番が回ってくるが，なぜかうまく切符が買えない．機械が故障してしまったようだ．しかたがないので別の列に並び直す．ようやく切符を買って，もうまにあわないかもしれないが，走って改札を通って，ホームに急ぐ．ようやく着いてみると，電車がない．ふと，まちがったホームにきてしまったのに気づく．焦って大急ぎで正しいホームにむかう……．

●河合俊雄

望んでいることやめざしていることが達成できずにあせり，あせればあせるほどうまくいかないという特徴がよく出ている非常に典型的な夢と思われる．ところでこの焦燥感やあせりというのも，実際のできごとが実現しないのが特徴的で，その意味では不安の場合と共通しているといえよう．つまり不安の場合は避けたいことであり，焦燥感の場合は実現したいことであるところは違うけれども，いずれにしても実際のできごとが生じないところが共通している．このことは神経症圏における感情，ひいては一般人における感情の機能について，示唆するところが大きいと思われる．また一般の人との連続性という意味では，不安夢も，またなにかをおこなおうとしてもうまくいかず焦燥感を感じる夢も，一般人でもよく見るモチーフや，夢で感じる感情であると思われるので，一般人の心理や感情を考えるうえでも適切であると考えられる．

2.3 罪悪感

　不安や焦燥感の場合に，望ましくないことであれ，望ましいことであれ，実際のできごとが生じないところが特徴的であるとしたけれども，神経症圏の人でも，夢のなかで実際の行為におよぶことがある．誰かを傷つけてしまったりすることもあれば，また誰かが亡くなったりすることもある．しかしそのようなときに感じられる感情が，自分が悪かったからではないかとか，自分がきちんとしていれば起こらなかったのではないかとかいう罪悪感である．次の夢は，強迫症状や対人恐怖に悩む20代の男性の見た夢である．

　　　母親と言い争いになって，思いあまってなぐってしまう．しかし私は後悔してすぐにあやまる．

　このクライエントは，いつも他人の考えや視線を気にして，自分をひかえて生きていて，家のなかでもまったく両親に服従しているような状態である．それがついに母親に対して反抗を示したところ，罪悪感を覚えるこ

とになってしまうのである．

　神経症圏の人は，実際の行為やできごとにいたることが少ないと述べたけれども，この夢では母親をなぐるという行為に至っている．その点では神経症圏の特徴とは異なるように思われるかもしれない．しかしそうするとたちまち罪悪感という感情が生じてくるのである．罪悪感というのは，神経症のなかでとくに強迫症状や抑鬱症状をもつ人に特徴的であるけれども，それ以外にも神経症全般によく生じてくる感情である．精神分析があきらかにしたように，罪悪感とは，相手に向けるべき怒りや攻撃性が自分に向いてしまうことである．また罪悪感とは，実現してしまった攻撃的な行為を否定して，なかったものにしてしまおうという動きとして理解できる．不安や焦燥感においては，実際の行為そのものが生じないのに対して，罪悪感においては実際の行為は生じるものの，その意図や意味が後から否定されて骨抜きにされていて，いわば洗練されたかたちでの否定と考えられる．したがって神経症の人は，夢のなかで死んだり，殺したりしないし，またたとえ殺したり，実際に暴力をふるうことがあっても，それを罪悪感によって打ち消してしまうといえよう．

3　神経症の人の夢からみた感情の機能

　神経症の人の夢においては，不安にしろ，焦燥感にしろ，そのような感情が生じることによって，ある意味ではドラスティックなできごとに近づきつつも，実際にはそれが生じないことになる．たとえば先述の夢だと，男が怖いという感情をいだくことによって，その男性をいわば怖いものにしてしまい，その怖いできごとに接近するけれども，実際の怖いできごとは生じない．すると感情とは，ドラスティックなことを感情としていわば仮想的に体験しつつ，それが行動や現実としては生じないための**緩衝材**であり，**安全弁**であるといえないであろうか．そのことからすると感情には2つの機能があることがわかる．つまり1つには，夢での男性が怖いと想像するように，感情として予期することで，あるドラスティックなことを

●河合俊雄

仮想的に体験することである．それと同時に，感情として体験するがゆえに，実際の行動や現実としてドラスティックなできごとが生じないように抑制する機能があることになる．

その意味で感情はできごとに接近しつつ回避していて，必然的に両価的（アンビバレント）なものであるといえよう．また夢においては，実際に怖いことが生じているかどうかわからないので，感情が先なのか，できごとが先なのかは，循環論におちいってしまい，またまさに循環してしまうところが神経症の特徴である．しかし現実において実際に怖いことが生じる場合においても，感情はできごとによって揺り動かされるだけではなくて，いわばバリアを自分から作り出して，緩衝材のような役割を演じると考えられる．

これに対して罪悪感の場合は，実際に悲しいことや恐ろしいことが起こってしまった後にいだかれる感情で，その意味では不安や焦燥感の場合とは違って，実際のできごとが起こってしまっている．しかしこの感情においても，罪悪感をいだくことによって，自分の起こした行動や生じたできごとを否定し，心理的には生じなかったことにしてしまうところでは不安の感情と同じである．すでに示唆したように，実際のできごとを避けるのではなくて，後からそのできごとの意味を骨抜きにする点では，さらに洗練された否定であると考えられる．その意味では罪悪感もドラスティックなできごとを体験しないための緩衝材であり，自分を守るための安全弁になっているといえよう．しかも自分を攻撃し，責めつつ守っているという非常に洗練され，逆説的な守り方である．

その意味では，感情はよくいわれているような，コントロールされていない，無意識的なもののあらわれではない．それは緩衝材として，むしろ自分を守るものであり，深層心理学の枠組みでいうと，いわゆる**自我**や意識を守るものである．すると意識と認知，無意識と感情を等置し，対立させる枠組みは疑問に付されることになるであろう．そして不安を感じることによって，夢のなかで死ぬことがなくなることからわかるように，一般に感情に焦点を当てることは，むしろ自我を強めることになると考えられ

る．よく心理療法において，感情を出していったり，感情に焦点を当てたりすることは，無意識的なものを表出させるように一般的には理解されているけれども，夢を検討していったところによると，それは誤解であることがわかる．

またユングは，心理療法において感情をイメージにして表現していくことの必要性を強調している（Jung, 1916/1958, §168）けれども，イメージにする以前に，感情を出していくことがその一歩であることがわかる．つまり感情というのが，イメージと同じように，仮想的な現実の体験だからである．

感情は緩衝材であって，自分を守っているものであるということの延長線上にあることとして，感情によって自分を感じ，自分を確かめるというはたらきがある．つまりたとえば不安を感じることによって，自分を感じるのである．その意味で，前節ではとりあげなかったが，恥という感情も重要と考えられる．つまり恥という感情も，自分を感じるから生じてくるのである．罪悪感というのも，自分に責任を感じることなので，これも自分を感じ，自分を作っていくためのはたらきといえよう．つまり罪悪感というのは，本来自分に責任がない場合にも責任を感じて生じる場合もあるので，その意味では否定的なかたちではあるけれども，非常に自分に焦点が当たっていて，ある意味で自己中心的なものなのである．多くの神経症的な感情は，否定的なものではあるけれども，自分を感じるための重要な役割をはたしているといえよう．

不安や焦燥感が，未来における，いまだ起こっていなくて，おそらくは決して生じないできごとにかかわるのに対して，罪悪感は，過去において起こってしまって，過ぎ去ってしまったできごとにかかわる．いずれにしろ感情は，過去から未来にわたる時間軸をもつところが特徴的である．しかも感情をいだくということは，すでに起こってしまったか，それともまだ起こらないという時制に自分がいることになる．つまり感情は時間軸を展開することによって，常に現在という，いままさに生じている時間を避けるような構造になっている．これも感情の仮想性と関係していて，過去

●河合俊雄

や未来という,いまに存在しないものを導入するはたらきがあるのである.感情というと,いまそのときに感じるものという印象があるけれども,感情のはたらきをよく検討してみると,むしろ逆にいまをうまく避ける構造をしていることがわかるのである.

このように感情には,行動にすることをうまく避け,安全弁や緩衝材となる機能があることがわかった.その意味では感情には,心の健康を維持するための非常に有用な機能があることになる.つまり感情を感じることで暴力をふるったりふるわれたり,破壊的なことに遭遇したりするのが避けられると考えられるからである.しかしながらこれは必ずしも肯定的なはたらきではなくて,否定的にはたらくと,心の動きを止めてしまうことになる.つまりなかなか夢のなかで死なないということは,自分を捨てきれないということであり,古い自分を捨てて変化ができないということと考えられる.

ユング派の心理療法で,心理療法の過程がイニシエーションにたとえられることがよくあるが,イニシエーションの儀式において,象徴的な死と再生がおこなわれ,それによって人格のラディカルな変容がおこなわれるとすると,まさに神経症の人においては,イニシエーションのプロセスが進行しないことになる.さきにあげた精神病圏のクライエントの妄想に対して,武野はシャーマンのイニシエーションに関連づけて解釈することで,クライエントの変容をサポートしている.つまりシャーマンのイニシエーションにおいて,自分が祖霊によって解体されるというヴィジョンが生じるからである.すると神経症の人にみられる感情は,緩衝材になったり,安全弁になったりする点ではよいかもしれないけれども,感情をいだき,感情にこだわることによって変化しない,つまり治癒しないという問題ももたらす.そしてたとえ変化したり,変化しようとしても,罪悪感によって取り消したりしてしまうことになるのである.その意味で少なくとも神経症圏の人に特徴的な感情から考えていくと,感情というのは,自分の現状を維持しようとする,きわめて保守的なはたらきであることがわかる.

4 神経症的感情の歴史的位置づけ

　神経症圏の人の夢における感情から検討していくと，感情というのが，未分化な衝動の直接的な表現ではなくて，むしろ自我を守り，現実的な行為を避け，緩衝材を作り出すはたらきをもつと考えられることがわかってきた．ここでは**歴史的**な研究からそのことを裏づけたい．感情に深いかかわりをもつと考えられる自我意識ということを検討してみると，自我意識が成立していることは必ずしも自明でないことは，発達研究や文化・歴史的な研究から裏づけられている．たとえば川，山，田，道とアイテムを順番に描いてもらっていって風景を構成する風景構成法（第10章参照）の発達研究において，小さい子どもの場合にはそれぞれのアイテムをバラバラに描いていたのが，10から12歳くらいにいわば無限の距離から風景がみられる時期を経過して，その後に遠近法が成立することが確かめられている（高石，1996）．この場合にも，一点透視法という，ある一点から見ていく視座の確立は，自我意識の成立を象徴していると考えられるが，そのような意識の視座が成立するのは，ある年齢になってはじめて可能であることがわかる．そして絵画の歴史において，ルネッサンスを経てはじめて遠近法というのが成立してきたことからわかるように，われわれが考えている意味での意識や自我というのが成立してきたのは，ルネッサンスを経て，近代になってはじめてのことだと考えられるのである．また一点透視法という描き方が西洋文明に特徴的なことから，このような自我意識のあり方は，ヨーロッパの歴史と，それからのグローバル化を前提としてはじめて可能なものであることがわかる．

　神経症に関連してとりあげられた3つの感情のうちの不安に焦点を当ててみると，不安というのが，必ずしも文化・社会的に一定で，自明の感情でないことがわかる．不安というのは，不安に焦点を当てたキルケゴール（1813-1855）やハイデッガー（1889-1976）の哲学の歴史的な位置づけからもわかるように，近代において生まれてきて，近代意識に特徴的なものであ

●河合俊雄

る．19世紀の後半というのはすぐれて不安と関係していることが指摘されている（Hauke, 2000）．すると神経症圏に特徴的であると考えられる感情は，近代意識と非常に密接にかかわった，文化的・歴史的なものとみなされるのである．

このことは，神経症の治療としての精神分析が20世紀になって登場したことにも裏づけられている．つまり不安，焦燥感，罪悪感などの感情が成立してきたこと，近代的な意識が成立してきたこと，それへの治療としての精神分析が登場してきたことというのは，密接にかかわっていると考えられるのである．

たとえば日本において，対人恐怖という独特な症状が認められ，その症状をもったクライエントは，家族などの親しい人でも，まったく知らない人でもない，近所の人や知人などのいわば中間の人が怖くなる．この場合にも，本来には自分を守ってくれるはずの共同体的なものから，自分が抜け出して自立しようとしているから恐怖を感じると考えられるので，対人恐怖の人の怖さの感情には共同体を離れて，近代的な意識をもつことが密接に関係しているのである．つまり対人恐怖という症状は，西洋のコンテクストで不安という感情とともに成立した近代意識を，日本という異なる文化でもつようになったときに生じてくる歪みと考えられるのである．

また妄想–分裂態勢と抑鬱態勢を対比させたメラニー・クラインの理論（Klein, 1946）からしても，喪失感を体験でき，罪悪感をもつことができるのは，バラバラでなくて全体的な対象を獲得しているという，ある意識水準に達していることを意味しているので，罪悪感をもてるということもある程度の発達段階や，自我意識の確立を示している．不安感にしろ，罪悪感にしろ，神経症圏に特徴的で，自我意識に関係する感情は，近代になってはじめて成立してきたことが推察されるのである．

5　心理療法における感情

心理療法における感情の重要さは，いくら強調しても強調しすぎること

がないであろう．たとえば初期のフロイトは，催眠状態において，抑圧されていた感情がよみがえってくると，ヒステリー症状が除去されることを認め，それをカタルシス療法と名付けた．またロジャースによる技法も，クライエントが語る内容ではなくて，その感情に焦点を当てているといえよう．しかしながら神経症圏の人の夢における感情を検討してみたところ，感情は必ずしも深い衝動を表現したものではなくて，むしろ**自我**にかかわり，自我を強化するものであることがわかった．すると，感情を強調すると，これまでの自我の体制をいわば強化するだけになって，新しい変化をもたらさないかもしれないのである．

だからたとえば心理療法で夢の報告がなされたときに，「どのような気持ちがしました？」とか「悲しかったのですね？」とかのようにセラピストが感情焦点を当てていくことは，心理療法にふさわしい応対で，クライエントの気持ちに沿っていっているように思われるかもしれないけれども，皮肉なことに，心理療法は深まらず，むしろ自我を強調することになってしまう場合がしばしばある．それは夢に限らず，通常のカウンセリングにおいてもいえることで，セラピストの応答において感情に焦点が当てられるのは，自我を強める結果になりがちなのである．無論深めていくばかりが心理療法の目標とは限らず，ときには自我を強めるのが必要になるし，また治療を深めるよりは自我を強化するのを目標とする心理療法もあることも付け加えておく必要があるが，これまでの自分を変化させ，新しい体験に自分を開いていこうという姿勢をもつ心理療法にとっては，感情に焦点を当てることには問題があるといえよう．

このような指摘は，われわれが通常もっている意識と認知，無意識と感情，あるいは精神と認知，身体と感情とを等置する枠組からすると不思議なように思われる．しかしながら古代ギリシャにおける感情の概念を参照してみると，そうではないことがわかる．ヒルマンが指摘しているように，古代ギリシャにおいて，地下 (ge, underground) と冥界 (chton, underworld) は区別されていて，魂は冥界に関係づけられている．そして地下の領域が情動や感情との関係が深いのに対して，冥界という魂の領域は，感情とは

●河合俊雄

関係のない冷たい領域なのである（Hillman, 1979）．

したがって古代ギリシャの概念を参照すると，感情が深いというわれわれの常識的な枠組みは否定され，感情は表面的なものに関係していることになり，むしろ神経症圏の人の夢を通じてみいだしてきた感情の特性に沿っていることになる．このように心理学においても，歴史的・文化的研究から，われわれの常識としている枠組みを批判的に検討することは重要であると思われる．ハイデッガーの哲学から影響を受けた現存在分析において，ハイデッガーが「気分」を強調したために夢における感情を重視する傾向がある．しかしこれにおいても，ハイデッガーの哲学を絶対視し，それを歴史的に相対化することに成功していないといえよう．つまり「死への存在」に向かう実存的なあり方として不安を強調したハイデッガーの哲学も，近代の枠組みを映し出しているのである．そして古代から伝わる儀式などにおいても，感情は大切でない．むしろ儀式でなにがおこなわれるかが決定的になるのである．

だからこそ，感情のなさは深いと同時に，病理の重さにつながると考えられるのである．次の節で，感情のないことや，これまでの感情とは異なる種類のものを検討したい．

6　重い病理における感情

神経症圏の感情が，緩衝材や安全弁となったり，自我を強化したりする機能があることがわかった．それでは精神病圏や境界例水準ではどのようになるであろうか．

まず感情の乏しい病理を考えてみると，シフネオス（Sifneos, 1973）は，いわゆる心身症といわれる患者について，感情が乏しかったり，感情をうまくことばで表現できなかったりという特徴が共通して認められることから，これを「アレクシサイミア（失感情症）」（第12章参照）と名付けた．心身症の人は，症状に心理的な側面の関与が推測されるのだが，神経症的な特徴は示さず，非常に社会的な適応がよいことが多い．そのために心身症

の人は心理療法の視点からは見逃されがちになる．しかしながらこれはいわゆる心理的な問題が存在していないということではなくて，より重篤な人格の障害が推測されるのである．このことも感情が自我を強めることにつながり，緩衝材の役割をはたしていることを裏づけていると考えられる．感情があると，起こったできごとに揺り動かされ，それに影響を受けているように思われるが，実のところ感情が生じていない方がより強い影響を受けるのである．心身症の人はイメージに乏しく，夢の報告も少ないので，そもそも心理療法において夢を用いることがむずかしいといえる．

　また離人症や，昨今増えていると報じられている解離症状をもつ人においても，感情が乏しいことが多い．このような人々の夢においては，できごとを外から，あたかもテレビを見ているかのように体験されることが多く，また夢の途中までは自分が参加していたのに，終わりになると自分は観察しているだけになっていることも多い．破壊的なことや暴力的なことが起こっているのを，自分が外から見ているという状況が多いのも特徴的である．次にあげるのは，軽い解離症状を呈していた，20代の男性の夢である．

　　　自分は車で町外れの道を走っている．ハンドル操作を誤って，車が大破してしまう．いつのまにか自分は壊れた車と，ひどい傷を負った人を上のほうから見ている．

　この場合にも起こっていることの激しさと，見ている意識の感情のなさと距離の遠さが印象的である．これにおいても，感情が緩衝材の役目をはたさずに，できごとに至ってしまっているといえよう．解離症状をもつ人々は，夢の中だけでなくて，実際に暴力的なことや破壊的なことをおこなっても感情が生じず，記憶すらしていないことが多い．

　すでに神経症の人との比較で述べたが，精神病圏の人の夢では，実際に破壊的なことが起こってしまい，夢見手が殺されたり，全てが破壊しつくされたりする．恐ろしいことが起こっている割には，夢見手になにも感情も生じてこないことも多いが，ときにはすさまじい恐怖が体験されたりす

●河合俊雄

る．そのような場合には，神経症圏の人の感情と関連して述べてきたような緩衝材の役割を感情がはたしてはいないと考えられる．

　これと同じようなことが境界例水準の人にも当てはまると考えられる．境界例水準の人に特徴的な感情は怒りや傷つきであると思われる．この場合の怒りは，非常にすさまじいもので，しかもそれを体験することがまったく抑止効果をともなわないように思われる．

　たとえばある境界例のクライエントは，現実でも夢でもしばしばすさまじい怒りを表明したが，ある夢では次のような怒りが表現された．

　　同僚の人が，文句をつけてくる．自分は怒ってそいつをぼこぼこになるまでなぐって，階段から突き落とす．

　この場合の怒りはまったく緩衝材や発散の役割をはたしていず，むしろ強めてしまっている印象を受ける．

　これについては，反復強迫に関して，フロイトが「快楽原則の彼岸」や「死の欲動」をいい出したことや，それを受けてアモンが心身症理論を作り出したことが参考になると考えられる．アモンは，同じように身体で表現される病理でも，転換ヒステリーにおいては，身体が象徴として用いられているのに対して，フロイトの文脈での現実神経症や心身症においては，器質症状に自我の関与がみられず，「精神的に発散できない」未分化の衝動現象のみをみいだしたことを指摘している（Ammon, 1974）．つまり神経症圏の場合には，感情の象徴化機能がはたらいていると考えられる．それに対して境界例水準では，感情が象徴化されていず，その結果として感情がブレーキになっていない．ここでは神経症圏の人が夢においていだく感情から，感情が緩衝材としての役割をはたすことをおもに述べてきて，離人症，解離症状をもつ人，さらには心身症の人において感情が乏しいことも，この仮説を裏づけてきた．しかしながら境界例水準や精神水準の人の感情を考察してみると，それとは異なる感情が存在すると考えられる．それらはやはり同じ感情と考えられるのか，感情と情動ということばの区別があるように別のものなのか，さらには生理学的に，脳科学的にみて，それら

の感情が同じものなのかは，今後の研究が待たれるであろう．

7　自我の感情と夢イメージの感情

　これまで検討してきたところによると，夢における感情としては，神経症圏の人の夢における，緩衝材や抑制の役目をはたすような，自我を守っていく感情と，精神病圏や境界例水準の人の夢におけるような，破壊的で抑制機能をもたないような感情が存在することがわかった．

　しかし夢における感情としては，心理療法の視点からするともう1つ別の種類のものが存在することを最後につけくわえておく必要がある．神経症圏の人の夢における感情を検討してみると，かならずしも対象からひきおこされたものではなくて，自我から投影し，つくりだされている感情であることがわかった．それは不安夢において典型的に示されていて，たとえば犬に追いかけられるという単純な夢を例にとっても，犬が本当にこわいから恐怖の感情をいだくのではなくて，恐怖という感情が犬に投影されていると考えられ，その意味では感情は自我の感情であることになる．パニックで目が覚めるなどの夢の結末における感情や，「嫌な夢だった」などの夢について夢見手があとからいだく感情は，自我の感情であることが多いと思われる．

　しかし夢には，自我からの感情だけではなくて，いわば夢イメージの側からの感情があることを指摘しておかねばならない．夢見手は恐怖や嫌悪感を覚えていても，夢のイメージ自体が違う感情を喚起することがある．たとえば，以前にもとりあげたことがあるけれども（河合，1998: 83），不安障害を訴える若い男性は次のような夢を報告した．

　　外科の病院に行ったところ，変わった手術を受けねばならず，手術台の上で自分の皮がはがされていく．恐怖と気持ち悪い感情で目がさめる．

　この場合において，恐怖と気持ち悪い感情というのが，自我の側からの感情であろう．しかしすでに指摘したように，自我の側の感情は，自分を

●河合俊雄

守る機能をもつがゆえに，心理療法での変容をとめてしまう両価的なものでもある．この夢での，手術を受けることは，必ずしも否定的なことではなくて，変容のためのイニシエーションの儀式と考えられるし，皮をはいでいくことも脱皮をして生まれ変わったり，変容したりすることを意味しているととらえられる．文化人類学が報告しているように，イニシエーションの儀式においては割礼を行なったり，入れ墨をしたり，歯を抜いたり，さまざまな手術がおこなわれる．皮をはぐというのは，イニシエーションの儀式での重要なモチーフである（Jung, 1942/1954, §348）．イニシエーションに対して不安や抵抗があるのは当然ともいえるけれども，この自我の側の感情にひきずられて，この夢を危険なものとか気持ち悪いものとかみなしてしまうと，まったく心理療法として進行しないことになってしまう．そのような自我の感情とは区別された，イニシエーションの儀礼がもつ畏怖や荘厳さの感情が夢のイメージから感じられるはずなのであって，それが夢イメージの側からの感情なのである．

　夢イメージの側からの感情とは，芸術作品が喚起する感情に似ている．芸術作品に対して私たちがいだく感情とは，それぞれの人の勝手な主観的投影だけではなくて，その作品がいわば客観的によびおこしたり，かもしだしたりする感情や価値があると考えられ，だからこそすぐれた芸術作品は普遍的な評価をうけているのであろう．

　心理療法において，夢での自我の側からの感情と夢イメージの側からの感情を区別していくことは大切であると思われる．そして心理療法のいとなみや意図を考慮すると，クライエントが変容していく方向を指し示しているような夢イメージの側から喚起される感情を大切にすることが重要であるのはいうまでもないであろう．たとえクライエントが恐怖や嫌悪感をいだいていたとしても，夢イメージ自体が喚起する感情の方が，クライエントが変容され，治療が向かうべき方向を示していることが非常に多いと思われる．その際のクライエントのいだいている感情をあまりに重視し，そればかりをあつかってしまうと，クライエントの防衛や抵抗のメカニズムにはまってしまうことになる．その意味ではセラピストが夢自我による

感情のいわば共犯者になってしまわないで，夢イメージの側からの感情を意識し，ときにはそれをクライエントに指摘することも重要であろう．夢イメージから受けるインパクトをいかに治療に生かしていくかという姿勢こそが，変容をもたらすのである．

しかしながらときには夢イメージの側からの感情とは，あまりにもクライエントの感情とかけ離れているので，それを指摘することが逆にますます抵抗をよびおこすことになってしまうこともある．それゆえにセラピストとしては，夢イメージの側からの感情を知りつつも，クライエントのいだく自我の側からの感情をとりあえず尊重する姿勢が求められることもあるのである．

文献

Ammon, G. (1974). *Psychoanalyse und Psychosomatik*. R. Piper & Co. Verlag.［青木宏之（訳）（1979）．精神分析と心身医学．岩崎学術出版社，36.］

Hauke, Chr. (2000). *Jung and the Postmodern: Interpretation of Realities*. London and Philadelphia; Routledge, 227.

Hillman, J. (1979). *The dream and the underworld*. Harper & Row.

Jung, C. G. (1906/1991). Die psychopathologische Bedeutung des Assoziationsexperimentes, *GW. Bd 2*, Walter-Verlag.

Jung, C. G. (1916/1958). Die transzendente Funktion, *GW. Bd 8*, Walter-Verlag.

Jung, C. G. (1942/1954). Das Wardlungssymbol in der Messe. *GW. Bd 11*, Walter-Verlag.

河合俊雄（1998）．概念の心理療法（第6章感情）．日本評論社．

河合俊雄（2000a）．イニシエーションにおける没入と否定．河合隼雄（編集）．講座心理療法1　心理療法とイニシエーション．19-59，岩波書店．

河合俊雄（2000b）．心理臨床の理論（2-1 心理臨床と主観性）．岩波書店．

河合俊雄（2001）．心理療法における真理と現実性．河合隼雄（編集）．講座心理療法7　心理療法と因果的思考，167-208，岩波書店．

Kernberg, O. F. (1967). Borderline personality organization. *Journal of the American psychoanalytic Association*, 15, 641-685.

Klein, M. (1946). Notes on some schizoid mechanisms. *Internaional Journal of Psycho Analysis*, 27.［渡辺明子（訳）（1979）．分裂的機制についての覚え書き．小此木啓吾（編）．現代のエスプリ 精神分析・フロイト以後．志文堂，70-82］

Sifneos, P. E. (1973). The prevalence of 'alexithymic' characteristics in psychosomatic patients. *Psychotherapy and Psychosomatics,* 22, 225-262.

高石恭子（1996）．風景構成法における構成型の検討．山中康裕（編）．風景構成法とその後の発展．岩崎学術出版社，239-264.

武野俊弥（1998）．分裂病的危機に対する精神療法．山中康裕，河合俊雄（編）．境界例・重症例の心理臨床．金子書房，91-104.

第12章

感情と心理臨床
今日の社会状況をめぐって

伊藤良子

> 心理化　身体化　行動化　象徴化　ヒステリー　強迫神経症
> 不安神経症　統合失調症　無意識的罪悪感　他者の機能
> 遺伝子の調整機能

　人間には，生老病死にともなう困難が必然的に生じてくる．このような困難に直面したとき，人間は，悲しみや苦悩，不安や葛藤，さらに怒りや抑鬱などさまざまな感情をいだく．こうした人間の感情は，それが個人の心で受けとめうる範囲を超えたとき，常識では考えられないあらわれ方をする．水が，雨として草木に降り注いだり，目にみえない大気中の水蒸気となったり，あるいは，雪や氷になって大地を真っ白におおうように，人間に生じる感情も，表情や言葉のみならず，身体や行動等においてもあらわれてくるのである．人間の感情は，まるで水のように，環境の作用を受けて，液体になったり，気体になったり，固体になったりするといえようか．

　今日，短絡的で衝動的な行動や暴力が大きな社会問題になっている．これはまさしく感情にかかわる問題であるが，こうした事態はどのような状況下で生じるのだろう．筆者は，現代社会にあらわれてきたこの重要課題について，心理臨床実践において積み重ねてきた知見にもとづく観点から，その根底には関係性の希薄化こそがあると考えている．衝動的な行動と関係性の希薄化は表裏一体の現象であるといっても過言ではないだろう．

本章においては，まず，人間のあり方の根本に作用をおよぼしているものとしての感情の多様なあらわれ方とその様態について，心理臨床の観点からていねいに詳述する．ついで，分化した豊かな感情を獲得していく過程にかかわる他者の機能の重要性を心理臨床実践にもとづいてあきらかにし，最後に，前世紀後半から21世紀初頭にかけて驚異的な進歩をとげた遺伝学の研究成果が，心臨臨床においてえられてきた知見と一致することを示すとともに，あらためて遺伝子から人間の感情について学びとっていく．

1 「全体的存在」としての人間と感情の様態

1.1 感情の多様なあらわれ方と「心理化」

人間は，みずからの感情に対してさまざまなつきあい方をしているようだ．本章では，人間の感情の多様なあらわれ方を，「心理化」「身体化」「行動化」そして「象徴化」の4つの様態においてとらえていく．かつて，笠原（1983）は，人間の不安，とくに神経症性の不安を「主観体験化」「身体化」「社会行動化」の3つの方向性から整理したが，筆者は，人間を「全体的存在」としてとらえる視点から，そこに，心理臨床の実践を通じてえた「象徴化」という重要な次元をつけくわえて考えている（伊藤，1984，2001a，2005a）．この象徴化の次元を軸にして，心理化・身体化・行動化の3つの次元をとらえるならば，それぞれのあり方がより明確に理解され，人間の本質にさらに接近することが可能となろう．

まず本節においては，私たちが通常おこなっている心理的な機制，いわば「心理化」ともいえる心のはたらきをとりあげる．

その生に必然ともいえる困難に直面したとき，人間は，悲しみや不安・葛藤をかかえて悩む．悩むことは，内省力のあらわれであり，問題に立ち向かっていくための重要な原動力である．たとえば，病や死別の悲しみが医療を飛躍的に進歩させてきたように，人間の悩む力は，物心両面にわたるさまざまな創造的発見をもたらしてきた．しかしながら，この悩む力が

問題解決の糸口をみいだしえず，人間の苦しみや苦痛のみが助長される状態が生じることも決して少なくない．その際は，苦悩の悪循環という危機的状況をきたすことにもなるが，このような事態に対して，人間には，その苦痛な感情からみずからを守るための防衛機制が備えられている．そのもっとも基本的なものが，忘れ去ることである．忘れ去ることができるから，人間は，また，新たな困難に立ち向かうことができる．この点が，容量の決まっている機器と大きく異なるところであろう．しかし，この点についても，今日の科学の進歩は，不要な情報を廃棄する装置を作り出していることは非常に興味深い．その廃棄のしかたは2つある．完全に廃棄できる場合と機器内部のごみ箱に残されている場合であるが，あとに述べるように，人間においてもこの2つの機制が起こってくる．

　精神分析の創始者であるジークムント・フロイトは，この忘れ去る機制，つまり「抑圧」を「意識からの拒絶と隔離」として定義した（Freud, 1915）．彼によって，人間は，抑圧を軸として，それを補強する防衛機制，たとえば，まったく反対の感情を増強したり（反動形成），拒絶した表象が他のものに「置き換え」られたり，自分に認めがたい感情や資質を他者にあるものとする（投射）等，それらが自分には属さないものとするための機制をもちいていることがあきらかにされたのである（Freud, 1894）．こうして，これら苦痛な感情は，自分にはないもの，あるいは他者に帰属するものとされる．このような心的機制を意識的・無意識的に適度におこなうことによって，人間は健康な日常生活を送っているのであろう．すなわち，笠原がいう「主観体験化」による不安から人間を守っているのがこれらの機制であって，すべての人間がこれと類似の機制をもちいているといっても過言ではなかろう．筆者はこの心の機制の重要性に注目して**「心理化」**と呼んでおきたい．こうした自己を守る心的機制が適切に機能しないとき，病といわれる状態にいたることも生じてくる．

　では，上述の苦痛な感情とはどのようなものであろうか．フロイトによれば，自己のものとして受け入れがたい，あるいは，自己に許しがたい感情である．そこに罪悪感が生じてくる．そのような受け入れがたい感情と

●伊藤良子

は，おもに，憎しみや怒り・攻撃性等の否定的感情である．フロイトのこの観点は，人間の感情の機微を理解するうえで非常に重要であるにもかかわらず，その真意はじゅうぶんに理解されてこなかったといえよう．フロイト自身も当初はこうした感情がクライエント（来談者）を苦しめていることに気づくにとどまっていた．しかし，なにゆえ否定的感情が苦痛なものとなるのか．この点についての認識なしにこの苦痛な感情の真の理解はもたらされない．

そこには両価性がはたらいていたのだ．「両価性」とは，オイゲン・ブロイラーが連合心理学とフロイト理論を導入して，統合失調症の4つの基本症状の1つとして提示した概念である（Bleuler, 1911; 伊藤，2005c）．それは，愛するもの・愛したいものに対して怒りや憎しみを感じたり，愛するものを攻撃する等，愛と憎あるいは信と不信という相反する感情等が同一の対象に対して併存することである．のちにフロイトは，「生の欲動」と「死の欲動」の二元論を提示し，両者が別の根から生じているとの論を展開するにいたるが，それは，まさしく愛憎にさいなまれる人間についての認識を深めることによって得られた知見であろう（Freud, 1920）．愛憎の両価性に引き裂かれたとき，人間は強い罪悪感が引き起こされ，非常な苦しみをかかえるにいたる．なぜなら，愛するものとは自己の生存の基盤であって，それを攻撃することは，自己の生命を危うくするも同然の行為であるからだ．このような愛憎の両価性は原初的な快不快の情動にもとづく分裂に源をもつ．したがって，この分裂を乗り越えることは人間に与えられた共通の課題であって，そこに「基本的信頼感」（Erikson, 1950）や「愛着」（Bowlby, 1969）がもたらされる．このことの重要性は多くの臨床家に認められてきたところである．フロイト理論をもとに乳児期最早期の子どもに生じる不安について貴重な知見を提示したメラニー・クラインは，これらの子どもに生じる原初的不安が，のちに罪悪感として感じられるようになるととらえている（Klein, 1951）．罪悪感の根底に自己の生存にかかわる原初的な不安があるという彼女の指摘はまことに示唆深い．虐待する親から子どもを離すことが難しいのは，愛憎の両価性が作用しているからであって，親に

おける原初的不安に目を向けないかぎり，子どももまた救われない．また，いじめが集団に波及し根深さを生じるという状況の打開にむけては，人間が本来もっているこの罪悪感を麻痺させるような機制や構造がそこにはたらいているとの認識が重要になってくるのである．人間の誰もが悪とみなしている戦争がなくならないのは，攻撃すらも当然と思わせるような機制が容易に作動する構造を人間社会はもっているということであろう．みずから自身と社会構造にひそむこの弱さに敏感でありたいものだ．

　このように，自己には受け入れがたい感情がもたらす葛藤，それゆえの罪悪感による不安等が生じたとき，それを自己の意識から遠ざけておこうとして，さまざまな水準の防衛機制がはたらく．ついには，頑丈な要塞のように，外部との交流がなくなるほどに強固で柔軟性を欠くものとなったり，反対に，河岸の堤防の決壊のように，防衛機制が破綻して機能しなくなったりするにいたる場合も生じてくる．神経症の症状，さらには精神病圏の症状があらわれるのは，このようなときである．

　上に述べてきたことは，これらの病に苦しむクライエントとの心理治療の過程から生み出された先達の理論にもとづいている．しかしながら，現代医学では，これらの心のとらえ方についてじゅうぶんな認識がなされているとはいいがたい．本章では，心理治療の過程に起こってきた結果をふまえ，その回復過程をたどることによって，人間に生じる感情の作用をあきらかにする．

　以下，本節においては，神経症をとりあげ，それぞれの「心理化」のあり方に焦点をあてて検討する．**神経症**の症状には大きくわけて，ヒステリー・強迫神経症・不安神経症の3つの状態がある．フロイトは，この3つを転移神経症，つまりセラピスト（治療者）との関係に生じる転移関係において症状が再現される神経症としてとらえ，そこに心理治療の可能性があることを示したが，これら3つの神経症においては防衛機制の作用が次のように異なっている．(1) 抑圧がはたらいている場合，(2) 抑圧のみでは不十分なために，複雑な防衛機制が作動している場合，(3) 不安感がそのまま直接的にあらわれている場合である．それぞれにおいて，感情は

●伊藤良子

どのような様態を示すか，筆者の心理治療過程をもとにあきらかにする．

1.2　抑圧の作用

　抑圧の作用をあきらかにするものとして，「**ヒステリー**」をとりあげる．ヒステリーでは，抑圧の機制が強くはたらいている．つまり，クライエントの意識は，症状の原因，不安をもたらしている源を知らない．それは心の解離，あるいは身体への転換としてあらわれてくる．そのどちらであるかによって，ヒステリーの症状は以下の2つの状態になる．

(1) 解離性障害：健忘や二重人格のように心の状態に解離が生じる
(2) 転換性障害：心と身体に解離が生じ，心では受け入れがたい感情が身体器官にあらわれる

　前者では，受け入れがたい感情は抑圧されて心つまり意識から閉め出される．この場合，全生活史健忘のようにすべてが忘れ去られることもあるが，意識から閉め出されたものが，無意識において生き生きと活性化され別の側面にあらわれてくるという状況も生じる．
　高齢の女性の場合である．「恐ろしい生きものが毎夜家にやってくる」との訴えで来談にいたった．極度の恐怖体験と不眠が続き，家事もできない状態におちいり，脳神経外科や精神科で何度も検査を受けたという．しかし，脳の器質的な異常はなかった．霊のしわざかと思い，宗教家を訪ね，そこから筆者を紹介されたのであった．なぜそのような生きものがやってくるのか．恐ろしさと困惑のなかで彼女はくりかえし筆者に問うた．なぜこのような事態がこの女性に生じたのか．心理治療の過程において，みずからの思いを語るにしたがって，家で起こっていたことに対するさまざまな感情，とりわけ怒りの感情が，彼女自身にあきらかになっていった．こうしてしだいに，その怒りがみずからに意識され，怒ってもよいのだとみずからに受け入れられるにともなって，「恐ろしい生きもの」があらわれ

ることは減少していったのである．その後に語られたことによれば，彼女の怒りの真の矛先は，息子夫婦の意向で同居人が増えたということにあったようだ．同時に，母を早くに亡くし，以来，学校をやめ希望する進学もあきらめて兄弟たちの親代わりをしてきたというこの女性の人生の悔いや悲しみ・寂しさが，筆者に伝わってきた．家族たちもひとり立ちし落ち着いたときに，それらの思いが吹き出てきたのであろう．女性の意識はそれを了承していたのであるが，心底では納得していなかったのであろう．重要な点は，そのことに対する怒りの感情を彼女はみずからに許さなかったということである．家族をささえ，その中心的存在であったこの女性の良識は，困っている人がわが家に受け入れられることを嫌悪するみずからの気持ちを押し殺してしまっていたと思われる．それゆえ，その怒りは「恐怖」という感情になって，「幻覚」としてあらわれた「恐ろしい生きもの」に向けられることになった．「恐怖」をもたらしていた強い感情のエネルギーこそ，「怒り」の感情に相当するもの，あるいは「怒り」の感情から出てきたものであった．感情の様態はこのようにみごとに転換する．それは正反対の感情としてもあらわれること，さらに，このような感情がそれにふさわしい「対象」さえも新たに造り出すことを本過程は示している．すなわち，幻覚が心理的要因で生じること，その背後にさきに述べた罪悪感が強くはたらいていたことが理解されるのである（伊藤，2003b）．

　以上，解離性障害についてとりあげた．そこでは感情にかかわる障害が心の解離としてあらわれてきていたが，それに対して，転換性障害では，身体に障害があらわれる．しかし，その症状もまた，感情の視点から理解されるのである．これについては，あとの身体化の項で詳しく説明する．

1.3　複雑で念入りな防衛

　神経症の第2として，抑圧だけではじゅうぶんではなくて，いっそう念入りな防衛がはたらいている強迫症状をとりあげる．人間の心は，一般常識の理解をはるかに越えたはたらきをもっているのだ．**強迫神経症**の症状

には，以下の2つの状態がある．

(1) 強迫観念（例：ガス栓を締め忘れているのではないか等の不安をもたらす観念）
(2) 強迫行為（例：ガス栓が締まっているか何度も確認する等の行為）

　強迫神経症では，抑圧がじゅうぶんではないために，さまざまな不安な観念が起こってくる．抑圧がじゅうぶんでないとは，不安の源に気づいているということである．この点がヒステリーと大きく異なるところであり，受け入れがたい表象は忘れられていないために，その表象から感情を分離し他の受け入れやすい表象に付着させるという複雑な防衛が生じる．たとえば，自分にとって大切な人物が死ぬのではないかという強迫観念が起こってくる．と同時に，そのようなことを思う自分を責める．そこには両価性が強くはたらいているからである．すなわち，その背後に攻撃性がひそんでいるということだ．こうした強迫観念から生じる不安を打ち消すために，強迫行為がくりかえしなされる．しかも，強迫行為を止めようとすると不安はさらに増大する．
　このように強迫症状の根底には大きな不安が存在しているのであるが，黴菌等に対する恐怖で手を何十回も何百回も洗わずには不安でいられないなど，強迫神経症に多くみられる洗浄強迫においては，この症状そのものに，汚れを洗い流そうとする無意識的な懸命の浄化の努力が認められる．すなわち，この症状には，自己の汚れすなわちみずからの受け入れがたい感情に対する罪悪感が大きく作用しているのであるが，この症状にあきらかなように，感情が本来の対象から他の無関係な対象，この場合は黴菌に向け換えられているという「置き換え」の機制がはたらいている（伊藤，1998）．それゆえ，何度もくりかえしおこなわれる清めの行為をもってしても不安の源が断たれることはない．そればかりか，こうした行為の不合理性が自覚されているので，この行為をやめられないみずからを強く責める苦しみがその上に加わることになる．

たとえば，ある青年は，中学生のころ，参観日の朝，食事の鍋にこっそりと異物を入れたという．親が学校に来て成績の悪かったことがばれて怒られるのを避けようとしたためであった．親の身にはなにごとも起こらなかったので心配する必要はないのであるが，それからずっとあと，大学受験をむかえた時期にいたって，彼は，このことが気になりだし，さまざまな確認強迫や洗浄強迫が起こって，自分の存在が家を汚すことの恐怖から自宅にいられなくなり下宿した．

　このように，強迫神経症においては，その症状にかかわるきっかけは忘れ去られていない．それゆえ，「置き換え」によっていっそう複雑な操作がなされているので，心理治療は長期にわたる．上記のような確認行為をはてしなくくりかえすという症状に認められる不確実感こそ，彼らの不安と葛藤を示すものであった．心理治療の場では，筆者とのあいだで確認行為がはじまり，一体になりたいほどにみずからの守りを求める過程を経て，その不安をみずからに引き受けていくことができるようになっていった．また，父への憎しみや軽蔑の心を吐露していたが，父と同じ職業につくための試験を受け，大学卒業後は父の跡をついだ．父との和解がなされたことを感じさせる選択であった．それは罪悪感としてあらわれた強い自己否定のあり方から，自己の主体性が回復されていく道程であったといえよう．

1.4　不安感の直接的あらわれ

　神経症の第3として**不安神経症**をとりあげる．不安神経症はさきの2つと異なり，不安感は心的過程を経ないでそのまま，身体の生理的水準に不安症状としてあらわれる．息苦しさや激しい動悸のために死ぬのではないかとの強い死の不安や恐怖をともなう場合が少なくない．ここに人間の原初的不安をみることができよう．その不安のあらわれ方は2つある．

（1）全般的な持続不安が主となる状態
（2）強い不安発作がくりかえし生じる状態

●伊藤良子

不安神経症の症状を訴えて来談したあるクライエントは，心理療法が進むと，幼いころにみた宇宙の破滅ともいえるような絶望感を示す次の夢を想起した．「宇宙みたいな感じ．星みたいな，ボールみたいなものが空間に並んでいる．また，段々と並んでいく．その行列が壊れる．……終わりだという感じがする」と．

　心理治療の初期に彼が報告していた夢は楽しいものばかりであったが，しだいに，死にまつわる夢があらわれるようになっていった．そして，癌による死を宣告されたという衝撃的な夢をみ，そこに生じた絶望感から，幼いころにみた宇宙の破滅のようなこの夢が思い出されたのである．この夢が語られたことによって，彼が幼いころからずっとこのような宇宙的規模の絶望感に匹敵する不安を，たったひとりでかかえていたことが，クライエントにも筆者にもあらためて認識された．さらに，幼いころの夢とともに当時の家の混乱した状況が想起され，恐怖の対象が家族に収斂されて，対人関係の問題に移行していった（伊藤，2004）．

　不安神経症においては，身体の生理的な症状の訴えとして不安感がそのまま出てくる．それゆえ，さきに述べた心理化が難しい．しかし，本クライエントの心理治療過程においては，夢を介してみずからの内界にせまることが可能にされたのである．

　以上，神経症に対する心理治療の回復過程を検討することによって，人間における心理化のさまざまな作用をみてきた．受け入れがたい感情から自己を守るための心理化が複雑になされていることがあきらかにされたと考える．しかし，いずれの症状においても，身体と心が密接にかかわっていること，むしろ身体や心は人間という全体的存在のあらわれの諸相の1つであることがみてとれるのである．とくに，転換性障害にみられる状態は，心と身体の関係において，想像をはるかに絶する現象が人間に起こりうることを如実に示すものである．次に，このような「身体化」に焦点をしぼってみていく．

2 身体化について

2.1 神経症の水準

「**身体化**」には，神経症の水準，心身症の水準，身体病の水準の3つの水準がある．本項では，神経症における身体化の典型的な状態として転換性障害をとりあげる．転換性障害では，さきに触れたように，身体の器質にはなんら疾患がないにもかかわず，身体の機能に障害が生じてくる．感覚器官においても運動器官においても，そのあらゆる機能に障害があらわれる可能性をもっている．

視覚に障害があらわれた青年の場合について考える．苦労して自分を育ててくれた父親のために，司法試験の合格をめざしていた彼は，法律の勉強をはじめようとしたまさにそのとき，車が飛ばした小石が目にあたったことをきっかけとして，視力をまったく喪失するにいたった．長期入院し，眼科や脳外科・精神科等で精密検査を受けたが，原因がわからないとのことで，医師から心理治療が依頼された．単独の歩行は困難であったため，医師が付き添っての来談であった．心理治療の場において，彼は，レポート等を書くのは好きだが六法全書を暗記するのは不得意なこと，さらに，幼少時の両親の離婚や，別れた母のこと，そして弱みや甘えをみせられない自身のあり方等々について語り出し，みずからも気がついていなかったがんばらざるをえなかった状況や抑えられていた感情を認識していった．それにともなって彼の視力は徐々に回復し，1年半ほどの過程を経たのち，大学に復帰し，卒業後は事務職として企業に就職するにいたった（伊藤，2004）．

この青年の場合，みずからの弱い部分や不得意なところに目をつぶって，親の期待に応えるべく頑張ってきたということが，症状形成に大きく作用していたといえよう．失明し，外的世界がみえなくなったとき，内的世界がみえてきたということは不思議でさえあるが，六法全書を学ぶことがで

●伊藤良子

きないという視覚にあらわれた障害，また，他者の助けをえないと歩くことさえできない状態は，彼の意識のおよばない無意識の言葉をあらわしていたと理解することができるのである．フロイトはこれを「身体言語」と呼んでいる．

　心理治療によるこの回復過程があきらかに示しているように，神経症において障害されるのは，身体の機能である．ここではたらいている機制はさきに述べたように抑圧であった．すなわち，身体の機能は，心理的要因によってこれほどまでの障害をこうむるのであるが，身体言語という概念が示すように，意識の言葉に代わって，助けの必要性を身体が文字どおり身をもって表現していたのである．

2.2　心身症の水準

　心身症の場合をとりあげる．心身症は，身体の機能ではなく，身体の器質に傷害が生じる．消化器の潰瘍などのように器質そのものに傷害が生じている状態である．

　心身症については，1970年代前半に，シフネオス（Sifneos, 1973）が「アレクシサイミア」という概念を提示した．心身症者は，「感情機能の収縮や，空想生活の乏しさがあり，みずからの感情を適切な言葉にする能力に欠けている」と彼はいう．その原因として，神経生理学・神経解剖学・生化学的な欠陥あるいは発達障害が仮定され，心が貧困で，悩む力が弱いので，言語表現や感情的な交流が必要である力動的な心理治療は適さないと考えられたのである．この概念は，心身症の心理治療に行き詰まりがみられた当時，重要な示唆を与えるものとして広く受け入れられたが，その後，概念の不十分さが指摘され，とりあげられることは少なくなっていった．

　心身症のクライエントの心理治療をおこなった筆者の経験からいうならば，シフネオスの見方は一面的にすぎる．それは，彼の研究が，質問紙等によるものであったからであろう．他方，心理治療において夢や絵をとおして表現されたクライエントの世界は，まったく反対に非常に感受性豊か

で，彼らの苦悩は言葉ではあらわしえないほどに深く，身体こそがそれを感じとっていることを明確に示していた．心理治療はそのような身体からの訴えに耳を傾ける場となった（伊藤，1985）．筆者の報告した事例のコメントにおいて，中井も「この患者の身体化傾向を治療の大きな共同作業者としてみる」観点の重要性を指摘している（中井，1985）．

また，石川は，ロールシャッハ検査の身体像得点にみられた心身症と統合失調症の比較の研究において，心身症者は，外的現実への対応は良好で統合失調症のような歪曲はみられないが，神経症的防衛をもちいずに刺激がストレートに自己の内部へととりいれられる点に統合失調症との共通性があるという興味深い結果を報告している（石川，1987）．彼らは外界からの刺激に敏感で，統合失調症の過敏さにも匹敵するような実存的苦悩をかかえていると考えられるのである．実際，筆者が10年以上にわたって心理治療をおこなってきた統合失調症の男性においても，精神症状がよくなってきたときには胃潰瘍の症状が出るということがあった．服薬の助けもえつつ，こうした過程を経て，幻覚・妄想が生じることはなくなり，定年まで仕事を勤めあげた．

深い苦悩をみずからにかかえるためには，内的世界から自己を守る境界の機能が重要になってくる．ポール・フェダーンは，「自我境界」という概念を提示し，それを「内的自我境界」と「外的自我境界」にわけて考えているが，このように自己の内と外の両面に対する態度に注目しておく視点は重要である(Federn, 1953)．つまり，心身症者における「内的自我境界」は，いっぽうで，統合失調症にも比しうるような内的世界を，しかし歪みなくそのまま受けとっている．それを可能にするためには，シフネオスのいうような感情の表出や言語化の少ないあり方が必要となろう．他方，こうした態度は，外からやってくる困難に対する「外的自我境界」においても同様であって，そのたびに深く悩んでいては仕事がはかどらないが，自分の感情をかかわらせずにそれらに対応することによって，社会的には多くの仕事をなしとげることが可能になる．

ところで，フェダーンによれば，外界を知覚するための身体的な感覚器

●伊藤良子

官は外的自我境界に備わっており，それゆえ，統合失調症の幻覚・妄想については，自我境界の弱化によって，内的現実を外的なものとして知覚することによって生じると考えられている．他方，心身症では，その過重な負担は，外的自我境界としての身体において受け止められることになると理解されよう．非凡な仕事をしている人にしばしば心身症が生じるのはそれゆえであろう．自己の内と外から身体をじわじわと傷つけることになる．まさしく心身症はそのような状態であるだろう．

　人間は，心だけではなく身体も総動員して，みずからの内外の困難な状況に対応しているといってもよいのではなかろうか．こうした身体化の延長線上に身体病があるととらえてもよかろうと筆者は考えている．

3　行動化と幻覚・妄想

3.1　行動化について

　今日，常識では理解できないような，従来とは異なる短絡的な暴力をはじめとする衝動的な行動が増加している．非行そのものの数は決して増加しているのではないが，かつての非行とは異なり，おとなしい子の「突然の暴力」が増えている．しかも，このような暴力の発生が低年齢化している．また，親による子どもに対する暴力や，成人による信じられないような「衝動的な行動」をともなう犯罪，仲のよかった友人への凄惨な攻撃までも起こっている．これまで「衝動的」という言葉は，「理性的」に対置されるもの，すなわち，感情的になって生じる突発的行動として受けとられてきたが，近年，増加しているのは，決して，そのようなその場の感情的ななりゆきで起こってきたものではない．理性的・計画的になされているにもかかわらず，衝動的な行動なのである．それゆえ，筆者は，従来の衝動的な行動と峻別して，これらを「**行動化**」と呼んでいる．

　このような行動化について，筆者は，上に述べてきたような心や身体において，みずからの内にさまざまな困難から生じる苦痛な感情をかかえる

ことができなくなっている状態としてとらえることが必要であると考えている．心身症には，みずからの身体を傷害してまでもその苦悩を内にかかえている強さがあったが，行動化においては，それらはみずからの外部にほうりだされている．しかも，身体化には，さきの転換性障害の男性において，失明により自力では生活できず入院せざるをえなくなった状態に如実にあらわれているように，他者に助けを求めるメッセージ性があった．それに対して，行動化は，他者との関係性に対する攻撃，関係を断つ行為そのものである．

しかしながら，それにもかかわらず，このような極限のあり方においてこそ，関係性が希求されているという事実を，看過してはならない．たとえば，不登校は，通常，風邪や腹痛などの身体化からはじまることが多いが，対応が適切でないときに親子の関係がこじれて，ついには家庭内暴力にまでいたる場合が生じてくる．ところが今日，不登校や身体化を経ずに，突然の行動化が起こってきている．しかも，家庭内暴力が家族を対象としているのに対して，つまり，関係性のなかから生じてきたものであるのに対して，昨今，目をひくのは，家庭外での他人に対する行動化である．これは行動化の拡散ととらえるべきであって，このような状態は，まさしく関係性の質的変化，つまり日本社会における「重要な他者」との関係性の希薄化に対応していると考えられるのである．

さて，「行動化」とは，フロイトが精神分析の概念として提示したものである．そもそもは，精神分析の場で言葉として表現すべきことを，転移関係において行動として実現しようとすることである．したがって，本章でとりあげているような現象を行動化と呼ぶのは，その本来の定義には合致しない．しかし，最初に述べたように，行動化を「象徴化」の次元から理解するという本論の主旨，さらには関係性の観点からとらえることの重要性からも，まさしくこの行動化は，そこに含まれた本来の意味，すなわち，「象徴化」において表現すべきことの「行動化」としての意味をもつ概念であるといえるであろう．行動化という概念をもちいることによって，今日の社会に増大している現象の真の意味をとらえることが可能にされよう．

●伊藤良子

すでに，フロイトは，少年の犯罪において，**無意識的罪悪感**が作用していることをあきらかにしている．犯罪より前に罪悪感がさきにあり，罰してもらうために犯罪がおこなわれる場合が少なくないというのである(Freud, 1916)．「無意識的罪悪感」という概念は，一見，矛盾するように思われるだろう．罪悪感という意識が，無意識的であるとはどういうことか．通常，人間が，罪悪感を意識し，自己を責め，反省したり，謝罪したりする場合，罪悪感があるという．この意識がない場合は，罪悪感がないとみなされる．しかし，そうではない．罪悪感が強いほど，それは自己に受け入れがたく，無意識的になる．つまり無意識的罪悪感が強くなる．無意識的であるから，その罰や責めは行動化によって，実現される場合が起こってくる．まったく罪悪感がないようにみえる犯罪において，罰を実現するための行動化がなされていることもある．さきに述べた根本的な自己否定がこのような行動を起こさせることにもなろう．ここに，行動化という極限のあり方においてすらも関係性が希求されていることの認識が必要になってくるのである．

3.2 統合失調症と行動化

統合失調症においては，このような自己否定は，外的現実として体験される．「死にたい」という思いが，「死ね」という他者の声として外から聞こえてくる．すなわち，外界の現実世界に幻覚・妄想としてあらわれるのである．このような幻聴に突き動かされた場合に行動化が生じることにもなる．幻覚・妄想について，フロイトは，内から廃棄されたものが，外界から返ってきた現象としてとらえる観点を提示している．彼によれば，心の病が重くなるほど無意識的罪悪感が強くはたらいていると考えられている．

たとえば，ある女性は，既婚男性とつきあい，結婚を考えるようになったことをきっかけに病状が悪化し，幻覚・妄想が生じた．彼女は日ごろから，事件や事故を自分のことのようには悲しめず，むしろそれに興味すら

覚えてテレビをみているみずからを責めていた．自分のなかに生じてくる悪ともいえないほどのわずかの悪をすら，みずからに許すことができない彼女にとって，この男性への思いは，その両価性のゆえに非常に大きな苦悩，みずからにおいてかかえることができないほどの苦悩をもたらすことになったのであろう（伊藤，2001b）．

　ジャック・ラカンは，ここにはたらいている機制を，神経症における「抑圧」と区別するために「排除」と呼んだ（Lacan, 1954）．すなわち，さきに述べた機器でいうならば，機器内部からの完全な廃棄に相当しよう．神経症の抑圧では，捨て去ったものはみずからの心身に内蔵されていたのに対して，排除では，自己の外つまり外的世界に棄却されているという機制の重要性に注意を喚起したのである．しかし，人間は機器とは異なり，廃棄してもそれから解放されることはない．それらは外からもどってくる．しかも，自己を責めるような言葉や態度をもってである．ラカンは，「自罰パラノイア」という概念を提示し，みずからを罰するためにパラノイアの症状が生じる場合があることを示している．それほどに彼らはみずからを強く責めるような罪悪感・自己否定にさいなまれているということである．

4　象徴化と他者の機能

4.1　人間の本質としての象徴化

　困難に直面した人間は，悲しみに打ちひしがれ，苦悩にさいなまれる．それは，「心理化」「身体化」によって，心身において懸命に受け止められたり，あるいは，それさえもかなわず，「行動化」という事態におちいっている場合があることをみてきた．

　しかしながら，人間は，このような感情を言葉によって，さらには絵画・音楽等の象徴的な方法で表現する道をみいだしてきたのである．人間に起こってくる困難は，学問や技術の発展を可能にしたのみならず，文学・美術・音楽などの芸術や豊かな文化の創出をももたらした．困難それ自体を

●伊藤良子

とりのぞくことはできなくても，こうした「**象徴化**」によって，他者とともにその困難を生きることが可能にされる．これこそ人間の本質，その大いなる特質であろう．このようにして人間は，困難を主体的に受け止め，かつ，他者と共有してきた．したがって，さきに述べてきたような行動化の拡散状態という今日の状況は，人間の本質が失われつつある方向だといわざるをえない．

　ひるがえって，象徴化のもっとも中核にある言葉について考えるならば，乳児が言葉を獲得する根底には，母という「他者」によって，乳児の生死にもかかわる困難がまさしく共有される関係がある．この重要な他者なくして人間の乳児は，その生命を維持することすらできない．この他者は，乳を与える母とそれを受けとる乳児のような，非常に具体的・直接的な関係性にはじまり，自己の内なる超越的存在との関係性にいたるまで，さまざまな次元においてとらえられるであろう．したがって，象徴化においては，他者のあり方そのものが内在的なものに変容すると考えられる．人間の生とは，この象徴化の過程の歩みともいえよう．このような象徴化の特質は，直接性からの脱去，つまり，直接的な要求充足による想像的結合からの自由であると筆者は考えている．この点について，次項において，象徴化の源とも言える他者との関係とその機能に注目しつつ述べていこう．

4.2　他者の機能——心の器・身体像・感情の分化・言葉の誕生

　これまでの節で，心理療法の場における**他者の機能**の重要性については理解されたであろう．それはクライエントの言葉に内在する感情を受け止めやわらげて返す存在であった．このような関係性の原点は，最早期段階の他者との関係（母子関係）にあるが，そこには，乳児と他者の両者の要因がかかわってくる．乳児は，他者が，乳児の不快な感情を受けとり，それをやわらげて返すことによって，みずからの感情をみずからのものとして感じ，細やかな喜怒哀楽の感情に分化させていくことができる．すなわち，他者が乳児の感情を受けとる「器」（Bion, 1962）となることによって，

感情をかかえる「心の器」が乳児に生まれる．ここに言葉が誕生する．

　言葉がなかった広汎性発達障害の男児の心理療法をとおして，その過程をみていこう．彼は，電車を眼前で前後に動かしてみるという自閉的な遊びをくりかえしおこなっていた．滑り台を滑りながらも電車をみていた．そこで筆者が，彼のあとから「Aくん，滑るよ」と，彼と同じように滑った．すると，それまでは電車ばかりみていた彼が筆者をちらとふりかえってみ，その後筆者の手をひっぱってもっと滑るように要求した．彼の要求に応じて筆者は何度も滑った．彼は後向きに立ち，目の端で筆者の滑るのをみていた．それは筆者がまるで電車になったかのような見方であったが，このようにして彼は筆者をその遊びのなかに受け入れた．その後，彼の遊びは，みごとに変化していった．まず，筆者に彼をみるように要求した．筆者の手をひっぱって，滑り台の横に立たせ，筆者のみるなか，彼は滑った．ついで，彼は，少し離れた位置に筆者を座らせ，もう1人のセラピストを滑り台にひっぱって行き，滑ることを要求した．彼は筆者の横に座って，そのセラピストの滑るのをみつつ，同時に筆者がそれをみる眼差しをみ，さらに筆者と眼差しを合わせてにっこりとした．さらに，彼は筆者に抱きついたあと，筆者の身体の周囲をぐるっと回って，耳・顔・全身をみた．乳児が母とともに鏡に映った自己の姿を喜びをもってみるようにである．

　しばらく後のセッション，彼が筆者のみえないところにいたとき，みずから「Aくん，Aくん」といっているのが聞こえてきた．その後，筆者の口を触り「Aくん，Aくん」といった．筆者が「Aくん」と呼びかけると納得した．これが彼のはじめての言葉であった．この言葉が最初に発せられたとき，それは不在の筆者に代わるものであった．筆者が彼のなかに内在化しつつあったともいえようか．これこそ象徴化として理解できるであろう．

　この経過にみられるように，彼は，筆者において，筆者の身体において，筆者の口から出る呼びかけにおいて，自己の身体をみいだした．その後，彼は，他児に電車をとられるなど悲しいことがあると，筆者の身体をたた

●伊藤良子

いてその悲しみを表現するようになった．筆者が彼の「心の器」として機能していったのである．その過程で「身体像」が重要な役割をはたしていたことに注目しておきたい（伊藤，1984）．象徴化をもたらすには，このような身体を介した「心の器」が，他者との関係において生まれることなくして不可能であることを示していると考えられよう．

　ここで，とりあげたのは，発達障害をかかえた男児であった．彼は電車などの「もの」のみを懸命にみるという孤立無援のあり方を生きていた．それゆえ，通常のかかわりでは，そこに関係性が生まれることは難しい状態にあった．そのような状態にあった彼ではあるが，彼の要求を敏感に感じとる濃密なかかわりの場が備えられたとき，みずからに必要な遊びを彼自身が展開させていくことができた．その必要な遊びとは，自己をみいだす遊びであった．自己との出会いは，それに先立つ他者との出会いによってもたらされることの重要性があきらかにされたのである（伊藤，2005a）．

5　遺伝子から学ぶ人間の感情

　前世紀後半から21世紀にかけて，遺伝学が急速に進み，遺伝子解析研究は人間の未来に生じる病気や障害をあきらかにするようになった．発症前遺伝子検査や出生前遺伝子検査も可能になってきた．科学の進歩は，人間に生じる困難を1つ1つ克服し，未来に生じる困難を事前にとりのぞくことも可能にしたが，しかし同時に，未来に生じるかもしれない困難をいま現在において受けとめる生き方を課すことになった（伊藤，2003a）．それは新たな生命をこの社会にむかえることにさえもおよぶ重要な課題である．

　夫・娘・孫の3代に奇形の遺伝病が生じた女性が，娘を連れて来談した．娘は第2子の出産について，「上の子のように整形手術を受けさせるのがかわいそう」と産む気持ちになれないことを語った．「産むか産まないかは，遺伝の確率の問題ではない」とも．しかし，心理面接の最後に，「自分にこのような病気がでた原因が知りたかった」といった．第2子のことではなく，自分自身のことを知りたかったというのである．遺伝医療における心

理臨床では，このように自己の生の基盤を問う次元が本質的な問題になる．また，確率の問題ではないとは，人間の誕生が奇形の遺伝子の有無で左右されることがあってはならないということであろう．この言葉は母への思いでもあったようだ．娘に父由来の奇形が出たことに苦しんできた母は，どのように娘に伝えるか夫婦で長年にわって考え，結婚をむかえる前に決死の思いで話したという．結婚に際しては，相手の男性にも伝え，奇形の遺伝子を子孫に継承しないために，子どもを産まないように勧めてきたのであった．娘はそのような母のさまざまな思いを心に深く受けとって，次子を産む気持ちになれなかったと思われる．また，母を気づかってであろうこのような自分の思いは話してこなかったようであった．各々の個別心理面接を通して，母と娘は，それぞれの思いをじゅうぶんに語るとともに，新たな子をむかえる気持ちと自信が，2 人に生まれてきた．

今日，病気に関与する遺伝子が日々新たにみいだされていっている．しかも，ほとんどの病気が遺伝子変異の作用を受けている．この生死にかかわる遺伝情報をどのように受けとるか，21 世紀の人間に課せられた重要課題といえよう．科学の進歩の恩恵に浴してきた人間は，困難をみずからかかえていくことを怠るようになっていることは否めないが，この情報の受けとり方をまちがえば，人間の未来はないとすらいえよう．

他方，さきの家族の関係性をみるならば，そこには，遺伝病との出会いを契機に，人間のあり方を真摯に問い続けたことから生まれた遺伝病をもった娘の幸せを願う父母の思い，そのような父母への娘の思い，娘夫婦におけるそれぞれへの思い等々，相手の人生やその心を懸命に思いやった人間の心のひだがあった．遺伝子の変異は，人間に苦しみや悲しみをもたらすが，同時に，それを受けとる人間に，それらの苦しみや悲しみをかかえていく人間の特質を，他の動物をはるかに越えた多様な文化，すなわち，「象徴化」の力を与えることになった（伊藤，2005b）．しかしながら，今日の人間は，なによりもまず能率や実利を考えて，この重要な事実を忘れかけているのではなかろうか．

人間にいたる生体の進化は，能率か機能かの決定的な選択において，機

●伊藤良子

能が選ばれたことにはじまる．稲葉（2000）は大腸菌は一晩で100億個に増えるが，人間は4万年かかって60億人に増えたことを例にあげ，能率を優先させると，行動様式は単純になってしまうので，刺激に対して柔軟に反応するように，高度に機能分化し，調節機能を極端に複雑化する方向が選ばれたと説明している．さまざまな刺激を受けとる人間の遺伝子の感受性と柔軟性はこのようにして生まれたのであった．このような**調整機能**を遺伝子がもっていたからこそ，困難をもたらす環境の作用を他者とともにしっかりと受けとって，今日の人間にいたったのであろう．この調整機能についてはさらなる研究が進められているが，その方向性にみえているのは，かつて考えられていたような遺伝子に対する固定的なとらえ方ではなく，環境との相互作用の重要性であるようだ．遺伝子の発現にいたる蛋白質の合成には，遺伝情報の転写や翻訳の過程において緻密な調整機能がはたらいているが，たとえば，恐怖記憶の消去や再固定化についても，「新たな蛋白質合成を必要とするダイナミックな過程である」ことがあきらかにされている（児島，2005）．遺伝子の発現の多様な可能性を示すこれら最新の報告は，本章で述べてきた心理臨床実践から得られた知見とみごとに一致する．

　しかしながら，能率を優先する現代社会は，遺伝子の感受性を失う方向に歩を踏み出し，遺伝子レベルでの単純化がジワジワと進んでいることさえ危惧される．行動化や発達障害が増えてきている状況は，環境としての人間力の弱化への警告であるのかもしれない．人間の遺伝子は，原初の昔，能率を選ばなかったことによって，多様性や可能性を得た．この事実は，今日の私たち人間に内在する知恵の源であるだろう．遺伝子のあり方にこそその知恵の源が埋めこまれていたのだ．遺伝子が教えるこの初心にかえりたいものである．

文献

　　Bion, W. R. (1962). *Learning from Experince.*〔福本修ほか（訳）（1999, 2002）精神分析

の方法Ⅰ，Ⅱ―セブン・サーヴァンツ―．法政大学出版局所収］
Bleuler, E. (1911). *Dementia Praecox oder Gruppe der Schizophrenien*. ［飯田ほか（訳）（1974）．早発性痴呆または精神分裂病群．医学書院．］
Bowlby, J. (1969). *Attachment and Loss*. Vol. 1 Attachment. Basic Books. Inc., Publishers. New York.
Erikson, E. H. (1950). *Childhood and Society*. ［仁科弥生（訳）（1977）幼児期と社会1．みすず書房．］
Federn, P. (1953). *Ego Psychology and the Psychoses*. Imago Publishing Co. Ltd.
Freud, S. (1894). *Der Abwehr-Neuropsychosen*. ［小此木啓吾（訳）（1970）．防衛―神経精神病―．フロイト著作集6．人文書院．］
Freud, S. (1915). *Verdrangung*. ［小此木啓吾（訳）（1970）．抑圧．フロイト著作集6．人文書院］
Freud, S. (1916). *Einige Charaktertypen aus der Psychoanalytischen Arbeit*. ［小此木啓吾（訳）（1970）．精神分析的研究からみた2, 3の性格類型．人文書院．］
Freud, S. (1920). *Jenseits der Lustprinzips*. ［小此木啓吾（訳）（1970）．快感原則の彼岸．フロイト著作集6．人文書院．］
伊藤良子（1984）．自閉症児の〈見ること〉の意味―身体イメージ獲得による象徴形成に向けて―．心理臨床学研究，1，2．
伊藤良子（1985）．離人感を伴った心身症者の夢．京都大学教育学部心理教育相談室紀要 臨床心理事例研究，第12巻．
伊藤良子（1998）．重症強迫神経症の心理臨床．河合隼雄，山中康裕，小川捷之（編）．心理臨床の実際5 境界例と重症例の心理臨床．金子書房．
伊藤良子（2001a）．心理治療と転移―発話者としての〈私〉の生成の場―．誠信書房．
伊藤良子（2001b）．精神病圏の心理療法における人間関係．河合隼雄（編）．心理療法と人間関係 講座心理療法6．岩波書店．
伊藤良子（2003a）．現代社会と心理臨床―遺伝子解析をめぐる今日的課題．氏原寛ほか（編）．臨床心理行為．創元社．
伊藤良子（2003b）．境界例と心的外傷．臨床心理学，3，6，金剛出版．
伊藤良子（2004）．精神分析的アプローチ．伊藤良子（編）．臨床心理面接技法1 臨床心理学全書8．誠信書房．
伊藤良子（2005a）．〈心の器〉としての遊戯療法の場から見えてくる子どもの今．東山紘久，伊藤良子（編）．遊戯療法と子どもの今．創元社．
伊藤良子（2005b）．遺伝医療と心理臨床．伊藤良子（監修），玉井真理子（編）．遺伝相談と心理臨床．金剛出版．
伊藤良子（2005c）．統合失調症の心理療法―特集にあたって―．臨床心理学，5，

6．金剛出版．

稲葉俊哉（2000）．遺伝子発現とその調整機能．小澤敬也（編著）．臨床遺伝子医学ガイダンス─分子医学へのアプローチ─．南山堂．

石川嘉津子（1987）．潰瘍性大腸炎患者の自我境界について─ロールシャッハテストの身体像境界得点より─．第20回日本心身医学会中部地方会演題抄録．456．

Klein, M. (1951). The origins of transference. *The International Journal of Psychoanalysis*, 33.

笠原嘉(1983)．不安・ゆううつ・無気力─正常と異常の境目─．精神の科学3．岩波講座．

児島伸彦（2005）．恐怖条件づけの分子生物学─恐怖条件づけに障害を持つ前脳特異的トランスジェニックマウスの解析─（特集 脳の遺伝子─どこでどのように働いているのか─）．生体の科学，56，4．

Lacan, J. (1954). *D'une question preliminaure a tout traitment possible de la psychose*, 1955-1956, Ecrits, Seul.

中井久夫（1985）．伊藤良子さんの「離人感を伴った心身症者の夢」についてのコメント．京都大学教育学部心理教育相談室紀要 臨床心理事例研究，第12巻．

Sifneos, P. E. (1973). The prevaience of alexithymic characteristics in psychosomatic patients, *Psychother. Psychosom, 22, 255-262*.

第 IV 部 ●討論会・感情科学の未来

　ダーウィンの「人と動物における感情の表出」以来，130年あまりを経過したいまも，感情研究は，そのとらえ方や研究手法や立場をめぐって，一種のカオス状態にある．ここでは，第 III 部までの主な執筆者に加えて，感情心理学者，感性情報処理研究者，およびロボット工学者をまじえておこなった討論会の抜粋を掲載する．参加者それぞれがもつ問題意識や感情研究の難しさなどをぶつけ合うことから，感情科学の新たな展望をさぐる．

討論会出席者：
浅田　稔　　　（あさだ　みのる）大阪大学大学院工学研究科教授．専門は，知能ロボット研究．
三浦佳世　　　（みうら　　かよ）九州大学大学院人間環境院教授．専門は，感性認知学．
鈴木直人　　　（すずき　なおと）同志社大学文学部教授．専門は，感情心理学．
藤田和生　　　（編者，第8章執筆者）
吉川左紀子　　（第2章執筆者）
船橋新太郎　　（第4章執筆者）
子安増生　　　（第6章執筆者）
河合俊雄　　　（第11章執筆者）

●はじめに：「感情科学」とはなにか

　藤田：「感情科学（affective science）」というのは，われわれがつけた用語です．「感情の科学」「感情心理学」「感情神経科学」という言葉はあるのに，意外にも「感情科学」という言葉は今までありませんでした．英語の affective science は，cognitive science に対抗してつけてみました．

　感情科学とは，「感情に関する包括的な研究体系」を指しています．それで私のように動物を研究している人間，発達を研究されている方，従来から「感情心理学」を研究されてきた方，感性を研究されている方，感情に関する認知を研究されている方，感情にかかわる臨床を行っている方，感情の神経科学やロボット工学の方にも参加してもらいました．われわれは感情科学を，これぐらいの広い領域の人たちが集まって大きな話ができる学問分野ととらえたいと考えています．

　今日は，この大きな「感情科学」を始めるにあたっていくつかの問いをみなさんに出してあります（表13-1）．これらの問いに答えるのはものすごく難しい．それはよく承知しています．それらの問いに1つ答えるだけでも

> 1　**最初の全体的問い**（全員に論じてほしいこと）
>   感情とはなにか
>   感情はなぜ存在するか
>   感情を研究することの意義はなにか
> 2　**2つめの全体的問い**（全員に論じてほしいこと）
>   感情は科学的に研究できるか
>   感情はいかに理解すべきか
> 3　**個別的問い**（自由に議論）
>   ロボットを使った感情研究は可能か
>   ロボットに感情を付与することはできるのか，それにはどういう意義があるのか
>   感情と感性評価とはいかに関連するのか
>   感情と芸術はどのように関連するのか
>   感情と身体動作はいかに関連するのか
>   感情と表情はいかに関連するのか
>   感情は人類共通なのか，文化依存的なのか
>   社会的適応は感情の個体差とどう関連するのか
>   感情はいかに個体発生するのか
>   感情はいかに進化したのか
>   感情の神経科学的背景はどれほどわかっているのか
>   感情と他の認知機能はどうかかわっているのか
> 4　**最後の全体的問い**（全員に論じてほしいこと）
>   感情科学の将来の課題
>   感情科学の社会的・地球的寄与

表 13-1　質問事項.

もちろん難しいし，なおかつこれらの問いを包括した領域にまとめあげるのは並大抵のことではありませんが，多くの人の知恵を出しあって大きな体系ができたらと考えています．

● **出席者の構成**

　藤田：藤田（第8章）です．比較認知科学をやっています．人を含む動物の認識や知性などといった心のはたらきを，実験や観察によって分析し，相互比較して心の進化をあきらかにする学問分野です．しかし，「感情の進化」は，まだよくわかっていないというのが現状で，私の担当した第8章も，こんなにわかっていないことだ

らけなのかと驚きながら書きました．しかし，進化論的な立場から「感情というものはこうとらえたらいいのではないか」とか，「このへんのことはまだわからない」とか，そういう発言で寄与できるといいなと考えています．

　吉川：吉川（第 2 章）です．専門は認知心理学で，とくに顔の記憶や表情の認識を研究しています．実験後，被験者の人が「すごく好きな顔があった」「嫌いな顔があった」とか「単純な図形の顔でも分類課題をしているうちにだんだん好きになった」といわれることがあるのがとても不思議でおもしろいと思っていました．人の顔は，いろいろな感情を強く喚起する対象なので，認知心理学の中でも少し特殊な研究領域だと思います．とくに最近は社会認知科学や社会認知神経科学といった領域で顔の表情が注目されています．「顔」や「表情」という語で検索してみると，2000 年以降論文の数は 10 年前に比べて倍増しています．顔から読みとられる心の状態がどのようにコミュニケーションのなかで利用されるのか，それによって人と人との関係がどのように認知されるのか，いろいろなおもしろい切り口で研究がすすんでいます．

　三浦：三浦と申します．私の研究室名は「感性認知学」といって，「感情」ではなくて「感性」をあつかっています．感情と感性は似ているようでちょっと違います．私はもともと知覚心理学の出身で，コントラスト感度や明るさ知覚といった基礎的な研究をしていたのですが，感性認知学という領域で仕事をするようになって，芸術を材料に使った知覚実験をしたり，アセスメントの依頼を受けて，建物や庭園に対する感性評価をおこない，それをもとに，よさや美しさについて考えるようになりました．ただ，感性評価の結果よりも，それをうみだす感性のメカニズム，さらにそのもとになる知覚・認知のメカニズムに関心があります．

船橋：船橋（第4章）と申します．僕は，サルを使って前頭連合野の機能を「ワーキングメモリー」をキーワードに調べています．「前頭連合野」という外側部のいわゆる知的な機能を主としてになっている大脳皮質の研究が中心です．最近は前頭葉の眼窩部や内側部の，いわゆる辺縁系領域のはたらきや，これらの部位と外側部とのインタラクションもおもしろいテーマだと思って検討しようと考えています．将来的には，「知的な機能と感情とのインタラクション」を検討していきたいと考えています．

子安：子安（第6章）です．いちばん関心のあることは認知発達です．とくに3-12歳の幼児期，児童期の認知機能の発達的変化を研究しています．私の研究のキーワードは「視点取得（perspective taking）」で，これには3つの領域があります．1つは他者がなにを見ているかという「他者の知覚の理解」．もう1つは他者がなにを考えているか，あるいは間違って考えているかという「認知的な視点取得」．そして最後の1つは，他者がなにを感じているかという「感情的視点取得」です．今回この感情研究のお誘いを受けて，とくに「感情の調節」，それから「感情の表出」，いわゆる「表示規則（display rule）」といわれているものについての研究を大学院生たちとまとめました．それが本書の第6章です．

鈴木：鈴木です．専門は感情心理学です．私のいる同志社大学では，感情研究（動機づけの研究および感情の研究といったほうがいいかもしれません）の伝統があります．表13-1にあがっているテーマのなかで，「感情とはなにか」「感情はなぜ存在するか」「感情を研究することの意義はなにか」については，大学の授業で感情心理学を教えるときに一応の説明はするのですけれども，実は説明しきれずにごまかしてしまう箇所です．本当に「感情とはなにか」と考えようとするとわからなくなります．

問題は「感情について語る言葉が人によってはたして共通なのか」ということです．たとえば色を研究していても「外国人が見ている色とわれわれが見ている色は一緒なのだろうか」という疑問があります．たぶん違いますね．同じように，emotion という1つの言葉をとっても，最近では「感情」と訳すことが多いと思いますが「情動」や「情緒」と訳すこともあります．外国の方が emotion で意味しているものと，われわれが「感情」「情動」「情緒」で意味しているものは一緒なのだろうか．また fear は「怖れ」と訳しますが，fear と「怖れ」は実はかなり違う．その辺の統一はなにもできてない．それなのにデータを持ちよってはたがいに「データが違うね」と言いあっているのが現状です．そういう意味で「感情とはなにか」という問いすら非常に難しい．

　私が興味をもっているのは，「ポジティブ感情（positive emotion）の機能」です．これまでネガティブな感情の研究というのは多くなされてきました．それはネガティブ感情が進化論的などいろいろな面で説明しやすいのと，心身症の原因になるなど身体に悪影響を与えるということで注目されていたことがおおきな理由です．ところがポジティブ感情はなぜ存在するのか，あまり説明がつかない．「ネガティブ感情を早く回復させる効果をもっている」（フレディクソン）とか，「ポジティブ感情によって思考が柔軟になる」（アイセン）とかいう人もいますが，それらの主張が本当にデータにもとづくものなのかどうかを調べようとしています．

　浅田：私はロボットを通じて人間の認知について研究しています．私はロボットの行動系を設計するうえで，ロジックではなくエモーショナルな部分，「情動系」こそが行動を生成する根源になるのではという考えに立っています．行動系を作っていくうえでのさまざまなインタラクションのなかで，ある内部状態のバリエーションが

あって，それが，いわば情動的な状況を持ちうる可能性があるのではないかと考え，感情を間接的にとりいれています．ロボットに出てくる「感情」は非常に限られてシンプルなものですから，0歳児から1, 2歳あたりをターゲットにして，どういう形で可能になるのか，構成論的モデルらしくドラスティックに仮定します．一見あまりに単純で「そんなわけないでしょう！」という気分になりますが，それによって逆にわれわれが持っている感情とはどういうものかという問いかけをしたいのです．

河合：河合（第11章）です．専門は臨床心理学で，心理療法のなかではイメージを媒介としたものを中心にしています．また心理療法の対象として心身症などの身体疾患をもつ人とか，発達障害にも興味をもっています．心身症の人についてはよく「アレクシサイミア*」ということが言われますから，むしろ感情から離れたテーマかもしれません．

臨床心理学というと，たとえば「セラピストによる共感」が強調されたり，クライアントの感情をとおして他者感情にかかわったりするのですが，そういう意味での感情の難しさや問題も話していけたらと思っています．深層心理学のモデルでの浅い深いでいうと，感情は深いものだという前提にわれわれは立っているかもしれない．「認知に比べて感情は深い」というような．でも必ずしもそうではないんです．私の方法論はみなさんと違うと思うのですけれども，「夢における感情」にしぼって，ある種の実験状況をとおしてお話しして，臨床心理学の立場から討論に参加したいと思います．

●感情を定義する難しさ

藤田：じゃ，最初は包括的な問いからご意見をうかがいたいと思います．「感情とはなにか」「感情はなぜ存在

アレクシサイミア
alexithymia．失感情症ともよばれる．自身の内面の感情や感覚に対する気づきが低下し，感情を表現することがとぼしい症状をしめす状態．心身症（心理的問題が身体症状としてあらわれた状態）の病態を説明する概念の1つ．アメリカ合衆国の精神科医シフネオス（P. E. Sifneos）が提唱した概念．

するか」「感情を研究することの意義はなにか」．いずれもすごく大きな問題ですが，とりあえず現時点でどういうふうにお考えになっているか，お聞かせください．

鈴木：感情を研究することの「困難さ」からまずあげてみます．感情をあつかう際のいちばんの問題点は，感情が主観的なものであることです．たとえば怒っている，あるいは喜んでいるというのは誰でもわかるけれど，いざそれを説明しようとするとうまくできない．ここが難しいところだと思います．われわれが実験科学として感情をあつかうときの大きな問題は，同じ刺激を与えても必ずしもみなが同じ感情をいだくとは限らないということです．

私はいつも感情の講義をするとき，4コマ漫画からはじめることにしています．バーチャル・リアリティ（仮想現実）でヨーヨーをやってみたところ，本物をやっているみたいだと感じてそれを買うのですが，家に帰ってからそれより本物のヨーヨーを買っておけばよかったと後悔している漫画です．いっぽうでバーチャル・リアリティの技術にすばらしいと感動し，もういっぽうで本物を買えばよかったと後悔するのが人間なのです．なお，この話を聞いて笑うのはほとんど文系の方なんですよ．理系の方は笑わないんです．工学部の人に話したら「なにが面白いんだ」という顔をされる．これこそ感情なんですよね．こういうところが研究されないといけないところが大変です．

浅田：理系だと「バーチャル・リアリティの技術がたりないのだろうか」と真剣に考えちゃう（笑）．

鈴木：そうなんです（笑）．その違いが感情の違いだと思うんですけどね．

問題はここからで，実は感情研究は昔からあったのに，ちゃんとなされてきてないんです．なぜかというとやはり近代心理学になじまないところがある．その1つが，

感情は複雑であいまいな現象であり，しかも誰でもが知っていることだということ．たとえばクモを見たときに，ある人は恐怖を感じる．でも恐怖ではなく不快感を感じる人もいますし，私は別になにも感じません．心理学では1つの刺激を与えたらある決まった反応が起こるのを前提にして調べるわけですから，刺激と反応の関係に1対1とまではいわないまでも一貫性がないと，研究は進みません．問題のもう1つは，いま見たものに怖れを感じたとしても，次にも同じように怖れを感じるかどうかわからないこと．つまり再現性に乏しいので，自然科学の一部を標榜する近代心理学になじまない．感情が「あいまいな現象である」こと，「定義することができない」こと，「主観的な現象で個人的なものである」こと．まとめるとこういう形であげられます．感情の研究をするうえでこれをどうクリアしていくか．それから生理的な反応．緊急反応みたいなものであると同時に機能的な側面もある．社会的な現象であるということも．こういったいろんな面をもつために，1つ1つをとりあげて説明をすることはできても全体を説明することはできない．そこに感情研究の難しさがあると思います．

子安：質問ですが，いまの話の「感情」のところに，代わりにたとえば「記憶」や「色知覚」という言葉を入れたときにも同じことが言えますよね．心理学の現象はすべて多次元的な現象であるのですから，感情のどこが特殊なのかをもう一歩つっこまないといけないのでは．

藤田：さらに「感情」という言葉を「心」に置き換えても，いまの話がまったく同様に成り立ちます．でも同じように「「心」はそもそもすごくバリエーションの大きなもので，かつ主観的な経験だから，心そのものを研究することは難しい」と言っちゃうと，心理学は成り立たないですよね．だから感情研究にも難しい側面があってもやっていかないといけない．

鈴木：動物の感情について考えると，たとえば感情はアメーバにだって存在するという意見もある．刺激に向かっていったり，逃げたりといった行動をとるということは，そこに感情が存在しているんだと考える，そういう立場もありますね．

子安：植物の傾性＊や屈性＊も感情だという人もいますね．

藤田：そういう意味ではむりに定義しないほうがいい概念なんです．私はいつも「「心」は定義しない」と公言しているのですが，同じように感情も定義しないで，関係することはとにかく全部，研究領域にとりこむぐらいの姿勢でいけばどこからか進展するのではないでしょうか．

船橋：感情が難しいのは，言葉で説明できる部分もあるけれど全部は説明しきれないことがものすごくたくさんあるからじゃないかと思います．たとえばエレベーターに乗っていてエレベーターが急にさがったときには変な感じがするけど，そのときの感覚を言葉で表現しろと言われてもなかなかできない．だけど，たとえば記憶の場合ははっきり言葉で説明できます．「いつどこで誰となにをしたか」みたいに．ここが感情とは違うのでは．

子安：記憶といっても，言語記憶ではなく，たとえば視覚的な記憶になると言葉では難しいですよ．

藤田：結局は心の問題は難しいということですね（笑）．

● 感情と認知・感性・行動

鈴木：いまみなさんがおっしゃっている問題は，従来からみながあつかっていたけれども，それに「感情」という言葉をあてていなかったということだと思います．だからいろんな分野から感情というものを記述することができる．たとえば国際感情学会（ISRE）のメンバーに

傾性
植物の器官が刺激の方向とは無関係に刺激に応じて反応する性質．たとえば温度や光により花弁が開閉したり，接触刺激により食虫植物の葉が閉じたりオジギソウの葉がうなだれたりするのがその例である．

屈性
植物の器官が外部の刺激に対して反応して屈曲する性質．刺激の方向に屈曲する場合を正の屈性，逆方向に屈曲する場合を負の屈性という．たとえば，茎や葉などの地上部は一般に正の光屈性と負の重力屈性，まきひげは正の接触屈性，根は正の重力屈性をしめす．

は心理学者だけじゃなくて,工学,人類学,社会学などいろんな分野の方がいる.感情とはそういうふうにあつかうべきだという考えのもとに作られた学会なのです.

藤田:ここにいらっしゃる方はみな認知*研究からスタートしていますよね.そして,認知をやっていると,どうしても感情というものがからんできていることに気づきます.それで感情をターゲットとして正面にすえないといけなくなる.認知と感情はどこまで切り離せるのか.

三浦:遠藤利彦先生(第1章)が「認知を研究しているとどうしても感情にいきつく.感情を研究しようとすると認知の理論・方法論をとることになる.いっぽう感性を研究する人は知覚の理論・方法論から出発している」ということをおっしゃっていました.この感じは私にも実感としてあるのです.感情は自分の内で起こる「コト」を対象にしているいっぽうで,感性は外にある「モノ」を対象にしているというか,距離のとり方に違いがあるように思います.感性だと対象から距離をとることができるけれど,感情はまさに自分のなかで起こっているから研究対象にしにくい.ただ,感性のなかでもたとえば「美しい」「よい」というように,かなり感情をおさえてむしろ出てくる要素もあれば,「快・不快」「好き嫌い」のように感情に近い要素もある.そう考えると,この距離感は感性と感情の違いではなく,研究の際のスタンスの違いなのかもしれません.いずれにしても,ちょっと違うという実感はあります.たとえば「美しい女の人がいる」という場合,その美しさはわりと客観的に記述できます.しかし「その人が好きかどうか」は人によって全然違う.そう考えると感情は本当に個別的です.

藤田:いっぽうで「感性評価の高いもの」を目にすると「よい感情」が起こってくるそうなので,深い関係は

認知
cognition. 動物が環境から情報をとりこみ,それをほかの情報や過去経験にてらしあわせ,内的に処理して環境を知る過程.通常,事物や現象を同定する過程をさすが,感覚入力から行動決定までのすべての過程をさしてつかわれることもある.

あるんです．感情と感性とでは，着目する側面は違っていてもひょっとしたら同じ現象をとらえているのかもしれない．

吉川：認知の研究をやっていてものたりなく感じるのは，認知の場合は「外から入ってきたものが頭のなかに定着して表象＊になる」ところで話が終わりになり，出力としての行動までは距離があることです．もともと認知心理学がコンピュータモデルを基礎にしてはじまっているために，表象ができるまでが注目されていました．でも私たちが本当に知りたいのは「人の行動を変えるものはなにか」ということだと思うのです．私が顔の記憶や表情認知の実験をするときに，「また見たい顔」とか「もう一度見せたい表情」といったように，たんに「これはA」「これはB」と認識するだけではないなにかが湧きあがってきます．それは実験の準備作業をするだけでも感じるんですよ．とくに動画の表情を使ったときにそれを強く感じます．静止画の表情はある程度パタン認識の枠組みで研究ができて，「喜び」とか「怒り」とかラベルをつければ満足できるところがある．ところが変化する表情をみると，みる側のなにかが違うのです．それからは脳神経科学を勉強したり，行動とむすびついた認知や，認知から感情をへて行動へいたるプロセスや，行動を変えるものとしての感情について知りたくなりました．

藤田：その行動を決めている要因としての感情を無視して認知研究はできない，ということですよね．それは私も痛感しています．動物で研究をしていて私がいちばん感情を意識したのは，動物どうしに協力作業をさせるときでもやっぱり相手のことを考えないと協力はできないというときです．かれらは認知的なレベルで「こういうふうにしてこうやったらごほうびがもらえるんだ」と理解することもできるんです．だけど，動物たちの実際の行動を見ると相手のことをおもんぱかっているのをす

表象
representation. 広義には事物をあらわす代理物，狭義には事物をあらわす内的形式（心的表象）のこと．ここでは後者の意味で，神経系による事物の表現をさしている．

ごく感じるんです．行動を決定する要因としてそこの部分をもっとしっかり研究しないといけないなと考えはじめました．

● 2つの感情：感情と情動

　鈴木：その時に「感情」にはやっぱり2つあるんですよね．さっき感情の定義はあんまり厳しくやっても意味がないということでしたけれども，ただ，経験の情感的側面を総称する言葉としての「感情」や触覚などの感覚的印象を意味する「感性」のようなものと，怒り，悲しみといった急激に起伏する一過性の過程としての「情動」のようなもの，そういうものとの，どちらを対象としてわれわれはいま話しているのかをいつも意識してわけておかないといけない．感情という言葉を使っているといつもそこで混乱してくるんですよ．こちらの立場で話している人とあちらの立場で話している人が一緒になって話すと全然話が合わないんです．そこをある程度わけておかなきゃいけないかなという気がします．そして，いわゆる「情動」のほうが強いと思うんですよね．

　藤田：色で表現すると，情動は赤で，感情はピンクか黄色という感じ（笑）．

　鈴木：そう，議論する場合には，そのどちらをあつかっているかをはっきりしておかないと，全然違うことになる．とくに臨床なんかはもっぱら情動ですもんね．

　河合：臨床における情動ということでいえば，夢における感情を考えると，神経症の人では「不安」と「罪悪感」の2つが特徴的です．神経症の人の夢では，この2つの感情がすごく大きい．たとえば，不安なら「犬に追いかけられて怖くて目が覚めた」とか，「男の人があとをつけてくるのでワーッとなって目がさめる」とか，罪悪感なら「人を殴っちゃうのだけど悪いと思って謝る」と

か，そういう感じの夢がすごく多い．けれども，そういう夢を見ると実際の行動は起こらないんです．さっき吉川さんが「感情が行動に結びつく」という話をされましたが，夢では「不安」という感情によって行動を起こさせない，あるいはなにか行動が起こっても「罪悪感」によって打ち消す．これは「なぜ感情というものが存在するのか」の答えの1つになるのではないでしょうか．感情にはドラスティックな行動を起こさせない緩衝材・安全弁の意味があるのです．

　だからそういう意味では，感情は文化だし歴史的なできごとなのです．たとえばヨーロッパで19世紀に「不安」がものすごくクローズアップされ，神経症や精神分析がでてくる．人間の文化として，行動化とかドラスティックな面を起こさせない安全弁の機能が感情にはある．たとえば神経症の人が見る夢で「ずっと犬に追いかけられて「怖い，怖い」って逃げるんだけど，また犬は追いかけてくる」，それをずっと繰り返しています．悪くもならないけど，良くもならない．そのあたりが感情の1つの機能で，緩衝材というか安全弁です．それによって行動を止めちゃうところがある．ところがもっと重い人だと見る夢や感情が違うのですよ．たとえば人格障害レベルの人だと「同僚と争ってボコボコに殴って，そして窓から突き落とした」とか「殺した」とか，すさまじい怒りとか，緩衝材としての意味をもたない「情動」といわれるものに近いものが出てきたりする．誇大化した自己愛とかもそうで，さっき言った文化として意味をもつ感情とまったく違うものがある．それともう1つ，感情がないというあり方がある．「自分が殺戮されているのだけれども，なにも感情が起こらずそれをみている」とか．精神病の人は感情が全然なく，事実のみの世界，行動のみの世界のことがある．つまり，文化としてみた感情は緩衝材的なはたらきをもっていて，行動しな

い・させないという機能がはたらいているのですけれども，時々爆発していくのです．

　それから，さきほどの感性の話はすごくおもしろいと思うんです．夢を見た人の個人的な感情は，じつはセラピストの側からいうとあまり重要でない．それよりも夢そのものがもっている「美しさ」や「意味」が治療にとって非常に大事なのです．クライエントが夢を嫌だとか抵抗したいとか怖いと思ったりしても，夢自身がすすんでいき症状が治っていく方向が大事であり，セラピストはその方向を支持するのです．われわれが芸術作品に感動するような「感性」が重要なのです．

●感情はなぜ必要か

　藤田：私はすごく不思議に思うのが「本当に感情は必要なのか」ということです．ごく単純には「恐怖感は行動を迅速にさせる機能をもっている」とかいわれますよね．だけどよく考えたら別にそんな恐怖感はなくたって行動を迅速にすることはできると思うんです．ロボットだったらすぐできるわけですよね．ポジティブな感情のほうが，まだそれが存在する意味が理解できるんです．ポジティブな感情はなにか行動をしたときにその行動を促進する内部的強化子としての機能をもちうる．たとえばご飯を食べると「おいしい」「うれしい」という感情が出ますよね．そうするとご飯を食べるようになります．

　子安：「痛み」がないと非常に大変ですよ．たとえば糖尿病の患者さんは痛みを感じにくくなるんですが，足が壊疽しても気がつくのが非常に遅れるとか，普通ならお腹が痛くなるようなときでも痛くならないとか．痛みを感じるからわれわれは適応できるという面があります．痛みが感情なのかどうなのかは難しいけれど，典型的な例です．

またさきほどの，感情が行動を起こす面と止める面と両方あるという話ですね．これはメディアの影響という観点からもよく言われています．たとえば暴力番組とか性的場面を見て実際に行動を起こすかどうかというのには2つ説があって，1つは実行説で「同じことをしてみたい」「おもしろそうだからやってみたい」という感情を起こす．もう1つは代行説で，見てカタルシスを感じて満足するから行動は起こさない．この両説があっていまだにその結論は出ません．結論が出ないのは当たり前で，両方のプロセスが存在しているからです．感情はコントロールがきわめて難しいのです．

船橋：さっき不安感や罪悪感の話がでましたね．僕の第4章でも書きましたが，たとえば前頭葉の眼窩部に損傷があると，不安感も罪悪感もほとんどなくなってしまうという例があります．その人は，いわゆる知的な能力は損傷前とほとんど変わらないのに社会的な関係がうまくもたてなくて，たとえば結婚相手も適当に決めてしまって，子どもができてもほったらかしでなにもしない．はたからみたら人非人ですけれども，その人自身には罪悪感もなにもない．感情の起伏がまったくなくなってしまう．だから，脳の中に罪悪感や不安感を感じるようなしくみがあるからそういう感情が生まれてくるといえます．じゃ，なぜ感情が必要なのかというと，なんらかの形で適応的な生活をするために必要ではないかと思えます．

藤田：進化の過程でいったん感情によって行動が制御される機能を備えてしまっていると，いまの例のような感情がなくなったときの悲劇は容易に想像できます．でも，もともと感情がなくてもミスター・スポック＊は立派に生きていけるわけですよね．感情はひょっとしたら，なくてもよかったのかもしれない．だから私は第8章に書いた自分のモデルのなかでは感情はたんに副産物とし

ミスター・スポック
SFドラマ「スタートレック」シリーズの登場人物．感情をもたない異星人という設定．

て出てきたというふうに整理をしました（笑）．

● **ロボットを用いた感情発達のモデル化**

浅田：まず，どのように感情ができあがってくるかということを考えましょう．たとえば赤ちゃんからはじまって，人間のなかで「感情」といえるものがどういう形で発達していくか．もちろん脳の構造にも扁桃体＊などといったいろいろな素地があると思うんですけれども，環境因子としてとしての入力がないと感情は出てこない．とくに社会的要因が大きくてお母さんと赤ちゃんの関係というのは大きな要因をもっていそうです．

「感情はなにか」という問いは，われわれの立場からいうと「感情はどうやってできあがっていくか」という過程のことなのです．たとえばかりに私が「ロボットの感情ができました」っていったら「うそだ，そんなものあるわけない」といわれるかもしれません．そしたら「じゃあ，われわれの感情はどうやって生まれるんですか」と聞いてみたい．たとえばわれわれの感情の根源について考えてみると，最初に本能的な部分，つまり食欲・睡眠欲・性欲などが進化的過程で通常の人間にはデフォルトで備わっているものですよね．同じようにわれわれもロボットに関してはそれとおぼしきものは初期条件として与えておきます．そこから出発して環境的要因として養育者の応答が，どのようにして初期に備わっていた感情の源のようなものを発達させ表出させるか，それを計算論的モデルとして立てて実験していくというのがわれわれのスタンスです．これは感情にかぎらずなにかを理解するときにはそれに対するモデルを考える．だからモデルの仮説の妥当性や与える環境要因の妥当性などを全部吟味しないといけないのは確かです．

ただロボットは非常にハンディキャップがありますの

扁桃体
amygdala．扁桃核ともよばれる．大脳辺縁系の主要な核群で，形状が扁桃（アーモンド）に似ていることからこの名がある．視床と強い結合をもち，とくに感情に深いかかわりを持つ活動をおこなうと考えられている．

でかなりやさしく教えないといけない．それはたとえばさきほどの話みたいに（反社会的でなくて）非社会的な要素があったときに，その感情のどういう部分が欠けているのかと考える．もちろん生理学的な要因も環境的要因もあるかもしれないですけれど，逆にロボットの非常にかぎられた能力による応答の遷移（発達）から，非社会的な課題を再発見できる可能性があります．その発達的なところに光をあてるといいますか……．

藤田：そういう「感情の種になるもの」が考えられるのですか．ある条件をこえる初期値があったら感情ができて，というふうな．

浅田：感情に限らず心の問題については，ボトムアップ的にしかやっていません．「ヒューマノイド・インテリジェンス」と呼んではいますが，知能にかぎらず知能にいたるいろんな事柄を，ロボットを作って研究しようとしています．この分野はロボットでは非常にマイナーでして，「認知発達ロボティックス」と名づけられています．いろんな方法論，たとえばわれわれのプロジェクトである東大の國吉グループでは，受精からはじまる胎内でのシミュレーションや，感覚運動マップを作るための胎内運動のシミュレーションをしています．

トマセロ*らはサルの扁桃体のイメージングの研究を通じて，サル自体は他者の内部状態を感じはしてもそれを共有しようとは思わないと主張しています．人のほうは共有しようと思っている，その差がなにかを見きわめたいですね．

われわれが標榜している「認知発達ロボティックス」とは理解の対象となるヒトの発達モデルを人工物のなかに埋め込み，環境のなかで作動させ，その挙動から発達モデルのあらたな理解を目指すというものです．もちろん認知の帰結は主観的なのですが，そこにいたる過程は客観視できるだろうと．たとえば色の知覚にしても，視

トマセロ
Michael Tomasello．米国の心理学者で，現在はドイツのマックスプランク進化人類学研究所教授．言語と社会的知性の発達・進化に関する研究で著名．

覚から入ってきた刺激による視細胞の発火の過程は客観視できるだろうと．その設計論をもってすれば，情緒でも客観視できるものはサイエンスの対象になると思うんです．もちろん帰結は主観ですけれど，それらを全部主観だから論じられないとしてかたづけてしまわないで，その帰結にいたる過程を客観視していく．

　これはうちの専攻の石黒浩教授が完全に作りこんだ，完成度の高いアンドロイドです（図13-1）．モデルはNHK大阪の藤井綾子アナウンサーですが，私は本人とお会いしたことがあるためにかえって動作がもっている雰囲気がすごくアピールするというか怖いというか，気持ち悪さがあります（藤井さんすみません）．この気持ち悪さはなにか．「不気味の谷」といわれる現象があります（図13-2）．通常の人間をみると親和性が高いんですが，そこから機械を人間に近づけていくと，あるところで親和性が落ちちゃう．谷の底のあたりにくるのがゾンビのようなもの．このロボットは徹底して本人をモデルにしてスーパーチューンナップしているものですからかなり表情が本人に似ています．そのせいでこっちも期待してしまう部分

図13-1　藤井アンドロイド．
（大阪大学知能ロボット学研究室（石黒研究室）・㈱ココロ 共同開発）

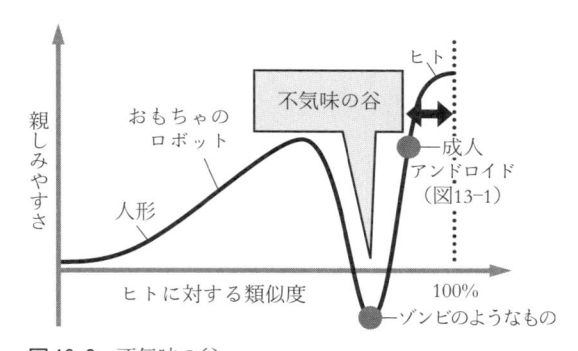

図13-2　不気味の谷．
（大阪大学知能ロボット学研究室（石黒研究室）HPより改変）

があり，それが見た目のもつ不気味さかもしれません．

船橋：不気味さについてですが，「これはロボットだ」っていわないでおいて人にみせたらどうなるのでしょう．

浅田：これを老人ホームにもって行ったとして，そちらのおじいちゃんだと，はじめはたぶんわからないでしょう．でも1時間もいっしょにいればロボットだってわかっちゃう．たとえばソニーのアイボは，われわれのようにしくみを知っている者は30分も遊べばじゅうぶんですし，そうでなくても1時間2時間で飽きる人は飽きてしまいます．生命のもつリアリティにやはり欠けているからです．他者におよぼすエモーショナルな部分をどうやったら持続できるかというのがロボット作りの1つの課題です．

鈴木：僕もアイボを使った実験を，大学生や老人を被験者としてやりました．みな最初はものすごく興味をもつんです．でもだんだん飽きてくる．で，10日間もやるとまた好感度があがってきたりします．また被験者がアイボをたたいたりするという行動が出てきます．オムロンのネコ型ロボットを使ったときも同じような結果でした．でもやっぱりロボットであって，どうやっても動物としてのあつかいにはならない．老人のなかには本物かロボットかどうかわからないという人がいます．で，「わからないけど気持ち悪い」と言ってまったく触れようとしない．さきほどの「不気味の谷」に関連しますけど，逆に完全にロボットだとわかっている場合はちっとも不気味じゃないんです．だからソニーはアイボをイヌにはしなかった．なぜイヌの形にせず機械的なメタリックな外観にしたかというと，アイボに触れた人が「似ているけれどイヌではない」という意識をもつようにです．いっぽうでオムロンがネコを作ったときにはネコに似せたんです．これはまったく違うコンセプトです．

浅田：うちでネコにアイボをみせたらまったく無視でしたね．まずにおいがしない．それからモーターの音ですね．だからあきらかに違う．ちなみにさっきのアンドロイドは空気圧を使っているので，モーターの音はしません．

鈴木：このアンドロイドはすごいレベルに到達しているなと思います．でもやっぱり人間がみたときには，ほとんどすぐにロボットだとわかってしまいます．そして，ロボットが感情表出するがゆえになんだか腹が立つ．

浅田：さっき言ったように，ロボットの設計を設計者がぜんぶ決めて作る場合にはなんの不信もなく合理的な成果がえられます．しかしロボット側に主体性をもたせて学習なりをさせようとすると，どうやってそれが可能になるのかの説明が難しいです．環境として養育者の行動がロボットの主観的体験を可能にしつつも，その発達過程を客観的にみることができないかと考えています．簡単な例をおみせします．

すごく単純な実験ですが（図13-3），ロボットにはある程度基本的な快不快はあると想定し，インタラクションを通じて他者との共感をどうやってとるかという簡単なモデルを作りました．ちょっと工学的な話です．キーワードは，「直感的親行動（intuitive parenting）」で，これがインタラクションのキーだと考えます．だから親が側にいてあげるなどの，社会的要因としての環境が必要だという1

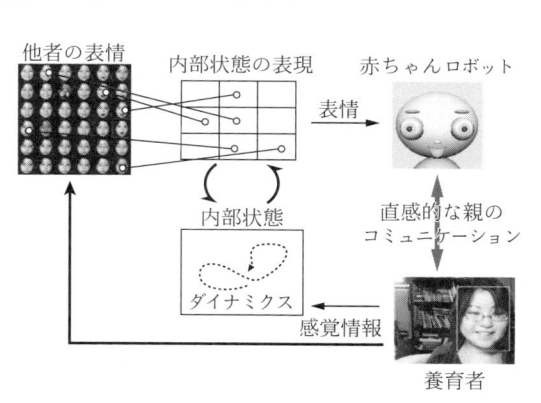

図13-3 共感ロボットのシステム図．
(Ogino, M., Watanabe, A., & Asada, M. (2006). Mapping from Facial Expression to Internal State based on Intuitive Parenting. *Proceedings of the Sixth International Workshop on Epigenetic Robotics*, pp. 182–183.)

つのモデルです．親がいろいろ教えてくれて，意識的にも無意識的にも共感してくれるような状況を作っていくと，子どもがそれをコピーするという形で，それで直感的親行動を通じての共感発達のモデリングをやってみようということでした．

これが内部構造です（図13-4）．基本的には内部状態がある種のダイナミクスを持っています．そうしておいて，いろんな顔を作ってもらう．その時にインタラクションする状況，たとえば赤ちゃんがガンと角にぶつかって「痛い」っていう状況に対して「痛いのね」っていう顔をします．自分のそのときの状況とお母さんが出してくれた顔が同じ意味だということをマッピングし，これをどんどん繰り返して，親の顔と自分の内部状態とのマッピングを学習していきます．顔画像のパターンを自己組織化して，クラスわけし，それぞれの顔のクラスと内部状態をいちばん簡単なヘブ学習＊でどんどん関連づけしていきます．ロボット側の顔は簡単なモデルを使って構成し，いっしょに驚いてやったりキーボードを打ったりなど，いろんなイベントを用意し，それらが起こった時点で，たとえば，大きな音を鳴らしたり，タッチをすると顔の表情が変わっていきます．自己組織化して自分の内部状態との関連づけをしていくと，大まかながら顔がこういう分布になって，学習の結果，最終的にはラッセルの二次元分布＊によく似たものが出てきました．実際には顔しかみせないで，いろいろ表情をみせてやると同じような表情をするというのをやります．

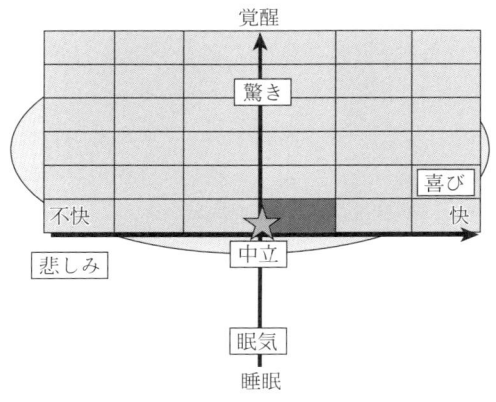

図 13-4 内部状態図．

ヘブ学習
同時に発火したニューロン間のシナプス結合は強められる，という規則に従った学習．カナダの心理学者 Donald O. Hebb が提唱した学習モデル．

ラッセルの二次元分布
覚醒-睡眠，快-不快の2軸で多様な表情をマッピングするモデル．

吉川：刺激と応答の時間的な関係はどうですか．わりあい自然ですか．

浅田：本質的にはターン・テイキング（交互交代）に近いこと，つまり同期をとっていると思います．事前に顔を分類しておいて，入力された顔をマッチングして自分の内部状況にあわせて自分と同じ顔を表出する．たとえばむくれた顔をすると舌をベーッとやりますよ（笑）．ただし，時間が経過すると普通の顔に戻っていきます．幸せそうな顔すると幸せそうな顔をする．びっくり顔をすると「うぇー」っていう顔をする．非常にシンプルな実験ですけど，たとえば初期条件として基本的なものがあった場合に，お母さんとの社会的インタラクションのなかで感情がより細分化していく過程はこんな形かもしれません．そうすると直感的親行動という過程がこのロボットにとっては非常に大きな要因になってくる．そして，逆にこういうものがないと未分化の非常に粗っぽいものにしかならないということも言えるかもしれません．

鈴木：人間って本当にそうしてるんでしょうか．たとえばよくあるネットワーク・モデル*ですけど，確かにコンピュータ的に考えたらああなるでしょうけど，でも人間はそうだろうか．

浅田：実際の状況は，たとえば同じようにものをみて同じように感じたり，音声的な話しかけやタッチなど，いろんなかかわりあいがあってもう少し複雑になると思います．でもそこは立証できないので，本質と思われるところだけをキューっとしぼり出してマッピングしているだけです．もちろんいろいろな要因がからんでいるのは確かだと思います．

藤田：顔の表情に関するミラー・ニューロン*はないのでしょうかね．

船橋：「ある」という報告がありますよね．たとえばディスガスティング*は「島（insula）」と呼ばれる大脳

ネットワーク・モデル
ニューロンに見立てた素子と素子の結合の強さを自分で調整して，図形認識などの学習をしていくモデル．

ミラー・ニューロン
脳の前頭葉や頭頂葉でみつけられたニューロンで，自身が動作をしたときと他者が同じ動作をするのをみたときの両方で同じように活動する．

ディスガスティング
disgusting．いやで胸が悪くなる感じ．

の部位にあるのではないかという話はあります．そういうものがあると考えるといろんなことが説明できそうですよね．これは個人的な意見ですけど，僕は扁桃体でなくて前頭眼窩部にそういうものがあるではないかと思ってはいます．

子安：自己理解は他者理解よりさきに進むといいますけど，自分の顔についてはそうじゃないですね．自分の顔は自分がいちばんみられない．そういう意味でインタラクティブな問題をあつかうのは非常にいいと思います．あとは感情の共有ということが大事ですね．たとえばおいしいものをいっしょに食べたり，お母さんが赤ちゃんに口移ししてやったり．そういった意味では感情の共有ということがかなり自己形成につながるんですね．

浅田：そうなんです．インタラクションはいろんな要因で入っていくので，社会的に共有する要因としては大きいんじゃないかなと．問いとしてはさきほど子安先生の話にあった視点変換にはわれわれもものすごく苦労していて，自己や他者の認知課題で非常に本質的な問題だと思います．これはマッピングしただけなのですが，マッピングしたらお母さんの顔を見て想起する．そのうえで実際に自分が想起したものをどう表示するかとか，それと自分と他者をどういう意味で表示するかというスイッチングについてはまだ謎が残っています．模倣するとき，最初は鏡像の模倣（自分の右は相手の左）からはじまって，そして3次元空間の実際の関係（自分の右と相手の右）の模倣にいたる過程で空間知覚が構成されていきますが，なにがそれを可能にしているかわからない．

同じ問題ですが最近発見したのは，音声模倣の際，声域がお母さんと違うんですけどおたがいまねし合ってひきよせていくんです．それは視点変換と同じ問題が起きていて，知覚部分ではずれているにもかかわらず，そこを埋めているなにかがある．そのようなインタラクショ

ンがなにか．それをどういうふうに科学的に表現していくのかが課題です．

吉川：そういうことをやってるあいだに，微妙な快感情がなかから出てきて，強化につながるような気がします．けれども，快感情を起こすメカニズムを実験室で操作的につくりだすことはなかなか難しいですね．

● 感情の個別性

船橋：資料1に「感情は科学的に研究できるか」とありますが，これがすごく難しい．たとえば表情を出す．しかしその表情をどういうふうにみるかは人によってちがう．「これは怒りの表情です」といわれても，「いや，これは渋い顔をしているのであって怒りではない」と思ってみたりします．感情というのはある表情をみただけじゃなくて，前後の状況を加味して出てくるものだから，それも加味して研究をやろうとすると難しくなる．だから，どう研究をするとうまく研究できるか……．みなさんはいかがですか．

鈴木：確かに表情なんかは違いますよね．エクマンの表情*にはまったく日本人にあわないものが結構ある．とくに怖れの表情を提示し，自由回答させると「怖れの表情」なんてふつうでてきません．最初に言ったように「怖れ」の意味が彼らと日本人ではちがうと思うのです．だからその顔は fear だということになってるけども，ほんとうは日本で fear を「怖れ」と訳すこと自体がまちがいなのかもしれない．あんな顔をすることは日本人にはまずない．

元・関西学院大学の今田寛先生が恐怖の研究をされていて，外国の留学生の人に fear の体験を書かせた．日本人にも書かせた．そうすると内容がまったくちがう．日本人は「暗い道を歩いていて怖かった」とか書く．その

エクマンの表情
エクマン（Paul Ekman）は表情分類で著名なアメリカ合衆国の心理学者．エクマンの表情とは，表情を顔の各部分の動き（アクションユニット）のくみあわせで表現し，それらを標準化してくみあわせたモデルとなる表情のこと（次頁の図はエクマンの表情の一例，P. エクマン／W. V. フリーセン『表情分析入門——表情に隠された意味をさぐる——』誠信書房1987年 p.82 より，満面恐怖の表情）．

時はエクマンの写真集の怖れのような顔はしないですよね．ところが向こうは本当に生きるか死ぬかの，たとえば「殺されそうになった」「レイプされそうになった」といった体験なんです．だから表情の原因1つとったって一緒じゃない．

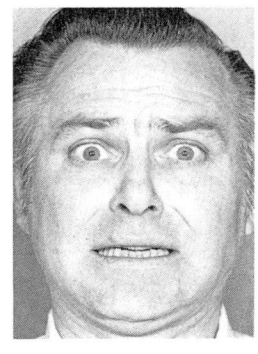

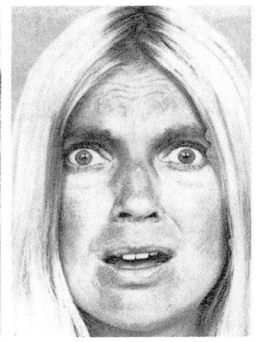

　これからの感情の研究をどうやってやったらいいかというと，本当に感情が起きた人を対象にすべきではないのかな．たとえば悲しみの映像をみせて，悲しくて本当に涙を流した人だけ対象にしようと．笑った人だけ対象にする．喜んだ人だけ対象にする．

　それからもう1つ考えなければならないのは，実験室で起こす感情と実際の場面で起こる感情は一緒かどうかということ．実験室の感情が実際の場面の感情のミニチュア版になっているかというと，なっていないことのほうが多いのではないかと思います．そこをよく考えないと．

● 感情の認知なのか，感情が起こっているのか

　鈴木：もう1つ考える必要があるのは，その刺激をみたことによる反応なのか，それともわれわれのなかに起きている反応なのかということを，いままでの研究ではほとんど区別していないことです．だから喜びの研究にせよ，怒りの研究にせよ，怖れの研究にせよ，そういう表情をみせてこちらが感じているのか，それともその表情を評価しているのか，ここをちゃんとわけておかないといけません．

船橋：それはすごく難しいんです．たとえば動物実験でやる場合，何種類かの刺激を用意しておいて，それを繰り返し繰り返しみせるわけです．最初はある種の感情が起こるかもしれないけどそれを毎日のように何回もみせられると，後はだんだんみたときの感情がなくなってくる．そう考えると感情研究というのはどういうふうにやればいいのか．すごく難しいです．

吉川：私は自分たちで計画した実験でfMRI*の被験者になったことがあります．怖れの表情写真が出てきて「ああ，また出たなー」くらいに思いながらぼーっとみていました．でも，あとで自分の脳活動のデータをみてみたら扁桃体はちゃんと活動していた，という経験があります．私は主観的には怖いとは思わずに「次にはあの顔が出てくるかな」と予想していました．ですが恐怖の感情に類するものを，私の脳はちゃんと処理していたということなのかなあと，とても興味深く感じました．

鈴木：それはただ単にそういう刺激だということを認知しただけであって，感情として恐怖あるいはそういうものが生じているかどうかはわからないですね．扁桃体が発火したとはいっても，それは刺激をみたことによって，ただたんに起こっているだけなのかもしれませんし，あるいはニュートラルな表情に対してはその反応が出なかっただけかもしれません．それがすなわち「恐怖が生じた」とはならないのではないかと思います．

船橋：たとえばそのときに，防衛反応をみるとか，血圧をみるとかすればいいのでは．

鈴木：そうですね．感情研究をおこなううえで必ずすべきことは，行動をみる，心理的なものをみる，生理的なものをみるという3点セットですね．その3点セットを最近はあまりやらないですね．

三浦：たとえば表情は外に出るからわかるとはいえ，

MRI
magnetic resonance imaging. 磁気共鳴画像法．急速に変化する強い磁場に対する組織中の水素原子の応答特性のちがいをコンピュータで処理して組織の映像をえる手法．この装置のうち，高速に連続画像をえることのできるものを，機能的磁気共鳴画像（functional MRI, fMRI）装置と呼ぶ．fMRIを利用すると，ある心的活動中に脳のどの部分が強く活動したかを，血流量の違いを検出することから非侵襲的にしることができる．

感情の認知なのか，感情が起こっているのか

抑えることもできますよね．感情がなかで湧きあがっているとしても．いっぽう，怖れの表情に反応したとしても，その表情だったらこの細胞を発火させるという認知レベルでの神経対応があるだけで，実際の感情とは関係がないのかもしれない．行動をみようとしてもデータがとれないことはありませんか．

鈴木：自律神経系の反応だと，出方の個人差がとても大きいんです．たとえば行動には出ないけれど自律神経系にははっきりと出る人と，その逆に行動にはよく出るのだけれど生理的な反応にはほとんど出ない人とがいます．さらに，同じように出る人もいます．ある感情を感じている被験者の生理的な反応と心理的な反応にもこういう個人差があります．そうすると，データをとるとどうやっても差が出ないわけです．被験者をうまくわけて考えないといけない．そのへんの細かいことをやっていかないと，じつは生理的な反応からは説明ができない．

河合：われわれ臨床家は，実際に悲しんでいる人に会っています（笑）．しかも完全に個別で，本物をあつかわないとしょうがないところがあります．だから，その話には共感できますね．いまのディスカッションでおもしろいと思ったのは，吉川さんの「自分は実験内容を知っているから，なにも怖いとは思わなかった．ところが扁桃体は反応していた」という話です．それはさっきもいいましたが「感情は必ずしも深いものではない」ということです．主観的になにも感情がなくても，自分は反応していることはすごくあるわけです．怖いとか腹が立つとかはいわないけれど心身症になるクライアントだとか，いろいろな人がいるわけです．本当に生理で出るのか，行動で出るのか，心理で出るのか，人によってまったくちがいます．どうしても認知からみると感情は深いと思ってしまいますが，まったくそんなことはないです．

藤田：むしろ，自分の感情に気づかないから問題が起こってしまう．

浅田：行動とのバランスで，行動をとることで抑制されてどんどん情動状態のレベルが下がっていく場合があります．例をあげると，自分がいま直面している問題を解決するかわりに友達に長電話してしまったということがみなさんにもあると思います．ようするに投射ですけど，同じようにエモーショナルの状態があって行動に出していくとそれがさがっていきます．

河合：似た例では，イメージによる治療をしているでしょう．夢を報告してくださいとか，絵を描いてくださいというと，そこに表現されておさまっていく場合と，さらに崩れる場合があります．さっき子安先生が言った実行説と代行説と同じことですよ．

吉川：その両者の違いは，それまでの治療の過程で予測できるのですか．

河合：いちばん大きな基準は病態レベルが違うことです．やはり精神病圏の人は行き出したらとことん行き着くというところがあります．たとえば，統合失調症の人にはロールシャッハ検査*をしないほうがいいと言われるくらいです．だから，われわれは病態の重さでみていますが，それだけじゃないこともありますね．

● **感情と感性評価**

藤田：こんどは感情と芸術，あるいは感情と感性評価の関連性についてうかがいたいと思います．

三浦：さきほど「美しい」とか「よい」という感情について，ロボットの話を聞いていて思ったことがあります．

これはアーロンというお絵描きロボットです（図13-5）．人間はスイッチを入れるだけ．なにを描くかも構図

ロールシャッハ検査
Rorschach Test．ロールシャッハ（H. Rorschach）によって考案された投影法による人格検査の1つ．被験者に，左右対称の無意味なインクのしみを提示し，なにみえるかをたずねる．その回答を手がかりにして，性格や思考様式，感情状態などをさぐる手法．

もすべてアーロン自身が決めます.しかも,その絵のもとになるような画像がコンピュータのなかに入っているわけではありません.たとえば,手はどういう方向に何度曲がるとか,遠くのものは小さくみえるといった宣言文,つまりテキストファイルが入っていて,それにもとづいて絵(図 13-6)を描くのです.ちなみに,アーロンは目をもっていません.中央演算機のようにすべてを集約する脳のようなものももっていません.部分ごとの最適値だけで描きたしてつくっていくやり方です.目も脳もないけれどそれなりの作品をつくっています.機械だけれどランダム回路が入っているから毎回違う作品,しかもアーロンらしい作品を制作します.コーエン*という人がプログラミングをしています.コーエンのプログラム技術の進展にともなって作品も徐々に成長していて,子どもの描画発達みたいでおもしろいです.

図 13-5　お絵描きロボットアーロン.
(パメラ・マコーダック『コンピュータ画家アーロンの誕生——芸術創造のプログラミング——』紀伊國屋書店 1998 年より)

図 13-6　アーロンの描いた絵.
(パメラ・マコーダック『コンピュータ画家アーロンの誕生——芸術創造のプログラミング——』紀伊國屋書店 1998 年より)

　さて,この絵をみたときに「美しい」「楽しい」と思うのは人間側であって,アーロンではない.このことは重要だと思うのです.アーロンには目も脳もないから自分が描いた絵をみることも評価することもできない.つまり,アーロンに感性評価ができないように,ロボットに感情

があるわけではない．でも，接するこちら側は感情移入するのですね．これは感性の話というよりも機械との関係の話なのですが．

　感情と芸術との関係についてもう1つお話しすると，いま述べたように，芸術を芸術だと認めるのは鑑賞者です．芸術の心理学というと，どうしても制作者のほうの感情と表現，いわゆるフロイト的な昇華＊が考えられがちですが，芸術をみる側の関係で考えてもいいと思います．そこには作者との感情の共有がなくてもよい．現代芸術ではすでに感情移入を考えていないものがあります．芸術は思考の場としての提案であって，感情の発露としての作品制作ではないことがある．そのうえ感情の共有や意図の伝達を考えたとき，制作者の意図どおりに伝わるよりも，むしろ，誤解があったほうが芸術になるような気もします．そう考えると，共感関係とか感情の共有ということは必ずしも芸術の前提にはならないと思っています．

　それとは別に，アール・ブリュット＊などといわれる，感情をそのまま表現した非常にすぐれた作品があり，それを制作できる人たちがいます．ある部分に特化してすごい人たちです．これは感性が学習で高められるのか，磨いていけるのかと考えたときに，磨いていける感性と素のまま変わらない感性みたいなものがあるという例になるかと思います．

　ところが，感情は「磨く」とは絶対にいいません．さきほど感情の学習という話がありましたが，感性は磨けるけど，感情はどうして磨くことができないのか．やはり感情は抑えがたくして出てくるもので，表出のしかたや読みとりのしかたは学習できても，感情自体はともかく内的に湧き起こってきてしまうもので，そのあたりが感性と感情のちがいでしょうか．

　藤田：感性とは理性なのでしょうか．

コーエン
Harold Cohen 1928 –，ロンドンで現代芸術家として成功したあと，カリフォルニア大学サンディエゴ校でコンピュータプログラミングを習得．1970年代からアーロンによる作品を発表し，メタ画家として世界的な活動を展開している．

昇華
sublimation．防衛機制の1つ．性的欲求，攻撃など，社会的に許されない欲求を，芸術やスポーツなど，許容される活動にかえて充足させること．

アール・ブリュット
art brut「生（なま）の芸術」．フランスの現代画家デュビュッフェが美術教育を受けていない精神障害，認知障害，知的障害などの人びとの制作するすぐれた作品に対して名づけた．なおbrutはフランス語で「生の，加工されていない」の意．

情動，気分，感情

三浦：ある意味において知的な情報処理だと思います．さきほど認知処理に置きかえることで感情を違ったかたちで発露できるという話がありました．そういった距離をとるというかあいだを置くというか，それが感性の場合はより高いのではないかと思います．

● 情動，気分，感情

藤田：具象画だといまの話でわかるのですが，たんに模様があるだけという抽象画をみても「あっ，これいいな」と思うときがありますよね．それはどう理解したらいいですか．

三浦：「あっ，いいな」と思うのは感性でしょうね．感情とはちょっと違う気がします．

最初に鈴木先生がおっしゃっていたように，たぶん「エモーション（感情，情動）」と「フィーリング（感性印象）」を分けているお話だと感じました．感性の場合は情動をあつかっていないのだと思います．フィーリングのほうをあつかっている．となると，感性と感情とは対象への自我関与度の強さのちがいなのかもしれません．

子安：角野先生の第10章に，「情動（エモーション）」と「気分（ムード）」と「高等感情（フィーリング）」について書かれています．「情動（エモーション）」は基本的に「行動（モーション）」にかかわる感情の1つですね．「気分（ムード）」は爽快や不快といった基本的に心のエネルギー的側面があるものです．「高等感情」は美的感情，宗教的感情，道徳的感情（善悪）をもっています．

鈴木：「情動」はたぶん秒のオーダーで，長くても分のオーダーです．時間がファクターです．もうちょっと長い時間とか日のオーダーだと「感情」になります．それ以上の日のオーダーになると「気分」になります．それが1ヶ月，2ヶ月から半年のオーダーになるといわゆ

る「気分障害」，もっと長くなると「人格障害」です．「気質」も「人格障害」と同じ長いオーダーですね．こういうわけ方も1つのわけ方であり，わかりやすくていいのかもしれません．当然，感情のなかで気分が変化してくると，感情の持ち方によって情動の起こり方もちがってきます．そういう考え方も1つかなと思います．そして「フィーリング」とは調子みたいなものだと思います．極端な例では，「そよ風が吹いている．気持ちがいい」というのもフィーリングです．フィーリングという言葉の由来は触覚からきています．「触覚的な要素に情緒的なものが加わったのが感情」だという説明がされてきました．

●芸術への情動の反映

　藤田：絵画が描かれるとき，描き手の感情の長期的・短期的な変化がそのどこかに出てくると思うのですが，気分が背景の色使いにあらわれるとか，そのときの情熱が絵に描いた顔にあらわれるとか，そんなことはあるのでしょうか．要するに，描かれたものから描いた人の感情状態がどのくらい読みとれるのか．芸術としては「誤解したほうがいい」という話もわかるのですが，もし読みとれるとしたら，それは絵画のどこらへんにしこまれているのかお聞きしたいのです．

　三浦：私も情報伝達をやってはいるのですが，フランシス・ベーコン＊の描く絵のように，本当に暴力的な絵をみると暴力的な感情が湧きあがるということもあるような気はします．ただ，描き手の彼がそういう感情で描いたとはちょっと思えない．あるいは，そういった感情を表現しようとして技術的に描いているかもしれないし，こういう抽象的な絵を暴力的としてとらえるかどうかは，みる側の問題ですね．

　藤田：プロの芸術家はそうだと思いますが，ごく普通

ベーコン
Francis Bacon 1909-92，アイルランド出身の画家．ゆがめられた人物像を多く描き，人間存在の根底にある不安を表現したといわれている．

はそのときの情動状態が絵のどこかに反映されると思うんですね．そういう研究はないのですか．

船橋：臨床心理の箱庭療法とか絵画療法が，それにあたりますね．

鈴木：情動が生じている状態ではやはり表現が激しいのではないでしょうか．色使いでも激しい．音楽でも音の強さや高低に激しい変化があるのでは．

河合：絵画療法が実際に治療で使われるのは「これをなんとかしたい」「これが苦しい」といった，はっきりとした問題の焦点があるときです．そうすると表現は読みとりやすくなります．われわれが生きていくなかでは本当にいろいろなことがあるので，そういった問題の焦点がない普通の状態ではなかなか読みとれません．ですから芸術となるとその点が難しいですね．

藤田：芸術にはきっとうそがいっぱい入っているんですよね．

●色と感情：動物と人間の場合

鈴木：激しい絵を描く子どもがいますね．そのときにはなにか情動が生じているのですか．大きく描かずに，とても小さく描くときもありますね．

子安：それは情動なのか，エネルギーなのか．もしかすると行動レベルのエネルギー水準が高まっているのかもしれません．

藤田：角野先生（第10章）は問題をかかえている方の色使いに注目されていましたね．

三浦：色には感情がかなりストレートに出てくる可能性がありますね．

船橋：京都大学霊長類研究所の松沢哲郎さんがチンパンジーに絵を描かせたことがありますよね（図13-7）．描かれた絵でそのときのチンパンジーのこころの状況と

か感情はわかるのでしょうか．

　浅田：自分の内部状態を表出したいというエモーションがあって描く場合と，むりやり描かされる場合があるとすると，チンパンジーの場合はむりやり描かされるのではないですかね．

図 13-7　チンパンジー・クロエの描いた絵．
（京都大学霊長類研究所　松沢哲郎　提供）

　河合：これはとても大事な問いだと思います．動物の場合はなにか動機づけをセッティングして描かせている．そうすると動物に自由な自己表現があるのか，遊ぶということがあるのか，そのへんの問題が大きくなるように思います．

　藤田：遊ぶのはあると思いますね．紙とマジックをわたせば描きますから．浅田先生の質問に答えようと思うと，やはりいろいろな状況で描かせてみてちがった絵が出てくるのかどうか，これを押さえることが必要でしょうね．それで内部状態が表出しているかどうかはわからないけれど，内部状態がちがうと思われる状況で絵を描かせてちがったものが出てくるところを押さえれば，研究がもう一歩進むと思います．人間の場合でも，ある症状のある段階では，いろんな色の絵の具があるのに黒しか使わないことがある，と角野先生が書いていましたね．なにかそんな色選択において特異性があれば，これももう一歩進めるかもしれない．

　吉川：色の連想で思い出したことがあります．人間は青く着色した食べ物をみると嫌悪感をもよおすということを調べた実験があります．それは自然の環境のなかで青い食べ物がないからと言われています．そういう感覚というのは霊長類にもあるのですか．

藤田：純粋な色の好みについてはすでに調べられていて，サルには好みがちゃんとあります．きれいに順番に並べられるくらいに．赤いものが嫌いで青いものが好きでした．いろんな色のライトでぼんやりと部屋を照らし，一定時間レバーを押せばごほうびがもらえる場面でどの色を選ぶかという実験です．そうすると赤のライトのときのレバー押し時間が短い．赤が嫌いというか，赤のときには主観的時計がはやく進むような変化がみられます．

●動物の感情

河合：霊長類を使った研究で，サルどうしの関係での感情の研究などはないのですか．

藤田：いまうちで研究しているのは「優しさ」や「思いやり」です．第8章にも書いたのですが，本当かはまだはっきりとわかりません．南米に住むフサオマキザルです．こちら側にテスト対象のサルがいて，むこう側に単に餌をもらうだけのサルがいます．こちら側のサルには2つの選択肢が与えられています．どちらを引いてもこのサルに入る餌は同じですが，むこう側のサルにはこちらがいずれの選択肢を引くかによってちがう餌が与えられます．一方の餌はいいもので，もうひとつは悪いものです．嫌いな餌と好きな餌みたいなものです．そうすると相手が自分よりも優位である場合はけっこう嫌いな餌を与えるんです（笑）．でも相手が群れのなかでいちばんいじめられている弱い個体の場合にはわりあいおいしい餌を与えるんです．ちょっと考えると逆のような結果です．「この子はいつもいじめられているから，おいしいものをあげよう」みたいなね．まだ本当かどうかわからないけど，そんなデータが出てきています．

鈴木：同志社大学の青山謙二郎さんが，ネズミで援助行動の実験をしていたことがあります．隣のネズミの悲

鳴を聞かせる．そのときに被験者のネズミが輪回しをすれば隣のネズミに電気ショックを与えないようにします．すると悲鳴を聞いたネズミは一所懸命に輪回しを続ける．そういう実験データを出しました．ネズミもソーシャルサポートをやるんです．

藤田：その手の研究では，あるレバーを押すと自分だけに餌がきて，もういっぽうのレバーを押すと自分と相手の両方に餌がくる．そういった場合にどちらのレバーを押すかという実験があります．昔アカゲザルでなされています．すると，こちらのレバーを押すサルと，もういっぽうのレバーを押すサルと，でたらめに押すサルと，三者三様でなんだかわからないという結果が出ました（笑）．

吉川：性格の違いなのでしょうか．

藤田：どうでしょうね．最近たくさんのチンパンジーでそれをやった研究があります．チンパンジーはでたらめでした．相手のとり分にはまったく無関心で，自分のとり分にしか興味をもたない．ヒトに近いからヒトに似た行動をとるということではないんですね．たぶん，採食活動のパターンと関係しているんでしょう．ふだんからチンパンジーはすごく競合的で，獲物をとるためには相手のことなどかまってられないというような採食をします．いっぽうでフサオマキザルはフードシェアリングをするんです．一緒に食べるのであまり競合しない．隣のサルが自分の食べ物を取るのを許容するだけじゃなくて，自分の食べ物をケージごしに相手にわたすこともします．

鈴木：社会的感情もたくさん研究されているわりに，もうひとつはっきりしないように思います．ほとんどの研究が，パス解析＊や，共分散構造分析＊などの多変量解析＊を駆使したもので，「こんなことが考えられるよ」という予測がなされているだけなのです．社会的感情は

パス解析
path analysis. 変数間に因果モデルを仮定し，共分散行列や相関行列をもとにして因果推論をおこなう統計的解析手法．仮定されたモデルにもとづくため，結果は直接的な因果関係をしめすものではない．共分散構造分析はその1つである．

共分散構造分析
covariance structure analysis. 多変量解析の手法の1つ．構造方程式モデリングとも呼ばれる．構成概念間の関係を記述するための構造方程式と，観測変数と構成概念の関係を記述する測定方程式とから構成されるモデルを作成し，各項目間の因果的な関係の強さを解析する手法．仮定されたモデルにもとづくため，結果は直接的な因果関係をしめすものではない．

多変量解析
multivariate analysis. 身長と体重などのように，2種以上の変数で記述されるデータをあつかう統計的分析手法の総称．重回帰分析，判別分析，因子分析，主成分分析，クラスター分析，共分散構造分析などがある．

さまざまな要因がからみあい，単純ではないため，こういうやり方が主になるのはしかたないと思いますが，実験心理学をおこなってきた私にはものたりません．心理学会のなかで感情関係の研究をしている研究者が 900 人くらいで，半分の 400 人くらいはわれわれのような実験心理学的な立場でやっています．残りの 500 人の人たちはほとんどが社会的感情の研究です．その人たちは感情心理学会には入っていません．わかれてしまっているんです．

●感情と社会適応

藤田：「社会的適応は感情の個体差とどう関連するか」について河合先生にお聞きしたいです．社会的適応する人としない人がいますね．適応しない人は，感情のシステムにちょっと変わった部分があるのでしょうか．

河合：これには個体差もありますし，時代の変化もあります．いま生きている社会において不安や罪悪感があるのはある意味で適応的なわけです．いっぽうでたとえばいきなり殴ったり刺したりなど，すぐに行動をしてしまう人は罪悪感や不安感がないと思います．でもすぐに死んでしまう．つまり適応的ではない．自殺もそうですが，行動の前に時間的なタイムラグをつくることも，葛藤することもできない．結局「感情ってなんだろう」と考えると，ある種のモニタリングだと思います．自分に起こっていることをモニタリングするのです．自己モニタリングであるし，それは他者との間でも起こります．他者とのモニタリングのなかで自分の感情もできるし，自分の中のモニタリングを通じて他者を思うことができる．大きな相互作用があります．

吉川：頭のなかに，自己や他者といった複数のエージェントができているかどうかがポイントだと思います．

いまの時代の人は自分の感情には敏感でそこは精緻化されているのだけれど，他者の感情についての推論はそれに追いつかないところがある．自分がなにか発言や行動をしたときに，相手がそれをどのように受け止めるかのシミュレーションがへたなんですね．ある若い女性は，小学生のときに友達と大喧嘩して，相手の親からきつく叱られたそうです．その一度の経験で，「怒りを表してはいけない」と思い，その後は腹がたってもいっさい抑えてきたそうです．これは，ある意味では適応的ですが，自分の感情をただ抑えてしまうだけだと，集団の中での感情共有の規範というか，怒りの上手な表現のしかたについてのエモーション・ノーム*はうまくできていかないんですね．どの程度怒りを表せば相手がどんな反応をするのか，実際に喧嘩をしたり，やりあったりといった経験のなかから，「これくらいは自分の気持ちをはっきり言ってもいい」とか「これ以上言うと相手を傷つけてしまう」といった規範を学んでゆくわけです．とくに怒りのような不快な感情を上手にやりとりする懐の深さのような部分を育てることが大切だと思います．

エモーション・ノーム どういう状況でどういう感情を表出するかに関する社会で共有された基準．

　　船橋：たしかにそうだと思います．僕もアメリカで生活をしていたころに家族に小さな子どもがいました．小さな子どもどうしが遊びますね．そのときにうちの子がほかの子のおもちゃをとったら，とられた子は「ギャー」と泣くわけです．僕だったら「なにしてるの！」とうちの子どもを叱ります．アメリカのお母さんはどうしたか．泣いている子どもに対して「○○ちゃんも遊びたいんだから，これをしばらく貸してあげなさいね．そしたら，あとであなたも△△ちゃんのおもちゃを借りて遊べるんだから」と説得するんです．僕はそれをみて「あっ，そうだ．そういうふうにしないといけないな」とすごく反省させられたことがあります．だから，親の側の基礎的な訓練もできていないんです．

●感情の個体発生

藤田：子どもの感情の話になったので，「感情はいかに個体発生するか」の議論にいきます．

子安：本書では，私（第6章）と板倉先生（第5章）がこのことをあつかっています．3つテーマがあります．1つめのテーマは基本感情で，いわゆる五感ですね．五感のなかにうまいとかまずいといった快・不快感があります．基本感情というのは個体発生の最初の段階のものですね．感情は1つのエネルギーだと思うのですが，とくに強く感じ，強く表現する子どもたちがいます．たとえば，よく泣く赤ちゃんというのは感情のエネルギーが非常に強い子どもです．それが気質につながっていきまして，感情の大きさだとか表現量みたいなものには大きな個体差があるということです．

2つめのテーマは，その感情をそのままつづけているとコンフリクトを起こしますから，保護者がそこを調整するやり方を暗黙的に，あるいは明示的に教えていくことが大切だということです．子どもはだいたい幼児期までに感情調整，つまり「むきだしの感情を相手にぶつけるのはよくない」「感情を抑えないといけない」と，自分の感情量そのものを調節することを学びます．同時に，場面に応じた感情表現のルール，いわゆる表示規則を学んでいきます．この表示規則は非常に難しいもので，幼児期では場面にそぐわない反応がいろいろと出てきます．私たちはだいたい小学生の高学年になるとかなり場面に合った表示規則ができるんじゃないかと考えています．あらゆる場面を想定したときにちゃんと使えるようになるのは小学校の高学年くらいからですね．低学年のうちはとんちんかんなことがいっぱい起こります．でもそれはやっぱり認めてやらないといけないと思います．

3つめのテーマは他者感情の理解ということです．これは自他がわかるということが最初の段階です．自分と他の人がみているもの，感じているものの内容がちがうとわかることですが，4歳くらいが1つの分岐点です．だいたい4歳から6歳で自他の区別ができてくるだろうと思われます．しかし，それは自他がちがうということがわかるだけであって，他者がどう思っているのかがわかるまでには長い期間を必要とします．なかには一生かけてもわからない人もたぶんいるだろうと思います．他者感情を理解することは必ずしも容易なことでなく，かなり難しい問題だと思っています．

鈴木：感情というものは適当に抑えることが難しいのではないかと思うんです．極端にいうとオール・オア・ナッシングだという気がするのですが，どうでしょうか．

藤田：適当に抑えているように見えるのは抑えた演技をしているということでしょうか．それは自分の感覚としてわかりますね．

子安：子どもの場合なら，第5章にあるミシェルの「ごほうびの遅延」ですね．つまり目の前のごほうびをがまんしたら，あとからもっといいものがもらえる場面でどうやってがまんができるかということですね．これは感情を抑える話です．そのときに子どもなりに気をそらす行動をするわけです．一所懸命にごほうびをみないようにしたり，歌ったりするんです．それは1つの感情調節ですね．

浅田：行動のバリエーションを持っていると選択ができますが，それがないと苦しいですね．さきほどの話になりますが，視点取得というのは自己他者二項関係を構成するうえで非常にクリティカルだとわれわれは思っているんです．年齢的な意味での社会的関係との関連でトリガー的なもの，つまりそこの他者視点取得を可能にしている要因とはなんでしょうか．

子安：自他を区別しなければいけない場面が出てくるということですね．それは経験的なものです．自分が欲しいと思っていても他の人は欲しくないと思っているなど，共同体験をしているのに感じ方が違うということは，子ども自身がいろんな経験を経て感じとってくるのです．

藤田：私はそれはメタ認知だと思っています．自分がその状況に置かれたときにどういうふうに感じるかをメタ認識して，それをシミュレーションで他者に当てはめていくというシステムがあると思います．もちろん他者認知がさきにあるとは思います．他者認知は行動的なルールとしてこの人がこんな顔をしたら次は殴りかかってくるということを学習することはできます．しかし，それをエモーションなどを通じたルールにするには自分のメタ認知が必要だと思っています．

子安：シミュレーションの方法は同じ環境を共有する場面だと使いやすいのですが，違う場面では非常に使いづらいんですね．「自分はピーマンが好きだけど，Aちゃんはなぜ嫌いなのだろう」と．自分のシミュレーションではなかなか難しいですね．

浅田：メタ認知を可能にするトリガーが他者だと思うのですが．メタ認知の前に他者との友好関係がさきに非常に未成熟な段階でできてくるからメタ認知が出てくるのではないかと思うんです．当然それによって他者に対する表現の自由度があがってくると思います．実験はできませんが，1人しかいない状態でメタ認知という概念が出てくるのでしょうか．そういう意味では社会的認知関係，「他者との関係があるからメタ認知しないといけない」というプレッシャーによって出てくるのではないか．そういう意味では，未成熟ではあるけれど自己よりも他者がさきにくると考えます．自己がさきか，他者がさきか，多くの論争がありますよね．

藤田：無人島に1人でいるとします．幽霊が出そうな

入り江があってそのむこうにおいしい餌場があったとしますね．そこをとおって行くときにもし感情をメタ認知できてコントロールできたとしたらその餌場に行けますよね．別に他者がいなくてもメタ認知が有効になる場合もあると思うんです．

鈴木：本当に1人ぼっちだったら，感情はあるんでしょうか．

藤田：あると思いますね．少なくとも現在の脳を持っている生き物というのは1人だけでもメタ認知をすると思います．

浅田：僕は悲観的で（笑），もちろん感情のもとになるものはあると思います．宇宙空間に1人で暮らすとして，そこには食べ物はあるけど社会的な情報はないとします．そういうときに感情が生まれる必然性はあるのか．その環境のなかにまったく生物的なものがなくて，自分ですべてがコントロールできてしまうとすると，1匹だけで育てたラットと同じで，必然性がないので感情の素地はあっても出てこないのではないか．

河合：たとえば，ラカンの言うことがそうですよね．他者によって感情も生まれるし，言葉が出ます．1人だったらしゃべる必要がない．このことは伊藤先生（第12章）が書かれています．

浅田：かつてのルーマニアのチャウシェスク政権下で，親から切り離して赤ちゃんだけを収容したら，赤ちゃんは変な運動をするだけでなにもしなかった．だから，結局お母さん的役割で社会的アトラクションする刺激がないと出てこないんです．それを思うと感情の社会的な要因であるコンテクストがないといけない．

● **感情の進化**

藤田：自分の感情を認識するというのはたしかに社会

的な要因が強いかもしれないけど，感情が存在していること自体はどうなのかな．

浅田：そこが難しいんです．なにをもって存在というかですよね．感情というのは物じゃなくて現象なので，極端ないい方になりますが，その存在の実証は現象でしかみられない．

藤田：たぶん，それはメタ認知を通じてみないといけないわけではなくて，感情によって制御されている行動と認知をとおして制御されている行動の2つがあればわかりますね．

浅田：それはさきほど出た，微生物や原生動物の光の走光性などを「感情」と呼ぶのかどうかという問題です．生物はエネルギー供給をして生存しないといけないけど，それに応じて餌をとってくるということを感情とみなすどうか．これは定義の問題ですのでどちらでもいいのですが，未分化な非常に原始的な情動的な状態であることは確かだと思うんです．それがどうやって分化していくのかは社会的要因が大きいのではないでしょうか．

藤田：そこはそうでしょうね．その中間段階というのか，アメーバのようなものだと外部入力というのはそのまま応答につながりますね．その間になにかしら回路をとおっているような場合に，その回路の内部で起こっていることを感情のもっとも初歩の部分としてとらえることができると思うのです．

浅田：原生動物は学習しますからバイアスがかかります．そういう変化が起こっているという意味では感情と呼んでいいと思うんです．メカニズムとして発揮すればいい．逆にいうと，それを感情と呼ぶことによって情報としてなにが利得になるのかと思います．

藤田：そうではなくて，発生はどこにあるのかという問いだと思うんです．そういうところは感情の卵のようなもので，その卵状態だった神経系がどんどん複雑化し

ていって，感情に対するメタアクセスが発生していくということです．

　第8章に書いたモデル図（図8-3参照）をみてください．

　アメーバはステージ0で，外部事象がそのまま反射行動に結びついている．ステージ1で神経系が多少複雑になると，内的な処理がはさまって刺激に対するある程度のフィルタリングがおこなわれて，行動につながります．これはあくまでも反射です．その次のステージ2でもう少し詳細な内的な処理が発生して随意的な行動が発生します．すると，これと簡易的な内的処理による反射的な行為とがパラレルに進むというふうに考えています．さらに神経系が複雑化すると，そのパラレルに進んでいる反射的な行為が，内部にあるものをつくりだします．それが感情の根っこです．そのことはステージ3で書いています．感情の根っこが発生するのと同じくらいの時期に，認知が発生します．

　認知とは，詳細な内的処理のトークンとして表象が使われることです．このように感情と認知とが同時期に出てきたのではないかという仮説を立てています．その認知と感情のあいだは自動的な関係でインタラクションをもっている．そういう関係だから認知したことがらが感情を変えることがあります．たとえば，イヌは庭でうごめく怪しげな影にワンワン吠えかかりますが，ドアが開いてそこに立っているのが家のお父さんだとわかると急に吠えるのをやめます．イヌは対象物をあらたに認知することによって感情状態が変わるけど，たぶんその内容は認識していないだろうと思います．逆に感情の状態が認知を変えることもあって，怖い気持ちでいると，たとえば「ススキが幽霊にみえてしまう」ことがあります．そういうことで認知と感情の自動的なインタラクションがここで発生したのではないかと仮定したんですね．

その次のステージ4で，表象のメタ認知が発生します．表象のメタ認知というのは神経系に対する内部アクセスですから，同じ神経系に対する内部アクセスのメカニズムを使って感情というものに内部アクセスできるのではないか．そうすると「感情の覚知」つまり感情を知ることができるようになる．感情を知ることができるようになると，感情を制御することができるようになる．このあいだにはいろんな段階があるかもしれません．さらにステージ5になると，認知の内部の1コマとして「感情の概念」ができあがって，これが最終的な現在のわれわれがもっている状況ではないかと考えました．われわれは現在認知の内部に感情の概念をもっているので，こうやって感情についてディスカッションができるわけです．もっていなかったらできないだろうと思います．われわれは認知の内部に入っている感情の部分を随意的に外部に伝えることができます．「私は怒っています」と平静な顔でいえる．……こんなストーリーを考えてみました．正しいかどうかはわかりませんが，こんなふうに考えると流れがいいと思っています．

浅田：ステージ3では感情が出てきていいはずですよね．

藤田：そうなんです．ステージ3で表象が認知の道具に使われるようになったときにちょうど神経系が複雑化しているので，その複雑な神経系の内部でなにかが起こっているのでしょうね．

船橋：これにはもっとさきがあるんです．富山大学の福田正治さんが著書『感情を知る――感情学入門――』（ナカニシヤ出版，2003年）に書いている三位一体モデルとすごくよく似ています．爬虫類脳，原始哺乳類脳，高等哺乳類脳というように．

藤田：ルドゥー*がステージ3の一部分については同じようなことをいっています．視床下部とか大脳辺縁系

ルドゥー
Joseph E. LeDoux，感情の脳内機構の研究で著名なアメリカの研究者．

を通るルートによって励起され扁桃体にいたるものと並行して認知のほうをとおってそれに影響するルートもあると言っています．でも逆のルートも絶対にあります．副産物の感情から認知への影響もあって，ここはインタラクションだと説明をしています．

浅田：ステージ２でも，詳細な処理が出てくる必然性がよくわからない．僕は社会性というのは，感情にとって必要条件であって十分条件じゃないと思っています．たとえばステージ２であっても多数のエージェントによる集団行動（魚群など）の場合でもうごめいている可能性があるわけでしょう．それは他者という意識はなくてたんに環境でしかないかもしれない．環境の複雑さを反映するようなある種の処理をしているかもしれない．ところがステージ３になればあきらかに他者のモデリングというか他者との表象が出てくるというちがいをここにみてしまう．

船橋：そういうふうに考えなくてもいいかもしれません．たとえば，視床下部のなかに電極を埋め込んで刺激すると，その動物の感情とはまったく無関係に，たとえば怒りの行動が出てくるとか圧迫感情が出てくるとかいう有名な実験があります．それは周囲の社会的環境とはまったく無関係に出てきます．

子安：その刺激は人工的なものですね．その反応がなりたっているもとのところがそういうシステムになっているんでしょう．だけどそういうシステムになっているそもそものなりたちは社会的なものに起因します．そこに影響する要因をつくる要因は社会的なものでしょう．

藤田：感情の発生に必要な要因は，社会性だということですね．

子安：たとえば，魚は群れで回遊しますし，鳥も群れでいて音声で危険信号を伝えますね．ああいうのが影響しますでしょう．そういった場合に「感情をもっている」

といえるかどうかはわからないけど，たんによその動きをみて自分が動いているのではなくて，なにか社会的刺激としての影響関係はありますね．

鈴木：その際，フィード・フォワード＊はかかっているけど，フィード・バックはかかっていないですよね．本当の適応形でいくとフィード・バックが入らないと適応系にはならないですよね．感情の系にはなぜそれがないのか．もし感情の中枢が扁桃体だとすると，なぜフィード・バックがかからないのか非常に不思議なんです．

藤田：反射的な行為に関していうとフィード・バックはかからないんです．まさに「反射的な行為の流れ」ですから．だから感情の濃い灰色の部分の影響は，認知から濃い灰色の部分を制御して，間接的に制御するんです．それがステージ4．これは感情がもとは反射だからです．

船橋：難しい話ですね．神経科学的にはほとんど研究がありません．最近やっと脳画像研究でいろんなことがわかってきたというところです．この前エール大学でシンポジウムがあって，そのときの講演者との雑談で「意思決定（decision making）」を手がかりにすると，感情の研究ができるかもしれないと思いました．意思決定をしなければならない場面でなにを手がかりにして意思決定をやるのかを考えてみるということです．実験者の側で適当に情報を操作するわけだけど，このような操作をすることによって内的な状態である感情を少し変えてやる．こういう感情の操作をするとこういう決定をやり，別の場合はこういう決定をやるという条件を調べておいて，そのときの神経的なメカニズムを調べるということをすると，なんらかの形で感情のメカニズムにせまれるんじゃないかということです．

それで意思決定というのは非常におもしろいテーマだというのでもりあがったんです．感情という問題にもせ

フィード・フォワード
外的要因による制御の乱れをできるだけ少なくするように，その外的要因の変化を察知した段階で，乱れが出る前に，あらかじめ修正動作をおこなう制御方式．

まれるかもしれないし，意識という問題にもせまれるかもしれないし，意思という問題にもせまれるかもしれない，というわけです．

● **意思決定から感情を探る**

　吉川：「意思決定」というときに，AとBを比べて，こちらのほうがなんらかの理由でいいだろうと論理的に判断するのと，エモーショナルなプロセスがからむ意思決定とを，どうやって区別したらいいんでしょう．私も，感情や情動そのものを直接研究するのは難しいから，注意や意思決定といったなにかと結びつけて探っていくのがいいのかなと思っています．

　船橋：そうなんです．いま意思決定に関する研究がずいぶん興味をもたれているんです．だけど研究の多くは，報酬の種類や量を変えるとニューロンの応答がどう変わるかとか，あるいは報酬期待に対応する活動だとか，あるいはいままでにどんな報酬がどんな時にえられたかの歴史性を操作するという形で反応と報酬の関係を実験者が制御したときにどんな活動変化がおこるか，といったものです．これはエモーションの研究ではないわけですよね．どちらかというとモチベーションの研究に分類されるものです．これをほんとにエモーションの研究にするにはどうしたらいいかというところが難しいところです．

　藤田：結局，感情をじかにみるということはきわめて難しい．ほかの認知機能とのかかわりを調べていくやり方をとるとすれば，どういうふうに解決したらいいと思われますか．心理学的な状態を作ろうと思うといつも悩みます．文字を準備したとしてもその文字が同じように知覚できるかどうかわからないし，提示時間でその文字から伝わる内容というのも変わってきますから，大なり

小なり心理学実験というのは同じだと思うんです．ただ感情に対してはそれがものすごく大きいと思います．実際にそのような感情が生じた人だけをターゲットにすることもできますが，それはなにかある意味まずいという気がします．それはその感情が生じない理由はなにかということも突っ込まないといけないから．それだって分析の対象になるはずじゃないかと思います．

子安：意思決定の場面で，感情と行動が短絡することがある．短絡は，1つは「好きだからこれをする」と「嫌いだからしない」．簡単ですよね．そういう短絡のしかたがある．もう1つは熟達による短絡ですね．「これはもうこうするのに決まってるんだ」という短絡です．もう1つ，それをミックスしたのが感性なんです．私は将棋が好きなのでよく棋譜をみるんですが「かたちがいい」というのが意思決定上大事なんです．それが感性なんです．それは「好き嫌い」でもないし「熟達」でもないし既定のことでもない．もう1つの領域である「感性」なんですね．

藤田：私は囲碁をやるんですけど，それもやはり「かたち」なんです．かたちの「美しさ」というのがあって，その美しいかたちにもっていくと勝てる．

浅田：いろいろなパターンについて「これで勝った」とか，そういうかたちに対する経験的なバイアスがありますね．そうすると棋士同士でかたちに関する感性はシェアできるのですね．それは囲碁のスキルと関係するのでしょうか．

藤田：筋のいい人というのは形をみて「おっ」と直感的に決められる人ですね．

船橋：あるテレビ番組で将棋の羽生善治がいっていたんですが，将棋をさすかたちがあって，ずっと勝ち続けていたときにはそのかたちでやってきたと．ところがあるところでスランプになり負けはじめた．それでスラン

プから立ちなおるためにどうするかというと，いままで誰も考えもしなかったような新しいかたちに挑戦するようにして，また勝ちはじめたという話です．おもしろいのは，プロの棋士がやる盤上のかたちが10個ぐらい並んでいても彼はそれを覚えて何度でも再現できるけど，素人がやるようなかたちがないようなものはすごく再現が難しいと．

●感情科学の課題

　藤田：最後に感情科学の将来の課題はどういうところにあるのかを論じていただきたいです．どんなことをまずやっていったらいいと思われますか．

　河合：私自身の立場からは「感情」はある程度とらえられていると思う．だけど今回私が言ってみたことに対してべつのアプローチをしている人からの話を聞くと，刺激的でおもしろい．これからの感情研究に対しても，この討論会くらい多角的にみていったらいろいろな発見があるでしょう．

　藤田：すべてに関係していて，ほんとに多元的でコラボレーティブな領域ですね．

　鈴木：感情は，心理学のある一分野だけから考えてもとらえられない．いろんな分野からとらえてやらなければいけない．煎じつめれば「感情は心そのもの」じゃないでしょうか．

　吉川：心理学の教科書では「知情意」の「知」と「情」は別の章に書かれるのがふつうです．でも，たとえばなにかを思い出そうとしてなかなか思い出せないときのいらいら感やうまく思い出したときのわくわく感を考えればわかるように，認知と感情は表裏一体でつながっているところがある．そうした視点での研究はいままでほとんどおこなわれてこなかったような気がします．

鈴木：「知情意」の「意」と「情」でもそうじゃないかな．「意」には感情がからんでいるのにそれはよくわからないから，わけてこっちに置いていたと．脳において知の局在も意の局在もだいたいわかるけど，情の局在はどこにあるのかわからない．それこそ最初の脳の機能の分化の時からの話からしてもわからない．だから「知情意」というようなわけ方があったんじゃないのかな．

　浅田：感情科学には心，意識，認知なんかがすべて入っていると思っています．ラマチャンドランなんかは『脳の中の幽霊，ふたたび』（角川書店，2005年）でおもしろいことをいっている．

　環境のなかでの自己の身体認知からはじまって，基本情動が環境，とくに他者との社会的かかわりから，基本的な認知機能を発達させ，さらには芸術鑑賞にいたる感情表現の再分化がおこなわれる．この過程を構成的にあきらかにしたいと考えている．

　そのときに神経科学，分子生物学，発達心理，認知科学，そしてもちろん心理学の人たちと話しあっていると，われわれロボット屋はおもしろい橋渡し役になると思っています．まあ，橋って踏まれて痛いのですけどね（笑）．ロボットは，その意味でどんどん使っていただいてけっこうです．われわれとしては本質と思えるものを再現するという設計論がやりたいのですが，それは非常に多くの方との協働が絶対必要です．心理学だけではなくてさらにいろいろなつながりを求めていかないと次の展開がみえてこない．

　吉川：この前ある会合でみたロボットは，表情で感情をあらわすことができるということで，たとえば眉が上がったり下がったりするように作られていました．そのとき，ロボットの製作者が「怒りです」と言って示したロボットの表情をみて，会場の人たちはドッと笑ってしまったんです．それをみて，作った人は，表情のあらわ

しかたがまだ未熟だからそうした反応が起こったのだと考えたようです．でもこれをみたときに，わたしは表情認知研究の枠組みについて，重要なヒントをみつけたように思いました．表情をみたときに私たちのなかに生じる感情は，その「表情」に対する反応ではなくて，その表情をあらわす「人」（この場合はロボットでしたが）に対する反応だということです．たとえば，「怒りの表情」といっても，小さい子どもであれば，たとえどんなに怖い顔で怒っていたとしても，大人がみると「かわいい」とポジティブな感情をもつかもしれません．つまり，表情や感情の表現について研究しようとすれば，みる側とみられる側の社会的な関係のなかで研究する必要があります．

　河合：柳田邦男が死について書いていますけれども，彼は「三人称の死」「二人称の死」「一人称の死」というでしょう．それでいうと実験心理って常に三人称なのですよ．これをいかに二人称や一人称にしていくか．そうならないと面白くない．

　鈴木：感情研究がうまく進んでこなかったのはまさにそこが原因だと思う．ほんとにただ表情だけをとらえて研究だといってきたから．最近われわれは「生態学的妥当性」という言葉をよく使います．実際の場面でどういう反応が起こってくるのか，心理的にも生理的にも行動的にもより社会的な場面で研究しようという研究者が増えてきました．

　藤田：「コンテクスト・シチュエイテッド・コグニション」という言葉がありますけど，そんな感じですかね．あらゆる文脈のなかにその感情を位置づける．

　吉川：いまみたいな発想で実験心理学や感情心理学の実証研究をやっていったら，いずれ臨床心理学とつながるでしょう．

　浅田：たしかに完全に方法論でパラダイム・シフトを

やらないといけないと思う．ロボット屋も同じことをいっていて，「設計者を神の目でみて僕も映っていますよ」というレベルから，そうじゃなくて「状況に入ったなかでの一般性をどう考えるか」をみている．それで客観的な論議を書きにくいということがあるんですけど．三人称ではだめで二人称や一人称でやっていかないと意味がないというところにきている．実験のやり方自体も変えないとまずい．

鈴木：そのためには研究の審査をする方の考え方も変えてもらわないといけない．さきほど，感情は実際に起きたときに調べざるをえないんじゃないかといいました．それはつまりは，ほんとうの感情を起こすために状況にあわせて刺激を変えてしまうことです．ほんとに喜びなり悲しみが起こるような刺激をその場，その人にあわせて選んでやったらいいじゃないか．しかし刺激を変えると必ず「そんなやり方はない，刺激がちがうじゃないか」とかならず返ってくる．この考え方を了解しないかぎり研究はできない．難しいことだけど，でもそこをやらないとダメだと思う．

吉川：私たちがやろうと計画している研究に，表情のキャッチボールというアイデアがあります．とても簡単な実験で，二人が対面で向き合って，一方がにこっと笑ったりしかめっつらをしたりする．もう一人は，その相手に対して，「こんにちは」とか「おはよう」とか一言声をかけてもらう．その，声をかけるときに表情が相手の表情によってどう変化するかをビデオで記録し，分析するのです．にこっとしている相手にむすっとした表情で声をかけたり，怒りの表情の人ににっこり声をかけることはむずかしいというのは想像できると思います．この素朴な方法で，自然な表情のやりとり，というか，人と人がコミュニケーションするときの表出―応答の基本単位のようなものを明らかにしたいと思っています．

浅田：ロボットでやってると，人間を不変項とみなしてるのだけど，他方では人間がどう変わっていくかもみないといけない．やっぱり変わってるんです．だから両方のモデル化をしなければいけなくて，実は2つ変わる不定形で定形にならないんです．ただちょっと時定数が違ったりするし，要するに違うからいいんです．まったく一緒だと別に合わせる必要がない．ことなる時そのギャップをどう埋めるかというせめぎ合いがインタラクションの根底にある．そこをちゃんとやっていかないといけない．

河合：まるでわれわれのやっていることですね．

浅田：ただ，そのインタラクションというのはまだサイエンスになってない．サイエンスに乗りにくいんです．だからそこからやらなけりゃいけない．

鈴木：ようやくはじまってきた段階ですね．

藤田：心理学の対象は，ほんとうは環境と個体の間のインタラクションですね．そうするとキーワードはとりあえずいろんな環境・文脈にシチュエイトすることですね．

鈴木：感情科学のもう1つの課題は，さっき出ていた感情的な訓練や距離のとり方をいかに研究して社会に波及させていくか．それは社会的使命です．研究だけをやっていてもしょうがないし，一般の人に成果を還元していくことが必要でしょう．とくに感情の問題についてはそうだと思います．記憶の研究をやっても，それは一般の人にはあんまり関係ない（笑）．でも感情は，子どもと親との関係，子どもと子どもの関係において，一番大切なものですから．

吉川：その時に難しいのは研究者側からの情報提示のしかたですね．専門家が「こういうものがいい」とある方向を出してしまうと，100％そうならないとダメと思われがちです．すこし変な言い方かもしれませんがグ

レー・ゾーンのところで動いていくのが社会だし，感情だし，人間にとっていい状態ではないかと思います．

河合：これを多角的にみるなら，心理学だけじゃなくて社会的な視点が感情に対してはいるということです．ですから研究にもそういう分野の人に入ってもらうことが必要では．そのへんもわれわれが専門外のことをぱっといってしまうとリスクがあると思う．

子安：別のいい方をすると，感情をエネルギーだとすると，このままではスカラー量なんです．これにベクトルにしないといけない．マイナスにむかっているベクトルをプラスに転化するのが教育であり矯正でありしつけである．いちばん問題なのはエネルギーがないことですね．エネルギーがない子に対してどうするか．やっぱりこれが問題です．

河合：そう，問題を起こしている子には意外とちゃんと通じる．問題行動は氷山の一角であって，それがあることはむしろ上等なのです．問題はいまなにもしない子です，そっちのほうが問題なのです．

吉川：予測できないことにその瞬間瞬間で対応しながらある種のスリルを楽しむといった社会関係のなかに子どもを置く．それが大事なんでしょうね．自分がこう言ったら相手がどう返してくるんだろうという，ある種の賭けというか，予測できないことを楽しむゆとりを育てたいと思います．

藤田：危険なものに対して近づかないようにしなさいよと柵かなんかをつけてやっちゃう．同じようなことを社会的インタラクションに対していまやってしまってるんじゃないか．

私たちとしてはインタラクションのなかにシチュエイトした感情というのを調べないといけないのはすごくよくわかります．ただ私はそのインタラクションのなかに動物も入れてほしいなと思う．それでもっと地球的な共

生が得られるのじゃないかな．

　河合：動物だけじゃなくて，物とか植物とか全部そうですね．

　藤田：さまざまな物との関係のなかで構築される感情というものを，あるがままに理解するように，さまざまな先生方とのコラボレーションでやっていく，ということを今回の結論としてよろしいでしょうか．どうもありがとうございました（拍手）．

索　引

人名索引

●ア行

アイセン Isen, A. M.　20, 337
アイゼンバーグ Eisenberg, N.　148, 154
アヴェリル Averill, J. K.　iv, 5
青山謙二郎　367
秋田喜代美　74
足立幾磨 Adachi, I.　215
アダム・スミス Adam Smith　3
アダムズ Adams, R. G. Jr.　42, 163
アダムズ Adams, S.　42, 163
アドルフス Adolphs, R.　37, 95
アモン Ammon, G.　302
アリストテレス Aristotle　180
アンダーソン Anderson, S. W.　98–
イザード Izard, C. E.　5, 8, 18, 36, 116, 148
池上栄子　177
石川嘉津子　319
石黒浩　350
井関龍太　73
板倉昭二 Itakura, S.　371
伊藤良子　308, 310, 313–, 316–, 319, 323, 326–
稲葉俊哉　328
ヴァイラント Vaillant, G. E.　115
ヴァン・クリーフ Van Kleef, G. A.　242
ヴァンデロ Vandello, J. A.　176
ウィルソン Wilson, W.　28, 191
ヴェーバー Weber, M.　193
ウォーカー－アンドリューズ Walker-Andrews, A. S.　14, 126
ウォルコット Walcott, C. M.　165
内田由紀子 Uchida, Y.　179, 189, 192
ヴント Wundt, W.　iv
エヴァンズ Evans, D.　5, 26
エクマン Ekman, P.　iv, 8, 36, 121, 144–, 212, 356
エドワーズ Edwards, B.　67
エピクテトス Epiktetos　3
エモンズ Emmons, R. A.　188
エリクソン Erikson, E. H.　310
エルズワース Ellsworth, C.　119, 181–
遠藤利彦　7, 13–, 27, 182, 342
大石繁宏 Oishi, S.　188
オートリー Oatley, K.　5–7
小野武年　88, 90–
オーマン Ohman, A.　22, 39–
オールズ Olds, J.　90

●カ行

ガザニガ Gazzaniga, M. S.　93, 96, 98
笠原嘉　308–
カシマ Kashima, E. S.　204
ガードナー Gardner, D.　132, 151
角野善宏　265, 365
カートライト Cartwright, J.　23
ガーナー Garner, P. W.　160
カーネマン Kahneman, D.　24, 239
蒲池みゆき Kamachi, M.　37
亀田達也 Kameda, T.　252, 254
カールソン Carlson, N.　245
カルダー Calder, A. J.　37, 43, 46
カールトン Carlton, M. P.　154
ガレーズ Gallese, V.　45, 107
川﨑惠里子　73
河村満　37
カン Kang, S.　188
カンウィッシャー Kanwisher, N.　42
ガーンズバッカー Gernsbacher, M. A.　71, 80
カンデル Kandel, E. R.　105
カーンバーグ Kernberg, O. F.　288
カンポス Campos, J. J.　12, 117
ギアツ Geertz, C.　174
北山忍 Kitayama, S.　12, 71, 174, 178–, 181–187, 189–192, 194, 197, 199
ギブズ Gibbs, R. W. Jr.　56, 62, 66–
キャノン Cannon, W. B.　iii, 87–
キャロル Carroll, J.　36

389

キャロン Caron, A.　147
キャンベル Campbell, A.　188
キルケゴール Kierkegaard, S.　297
ギルバート Gilbert, D. T.　28
ギロビッチ Gilovich, T.　253
キンチ Kintsch, W.　71
楠見孝 Kusumi, T.　56-58, 61, 63-71, 74-77, 80-, 252
樟本千里　160
グドール Goodall, J.　213
久保ゆかり　152
クライン Klein, M.　298, 310
グレッグ Gregg, G. S.　176
グレッサー Graesser, A. C.　71
クレブス Krebs, D.　125
グレンバーグ Glenberg, A. M.　78-
グロス Gross, D.　4, 150
クワン Kwan, V. S. Y.　188
ケイガン Kagan, J.　119
ケヴェセス Kovecses, Z.　61-, 68
ゲーブル Gable, S. L.　238
ゲリッグ Gerrig, R. J.　77
ケルトナー Keltner, D.　4, 12, 14, 238, 243
コーエン Cohen, D.　176-, 244-
コーエン Cohen, H.　361-
児島伸彦　328
コスミデス Cosmides, L.　5, 7, 16
小宮あすか　252-254
米田英嗣 Komeda, H.　67, 71, 74-77, 80-
コール Cole, M.　174
コール Cole, P. M.　149, 152, 156, 158, 163
ゴールマン Goleman, D.　29
子安増生　156-, 167, 371
ゴンザーガ Gonzaga, G. C.　21

●サ行

斎藤環　173
サーヴァンテス Cervantes, C. A.　163
サックス Saxe, R.　80
佐藤弥 Sato, W.　37, 39, 41-48
サーニ Saarni, C.　115, 117, 145, 155-, 158, 160, 162-
ザン-ワクスラー Zahn-Waxler, C.　121, 124, 137
ジー Ji, L.　195
ジェームズ James, W.　iii, 86-

シェーラー Scherer, K. R.　181-
ジェニファー Jennifer, K.　245
シェリング Schelling, T.　243, 244
品田瑞穂　248
シフネオス Sifneos, P. E.　300, 318-, 338
ジーマン Zeman, J.　146, 156, 160, 162, 164
清水透　230
シム Sim, L.　164
シャクター Schacter, S.　iii, v
ジャニーノ Gianino, A.　134
シャリス Shallice, T.　10
シュウェーダー Shweder, R. A.　27, 174, 178
ジョーンズ Jones, D. C.　160
ジョシ Joshi, M. S.　150
ジョゼフス Josephs, I. E.　149-, 152-
ジョンストン Johnston, V. S.　8, 10
ジョンソン Johnson, F. A.　196
ジョンソン Johnson, M.　62, 65-, 69
ジョンソン Johnson, M. H.　146
ジョンソン-レアード Johnson-Laird, P. N.　5, 7
シルク Silk, J. B.　221
ジレンジガー Zielenziger, M.　173, 203
スキナー Skinner, B. F.　5
スタス Stuss, D. T.　98
スティグラー Stigler, J. A.　178
ストラック Strack, F.　79
スピノザ Spinoza, B.　3
スミス Smith, H. R.　18
スミス Smith, J. D.　231
スロウフェ Sroufe, L. A.　116
ズワーン Zwaan, R. A.　71, 73-, 78
ゼノン Zeno　3
ソース Sorce, J. F.　127
ソロモン Solomon, R.　3-

●タ行

ダイクストラ Dijkstra, K.　77
平知宏　81
ダーウィン Darwin, C.　iii, 4, 116, 214
高石恭子　297
瀧本彩加　220
竹川郁雄　178
武野俊弥　290, 296
多田洋介　24
ダマシオ Damasio, A. R.　9-12, 26, 98, 103

索　引

田村彩菜 Tamura, A.　161, 167
田村亮　254
田守育啓　60
ダルジャンボー D'Argembeau, A.　40
ダンドレイド D'Andrade, R.　67
ダンバー Dunbar, R. I. M.　16
チャウシェスク Ceausescu, N.　374
チャッペル Chappell, J.　230
ディーナー Diener, E.　188, 191
デイヴィス Davis, T. L.　163
テイラー Taylor, C.　203
テイラー Taylor, S. E.　188
ディンバーグ Dimberg, U.　13, 49
デヴィッドソン Davidson, R. J.　27
デ・ヴェガ de Vega, M.　71, 73, 80
デカルト Descartes, R.　3
デ・クェヴァイン De Quervain, D.　249
デスティ Decety, J.　80
デンハム Denham, S. A.　148, 154
土居健郎　196
ドゥヴァール deWaal, F. B. M.　215, 217-, 221-, 224
トゥヴァスキー Tversky, A.　24, 239
トゥービー Tooby, J.　5, 7, 16
戸田正直　240-243, 251
ドッジ Dodge, K. A.　27
ドナルドソン Donaldson, S. K.　133
トマセロ Tomasello, M.　14, 176, 349
トムキンス Tomkins, S. S.　18, 116
友野典男　24, 217
トラネル Tranel, D.　99, 101
トリアンディス Triandis, H. C.　174
トリヴァース Trivers, R. L.　16

●ナ行

ナイワース Neiworth, J. J.　230
中井久夫　264, 319
中村明　61
新谷優 Niiya, Y.　196-
ニーデンタール Niedenthal, P. M.　4
ニスベット Nisbett, R. E.　176-, 194-, 244-
ネッシー Nesse, R. M.　7, 16
ネップ Gnepp, J.　156, 159-

●ハ行

パー Parr, L. A.　222
ハイアット Hiatt, S. W.　145
ハイデッガー Heidegger, M.　297, 300
ハイド Haidt, J.　12, 14-, 27, 238, 243
ハインリッヒ Heinrich, B.　230
ハヴィランド Haviland, J. M.　14
ハウケ Hauke, Chr.　286, 298
ハウザー Hauser, M. D.　215
ハウズ Howes, C.　154
パーヴズ Purves, D.　86, 89
バウマイスター Baumeister, R. F.　175
ハクスビー Haxby, J. V.　42
バゴージ Bagozzi, R. P.　194
バス Buss, K. A.　148
パスカル Pascal, B.　26
バーチ Birch, S. H.　154
服部裕子 Hattori, Y.　218
バッハ Bach, S.　264-282
ハーディング Harding, E. J.　230
バック Buck, R.　12, 243
ハットフィールド Hatfield, E.　13
バード Bard, P.　87-
バナジー Banerjee, M.　132, 152
バナジー Banerjee, R.　152
塙朋子　163
ハバード Hubbard　165
羽生善治　381
パペッツ Papez, J.　iv
ハーマン Harman, C.　146
ハリス Harris, P. L.　129, 150-152
バレット Barrett, K. C.　29
ハロウェル Hallowell, A. I.　175
バーン Byrne, R.　231
ハンセン Hansen, C. H.　38
ハンプトン Hampton, R. R.　231
ビオン Bion, W. R.　324
ヒューブナー Huebner, R. R.　148
ヒューレット Hewlett, B. S.　137
平林秀美　160, 164
ヒルマン Hillman, J.　299-
ファース Furth, G.　263
ファーストル Ferstl, E. C.　79-
ファン・ダイク van Dijk, T. A.　71
フィヴァッシュ Fivush, R.　163
フェア Fehr, B.　69, 217, 248

フェーブス Fabes, R. A. 129, 149, 154
フェール Fehr, E. 17-
フェシュバッハ Feshbach, N. D. 124
フェダーン Federn, P. 319
フェルスマン Felsman, J. K. 115
フォーガス Forgas, J. P. 28
フォックス Fox, M. J. 214
フォックス Fox, N. A. 148
福田正治 91, 377
藤田和生 211, 220, 223, 231
船橋新太郎 96
フライダ Frijda, N. H. 5-, 14, 27
ブライター Breiter, H. C. 43
フラヴェル Flavell, J 132, 150
プラトン Plato 3
プラナルプ Planalp, S. 5
フランク Frank, R, H. 15-17, 240, 243-, 250
フリードマン Freedman, D. C. 136
フリス Frith, C. D. 80
ブルース Bruce V. 42
プルチック Plutchik, R. iv
ブルーナー Bruner, J. 174
ブルーマー Blumer, D. 98
ブレア Blair, R. J. R. 43
ブレザートン Bretherton, I. 148-
ブレス Bless, H. 20
フレドリクソン Fredrickson, B. L. 19-
ブレンナー Brenner, E. M. 135
フロイト Freud, S. 4, 299, 302, 309-311, 318, 321-, 362
ブロイラー Bleuler, E. 310
ブロスナン Brosnan, S. F. 215-
ブーン Boone, R. T. 128, 243
ヘイスティ Hastie, R. 252
ベーコン Bacon, F. 364
ベシャラ Bechara, A. 99, 102
ヘス Hess, U. 37, 156, 159-
ヘブ Hebb, D. O. 353
ベル Bell, D. E. 253
ペレット Perrett. D. I. 37
ペン Peng, K. 194
ベンソン Benson, D. F. 98
ボウルビー Bowlby, J. 310
星野命 61
ホッブズ Hobbs, T. 238
ホワイトン Whiten, A. 231

●マ行

マイオール Miall, D. S. 75-, 80
マイヤー Mayer, J. D. 29
マイヤース Myers, D. G. 191
マーカス Markus, H. R. 12, 174, 178-, 182, 194
マクドエル McDowell, D. J. 158, 163-
マクファーソン Macpherson, K. 223
マシューズ Matthews, G. 29
松木啓子 Matsuki, K. 64
松沢哲郎 122, 365-
松沢正子 124
マリアーノ Magliano, J. P. 73
マルクス・アウレリウス Marcus Aurelius Antoninus 3
丸田俊彦 Maruta, T. 196
マンドラー Mandler, G. 7
ミシェル Mischel, W. 113-115
ミズタ Mizuta, I. 197
溝川藍 151, 167
ミネカ Mineka, S. 14
宮地裕 61
ムンメ Mumme, D. L. 127
メイン Mayne, T. J. 27
メスキータ Mesquita, B. 14, 27, 178, 181-
メルツォフ Meltzoff, A. N. 49
モーゼス Moses, L. J. 126, 147
森本裕子 250
森本陽 223
モーリング Morling, B. 178

●ヤ行

柳田邦男 384
山内弘継 59
山岸俊男 248, 250
山口雅史 161, 196-
ヤング Young, A. W. 37, 43, 196
ヤング-ブリュール Young-Bruehl, E. 196
ユング Jung, C. G. 260, 285-, 295-, 304
吉川左紀子 Yoshikawa, S. 37, 39, 41, 44, 46-48

●ラ行

ライハウゼン Leyhausen, P. 215

ラガットゥータ Lagattuta, K. H.　130-
ラカン Lacan, J.　323, 374
ラザラス Lazarus, R. S.　5, 9, 22
ラッセル Russell, J. A.　36, 55, 69, 181
ラッド Ladd, G.　154
ラマチャンドラン Ramachandran, V. S.　383
ランゲ Lange, C.　iii, 86-
リチャーソン Richerson, P. J.　180
リツォラッティ Rizzolatti, G.　104, 106, 107
リドリー Ridley, M.　15, 17
ル・ボン Le Bon, G.　238, 252
ルイス Lewis, M.　119, 121, 129
ルッツ Lutz, T.　9
ルドゥー LeDoux, J.　iv, 95, 214, 229, 377
レイコフ Lakoff, G.　61-, 65, 68-
レヴィ Levy, R. I.　178, 197, 200

レヴェンソン Levenson, R. W.　6, 8, 19, 28
レニンガー Renninger, K. A.　20
レビン Lewin, K.　174-
ロジャース Rogers, C.　299
ローズ Rhodes, G.　37
ローズマン Roseman, I. J.　243
ロールシャッハ Rorschach, H.　360
ローレンツ Lorenz, K.　215
ロドリゲス Rodriguez, M. L.　113

●ワ行

ワインバーグ Weinberg, M. K.　119
渡部幹　250, 252
和辻哲郎　180

事項索引

●ア行

愛　4, 19, 55, 57, 65, 69-, 118, 196, 198
アイオワ・ギャンブル課題　11, 85, 99-
ICD-X　287
愛着　310
愛着形成　120
アイボ　350-
アカゲザル　92, 231, 367
アジアの疫病問題　24
アージ理論　237, 240-243, 251
アーネム動物園　217, 222, 224
甘え　68, 124, 173, 179, 183, 189, 196, 197-202, 317
アール・ブリュット　361
アレクシサイミア（失感情症）　300, 318, 338
アーロン　359, 360, 361
安全弁　285, 293-, 296, 300
アンドゥアー　19
アンドロイド　349, 351
怒り　6, 8, 13-, 17-, 22, 25, 27, 36, 38-42, 44, 46, 50-, 59-62, 64-69, 74, 77, 87, 90-, 116-118, 121, 127-129, 133, 137, 145-, 148-, 153-, 161-163, 165, 176-, 181-, 184, 189, 200, 212, 214, 246-251, 265, 267-, 280-, 287, 293, 302, 307, 310, 312-, 356-, 370, 378
怒り表情の知覚優位性　38-
意識　6-, 10-, 13-, 50, 57, 70, 73, 102, 113, 121-124, 137, 147-, 152-, 201, 239, 252, 259, 263, 278, 286, 291, 294-, 297-299, 301, 305, 311, 318, 351-, 378
意思決定　7, 9-11, 24, 26, 237, 239, 241, 245, 247, 252-, 255, 379
いじめ　173, 177-, 204, 271, 311, 366
「いても立っていられない」状態　6
遺伝子　307-, 326-328
遺伝子検査　326
イニシエーション　296, 304
イヌ　115, 131, 211-, 214-, 223-, 229, 351
イマジネーション　266
戒め　250-
イメージ　10, 67, 70, 103, 125, 195, 264, 266, 287, 290, 295, 301, 303-305, 338, 360
イメージスキーマ　57, 62, 64-68
インセンティブ　237, 245-, 248

393

ウォショウ（チンパンジー） 212-, 225, 231
鬱 213, 230, 268-, 274, 285 →抑鬱
鬱病 262
運動前野 43, 49, 104-106
エアー・クリブ 4
エクマンの表情 355
エモーション・ノーム 370
援助行動 120, 366
応急措置的デフォルト処理機構 6
オーガナイザー 22
置き換え 309, 314-, 340
恐れ 6, 8, 13, 23, 25, 27-, 59-, 69, 74, 91, 93, 96, 116-, 120-, 127-129, 133-, 143, 146, 148, 154, 212-215, 224, 244, 290, 340 →恐怖
恐れの表情 126-, 356-, 358-
恐れモジュール 22
驚き 9, 36, 59-61, 64, 74, 77, 97, 116, 126, 143, 215, 335
思いやり 98, 108, 160, 193, 211, 217-, 220-, 367

●カ行

概念レベル 56-, 67, 70
快・不快 57-, 79, 87, 91, 94, 176, 182, 342, 371
解離症状 301-
解離性障害 312-
解離性同一性障害 266
顔領域 42
覚醒―睡眠 58
拡張 20
拡張・構築 20
仮性の怒り 90
仮想的 152, 293, 294-
家庭内暴力 321
悲しみ 6, 8, 12-, 18-, 22, 36, 39, 42, 59-61, 64-67, 74, 77, 95, 104, 117, 121, 127, 131, 143, 145-151, 153-, 161, 163, 181, 183, 212-, 307-, 313, 323, 326-, 357
感覚語 57, 58
関係性の希薄化 307, 321
慣習 71, 158, 178-180, 189, 201, 241-
感情語 55, 65, 74, 75, 183, 200, 211
緩衝材 285, 293-297, 300-303
感情心理学 333, 336, 369

感情知能 29, 113-115
感情調整 113-, 133, 134, 371
感情的知性 29
感情伝染 13
感情の概念 65, 228, 231, 299
感情の覚知 211, 228, 230, 377
感情の顕在的非合理性・潜在的合理性 3, 21
感情のコミュニケーション機能 12
感情の進化 211-, 215, 217-, 221, 223, 225-227, 229, 231, 334, 374
感情の長期的利害関係におけるバランス調整機能 15
感情の調整 133-135, 137
感情の文化差 184, 202
感情表出 14, 28, 68, 70, 103, 120, 128, 136-, 231, 244, 352
感情誘発機能 13
感情予期 28
感情理解 55, 68, 79, 106-, 125, 132, 137-
感性 22, 333-335, 341-345, 360-363
感性認知学 333, 335
感性評価 334-, 342, 360-
間脳 9, 87, 88
顔面フィードバック 79
記憶表象 8, 14, 47
傷つき 302
期待違反手続き 215
擬態語 55, 57, 59-
「期待はずれのプレゼント」課題 143, 145, 149, 153, 156, 158, 160-165
機能的磁気共鳴画像法（fMRI） 79, 80, 249, 357
規範 21, 26-, 67-70, 132, 163, 178, 202-204, 217, 370
気分 9, 51, 57-59, 103-, 114, 196, 259, 261-264, 267-, 274-276, 300, 337, 363-
気分障害 287, 364
基本感情（基本情動） 36, 46, 58, 65, 67, 113, 121, 211-, 371
基本的信頼感 310
キャノン・バード説 87
急性錯乱 270, 273
脅威表情の知覚優位性 40
境界例 288, 300, 302-
共感 18, 51, 74, 76-, 79-, 98-, 104, 106-108, 113, 122, 124, 125, 221, 262, 272, 352, 359, 362

共感覚　57-
強迫観念　314
強迫症状　291-293, 313-
強迫神経症　307, 311, 313-315
恐怖　14, 36, 40, 42-, 45, 51, 61, 68, 77, 87, 91, 94-97, 108, 115-, 126, 177, 196, 204, 214, 224, 229-, 239, 254-, 288-, 292, 298, 301, 303-, 312-316, 328, 340, 345, 355, 358　→恐れ
恐怖症　14, 28, 289
恐怖条件づけ　85, 93-, 108
恐怖反応　93-, 214
恐怖表情　43, 45, 222, 254
共分散構造分析　367
協力行動　218, 220, 248
筋電図　50
屈性　341
クライエント　259-, 266, 269, 282, 286, 288-, 291-, 296, 298-, 302, 304-, 310-312, 316, 318, 324, 346
グリメイス（泣きっ面）　224
クリューヴァー・ビューシー症候群　93
芸術　263, 304, 323, 335, 346, 360-362, 364-
傾性　341
軽蔑　61, 66, 315
嫌悪　36, 44-, 77, 91, 94, 107, 124, 143, 215, 262, 303-, 313, 366
嫌悪表情　43-
幻覚　270, 274, 290, 313, 319-, 322
言語連想検査　285
原始情動　91
現実的環境における合理性　25
原初的不安　310-, 315
権力構造　15
行為喚起機能　13
行為傾向　6
後悔　122, 252-255, 292, 339
公共財ゲーム（public good game）　17
公共財問題　247
攻撃行動　133, 176-, 214, 245
向社会的動機　143, 159-, 167
高所恐怖　289
構築　20
肯定感情　118, 120, 133, 137, 194　→ポジティブ感情
行動化　307, 320-324, 328
高等感情　261, 263, 363

行動経済学　23
行動主義　4
広汎性発達障害　325
幸福　19-, 59, 67, 74, 79, 127, 179, 188-196, 201-　→幸せ
幸福観　189
互恵性　16-, 241-
互恵的な利他性　17
心の器　324-326
コミットメント方略　244, 249
コミットメント問題　243-
コミュニケーション　3, 12-, 36, 41, 52, 99, 104, 108, 137, 143, 148, 335
コヨーテ　214
ゴリラ　217-
コレクト・リジェクション　23
コンプレックス　259-262, 285

●サ行

罪悪感　99, 103, 117, 121-, 128, 241-, 281, 292-296, 298, 307, 309-311, 313-315, 322-344, 346, 368　→罪
再較正　16
最後通告ゲーム　217
彩色　264-, 268-270, 272-, 275-279
サーチ仮説　26
サル　91, 105-, 211, 216, 219-221, 223, 348, 366-
サンクション　18, 217, 237-249
幸せ　79, 127, 185-190, 194-, 200, 327, 353　→幸福
ジェームズ・ランゲ説　86-
自我　280, 285, 287, 289-291, 293-295, 297-305, 319-, 363
自我境界　319-
視覚探索課題　38-
視覚的断崖　126-
時間軸　295
シグナル　9, 244
自己意識情動　122
自己意識的感情　113, 121-124, 137
自己指向行動　124
自己保護的動機　143, 159-, 167
自殺　173-, 203, 262, 268, 369
視床　87-
自傷行為　268

視床下部　87-, 90-, 378
視線　35, 38, 41-43, 52, 134, 146, 161, 176, 222-, 292
視点取得　336
持続不安　315
嫉妬　16, 128, 193-, 216
しっぺ返しの戦略　16
児童期　143, 145-, 155-157, 159-165, 167
死の欲動　302, 310
自罰パラノイア　323
社会的学習　70
社会的感情　17, 367-
社会的参照　14, 113, 126-, 138, 147
社会的ジレンマ　237, 247-250
社会的適応性　28, 237, 243
社会的微笑　113, 118
社会ルール　241-243
ジャージー動物園　217
自由画　259, 264-267, 269, 278
集団意思決定　237, 247, 252-, 255
集団生活　16
集団の拡大　242
集団の凝集性を高める役割　14
集団を統制する役割　14
周辺システム　28, 29
重要な他者　27, 321, 324
主観的幸福感　188
主観的情感　6, 8, 10, 12
手話　212-, 225
馴化法　126
昇華　361
状況モデル　55, 71-74, 79-
少々荒っぽい身体的遊び　20
焦燥感　264, 291-295, 298
上側頭溝　35, 42-
象徴化　302, 307-, 321, 323-327
衝動　9, 98-, 108, 114, 155, 261-, 268-, 299, 302, 307, 320
情動　51, 57, 88, 91, 93, 95, 106-, 113, 122, 134, 143-156, 158-167, 223, 259, 261-266, 268-, 280, 299, 302, 310, 337, 344, 360, 363-365, 375
衝動的な行動　99, 307, 320
情動調整　143-149, 151, 154-, 160, 164-167
情動表出　143-149, 152, 154-156, 158-165, 167
情報付与機能　12

素人理論　55, 57, 68
人格障害　363
進化論的合理性　26
神経症　269, 285, 287-303, 307-, 311, 313-319, 323, 344
神経衰弱　273
信号検出理論　23
心身症　300-302, 317-321, 338, 359
深層心理学　285, 286, 290, 294
心像風景　269, 271
身体化　55-, 59-, 62, 66, 71, 78-80, 307-, 313, 316-321, 323
身体言語　318
身体像　319, 324, 326
心理化　307-309, 311, 316, 323
心理療法　259-263, 266-269, 280, 282, 285-287, 295-, 298-, 301, 303-, 316, 324-, 338
スキーマ　56, 62, 64-68, 70
スキーマレベル　56-, 62, 67, 70
スクリプト　55, 67-70
ストア哲学　3
ストレス要因　120, 136
精神科医　260, 264
精神病　288, 290, 296, 300-, 303, 311, 360
精神病後抑鬱状態　274-
精神分析　293, 298, 309, 321
生態学的合理性　24, 26
生態学的妥当性　384
制度　5, 176, 202, 241-243, 250-
生の欲動　310
生物的適応　16, 175
セラピスト　260, 269, 286, 299, 304-, 311, 325, 346
先行事象　21-
先行事象とのかかわりにおける非合理性　21
前頭眼窩野　43-
前頭葉　9, 11, 96, 101-104, 106, 347, 354
前頭葉眼窩部　85, 88, 91, 96-99, 101-104, 106, 108, 347
前頭連合野　85, 96, 104, 336
躁鬱病　262
相互協調的自己観　180
相互的利他行動　220
相互独立的自己観　179-
素朴理論　70, 174, 179, 194, 201
ソマティック・マーカー　3, 8, 10-, 85, 103

索　引

●タ行

対人恐怖　196, 292, 298
大脳辺縁系　9, 377
他者感情の理解　372
他者指向行動　124
他者の機能　307–, 323–
ただ乗り問題　247
脱馴化　126
多変量解析　368
短期的視点からみる非合理性　22
中核的システム　28
仲裁　222
長期的視点からみる合理性　22
懲罰行動　247, 249-251
直感的親行動　352, 354
チンパンジー　122–, 175, 212–, 217–, 221–225, 230–, 365–, 368
通俗理論　55, 57, 68
罪　14-17, 73, 99, 183, 200　→罪悪感
DSM-IV　287
抵抗　178, 213, 304–, 345
ディスオーガナイザー　22
適応的堅実性　23, 28
適応度　15, 26, 230, 238, 242, 254
デフォルト処理機構　6–
デーモン・プログラム　7
転移　286
転移関係　311, 321
転換性障害　312–, 316–, 321
当該事象　10, 21–
当該事象とのかかわりにおける合理性　21
動機づけ　6, 8, 17, 20, 96, 114–, 119, 125, 128, 158–, 163, 182, 186, 200, 366
道義的怒り　17
統合失調症　271-273, 290, 307, 310, 319–, 322, 360
投射　309, 360
当惑　121
独特の身体感覚（gut feeling）　10

●ナ行

なだめ　128, 146
二過程説　229
乳児期　98, 143, 145–, 149, 310
認知的評価　22

認知発達ロボティクス　349
ネオ・ダーウィニアン　7
ネコ　90, 211, 214–, 229, 351–
ネズミ　366–
ネットワーク・モデル　353
脳機能画像法　37–, 44, 80
脳腫瘍　277
脳震盪　278
脳損傷　9–, 26, 44, 95, 100-102
乗り物恐怖　289

●ハ行

排除　226, 242–, 323
恥　14, 117, 121–, 128, 183–, 202, 295
パス解析　367
派生的な感情　215
ハムレット問題　26
バランス志向　193–
ハンドウイルカ　231
反動形成　309
不安発作　288, 315
比較認知科学　334
ひきこもり　18, 28, 173–, 203–
非行　320
非自己意識的感情　121
ヒステリー　299, 302, 307, 311–, 314
ヒット　23
否定感情　21, 118, 120, 121, 127–, 133-135, 137, 194, 260
皮膚電気反射　86, 96–
比喩　55, 57-62, 64-67, 69–, 196
描画　66, 259-261, 263-266, 268, 269-282, 361
評価システム　10
評価理論　181-183
表示規則　68, 113, 132, 138, 143-145, 149, 151-161, 163, 165-167, 371
表象　4, 8, 10–, 14, 47, 55–, 62, 67, 70-74, 78, 228-230, 309, 314, 343, 376, 378
表象モーメント　46, 48
表情　12–, 28, 35-52, 55, 60–, 63, 68, 79, 95–, 104, 106-108, 116-118, 126–, 131–, 144–, 149–, 152, 156, 158, 159, 161–, 165, 214–, 222-224, 229, 254, 307, 334–, 343, 349, 352–, 355-358
表情動画　35, 37–, 43, 45-51
表情模倣　50

397

病態水準　285, 288, 290
不安　13-, 19, 24, 28, 59-, 64-, 68, 77, 94, 98, 102, 120, 164, 194, 204, 230, 285-295, 297-, 300, 304-, 307-312, 314-316, 345, 347, 364, 369
不安障害　164, 287-, 303
不安神経症　307, 311, 315-
不安夢　288, 292, 303
フィニアス・ゲージ　9
風景構成法　259, 269, 270-272, 274, 276, 297
フォールス・アラーム　23
不気味の谷　349-
不潔恐怖　289
不公平感　211, 215-217
フサオマキザル　215-, 218, 220-, 223, 230, 367-
不登校　321
フラストレーション　114-216
プランニング　8-11, 45
ブルースとヤングの顔認知モデル　43
フレーム問題　11
文化　12, 14-, 27, 36, 55-, 58, 62, 67-71, 86, 113, 136, 137, 151, 173-204, 247, 251, 287, 297-, 300, 304, 323, 327, 334
文化心理学　174-, 189, 201, 237, 252
文化的アイデンティティ　15
文化的イデオロギー　15
文化的学習　14
分離不安　120
閉所恐怖　288-
ヘブ学習　353
扁桃体　35, 42-45, 51, 79, 85, 88, 91-96, 104, 106-, 229, 347-, 355, 358-, 379
防衛　7, 177, 214, 285, 304, 313-, 319, 357
防衛機制　204, 309, 311, 362
包括的認知　193, 195
方向づけ　67, 146, 149, 165, 226
報酬　20, 90, 113-, 122-, 135, 212, 216, 218, 249-
紡錘状回　42-
報復　17, 246, 250
誇り　121-, 128, 178, 181-184, 186-, 200
ポジティブ感情　3, 18, 337　→肯定感情
ポジティブ心理学　19
ホメオスタシス　6, 19

●マ行

マイクロ・マクロ問題　239
眼差し　325
みかけの情動と本当の情動　149-153
ミス　23
見本合わせ　123, 222, 231
見本照合課題　39, 41-
ミラー・ニューロン　45, 85, 104-107, 354
無意識　87, 103-, 187, 228-, 254, 260, 262, 286, 294-, 299, 309, 312, 314, 318, 322
無意識的罪悪感　322
名誉の文化　176-, 179, 244
メタ認知　156, 228, 231, 375-377
妄想　290, 296, 298, 319-, 322
妄想状態　270, 274
物語理解　55-, 71-74, 78, 80
モーフィング　37-, 44-
両刃の剣としての感情　3, 27

●ヤ行

優しさ　218, 220-, 367
野生的合理性　28
夢　118, 285, 286-297, 299-305, 316, 318, 346, 360
ユング派　286, 296
幼児期　116, 143, 145, 147, 149-152, 154, 156, 158-, 162-, 165, 167, 371
抑圧　197, 286, 299, 309, 311-314, 318, 323
抑鬱　16, 18, 27, 164, 262, 268, 274-, 293, 298, 307　→鬱
抑鬱感　262, 265-, 285-287
喜び　6, 8, 12-14, 18-20, 35, 36, 38-43, 45-, 50-, 59-62, 64-, 67-, 77, 95, 117-119, 121, 126, 143, 145-150, 154, 159, 161, 165, 181, 183, 188, 191, 211-213, 238, 325, 357
喜び表情の記憶優位性　40

●ラ行

落胆　61, 198, 211, 213
ラット　88, 90, 93-95, 108, 214, 229-, 374
利害バランスの調整　16, 18
離散的感情理論　116
離人症　269, 270, 301-
リスク愛好的　24

リスク回避的　24
理性至上主義　3
理想的環境における非合理性　25
利他的処罰　18, 217
両価的（アンビバレント）　215, 286, 294, 304
臨床心理士　260
レム睡眠　118
恋愛　55, 69-

ロボット　333-, 337, 345, 348-354, 360-
ロールシャッハ検査　319, 360

●ワ行

ワーキングメモリー　336
枠づけ　264, 269

[編者紹介]

藤田　和生（ふじた　かずお）

　京都大学大学院理学研究科博士後期課程修了，京都大学理学博士．現在，京都大学大学院文学研究科教授．専門は比較認知研究．
　主要著書：『動物たちのゆたかな心』（京都大学学術出版会，2007），*Diversity of Cognition: Evoltuion, Development, Domestication, and Pathology*（編著，京都大学学術出版会，2006），『比較認知科学への招待──「こころ」の進化学──』（ナカニシヤ出版，1998），『マキャベリ的知性と心の理論の進化論──ヒトはなぜ賢くなったか──』『マキャベリ的知性と心の理論の進化論 II──新たなる展開──』（監訳，ナカニシヤ出版，2004）など．

[著者紹介（執筆順）]

遠藤　利彦（えんどう　としひこ）

　東京大学大学院教育学研究科博士課程単位取得退学．現在，京都大学大学院教育学研究科准教授．専門は，発達心理学・感情心理学．
　主要著書：『喜怒哀楽の起源──情動の進化論・文化論──』（岩波書店，1996），『読む目・読まれる目──視線理解の進化と発達の心理学──』（編著，東京大学出版会，2005），『アタッチメント──生涯にわたる絆──』（共編著，ミネルヴァ書房，2005），『発達心理学の新しいかたち』（編著，誠信書房，2005）．

吉川　左紀子（よしかわ　さきこ）

　京都大学大学院教育学研究科博士課程単位取得退学．博士（教育学）．現在，京都大学こころの未来研究センター教授．専門は，認知心理学，認知科学．
　主要著書・論文：Dynamic facial expressions of emotion induce representational momentum（*Cognitive, Affective, and Behavioral Neuroscience*, 2007），Enhanced perceptual, emotional, and motor processing in response to dynamic facial expressions of emotion（*Japanese Psychological Research*, 2006），『顔の再認記憶に関する実証的研究』（風間書房，1999）．『顔とこころ──顔の心理学入門──』（共編著，サイエンス社，1993），など．

楠見　孝（くすみ　たかし）

学習院大学大学院人文科学研究科博士後期課程単位取得退学．学習院大学博士（心理学）．現在，京都大学教育学研究科准教授．専門は，言語，思考の認知心理学的研究．

主要著書・論文：『比喩の処理過程と意味構造』（風間書房，1995），「感情概念と認知モデルの構造」（土田昭司・竹村和久編『感情と行動・認知・生理——感情の社会心理学——』誠信書房，1996），「心で味わう——味覚表現を支える認知のしくみ——」（瀬戸賢一ほか『味ことばの世界』海鳴社，2006），『メタファー研究の最前線』（編著，ひつじ書房，2007）など．

米田　英嗣（こめだ　ひでつぐ）

京都大学大学院教育学研究科博士後期課程修了．京都大学博士（教育学）．現在，自然科学研究機構生理学研究所研究員（学術振興会特別研究員 PD）．専門は，物語理解における感情推論の神経機序の解明．

主要論文：Komeda, H., & Kusumi, T. The effect of a protagonist's emotional shift on situation model construction（*Memory & Cognition,* 34, 1548-1556, 2006），米田英嗣・仁平義明・楠見孝「物語理解における読者の感情——予感，共感，違和感の役割——」（『心理学研究』75, 479-486, 2005），Komeda, H., & Kusumi, T. Reader's changing emotions related to the construction of a situation model（*Tohoku Psychologica Folia,* 61, 48-54, 2002）．

船橋新太郎（ふなはし　しんたろう）

京都大学大学院理学研究科博士後期課程中途退学．京都大学理学博士．現在，京都大学こころの未来研究センター教授．専門は認知神経科学．

主要著書・論文：『前頭葉の謎を解く』（京都大学学術出版会，2005），「前頭葉と記憶」（久保田競編『記憶と脳——過去・現在・未来をつなぐ脳のメカニズム——』サイエンス社，2002），「ワーキングメモリの神経回路」（松本元・小野武年共編『情と意の脳科学——人とは何か——』培風館，2002），「ワーキングメモリの神経機構と前頭連合野の役割」（苧阪直行編『脳とワーキングメモリ』京都大学学術出版会，2000）

板倉　昭二（いたくら　しょうじ）

京都大学大学院理学研究科博士後期課程単位取得退学．京都大学理学博士．現在，京都大学文学研究科準教授．専門は発達科学研究．

主要著書：『「私」はいつ生まれるか』（ちくま新書，2006），『自己の起源——比較認知科学からのアプローチ——』（金子書房，1999），『心を発見する心の発達』（京都大学学術出版会，2007）など．

著者紹介

子安　増生（こやす　ますお）

　京都大学大学院教育学研究科博士課程中退．京都大学博士（教育学）．現在，京都大学大学院教育学研究科教授．専門は，発達心理学．

　主要著書・論文：『幼児期の他者理解の発達――心のモジュール説による心理学的検討――』（京都大学学術出版会，1999），『心の理論――心を読む心の科学――』（岩波書店，2000），『よくわかる認知発達とその支援』（編著，ミネルヴァ書房，2005），『芸術心理学の新しいかたち』（編著，誠信書房，2005 年）など．

田村　綾菜（たむら　あやな）

　京都大学大学院教育学研究科修士課程修了．教育学修士．現在，京都大学大学院教育学研究科博士後期課程 1 年生．専門は，発達心理学．

溝川　藍（みぞかわ　あい）

　京都大学教育学部卒業．現在，京都大学大学院教育学研究科修士課程 2 年生．専門は，発達心理学．

　主要著書・論文：「幼児期における他者の偽りの悲しみ表出の理解」（『発達心理学研究』18, 3, 2007）．

北山　忍（きたやま　しのぶ）

　京都大学文学部卒業．ミシガン大学心理学部 PhD．オレゴン大学助教授，京都大学助教授，シカゴ大学招聘教授，行動科学高等研究所（米国スタンフォード）フェローなどを経て，現在，ミシガン大学心理学部教授，文化と認識研究所所長．専門は，文化心理学．

　主要著書・論文：Markus, H., & Kitayama, S. Culture and the self: Implications for cognition, emotion, and motivation (*Psychological Review,* 98, 224-253, 1991), Kitayama, S., Markus, H. R., Matsumoto, H., Norasakkunkit, V. Individual and collective processes in the construction of the self: Self-enhancement in the United States and self-criticism in Japan (*Journal of Personality and Social Psychology,* 72, 1245-1267, 1997), Kitayama, S., Ishii, K., Imada, T., Takemura, K., & Ramaswamy, J. Voluntary settlement and the spirit of independence: Evidence from Japan's "Northern Frontier" (*Journal of Personality and Social Psychology,* 91, 369-384, 2006), Kitayama, S., & Cohen, D. (Eds.). *Handbook of cultural psychology* (New York: Guilford Press, 2007).

内田由紀子（うちだ　ゆきこ）

京都大学大学院人間・環境学研究科博士課程修了．博士（人間・環境学）．ミシガン大学 Institute for Social Research, スタンフォード大学心理学部客員研究員を経て，現在甲子園大学人文学部専任講師．専門は，社会心理学，文化心理学．

主要著書・論文：「わたしの文化を越えて」（金政祐司・石盛真徳編『わたしから社会へ広がる心理学』北樹出版，2006)，Uchida, Y., Norasakkunkit, V., & Kitayama, S. Cultural constructions of happiness: Theory and empirical evidence (*Journal of Happiness Studies,* 5, 3, 223-239, 2004), Markus, H. R., Uchida, Y., Omoregie, H., Townsend, S., & Kitayama, S. Going for the gold: Sociocultural models of agency in Japanese and American contexts. (*Psychological Science*, 17, 103-112, 2006).

新谷　優（にいや　ゆう）

ミシガン大学心理学部 PhD．現在，ミシガン大学心理学部研究員．専門は，自尊心と学習志向の研究，ならびに文化と感情の研究．

主要著書・論文：Niiya, Y., Crocker, J., & Bartmess, E. N. From vulnerability to resilience: Learning orientations buffer contingent self-esteem from failure (*Psychological Science,* 15, 801-805, 2004), Niiya, Y., Ellsworth, P. C., Yamaguchi, S. Amae in Japan and the U. S.: An exploration of a "culturally unique" emotion (*Emotion,* 6, 279-295, 2006).

渡部　幹（わたべ　もとき）

米国カリフォルニア大学ロサンゼルス校社会学部博士課程修了．社会学 PhD(UCLA)．現在，京都大学大学院人間・環境学研究科助教．専門は，実験社会心理学．

主要著書・論文：「制度の変容と共有された期待――ガヴァナンスへの実験社会心理学的アプローチ――」（河野勝編『制度からガヴァナンスへ――社会科学における知の交差――』東京大学出版会，2006)，「社会的ジレンマの解決に向けた統合的アプローチ」（竹村和久編『社会心理学の新しいかたち』誠信書房，2004), Restoring Trustworthiness after Adverse Events: The signaling Effects of Voluntary "Hostage Posting" on Trust (*Organizational Behavior and Human Decision Processes*, 2005) など．

小宮あすか（こみや　あすか）

京都大学教育学部卒業．現在，京都大学教育学研究科修士課程 2 年．専門は，認知心理学，社会心理学．

主要著書・論文：小宮あすか・楠見孝・渡部幹「個人――集団意思決定状況における後悔――」(『心理学研究』78, 2, 2007).

著者紹介

角野　善宏（かどの　よしひろ）

　愛媛大学医学部卒業，神戸大学医学博士．現在，京都大学大学院教育学研究科准教授．専門は，精神医学と臨床心理学．
　主要著書：『分裂病の心理療法――治療者の内なる体験の軌跡――』（日本評論社，1998），『たましいの臨床学――夢・描画・体験――』（岩波書店，2001），『描画療法から観たこころの世界――統合失調症の事例を中心に――』（日本評論社，2004）

河合　俊雄（かわい　としお）

　京都大学大学院教育学研究科博士後期課程中退．チューリッヒ大学 PhD．現在，京都大学こころの未来研究センター教授．専門は臨床心理学．
　主要著書・論文：『概念の心理療法――物語から弁証法へ――』（日本評論社，1998），『ユング――魂の現実性――』（講談社，1998），『心理臨床の基礎 2　心理臨床の理論』（岩波書店，2000），「分析心理学的アプローチ」（伊藤良子編『臨床心理学全書 8　臨床心理面接技法 1』誠信書房，2004）

伊藤　良子（いとう　よしこ）

　京都大学大学院教育学研究科博士後期課程単位取得退学，京都大学教育学博士．京都大学大学院教育学研究科教授を経て，現在，学習院大学文学部心理学科教授，京都大学名誉教授．専門は臨床心理学．
　主要著書：『心理治療と転移――発話者としての〈私〉の生成の場――」（誠信書房，2001），『臨床心理学全書 8　臨床心理面接技法 I』（編著，誠信書房，2004），『遊戯療法と子どもの今』（共編著，創元社，2005），『遺伝相談と心理臨床』（監修著，金剛出版，2005），『臨床心理面接研究セミナー』（編著，至文堂，2006）

プロフィールは 2011 年 6 月現在

感情科学　　　　　　　　　　　　　　　　　　　Ⓒ K. Fujita 2007
2007年8月30日　初版第一刷発行
2019年5月15日　初版第四刷発行

　　　　　　　　　　編者　　藤　田　和　生
　　　　　　　　　　発行人　　末　原　達　郎
　　　　　　発行所　京都大学学術出版会
　　　　　　　　　　京都市左京区吉田近衛町69番地
　　　　　　　　　　京都大学吉田南構内（〒606-8315）
　　　　　　　　　　電　話（075）761-6182
　　　　　　　　　　FAX（075）761-6190
　　　　　　　　　　URL　http://www.kyoto-up.or.jp
　　　　　　　　　　振　替　01000-8-64677

ISBN 978-4-87698-718-4　　　　　印刷・製本　㈱クイックス
Printed in Japan　　　　　　　　　定価はカバーに表示してあります

本書のコピー，スキャン，デジタル化等の無断複製は著作権法上での例外を除き禁じられています。本書を代行業者等の第三者に依頼してスキャンやデジタル化することは，たとえ個人や家庭内での利用でも著作権法違反です。